Charlotte Roth

Die ganze Welt ist eine große Geschichte, und wir spielen darin mit

CHARLOTTE ROTH

Die ganze *Welt* ist eine *große* Geschichte und wir *spielen* darin mit

Michael Ende – Roman eines Lebens

Inhaltlich kuratiert
von Roman Hocke

EISELE

Besuchen Sie uns im Internet:
www.eisele-verlag.de

MIX
Papier
FSC FSC® C083411

Taschenbuchausgabe
1. Auflage November 2020

Gesetzt aus der Quadraat Pro
Satz: LVD GmbH, Berlin
Druck und Bindearbeiten: CPI books GmbH, Leck
ISBN 978-3-96161-093-8

ANMERKUNG DER AUTORIN

Ein Roman ist ein Roman – und zuweilen ist Erfundenes hilfreich, um im Verborgenen Geschehenes sichtbar zu machen. Ein Romanautor verknüpft die Fakten des äußeren Lebens mit fiktiven Verdichtungen, um einen Blick in die Innenwelt zu werfen. In dieser Erzählung wird die historische Chronologie stellenweise verändert, es werden um der Dramaturgie willen Ereignisse zusammengezogen, räumlich und zeitlich verschoben, ausgeschmückt, verdeutlicht oder verknappt. Ich weise daher noch einmal ausdrücklich darauf hin, dass das vorliegende Buch ein Roman ist. Keine Biografie. Dass Menschen Michael Ende – und/oder sogar sich selbst – darin wiedererkennen, würde ich mir sehr wünschen. Dass sämtliche Fakten erkenn- und nachschlagbar sind, war hingegen nicht mein Wunsch, denn wie gesagt: Dieses Buch ist ein Roman.

Für Michael E.,
der einem auch als Freund begegnen kann,
wenn man ihn gar nicht gekannt hat

E per te,
Papà.
Perché non c'era più tempo per farti
vedere Genzano?

Die ganze Welt ist eine große Geschichte,
und wir spielen darin mit.

— MICHAEL ENDE: MOMO

Einstimmung auf der Vorbühne

Auf einem Dampfer, der in die falsche Richtung fährt, kann man nicht sehr lange in die richtige Richtung gehen.

— MICHAEL ENDE: ZETTELKASTEN

Zug nach Garmisch,
Herbst 1928

1

ZÜGE, ZÜGE.
Einmal quer durch das, was sich immer noch Reich nennt, auch wenn es halb stolz, halb verzweifelt darauf beharrt, Republik zu sein. Edgar kümmert das Hickhack wenig. Politik stopft den Kopf voll wie hektische Hände, die Papier zu Kugeln zerknüllen und in überquellende Abfallkörbe pressen, bis nichts – kein Wort, kein Bild, kein Gedanke – mehr erkennbar ist. Damit kann er sich nicht befassen. Er braucht seinen Kopf so leer wie einen blank radierten Bogen auf dem Skizzenblock. Nur in solcher Leere ist er imstande, zu zeichnen, nur in solcher Leere besteht Hoffnung auf etwas, das sich einschleicht und festhalten lässt. Wenn er schnell ist. Wenn der Strich sich fügt, er einen guten Tag erwischt und nichts und niemand ihm dazwischenpfuscht. Im anderen Fall muss er die schweigsamen Kreaturen, die vagen Visionen ziehen lassen und auf neue warten.

Deshalb gefällt ihm dieses Reisen in Zügen. Weil nichts lange bleibt, weil alles, was in Sicht kommt, sich auch selbst wieder auswischt, statt die Hirnwindungen zu verstopfen, weil er es, wenn er aus- und in den nächsten Zug umsteigt, schon wieder vergessen hat. Glaubt, vergessen zu haben. In Wahrheit lauert es irgendwo darauf, aus der Vergessenheit emporzuschnellen, verändert, verfremdet, in ein Geheimnis gehüllt, und gerade so will er es haben. Seit Hamburg-Altona, wo er mit kaum nennenswerten Unterbrechungen seine achtundzwanzig Lebensjahre verbracht hat, hat er schon vier Züge genommen. Dieser nun, der Regionalzug von München nach Garmisch, ist der fünfte.

Man sitzt bequem darin. Und die Aussicht – dieser gewaltsam

der Erde abgefaltete Drachenrücken aus Bergen – ist fantastisch. Edgar mag dieses Wort, mag es zu gern, um es häufiger zu benutzen. *Fantastisch*. Es taugt für all das, was zu viel Wucht und Freiheit und Zauber besitzt, um auf den dünnen Grat, den die Leute der Wirklichkeit zubilligen, gequetscht zu werden. Das Fantastische ist für die Leute ersponnen und erschwindelt. Für Edgar aber lässt es sich vom Wirklichen nicht trennen, so wenig wie sich entscheiden lässt, ob in den Bergen da draußen ein weißer, schlafender Drache haust oder ein naturwissenschaftliches Phänomen. Beides, denkt Edgar. Und etliches andere. Aber da wird es den Leuten dann zu viel, und sie pochen auf ihren schmalen, pfeilgeraden Grat.

Die Leute – ehrlich gestanden, hat Edgar mit denen ein Problem. Hier im Zug verspeisen sie Wurstsemmeln, die, wenn hineingebissen wird, ein schmatzendes Geräusch von sich geben, und versprühen Speicheltropfen und Krumen beim Ereifern:

»Sie auch unterwegs nach Garmisch?«

»Ja, ja, ein reizendes Fleckchen und früher so nett zum Erholen. Aber heutzutage weiß ein friedlicher Bürger ja nirgendwo mehr, woran er eigentlich ist.«

Edgar hat sich zum Lesen ein Buch mitgebracht, Rudolf Steiners *Menschenrätsel,* aber hier im Abteil mag er es nicht auspacken. Als könnte das Buch sich ebenso wie er vor den Leuten mit den Wurstsemmel-Geräuschen fürchten.

Zwischen Menschen und Leuten möchte er manchmal gern eine Trennlinie zeichnen, hinter die er sich zurückziehen könnte, weil er die einen versteht und die anderen nicht. Vielleicht versteht er auch beide nicht, aber unter den Menschen wagt er zumindest, sich zu bewegen. Er gilt als gesellig. »Na, alter Salonlöwe«, begrüßt ihn sein Bruder Helmuth, der selbst einer ist. Mit ihm zusammen oder allein zieht er durch Künstlerkneipen, Vernissagen, Atelierfeste, weil Gespräche mit Menschen ihn befeuern, auch wenn ihm vor den Leuten graut. Von Menschen fühlt er sich angezogen. Von manchen so sehr, dass es ihm zur Sucht wird, dass er sich an ihre Fersen heften muss wie ein hechelnder Hund an eine Spur.

Elis. Elis.

Ihr Name – auf der zweiten Silbe betont – rattert in seinem Kopf wie der Rhythmus, den der Zug hält: *Ra-tam, ra-tam, E-lis, E-lis.* Elis ist so sehr Mensch, wie die Berge, die vor dem Zugfenster aufblitzen, Berge sind. An denen lässt sich nicht rütteln, und an Elis auch nicht. Begegnet ist er ihr in der Hamburger Kunsthalle, in der Ausstellung *Europäische Kunst der Gegenwart*, in die sie mit ihrem klaren Kopf und ihren wachen Augen gekommen ist, um hinzusehen. Siebzehn Jahre alt. Andere werden siebzig, und ihre Augen kennen nichts als Schlaf.

Ihre Eltern hatten sich auch die Ehre gegeben, der Herr Kommerzienrat nebst Gattin, nicht um hinzusehen, sondern um dem Fräulein Tochter vorzuschreiben, was sich zu sehen gehört und was nicht. Die Bilder des jungen Herrn Ende gehören sich selbstredend nicht. Surrealismus. Ein vornehm aufgeblähtes Wort für subversives Geschmier.

»Alles nackt und verdreht, eine Quälerei für die Augen. Soll man sich so etwas vielleicht in den Salon hängen, wenn von Zeisigs zum Kaffee kommen?«

Edgar selbst hat sich als Surrealisten nie bezeichnet. Er hat sich als gar nichts bezeichnet. Er will nur malen, dem Welträtsel keine klingenden Namen geben, sondern es mit behutsamem Pinsel umkreisen, ohne es aufzustören. Auf der Kunstgewerbeschule in Altona haben sie ihn als Halbkünstler und Hungerleider abgetan und jetzt eben als Surrealisten, Symbolisten und was ihnen sonst noch einfällt. Dass die Leute Schubladen brauchen, in denen sie seine Bilder kleinfalten können, geht ihn nichts an. Das sollen sie, wenn es ihnen so wichtig ist, unter sich austragen.

Elis hat nichts in Schubladen gesteckt oder kleingefaltet. Sie hat sich vor sein Bild – das *Treibhaus* – gestellt, hat es angeschaut und ihm sein Geheimnis gelassen, ohne etwas hinzuzufügen, keine kunstverständige Anmerkung, kein brillantes Bonmot. Elis hat Edgars Gemälde betrachtet, und Edgar hat Elis betrachtet, und beide haben sich verliebt. Den Maler – Edgar – hat Elis erst zu Gesicht bekommen, als sie sich umgedreht hat, aber da war schon alles zu spät.

Ihre Augen sind klar. Ihre Füße sind wie Tänzerinnenfüßchen und stehen dennoch entschlossen auf dem Boden.

Natürlich ist das – klare Augen, zarte Füße – nicht alles, was Elis aufzubieten hat. Wer aber glaubt, erotisches Verlangen mache sich an spitzen Brüsten, schlanken Schenkeln und geschwungenen Hinterbacken fest, der glaubt auch, jeder Hunger ließe sich mit Wurstsemmeln stillen.

Elis ist eine, die sich noch wundern kann, und das würde schon ausreichen, um unter lauter Leuten, die schon alles wissen, nach ihr verrückt zu sein. Edgar und Elis wundern sich zusammen, drei glückselige Wochen im Spätsommer lang.

»Ich begreife nicht, wie Sie das machen, Herr Ende. Darstellen, was mir durch den Kopf geistert, ohne dass ich's beschreiben kann oder weiß, woher es kommt.«

Durch seinen Kopf geistert es auch. Vielleicht scheiden sich daran die Menschen von den Leuten, dass in ihren Köpfen etwas geistert, dass sie ein geistiges Auge haben, mit dem sie Dinge sehen, die für die Leute Hirngespinste sind. Hirngespinst ist ein schönes Wort. Zart und Hart. Als spinne das Hirn einen gläserner Faden, aus dem ein gläserner Teppich wird. Für Leute unsichtbar.

»Ich begreife es auch nicht«, sagt er zu Elis. »Dass sich überhaupt etwas darstellen lässt, dass es sich von mir darstellen lässt, bleibt mir unbegreiflich.«

Damit überfordert er sie. Sie ist ja noch jung, er kommt sich neben ihr wie ein nicht weise gewordener Großvater vor. »Ich verstehe nicht viel«, sagt sie, »von der Kunst.«

Er lacht. »Ich noch weniger.«

Sie lacht mit. »Aber Herr Ende!«

»Ich heiße Edgar«, sagt er. »Und Sie? Fräulein Schmidt kann

ich Sie unmöglich nennen, das klingt nach Anstandsdame im Mädchenpensionat.«

»Elisabeth Anne«, sagt sie ganz vorsichtig, als müsste sie den Namen erst einmal auf der Zungenspitze ausprobieren.

»Elis«, beschließt er. Auf ihr zerbrechliches Gesicht stiehlt sich ein noch zerbrechlicheres Lächeln, und als er seine Hand öffnet, legt sie ihre hinein.

Dann kommt der Herbst, und mit dem Zauber ist es vorbei. Der Herr Kommerzienrat nebst Gattin schieben einen Riegel vor. Man weiß das schließlich: Diese Surrealisten zersetzen die Stützen der Gesellschaft und sind jugendgefährdend. Edgar hätte ihnen gern erklärt, dass man etwas, das man nicht versteht, auch nicht verurteilen kann, aber sie hätten ihn nicht einmal angehört. Die gefährdete Jugend – Elis – wird aus dem Dunstkreis des gefährdenden Herrn Ende entfernt.

Mit Gewalt. Sooft Edgar die Augen schließt, sieht er unweigerlich Gewalt vor sich und spürt in der Brust ein Geräusch, als wenn man einen Zweig zerbricht. Die zarte Elis ist nicht mehr da, sie ist mit Gewalt von ihm weggeschleift worden, und es kostet ihn sieben fast schlaflose Tage und Nächte, in denen er an jede erdenkliche Tür klopft, ehe er herausfindet, wohin sie sein Mädchen, das sich noch wundern kann, verschleppt haben.

In ein Internat. Ans andere Ende der Reich-Republik. Genau weiß es niemand, der willens wäre, es ihm zu verraten. Vermutlich in einen Ort namens Garmisch.

Dorthin ist er jetzt unterwegs, und wo er von dort aus weitersuchen soll, weiß er nicht. Nur dass er sie finden muss. Einer der Wurstsemmelesser stopft sich den letzten Bissen in den Mund und packt mit noch fettigen Fingern seinen Gehstock, auf den er sich im Aufstehen stützt. So kommt Edgar sich vor: Elis ist sein Stock, seine Finger drohen ohnehin immerzu, abzugleiten, doch ohne sie hat er gar keinen Halt. Dass er kein Niemand mehr ist, sondern als Künstler allmählich bekannt wird, dass er eine Lehre als Dekorationsmaler, die Ausbildung an der Kunstgewerbeschule und obendrein eine ungewollte Ehe überlebt hat, ist wie ausgewischt. Wenn ich liebe, denkt Edgar, dann liebe ich ganz. Ich kann keine Rücklagen bilden, mir nicht auf Sparflamme mein lauwarmes Süppchen kochen, ich kann nur alles oder nichts.

Beim Malen. Beim Lieben.

Der Zug hält. Der kleine Bahnhof duckt sich vor den eisblau schimmernden Bergriesen. Er besitzt zwei Gleise, einen Fahrkartenschalter und ein bunt bemaltes Wartehäuschen wie aus einem Kinderbuch. Die Wurstsemmelesser steigen aus. Edgar ebenfalls, nur macht er dabei langsamer. Während die übrigen ihren halben irdischen Besitz von der Gepäckablage wuchten, hat er nicht mehr als einen kleinen Pappkoffer und eine Tasche für Skizzenblock und Zeichenkohle mitgenommen. Er lässt die Beladenen vorausgehen. Im Gegensatz zu ihm werden sie auf dem Bahnhof mit Zurufen und offenen Armen erwartet.

Edgar hingegen weiß nicht einmal, in welche Richtung er zu gehen hat.

2

MIT JEDER STUNDE, DIE er in Garmisch zubringt, wird ihm klarer, dass er betrogen worden ist. Man hat ihm eine falsche Nachricht zugespielt, um ihn in die Irre zu führen. Es gibt hier kein Internat, in das Elis verschleppt worden sein könnte, sein kopfloser Aufbruch, bei dem alles stehen und liegen blieb, endet im Nichts.

Im *Nirwana*. So zumindest heißt die Pension, in der er sich für drei Tage eingemietet hat. Von Pensionen wimmelt es in dem Vorort, der sich fraglos großer Beliebtheit bei Sommerfrischlern erfreut. Auch noch bei Herbstfrischlern. Alles wirkt lieblich, niedlich, eine ausgekippte Spielzeugkiste, aus der man Häuser und Kirchtürme wie Zuckerstreusel in die Gegend getupft hat. Das *Nirwana* ist das einzige Gebäude, dessen Fassade der freundlich-frische Anstrich fehlt, deshalb hat Edgar es ausgewählt. In ihm ist keine freundliche Frische. In ihm stehen die Zeichen auf Sturm.

Dem *Nirwana* fehlt nicht nur der Anstrich, dem fehlen auch die üblichen Feriengäste. Edgars Zimmernachbar ist Heinrich Mann, dessen jüngerer, aber bedeutsamer einherschreitender Bruder Thomas bereits seit mehreren Jahren als kommender Nobelpreisträger gehandelt wird. Edgar hat ein Buch von ihm gelesen. Von Heinrich, nicht von Thomas. Aus unerfindlichen Gründen hat er eine Schwäche für Nicht-Preisträger, für die, die unbedeutsam und als Zweite durchs Ziel trotten. Der Roman von Heinrich Mann, den er gelesen hat, heißt *Die kleine Stadt* und scheint ihm hierher zu passen. Nicht weil Garmisch klein ist, sondern weil im Romangeschehen ebenfalls Stürme toben, weil vor Begierde, Wollust, Sehnsucht am Ende alles brennt.

Zu einem anderen Zeitpunkt hätte Edgar vielleicht gern mit seinem Zimmernachbarn über dessen Buch geredet. Auch über anderes. Dieser ältere Bruder des kommenden Nobelpreisträgers ist kein uninteressanter Kopf, obgleich solche Gespräche etwas von Nadelöhren haben, in die sich Edgar selbst in guten Zeiten nur mit Mühe einfädelt. Und diese ist keine gute, sondern eine harte Zeit. Er bekommt kaum Schlaf, streift durch die Straßen des Ortes wie ein Wildhund und kann sich nicht einmal denken, wonach er jetzt, wo ihm Elis verloren ist, noch sucht.

Er muss dennoch weiter, wie mit der Nase am Boden muss er umherziehen, kann nicht aufgeben, sich mit dem Verlust nicht abfinden. Mit dem Betrug noch weniger. Seine eigenen Freunde – die halbe Handvoll, die sich so nennt – haben sich daran beteiligt. Sie waren es, die ihm versicherten, seine Elis müsse in Garmisch sein, sie hätten es aus verlässlicher Quelle, auch wenn sie die, wie er bitte verstehen müsse, nicht preisgeben dürften. Mit Edgar ließ sich solch böses Spiel leicht treiben. Er war nicht weltgewandt, nicht mit allen Wassern gewaschen. Mit guter Miene saß er dabei und ahnte trotz des vagen Argwohns, der in ihm wühlte, nichts von dem Leim, auf den er ging.

Erst jetzt – allzu spät – fällt ihm ihr Gemunkel wieder ein, ihr Schwarzreden, das schon begonnen hatte, als seine Liebe noch jung war und von niemandem besudelt glänzte: »Häng dir doch so was nicht ans Bein, Edgar, nicht jetzt, wo endlich Aussicht besteht, dass du auf einen grünen Zweig kommst. Die Leute, die Geld für Kunst ausgeben, haben alle Töchter, die verzeihen dir manches, aber keine geschändete Unschuld.«

Edgar hatte nicht hingehört. Was gingen ihn die Leute an? Und über die Frage, was Unschuld war, hätte man ein Jahr lang nachdenken können, ohne zu einem Ergebnis zu gelangen.

Zeit, um nachzudenken, hatte er sich ohnehin nicht gelassen, sondern war mit den spärlichen Informationen und dem albernen Pappkoffer zum Bahnhof gejagt. Somit ist er jetzt hier. Im *Nirwana*. Durch die Straßen streicht er ohne Ziel, hat seinen Schal vergessen und spürt im Nacken, wie die Sonne schwach wird und sich von eisigen Winden ausblasen lässt. Edgar hält den Blick auf das Holperpflaster gesenkt und zählt die Steine, die er mit jedem Schritt überwindet. Als er doch einmal den Kopf hebt, sieht er, wie ein Vorhang aus Schwarzblau – nicht gläsern, sondern geradezu bleiern – sich zwischen ihm und dem Himmel schließt.

Der Sturm, der da aufkommt, hält mit dem in seinem Innern Schritt. Krachend platzt der Himmel auf, und ohne Warnung stürzen aus allen Wunden Wogen. Eine Sekunde lang will Edgar einfach stillstehen, sich überfluten, von der Wut der Elemente niederwerfen lassen und so elend, so hilflos am Boden liegen bleiben, wie er sich fühlt. Nur eine Sekunde, dann beginnen seine Beine ohne Willensentscheidung zu rennen. Er flüchtet, als wären all die, die ihn verspottet und betrogen haben, hinter ihm her, als dröhne ihm das Echo ihres Hohns in den Ohren. Weit bringt ihn seine Flucht jedoch nicht. Nach ein paar Schritten verlässt ihn, vom Sturm übermannt, schon die Kraft.

Durch Schwaden von Regen sieht er sich nach einer Zuflucht um und entdeckt ein niedriges, langgestrecktes Gebäude am Ende der Straße. Im Erdgeschoss reihen sich ein paar Läden aneinander. Er stößt die erstbeste Tür auf und wirft sie hinter sich ins Schloss, dass die Glaseinsätze klirren und ein kleines Windspiel aus Messing zu bimmeln beginnt. Keuchend atmet er durch, spürt die Nässe in Bächen an sich heruntertriefen, als verflüssige er sich, löse sich im Wasser, aus dem er gekommen ist, auf. Um seine Füße bildet sich bereits eine Pfütze. Erschrocken blickt er auf und sieht hinter dem Ladentisch eine Frau stehen.

»Kann ich Ihnen helfen?«

»Nein, nein.« Oder doch? Hastig blickt er sich in dem vollgestopften Laden nach etwas um, das er der Höflichkeit halber kaufen könnte. Unter den feilgebotenen Waren scheint es kein Stück zu geben, das für einen praktischen Verwendungszweck gedacht ist, und eine thematische Ordnung fehlt offenbar auch. Das gefällt ihm. Auf den ringsum in den Raum ragenden Regalen stapeln sich Ballen leicht vergilbter Spitzen. Dazwischen stehen alle erdenklichen Behältnisse, von der Schmuckschatulle bis zur Pappschachtel, und präsentieren eine kuriose Sammlung kleinster Objekte.

Mit dem Wort Preziosen lassen sich die funkelnden Steine, die Pendants, die Bettelarmbänder, Diademe und Colliers, der Tand und der Zierrat wohl am treffendsten umschreiben. Edgar greift wahllos nach einer Gemme aus Milchquarz, in die ein nackter Mann geschnitten ist, recht grob in der Ausführung, aber originell. Unter den Kleidern rinnt noch immer das Wasser an seinem Körper hinunter. Er schaudert.

»Wenn Sie nur zu mir hereingekommen sind, um vor dem Regen zu flüchten, brauchen Sie nichts zu kaufen«, sagt die Frau.

Sie ist nicht groß, nicht schimmernd blassblond wie Elis, sondern klein und hat Haar wie dunkles Holz. Dem Alter nach könnte sie Elis' Mutter sein.

»Sie können sich einfach hier aufwärmen.«

»Aber daran verdienen Sie nichts.«

»Wer weiß. In jedem Fall entsteht mir kein Schaden. Die Luft zum Atmen nehmen Sie mir ja nicht weg.«

»Sie halten also einen, der sich in Ihren Laden stellt und sich an dem Ofen wärmt, den Sie befeuern, nicht für einen Schmarotzer?«

»Warum sollte ich?«, fragt die kleine, nicht mehr junge Frau zurück. »Mein Ofen brennt nicht schneller aus, weil er noch einen mehr wärmt. Er kann gar nicht zählen, der Ofen, und ich kenne Sie nicht. Wenn man alles, was man nicht kennt, verurteilt, ohne es sich anzusehen, stirbt man dumm, weil man vom Leben nichts lernt.«

Edgar sieht sie an und wundert sich. Sie ist nicht das, was die Leute schön nennen, hat aber eine hohe, durch den Scheitel in Herzform geteilte Stirn. Und Würde, Haltung hat sie, etwas von einer orientalischen Prinzessin, die hinter ihrer *maschrabiyya*, ihrem kunstvoll geschnitzten Gitterwerk, thront und der Welt zusieht, ohne dass jemand zu ihr hineinsehen kann. Ihre Augen suchen. Unter ihnen sind Furchen eingegraben, wie sie nicht Zeit, sondern Schmerz gräbt. Einsamkeit.

Gegen die Schaufensterscheibe prasselt der Regen wie Hagel. »Haben Sie all das hier selbst gefertigt?«, fragt Edgar, der auch fortwährend etwas vom Leben lernen will und sich zum zweiten Mal in dem Laden umsieht.

Sie nickt. »Johannes Müller proklamiert, der eigentliche Beruf der Frau sei ihre Rolle in Ehe und Familie, aber wo sich Ehe und Familie nicht einstellen, muss eine Frau ja von etwas leben. Nicht nur was das Geld angeht, meine ich. Sondern auch im Geist. Von Hause aus habe ich nichts, also habe ich mir allerhand beigebracht.«

Spitzen klöppeln. Gemmen schneiden. Allerhand ist das in der Tat, und dass sie von etwas leben muss, das im Geiste ist, glaubt Edgar zu spüren. »Johannes Müller? Der Theologe?« Von dem Mann hat er gehört. Müller propagiert ein Leben nach Grundsätzen des frühen Christentums – Einfachheit, Freiheit, Gemeinschaft – und hat irgendwo einen Einödhof gekauft, um dies umzusetzen. Solche Menschen, die hinter dem Leben mehr als das Offensichtliche wittern, die sich auf die Suche begeben, wecken Edgars Neugier. Auch wenn dieser Müller reichlich verbohrt wirkt und ihm deshalb suspekt ist, greift er doch manches auf, das auch Rudolf Steiner beschäftigt. Steiner interessiert ihn. Viel zu selten hat er Gelegenheit, mit jemandem über dessen Ideen zu sprechen. Auf Fragen, die kaum Hoffnung auf Antworten machen, lässt sich niemand gern ein.

»Ja, der«, sagt die kleine Frau mit dem einsamen Blick. »Ich habe mich bemüht, nach seinen Maximen zu leben, aber es ist nicht einfach. Nicht wenn man allein ist und es nun wohl auch bleiben wird …«

Sie berührt etwas in ihm. Ihre Offenheit, die nur feststellt, ohne zu klagen. »Ich heiße Edgar«, sagt er. »Edgar Ende. Maler von Beruf.«

»Und welches Tierkreiszeichen?«

Er horcht auf. Nach seinem Einkommen fragen sie ihn für gewöhnlich, nach seiner Adresse, nach den Häusern, in denen er ausstellt, aber nicht nach dem Sternbild, unter dem er geboren ist. »Fische«, sagt er. »Und Sie?«

»Widder, Aszendent Krebs.« Über ihre Lippen huscht ein Lächeln ohne Amüsement. »Allzeit Feuer, zu schneller Zorn, zu viel hinderliche Empfindsamkeit. Das geht nicht immer gut zusammen.« Sie tritt hinter dem Ladentisch hervor und streckt ihm in einer energischen Bewegung die Hand hin. »Luise heiß' ich. Luise Bartholomä.«

Er mag den Namen. Er mag sie. Als er seine regennasse Hand um ihre schließt, zuckt sie nicht zurück. »Kennen Sie Rudolf Steiner?«

»Ein Buch von ihm, *Vom Menschenrätsel,* liegt auf meinem Nachttisch. Aber ich bin ja keine Studierte und tue mich ein wenig schwer.«

Edgar Ende kommt aus dem Wundern nicht heraus. Was Liebe ist, weiß er nicht, aber Steiner schreibt, sie sei das Erleben des andern in der eigenen Seele.

»Sie sind nass bis auf die Haut, da genügt der Ofen nicht«, stellt sie dann fest, geht los und holt eine kobaltblau karierte Decke. Tee brüht sie auch auf, eine erdige, bittere Mischung in zwei zierlichen, an den Rändern abgestoßenen Tassen.

»Über den Steiner könnten wir reden, wenn Sie mögen«, sagt er.

Sie mag. Es regnet weiter. Als es hinter dem Regen dunkel geworden ist und Luise den Laden schließen muss, reden sie noch immer.

»Warum kommen Sie nicht mit nach oben?«, fragt sie. »Ich habe über dem Laden meine Wohnung. Nichts Großes, aber hier im *Bunten Haus* wohnt es sich schön. Blick in die Berge, und die Nachbarn sind nett.«

Im *Bunten Haus.* Gleich hat der Name es ihm angetan. Zwischen

Nirwana und *Buntem Haus* taumelnd, das passt zu seinem Leben, und Luise hat etwas Schützendes, das selbst des Schutzes bedarf.

Er geht mit ihr, und sie reden. Als das Nachtschwarz über den Gipfeln zu Grau verbleicht, sind sie des Redens noch immer nicht müde. Das ist ungewöhnlich, denkt Edgar. Er hat Frauen gekannt, mit denen er dieses oder jenes gut konnte, aber so reden wie mit ihr, das hat er noch mit keiner gekonnt. Sie ist neun Jahre älter als er, seit ihrem vierten Lebensjahr ein Waisenkind. »Ich hab sonst niemanden«, sagt sie.

»Ich hatte jemanden«, sagt er. »Oder vielleicht auch nicht.«

Der Regen hat aufgehört.

Vier Monate später, im Februar, feiern sie Hochzeit. Er ist erst knapp achtundzwanzig, sie siebenunddreißig, und ihre Trauzeugen sind Fritz und Hedwig Staackmann sowie der Architekt Arthur Holzheimer, drei der Nachbarn aus dem *Bunten Haus*.

Erster Akt

In jedem Menschen lebt ein Kind,
Das kommt aus andern Welten.
Die Herrscher, die von Diesseits sind,
Die lassen es nicht gelten.

— MICHAEL ENDE: KINDERMORD

Garmisch und München,
Krieg und das, was sich Frieden nennt
1929–1943

3

LUISE ENDE KAM VOM Arzt. Für gewöhnlich verfügte sie, ihrer Zartheit zum Trotz, über die Gesundheit einer Brauereistute und kurierte gelegentliche Verkühlungen mit Kamillensud und Zwiebelwickeln aus. Dieses Mal aber hatte eine Kundin ihr empfohlen, einen Arzt aufzusuchen, nein: nicht empfohlen, sondern sie regelrecht dazu gedrängt.

»Sie sehen so blass aus, meine Gute. Bleich wie der Tod, wenn Sie die Freundlichkeit hätten, mir die Bemerkung nicht übel zu nehmen.«

»Ich war krank.« Kunden, die Geld in den Laden trugen, nahm Luise grundsätzlich nichts übel. Zumindest gab sie sich Mühe. »Eine Magenverstimmung.«

»Schon wieder?« Die Kundin presste den Handrücken gegen die Stirn. »Sie dürfen nicht so viel Kohl essen, Sie belasten die Verdauung damit. Aus dem Nachtgewand, das ich mir jüngst von Ihnen habe aufnötigen lassen, kriegt unsere Anni den Arme-Leute-Mief kaum herausgewaschen.«

Luise hatte keinen Grund, sich ihres Lebens zu schämen. Sie war nicht länger eine ledige Waise ohne Kind und Kegel, sondern die Frau eines Künstlers, wenn es auch noch dauern würde, bis Edgar sich durchsetzte, und vorläufig das Geld, das bisher Luise allein ernährt hatte, nun für zwei reichen musste. Sie hatte aber auch keinen Grund, sich vor der Kundin, die mit einem jüdischen Patentanwalt aus der Ludwigstraße verheiratet war, für ihr Leben zu rechtfertigen. Dafür, dass sie und Edgar nach geistigem Reichtum gierten, dass sie eine Kugel aus Zauberkristall um sich spannten, die Luise gegen keine Villa in Grünwald hätte tauschen wollen.

Also sparte sie sich eine Antwort und sortierte Borten.

»Müssen Sie sich übergeben? Im Schwall? Und kommt Blut?«

»Im Schwall schon.« Luise blickte nicht auf. »Blut? Weiß ich nicht, ich schau's mir so genau nicht an.«

»Das sollten Sie aber. Was sagt denn Ihr Arzt dazu?«

»Nichts.«

»Und was bitte schön soll das heißen?«

»Dass ich keinen habe.«

Die Kundin stöhnte. »Manchmal frage ich mich, wie ihr Leute lebt.«

Dann beugte sie sich vor und traf Luise mit einer kleinen Salve spitzer Worte ins Weiche, dorthin, wo sie verletzlich war: »Und was wird, wenn das, was Sie sich da zugezogen haben, etwas Ernstes ist – eine Vergiftung, ein böses Gewächs? Sie tragen doch eine Verantwortung. Wie soll Ihr Mann denn zurechtkommen, wenn Ihnen etwas passiert?«

An der Stelle hatte Luise die Waffen gestreckt. Passieren durfte ihr nichts, jedenfalls nichts, das ihren Mann aus dem Gleichgewicht brachte. Bisher war sie entschlossen gewesen, dieses Elend mit dem Magen zu ignorieren, aber das unheilschwangere Raunen der Kundin beschwor Visionen von einem Spitalbett, um das sich Ärzte mit besorgten Gesichtern scharten, von Kunden, die ihr Geld in andere Läden trugen, von Edgar, der verstört durch die ungeheizte Küche strich, und von überfälligen Rechnungen, die aus der Besteckschublade quollen.

Das durfte nicht sein. Besitz war ihnen nicht wichtig, doch es durften keine Gläubiger kommen, die Edgar hetzten, aus der Ruhe brachten, seinen Blick vom Wesentlichen fortlenkten. Sie hatte von ihrem Quittungsblock ein Blatt abgerissen und die Kundin gebeten, die Adresse ihres Arztes aufzuschreiben. »Das ist vernünftig, Kindchen. Lassen Sie sich gründlich auf den Zahn fühlen, und hinterher wissen Sie wenigstens, woran Sie sind.«

So war es gekommen. Zwar hatte der Arzt, der in einem von Rosen umrankten Häuschen unweit der Ludwigstraße praktizierte, an keinem ihrer Zähne Interesse gezeigt, aber Luise wusste jetzt tatsächlich, woran sie war. Ein wenig überwältigt wartete sie ab, bis der Arzt sie aufforderte, sich wieder anzuziehen, leistete dem dann gehorsam Folge und machte sich auf den Weg.

Geplant hatte sie, über den kleinen Markt nach Hause zu schlendern und fürs Abendessen ein wenig einzukaufen. Ein Viertel Geselchtes, hatte sie sich gedacht, dazu ein paar von den kleinen, neuen Kartoffeln, deren Geschmack nicht unter dicker Schale erstickte, und Frühlingsgemüse – zarte Möhrchen, Zwiebelchen, Zuckererbschen. Sie hatte die Woche über ganz ordentlich verkauft und wollte Edgar mit etwas Gutem überraschen. Edgar war keiner, der ums Essen Aufhebens machte, und Luise war keine, die als Köchin einen Blumentopf gewann. Aber sie war seine Frau, und eine gute Frau will, dass es ihrem Mann bei ihr wohlergeht.

Das galt umgekehrt gleichermaßen.

Sie war immer eine Besondere gewesen, eine, die aneckte, aus dem Rahmen fiel. Er war auch ein Besonderer, einer, den die Welt nicht verstand. Sie waren zwei *Baraitot* – zwei, die außerhalb standen wie die aramäischen Lehrmeinungen, die in die *Mischna*, die Niederschrift der *Thora*, keinen Einzug fanden. Auch wenn sie Freunde hatten, Scharen von Freunden, die sich unter ihrem Dach die Nächte um die Ohren schlugen und mit Worten und Gedanken Universen erschufen. Die Freunde waren selbst *Baraitot*. Und sie sagten zu Luise: »So wie es bei euch ist, ist es nirgendwo. Ihr seid etwas Besonderes, Edgar und du.«

Gewöhnliche Maßstäbe galten nicht für sie. Während andere Paare auf Tellerchen, Stühlchen, Deckchen sparten, um sich ihre kleine Welt zu gestalten, saßen Luise und Edgar in leeren Räumen und diskutierten nächtelang über Welten im Geiste, die zu groß waren, sie je zu erfassen. Dennoch überfiel Luise zuweilen die Furcht, ihrem Mann nach gewöhnlichen Maßstäben nicht zu genügen. Dann wollte sie etwas Gewöhnliches für ihn tun. Ein Nachtmahl kochen. Auf den Nährgehalt der Speisen achten und alles ansprechend würzen und anrichten. Einen Krug Bier neben seinen Teller stellen. »Da, bitte sehr. Lass es dir schmecken.«

Für all das, was sie sich im Kopf schon fertig fantasiert hatte, war aber jetzt in ihrem Beutel kein Geld mehr. Stattdessen steckte darin die Rechnung des Arztes, die noch nicht in Gänze bezahlt war, und was damit werden würde, wusste sie nicht. Was aber wusste man überhaupt von dem, was werden würde? Hatte sie im letzten Jahr um diese Zeit vielleicht gewusst, dass sie heute als verheiratete Frau durch Garmisch spazieren würde, dass Bekannte die Hüte ziehen und sie mit »Sieh an, die Frau Ende«, grüßen würden? Nein, hatte sie nicht. Na bitte. Weshalb also sich über ungelegte Eier aufregen?

Im Geheimen wusste Luise, dass in ihr eine Träumerin, eine Sehnsüchtige, eine Liebesgöttin und eine Kriegerin hausten, aber die, die jedermann kannte, war eine pragmatische Frau. Wenn sie sich den Umweg über den kleinen Markt schenken konnte, dann schenkte sie ihn sich eben. Der Kohlkopf, den sie noch in der Speisekammer hatte, würde zum Nachtmahl genügen müssen, und soweit sie wusste, war an Weißkraut zum Nachtmahl noch niemand gestorben.

Es war ein zum Seufzen prächtiger Frühlingstag, der erste in diesem April. Weißblau, bayrisch, zugspitzig, wie mit Sorgfalt blank poliert. Luise, die aus dem Saarland stammte, würde sich an das schneeige Gegipfel unter strahlendem Himmel nie gewöhnen. Lauernder Dämon, als Murmeltier getarnt, sagte Edgar dazu. Was Edgar sagte, klang nie so herzig wie die Spruchweisheiten auf dem Abreißkalender, den die Nachbarn Fritz und Hedy Staackmann ihnen zur Hochzeit geschenkt hatten. Die Staackmanns waren arme Leute wie die Endes, und der Abreißkalender – dreißig Pfennig bei Schreibwaren Briese – war mit einem Sack voll guter Gedanken überreicht worden. Die kosteten nichts, was beileibe nicht bedeutete, dass sie nichts wert waren.

»Bekämt ihr armen Kirchenmäuse für jeden guten Gedanken, den ich euch zueigne, einen Groschen auf die Bank, könntet ihr den lieben Gott einen guten Mann sein lassen«, hatte Fritz Staackmann im *Blauen Hasen* gesagt, wo sie auf Pump und mit nicht mehr als neun Gästen ihre Hochzeit gefeiert hatten.

»Wir lassen ihn auch ohne Groschen einen guten Mann sein«, war seine Hedy ihm über den Mund gefahren. »Setz dich hin und trink deinen Punsch, Fritz. Wir haben ein gutes Leben, ganz egal ob's hier und da an was fehlt, und Lieschen und Edgar werden es auch haben.«

Damit war sie zum Tresen gegangen und hatte Johann, den *Hasen*-Wirt, aufgefordert, eine Schallplatte aufzulegen, die heiser zirpende Helen Kane, *That's My Weakness Now.*

Das ist jetzt meine Schwäche.
Dinge, die ich nie vermisst habe,
Werden zu Dingen, denen ich nicht widerstehen kann.

»Sind wir hier auf einer Hochzeit?«, hatte Hedy gerufen, in die Hände geklatscht und sich gedreht, dass der billig bedruckte Stoff ihres Rocks um ihren Leib gewirbelt war und Beine und Hüften in seine Blumenfülle eingewickelt hatte. »Kann ja nicht sein, denn es tanzt gar keiner!«

Er hat blaue Augen.
Ich habe mir aus blauen Augen nie etwas gemacht.
Aber dieses Blau in den Augen, das er hat,
Das ist jetzt meine Schwäche.

Fritz, der kriegsversehrt war, musste von Hedy durch die Schrittfolge geschleppt werden, und weder das Brautpaar noch der Rest der Gäste – ihre Vermieterin Erna Gumprecht, Fräulein Schiele vom Modesalon, der junge Architekt Holzheimer, Edgars Vater und sein Bruder Helmuth – verfügten über nennenswerte Übung. Aber sie tanzten alle, angefeuert von Hedy, die wie ein *Flapper* eine unsichtbare Zigarette im Mundwinkel hängen hatte und sich in den mageren Hüften wiegte. »Es wird wunderbar«, raunte sie Luise ins Ohr, sooft ihre Schritte sich kreuzten. »Wer braucht schon Geld? Zweien wie euch muss das Glück doch einfach ins Gesicht lachen.«

Luise, die sehr klein war, hatte zu Edgar, der sehr groß war, aufgeblickt. Seine Augen waren nicht blau, aber sie hatte gedacht: *Das ist jetzt meine Schwäche.* Sie dachte es immer noch. Wer brauchte schon Geld?

Nun gerade ging der humpelnde Fritz vor der Schaufensterfassade des *Bunten Hauses* auf und ab, führte den altersschwachen Dackel an der Leine und kehrte die Straße. Er gab eine komische Figur ab, weil er dabei seinen guten Anzug trug und mit dem Besen einherstolzierte wie bei einer Parade. Den Rest Stolz aus seiner Soldatenzeit hatte er nie ganz abgelegt, auch wenn diese vier Jahre, auf die er so stolz war, ihn den geraden Gang und das klare Denken gekostet hatten. Eine Arbeitsstelle, die ihn und Hedy ernährt hätte, konnte er seit seiner Verwundung nicht mehr ausfüllen. Deshalb betrieb Hedy hinter dem Torbogen des *Bunten Hauses* eine Leihbücherei, für die Fritz Bücher einkaufte und mit akribischer Sorgfalt in die Regale sortierte. Er sollte etwas zu tun haben, sich nicht nutzlos fühlen. Wenn er sich aber trotz der Sortiererei nutzlos fühlte, drückte Hedy ihm einen Besen in die Hand und behauptete, eine frisch gekehrte Straße sei wichtig fürs Geschäft. Wo sich Schmutz sammle, leihe sich niemand ein Buch.

»So ein Mann, wenn er nicht der ist, der das Geld nach Hause bringt«, hatte sie zu Luise gesagt, »dem geht da drin doch was kaputt.« Sie tippte sich auf die Brust. »Mein Fritz hätt' auch für seine Familie sorgen wollen, aber das Leben wollte es eben anders, und jetzt gibt's Tage, da erzählt mir der dumme Kerl, er wär' nichts mehr wert, wär' gar kein richtiger Mann.«

Luise hatte an Edgar gedacht. Der brachte ein wenig Geld ins Haus, indem er Porträts malte, die betuchte Leute bei ihm in Auftrag gaben. Häufig gefielen den betuchten Leuten die Porträts aber nicht, weil das, was Edgar sah und malte, dem, was sie selbst sahen und gemalt haben wollten, nicht entsprach. Dann weigerten sie sich, den vereinbarten Preis zu bezahlen, und einmal hatte ein Kunde rundheraus erklärt, er würde lieber einen Fememord begehen, als das abartige Machwerk, das Edgar ihm als sein Konterfei andrehen wolle, in der harmonischen Gediegenheit seiner Villa aufzuhängen.

An all das dachte Luise, während sie Fritz so beflissen mit dem Besen fuhrwerken sah. Mit dem Verdienst also haperte es bei Edgar, und die, die das Geld nach Hause brachte, würde wohl noch eine ganze Weile lang sie bleiben – aber er musste doch trotzdem wissen, was er wert war, konnte doch deswegen nicht glauben, er sei kein richtiger Mann? Vor der Hochzeit waren sie sich einig gewesen: Luise würde ihren Laden weiterführen, sie würden sparsam leben, bis Edgars Durchbruch als Maler erfolgte. Dass der erfolgen würde, hatte keiner von ihnen bezweifelt, und dass sie die Durststrecke bis dahin durchstehen würden, erst recht nicht.

Würde das, was sie Edgar nun zu sagen hatte, daran etwas ändern? Hatte sich womöglich schon längst etwas geändert, ohne dass sie zwischen den langen Tagen im Laden und dem gehetzten Erledigen des Haushalts genug darauf geachtet hatte? In letzter Zeit war Edgar ihr stiller vorgekommen, rastloser und zugleich lethargischer, so als suche er etwas, das er in den beengten Räumen der Wohnung nicht finden konnte. Schon öfter war sie nachts aufgeschreckt und hatte ihn neben sich, in der Höhle unter den Bettdecken, die sie so sehr liebte, nicht mehr gespürt. Stattdessen streifte er in der Kälte durch den Hausflur, verstört und ohne zu ahnen, was er suchte.

Er war Maler. Er hatte ihr das in der ersten Nacht gesagt, als sie noch versucht hatte, sich gegen ihn zu sträuben, weil er zu groß, zu schön, zu kostbar war, um ihr bisschen Hoffnung auf ihn zu werfen. »Die Leute denken ja, wenn einer Bilder malt, ist es so, wie wenn ein anderer Schweine schlachtet«, hatte er gesagt. »Oder Anrichten zimmert. Oder Leichen zu Grabe trägt. Aber ich fürchte, so ist es nicht, Fräulein Bartholomä. Ich fürchte, für die, die den Bildermaler ertragen müssen, ist es so nicht.«

Sie hatte sich gesträubt und war gescheitert. *That's My Weakness Now*. Jetzt war sie die, die den Bildermaler ertragen musste, und sie ertrug ihn mit äußerster Freude. Nur den Gedanken, ihn zu verlieren, weil es ihr nicht gelang, ihm das Leben an ihrer Seite angenehm zu machen, den ertrug sie nicht. Hätte er eine mit Geld geheiratet, hätte er sich nicht quälen, nicht sorgen, keinen Kohl essen müssen. Aber es hatte sich doch gerade dieser Tage ein Herr von einer der großen Galerien in München angemeldet, und wenn erst einer kam, würden andere folgen, und der Durchbruch wäre nicht mehr weit.

Luise gab sich einen Ruck. Sie musste nach oben und mit Edgar sprechen, und sie musste es fröhlich tun, denn wie sollte sie ihm Zuversicht verleihen, wenn sie selbst keine empfand?

»Grüß Gott, Lieschen«, sagte Fritz und zog seinen Hut, den er auch zum Straßenkehren trug. »Herrliches Wetter, nicht wahr?« Mit einem Schwenk des Hutes wies er auf die glitzernde Zugspitze. Der alte Dackel, dem Weltgeschehen gegenüber gleichgültig, hob nicht einmal den von Warzen übersäten Kopf.

»Ja. Ganz herrlich.«

»Etwas Gutes eingekauft?« Jetzt nickte er Luises Tasche zu, die bis auf den Geldbeutel und die nur anbezahlte Arztrechnung leer war.

»Ja, schon«, murmelte Luise.

»Das ist schön, da bekommt der Edgar was zum Freuen.« Sein Lächeln hatte etwas Sanftes, Weltvergessenes, durch und durch Vertrauensseliges. »Das kann er gebrauchen. Ich war vorhin bei euch oben, wollte fragen, ob Hedy und ich später auf eine Partie Bridge vorbeischauen sollen, und er kam mir ganz niedergedrückt vor.«

»Es geht ihm gut«, rief Luise hastig. »Er ist eben Maler, da leidet er dann und wann unter Stimmungen, die wir gewöhnlichen Leute nicht begreifen können.«

»Gewöhnliche Leute?« Fritz zog den Mund schief. »Hier im *Bunten Haus*? Weißt du etwa einen bei uns, der gewöhnlich genug ist, dass die Versicherung für Arbeitslose ihm in der Not was zahlen tät'?«

Luise hatte nie jemand in irgendeiner Not etwas gezahlt. »Es dreht sich nicht alles nur ums Geld, Fritz. Liebe kann man nicht kaufen.«

Sie ging an ihm vorbei, und er setzte den Hut wieder auf. »Hast ja recht, Lieschen. Du und meine Hedy, ihr habt immer recht, und was wären wir ohne euch?«

Luise versuchte zu lachen. »Zwei Trauerklöße.«

»Wohl richtig. Um also noch einmal darauf zurückzukommen: Wie sähe es denn nachher mit einem Spielchen aus? Wir würden euch nicht viele Umstände machen, gäben uns ganz zufrieden mit deinem Hagebuttentee …«

»Ein andermal, Fritz.« Grüßend hob sie die Hand und war schon im Aufgang. Sie mochte die Staackmanns gern, sie gehörten zum Kreis der Tagträumer und Nachtschwärmer, die sich um Edgar scharten wie Motten ums Licht, aber das, was sie ihrem Mann zu sagen hatte, war nur für seine Ohren bestimmt. Im Treppenhaus gab es kein Licht, und es stank nach Kohl. Nicht aus ihrer Wohnung, denn sie hatte ja noch nichts gekocht. Statt an die Tür zu klopfen, fischte sie aus der fast leeren Tasche ihren Schlüssel, um Edgar, falls er beschäftigt war, nicht zu stören.

Der scharfe Geruch nach Terpentin schlug ihr entgegen, überdeckte den milderen des Leinöls, mit dem die Farben angemischt wurden. Ihre Wohnung besaß keinen Flur, man fiel sogleich mit der Tür ins Haus, wie Hedy zu witzeln pflegte. *Wohnküche und Stube, Abort und Waschgelegenheit im Treppenaufgang*, so hatte Luise die Wohnung samt Laden seinerzeit gemietet. Jetzt aber ging alles ineinander über, und durchqueren ließ sich die Wildnis nur durch einen schmalen Gang, zu dessen Seiten sich schwankende Besitztümer türmten.

Wie konnte man arm sein und zugleich so viel sein Eigen nennen? Luise hatte die Neigung, Dinge anzuhäufen, nichts wegzuwerfen, das man womöglich irgendwann noch gebrauchen konnte. Und als dann Edgar eingezogen war, mit seinen Farbkästen, der Staffelei, den auf Rahmen genagelten Leinwänden, ähnelte die Wohnung bald einer Schublade, in die man seinen Krimskrams hineinstopfte, ehe man sie mit vereinten Kräften zudrückte. Weil aber Edgar Leere brauchte, rückten sie morgens alles, was sich bewegen ließ, aus der Küche in die Stube, türmten es auf, begruben eins unterm andern.

Luise schlängelte sich nun durch den vollgestopften Raum, ohne Edgar zu rufen. War er beim Malen, würde ihre Mitteilung warten müssen. Auf einmal schwand ihr Mut und wich dumpfer Verzagtheit. Wie hatte sie glauben können, sie würden es schaffen? Wie hatte sie glauben können, es wäre nicht schwer?

Sie schob den Kopf in den Türspalt zur Küche. Wenn Edgar malte, schloss er sich ein, und Luise wartete dann im Labyrinth der Stube, bis er herauskam. Jetzt malte er nicht. Er saß auf dem Schemel und blickte auf, als er sie hörte. Lang, wie er war, wirkte sein Körper, als hätte er ihn zusammengeklappt, und der Schemel unter ihm wurde zum Kinderspielzeug. Er trug seine Brille, die Gläser waren beschlagen, sodass Luise das Grau seiner Augen nur erahnen konnte.

That's My Weakness Now.

Er würde ihre Schwäche sein, bis sie starb, und solange sie ihn bei sich hatte, besaß nichts die Macht, sie umzuwerfen. Nur der Gedanke, er könnte aufstehen und so unvermittelt diese Wohnung verlassen, wie er sie einst betreten hatte, machte sie verrückt.

»Tut mir leid«, sagte er, ehe sie zu Wort kam. Aus unerfindlichem Grund hatte sie dasselbe zu ihm sagen wollen.

»Was denn, Ed?« Sie wäre gern zu ihm gegangen und hätte die Arme um ihn geschlungen, doch sie waren beide nicht gut darin. Sie hätte ihn trösten, ihm versichern wollen, dass sie zurechtkommen würden, aber für den Augenblick hatte die Wucht des Bevorstehenden ihr den Schneid abgekauft. Sie, die ihn schützen wollte, sehnte sich selbst nach Schutz.

Noch immer blickte Edgar durch die beschlagenen Gläser der Brille zu ihr auf. »Ich hab's vermasselt, Lise«, sagte er. »Das mit dem Köster, das wird nichts.«

»Mit welchem Köster?«

»Dem Galeristen aus Schwabing, der sich ansehen wollte, ob ihm von meinen Sachen etwas taugt – erinnerst du dich? Der geschrieben hat, bei Gefallen könnten wir über eine Ausstellung reden, und er würde auch dem Franz Roh einen Wink geben, diesem Kunstkritiker, an dessen Lippen ganz München hängt.«

Luise nickte. Und ob sie sich erinnerte. In den letzten Tagen hatte Edgar auf diesen Besuch seine ganze Hoffnung gelegt und sie seit dem Arztbesuch ebenfalls. »Hat er dir abgesagt? Kommt er nicht?«

»Gekommen ist er schon.« Edgar stand auf und begann, in der Küche, wo zwischen Herd und Bett und Eckbank noch Platz war, auf und ab zu wandern. »Herumstolziert ist er hier, hat mit spitzen Fingern sein Taschentuch gezogen und die Bank abgewischt, um seinen vornehmen Hintern draufzupflanzen. Ich hab ihm erklärt, bei uns ist zwar das Geld knapp, aber das macht uns nicht zu Schweinen, die im Koben hausen. Ich kann mit Leuten wie dem nicht umgehen, Lise. Er soll gehen, hab ich zu ihm gesagt, ich habe kein Bild, das ich ihm zeigen kann.«

Am anderen Ende der Küche blieb er stehen und riss sich die Brille herunter. Seine Augen, die jetzt schutzlos wirkten, waren rot gerändert. *Keine Ausstellung,* dachte sie, *kein Kritiker aus München, kein Geld. Weder jetzt noch morgen, und auch nicht in sechs Monaten.*

»Nun sprich's schon aus«, sagte er. »Es muss ja gesagt werden, wozu also aufschieben?«

»Ich krieg ein Kind«, sagte Luise.

Sein Blick wurde starr vor Schreck. Er streckte die Arme wie Halt suchend aus und fand keinen.

Ihr Blick war auch starr vor Schreck. Mit der leeren Einkaufstasche stand sie in der Tür und wusste nicht, was tun. *Ich kann's mir doch nicht aus dem Bauch reißen!*, dachte sie. Kaum verebbte der Gedanke, erwachte der Trotz. Sie sah zu Boden, zählte die Rillen in den Dielen und presste die Hände auf den Leib. Bis eben hatte sie nicht glauben können, dass darin ein Mensch wuchs. *Ich will's nicht rausreißen!*, begehrte sie auf. *Ich will's bekommen! Warum soll ich keine Mutter sein dürfen?*

»Lise? He, Lise.« Edgars Hand umfasste ihr Kinn und hob es unbeholfen an. »Nicht verzweifeln, hörst du? Du doch nicht. Meine Lise, die nichts umwirft.«

Er hielt den Kopf gesenkt, sein Gesicht war ihrem ganz nah, seine Augen grau wie der Regen, der ihn in ihr Leben gespült hatte.

I never cared for a rainy day,
But he likes a rainy day,
So that's my weakness now.

»Wir schaffen das schon.« Seine freie Hand strich über ihr Haar und verfing sich. »Ich lasse mir etwas einfallen. Schreibe dem Köster einen Brief und entschuldige mich.«

Luises Kehle war trocken. »Du willst es haben? Du freust dich?«

Er sah sie an, wie er sonst manchmal durch den Raum sah, wenn er an dessen Ende etwas entdeckte, das außer ihm niemand wahrnahm. Dann stahl sich von seinen Lippen bis hinauf zu seinen Augen sehr langsam ein Lächeln.

»Ob ich's haben will? Mein Kind? Ja, was glaubst denn du?«

4

IN DEM TUNNEL, DURCH den sie rannte, herrschte Schwärze. Wie in der Küche, wenn Edgar dort alle Fenster abdunkelte, weil Schwärze Leere bedeutete und er es zum Malen nicht leer genug haben konnte. Luise dagegen hatte vor der Leere Angst und lief mit trommelnden Sohlen vor ihr davon, doch sie entkam ihr nicht. Auf Schwärze folgte immer nur neue Schwärze, so weit sie auch rannte. Das Gewicht des jungen Löwen, den sie trug, ließ ihre Arme erlahmen. Sein Gesicht sah sie nicht. Es war zu dunkel. Sie wusste nur, sie durfte ihn nicht fallen lassen.

Dann war der Tunnel jäh zu Ende. Grelles Licht zerschlug die Schwärze, und vor ihr tat sich eine Grube auf, gefüllt mit blendender Helligkeit. Sofort war ihr klar, wohin sie geraten war: in den Hochofen, bei dessen Anstich ihr Vater gestorben war. In die gleißende Flut war er gestürzt und verglüht, ohne dass etwas von ihm übrig blieb.

Bei des Vaters Tod war Luise vier Monate alt gewesen. Sie konnte im Grunde nichts davon wissen, war nicht einmal sicher, wie ein Hochofen aussah, geschweige denn, wie man ihn anstach. Zudem war sie für ihren Vater, den sie nicht gekannt und der sie nicht gekannt hat, nichts Besonderes gewesen. Philipp Bartholomä, der Hüttenarbeiter, hatte fünfzehn Kinder durchzufüttern, und als lästiges sechzehntes war noch Luise auf die Welt gekommen. Ihre Mutter, seine zweite Frau, war keine vier Jahre später ebenfalls tot, hatte sich davongestohlen, nur fort von der lästigen Brut, die es nicht wert war, am Leben zu bleiben. Da die lästige Brut sich noch nicht selbst versorgen konnte, wurde sie ins Waisenhaus gekarrt, wo Kinder Nummern, keine Namen hatten und niemand einzigartig war.

Aber das Geschöpf, das sie im Fallen auffing, war einzigartig, der junge Löwe, den sie vor dem Sturz in die alles verschlingende Glut bewahrte. Aus der blendenden Helligkeit schälten sich Gesichter, erhoben sich Stimmen, die ihr zujubelten:

»Sie haben ein Kind, Frau Ende! Einen Sohn.«

Völlig entkräftet sank Luise nieder und schlang die Arme um das Wesen, das auch sie, das Waisenkind ohne Namen, einzigartig machen würde. Von dem jungen Löwen hatte sie während der Schwangerschaft immer wieder geträumt, aber jetzt war er kein Traum mehr: Sie hatte ihm das Leben geschenkt, sie würde ihn behüten und aufziehen. Von diesem Tag an und bis an ihr Lebensende würde sie an seiner Seite sein.

Nie mehr allein.

Nie mehr unbedeutend.

Erinnerung und Gegenwart fügten sich wieder zusammen, nur entlang der Kanten fehlten ein paar Teile. Sie war ins Krankenhaus geschafft worden, weil etwas in ihr geplatzt und Wasser aus ihr herausgeschossen war, als hätte sie einen Ozean in sich genährt. Kaum im Spital angekommen, hatten drei, vier, fünf Paar Hände sie auf ein Bett gepresst und in wilder Hektik in den Kreißsaal gerollt. Luise hatte vor Schmerz gebrüllt, verblüfft von der brachialen Gewalt, die in ihrem Körper steckte.

»Die Frau ist zu klein«, hatte einer der Ärzte gerufen, »und zu alt. Erstgeburt mit achtunddreißig, und noch dazu ein Becken wie ein Backfisch.«

»Alleine schafft sie das nicht. Keine Chance.«

Aber sie hatte es geschafft. Irgendwie. Während ihre Augen sich an die schmerzende Helligkeit gewöhnten, erkannte sie das Gesicht der Hebamme. Ihr Lächeln ist süffisant, denkt Luise.

»Ein Prachtkerl. Neunpfünder. So hübsch wie der ist, verdreht er mal der halben Welt den Kopf.«

Luise sah auf das kleine Gesicht nieder und verliebte sich. Es war nicht zerknautscht, wie es ihr die Nachbarinnen prophezeit haben. Fräulein Schiele und Hedy, die selbst keine Kinder hatten. Das Gesicht ihres Kindes war glatt, seine Haut ohne Makel. Luise verliebte sich und wusste: Sie wird sich ab heute an jedem Tag ihres Lebens aufs Neue verlieben.

»Michael«, flüsterte sie. Probierte seinen Namen aus, der jetzt in ihrer Welt der wichtigste Name war.

Michael Andreas Helmuth.

Darauf hatten sie sich geeinigt. Helmuth nach Edgars Bruder, das hatte Luise vorgeschlagen, weil jedes Kind, jeder Mensch zu einer Familie gehören will. »Glaub mir, wenn eine das weiß, dann ich. Ich hab nämlich keine. Also gehört unser Kind zu deiner.«

»Zu der gehöre ich ja nicht mal selbst«, hatte Edgar gemurmelt, ihr aber den Wunsch nicht verwehrt. Zudem mochte er seinen Bruder Helmuth gern, der kannte Steiner wie seine Westentasche, war ein fescher Lebemann, und einmal hatte Edgar ihr anvertraut, wie sie einander des Nachts Geschichten erzählt hatten: »Eigentlich habe ich nur die Bilder beschrieben, die aufgetaucht sind, als längst das Licht aus war, aber der Helmuth, der hat von der Geschichte, die dahintersteckte, längst gewusst.«

Also Helmuth, und um der Gerechtigkeit willen hatte Edgar auch noch einen Namen ausgesucht: Andreas, nach einem Gedicht von Karl Thylmann, der auch einen Sohn gehabt hatte, eben jenen Andreas, den Säugling:

Wie du, Kindlein, sollen wir werden,
Spricht der eine
Wie du.
Das ist das schwerste der Wunder.

Zwei Jahre später starb der Vater bei Verdun, hat den Sohn nicht noch einmal gesehen, aber an seinem letzten Tag geschrieben:

So ist der Tod. Die Luft wird Sterngranit.

Luise verstand nicht alles, was der Dichter zwischen den Worten versteckt hatte, aber die Zeile ließ sie an ein Bild denken, das Edgar von einem Gewitter gemalt hat. Als würde die Luft zu scharfkantigen Kristallen gefrieren. Also Andreas. Zu Ehren des Dichters und Vaters, der so alt wie Edgar gewesen war, als er hatte sterben müssen.

Sterben müssen ist nicht so tragisch, hatte Luise geglaubt, aber von heute an war der Gedanke unvorstellbar. Sie sind eine Familie. Ihr Leben fängt jetzt erst an. Der Name Michael, der Rufname werden soll, hat ihnen beiden gefallen. Michael, der Erzengel, der den Teufel besiegt – zu dem leuchtenden Kindergesicht, das noch immer etwas von dem jungen Löwen hat, scheint der Name zu passen.

»Ist mein Mann verständigt?«

Edgar musste doch wissen, dass sie einen Sohn hatten, dass sie eine Familie waren, etwas Einzigartiges.

»Nun mal langsam.« Einer der Ärzte lachte, und die Hebamme nahm ihr Michael aus den Armen. »Erst einmal wollen wir sichergehen, dass Sie über den Berg sind. So ein Notkaiserschnitt ist kein Spaziergang. Im OP-Saal oben hat es ausgesehen wie im Schlachthaus.«

Kurz erwog Luise, zu protestieren, doch dann überwältigte sie die Erschöpfung, und sie glitt in den Schlaf hinüber. Diesmal befand sie sich in einem friedlichen Tunnel, in dem das Licht nur erlosch, damit sie wohlig schlafen und neue Kräfte sammeln konnte. Zu sorgen brauchte sie sich nicht, man würde ihr Michael bringen müssen, wann immer sie nach ihm verlangte. Er gehörte ja ihr. Würde ihr für immer gehören. Sie war als ein Niemand, als eine zu kleine, zu alte, zu arme Erstgebärende hergekommen, und war jetzt eine Königin.

5

SO BEGANN IHR LEBEN mit Michael – am zwölften November des Jahres 1929, nachmittags um Viertel nach fünf, unter einer Sonne im Skorpion, was Klugheit, Unerschrockenheit und Intensität ohne Rückhalt verhieß. Ihr Kind passte zu ihnen, zu zwei grüblerischen Menschen voll verhaltenem Feuer, die scheu und gesellig zugleich waren, die die Musik des Lebens um sich liebten, Geklapper von Gläsern und unentwegtes Ballspiel aus Frage und Antwort, und dabei in sich selbst einen Ort hatten, um den sie Mauern zogen, den sie mit niemandem teilten. Ihr Kind würde ihnen darin ähnlich sein und wuchs doch schon im Augenblick seiner Geburt über sie hinaus, weil sein Aszendent in den Zwillingen ihm Wachheit, Schönheit und die Zaubermacht der Worte verhieß. Nur Tage später sollte Luise sich fragen: Die achtunddreißig Jahre vor ihm – womit habe ich sie gefüllt, worüber habe ich nachgedacht, wie habe ich die nicht endende Kette sinnlos aufgereihter Tage überstanden?

Das Leben mit Michael war hingegen bedeutsam und erfüllt. Einfach war es nicht. Dreizehn Tage lang hatte Luise im Krankenhaus bleiben müssen, ehe der große Bauchschnitt, aus dem man ihr Kind herausgeholt hatte, so weit verheilt war, dass ihr vorsichtige Bewegungen erlaubt wurden. Blut verlor Luise noch immer, wenn auch nur klümpchenweise, und auf die Schwäche ihres Körpers war sie nicht im Mindesten vorbereitet. Sie war immer eine Frau gewesen, die funktioniert hatte, nach jedem Zipperlein stand sie gleich wieder auf den Beinen. Jetzt aber wurde schon der Weg hinaus auf das Klosett am Gang zu einer kaum zu meisternden Aufgabe. Wenn sie hinterher erschöpft auf einen Stuhl sinken wollte, verlangte ihr Kind nach ihr, dem es doch an nichts fehlen sollte, an nichts fehlen durfte.

Daheim war nichts vorbereitet. Wie auch? Edgar war ein Mann, noch dazu Künstler und weltfremd, wie hätte der wissen sollen, was ein Neugeborenes brauchte? Außerdem war kein Geld da. Luise hatte ja zwei Wochen lang den Laden schließen müssen und keinen Verdienst nach Hause gebracht. Etwas in ihr hatte wohl gehofft, er werde in der Zwischenzeit die Verantwortung übernehmen. Ein Bild verkaufen. Sich irgendeinen banalen Auftrag beschaffen. Dafür sorgen, dass es Frau und Kind, dass es *seiner Familie* an nichts fehlte.

Aber wie durfte sie so denken? Er war Künstler, für die Trivialitäten, die der Markt verlangte, nicht geschaffen. Seine Bilder waren Weltenrätsel, die nicht einmal die Kunstkritiker der großen Zeitungen zu deuten verstanden. Weshalb sie diesen Edgar Ende, der sich in keine Schublade falten ließ, bei aller Bewunderung nur mit äußerster Vorsicht anfassten. Und weshalb Luise nun frisch entbunden in einer Wohnung saß, in der es nach Leinöl und Terpentin und säuerlichem Urin stank, in der ein Säugling nach seinem Recht krähte, aber weder ausreichend Windeln noch Garnituren zu finden waren, ganz zu schweigen von Fläschchen und Milchvorrat. Letztere würde sie jedoch brauchen, wenn – wie es aussah – ihr Körper sie auch hierbei im Stich lassen und die aus Natur und Mutterliebe gesponnene Milch verweigern würde, die ihr kostbares Kind am Leben halten und mit schützenden Kräften ausstatten sollte.

Auf der Küchenanrichte, wo Gläser und Tiegel mit Vorräten hingehörten, lag nichts als ein ungeöffneter Brief. »Der kam vor drei Tagen«, sagte Edgar, der beim Fenster stand und in eine Art Skizzenbuch zeichnete.

»Von wem ist der?«

»Vom Krankenhaus.«

»Und warum hast du den nicht aufgemacht?«

»Weil ich mich gefürchtet habe.«

Zumindest ehrlich war Edgar. Auf die Idee, einen Helden aus sich zu machen, wäre er nicht gekommen. Luise war auch keine Heldin und an dem Dilemma mehr schuld als er. Das bisschen Erspartes, das geschützt vor Börsenkrächen unter ihrer Matratze gesteckt hatte, war für die Bestellung eines Taufkleids mit kostbarer Spitze aus Palästina, wo Luise selbst einmal ein halbes Jahr lang gelebt hatte, ausgegeben worden. Das Taufkleid wäre für einen Prinzen angemessen gewesen, nur würde der weder Land noch Krone erben, sondern musste erst einmal etwas in den Magen bekommen. Aber es gab ja die Freunde. Die kinderlose Schar aus der Nachbarschaft, die sich auf den kleinen Michael wie auf ein unvergleichliches, nie da gewesenes Weltwunder stürzte. Und sie, Luise, hatte dieses Wunder hervorgebracht. Geld hatten die Freunde so wenig wie die Endes. Seit die Zeitungen das düstere Lied von der Weltwirtschaftskrise sangen, schien niemand mehr welches zu haben, doch die Staackmanns, der junge Architekt Holzheimer, der *Hasen*-Wirt Johann und das Fräulein Schiele waren findige Leute, und sie hätten ihr letztes Hemd hergeschenkt, um dem kleinen Weltwunder Michael und seiner Mutter das Leben zu erleichtern. Obendrein waren sie dankbar, weil sie auf diese Weise an der Hoffnung teilhaben durften, die mit so einer Kindsgeburt einherging und die die muffige, vollgestellte Wohnung mit geheimnisvollem Glanz erfüllte.

Die Freunde wussten, wo man im Viertel anschreiben lassen konnte, und schafften Milch und Honig und Markknochen heran. Letztere, um sie für Luise auszukochen, denn wenn sie zu Kräften kam und sich ordentlich ernährte, würde ihre Milch schon noch einschießen. Dazu brachten sie Kinderkleidung, ein Federbett, eine zur Wiege ausgepolsterte Futterkrippe, wie die, in der der Retter der Welt gelegen hatte, und einen Hampelmann zum Aufziehen. Die beiden Staackmanns hatten ein Buch über Kinderaufzucht in bemaltes Papier gewickelt, und der *Hasen*-Wirt Johann stiftete drei Flaschen feinsten Grünen Muskateller, um auf das Wunder des *Bunten Hauses* anzustoßen.

»Kleiner Michael«, sagte Fritz Staackmann, der sich für so etwas wie einen Redner hielt, mit erhobenem Glas, »du bist als Sohn reicher Leute geboren, und dessen sollst du dir immer bewusst sein, wenn auch dort draußen wieder einmal der Untergang der Welt prophezeit wird: Unter dem Dach deines Elternhauses häuft sich kein materieller Besitz, aber es wohnen darunter Anstand, Treue und Freundschaft, die weit höher zu schätzende Güter sind.«

Er nickte Michael zu, der auf Luises Arm mit weit geöffneten Augen Hof hielt, nippte am Glas und reichte es an den Architekten weiter, der es in Richtung der zum Trocknen aufgestellten Leinwände schwenkte. »Und die Kunst!«, rief der junge Mann feurig, der in seiner Freizeit Zither spielte und politische Satire dichtete. »Was für ein armseliges Dach wäre das, unter dem keine Kunst zu Hause ist, kein Schöpferwille! Wie soll ein Kind unter Philistern gedeihlich aufwachsen, wo es doch die Kinder sind, die noch ungehemmt aus allem schöpfen?«

»Darf man fragen, woher Sie, Herr Holzheimer, Ihr Wissen über Kinder beziehen?«, fragte Fräulein Schiele mit dünn gezupften, in die Stirn erhobenen Brauen und nahm dem Architekten das Glas aus der Hand. »Stil und Geschmack und Sinn für das Schöne«, bemerkte sie gelinde pikiert und prostete in Richtung Michaels, der sich noch immer, ohne mit der Wimper zu zucken, die eigentümliche Runde beguckte.

»Ach Gottchen.« Das war Hedy Staackmann, die im bodenlangen, ein wenig angestaubten Kleid gekommen war und es mit Würde trug wie zu einer großen Gala. »Liebe und Lebensfreude, die sollen dir, kleiner Michael, und deinen lieben Eltern nie ausgehen. Alles andere findet sich. Hat sich immer gefunden, in den fetten wie in den mageren Jahren.«

»Sind die fetten schon angebrochen?« Das war wiederum der Architekt, der insgeheim an der Überzeugung festhielt, an ihm sei ein Kabarettist verloren gegangen. »Da muss ich mit der Pips im Bett gelegen haben.«

»Nicht nur mit der.«

»Nehmt euch doch zusammen! Wir haben ein Kind mit zarten Ohren unter uns.« Hedy Staackmann, diese Lebenskünstlerin, die unerschütterlich darauf beharrte, aus ihrem kümmerlichen Dasein ein Fest zu machen, pflückte das Glas, das überschwappte, aus den Fingern der Schiele und nötigte es Edgar auf. »Über Politik wird hier und heute kein Wort verloren. Wir lassen uns doch nicht von Schwarzmalern unsere Freude verderben.«

»Wo kämen wir denn da hin?«, konterte der Architekt. »Die Republik keucht auf dem Sterbebett, und wir reden darüber? Gott bewahre!«

Edgar wirkte abwesend, sah verwundert dem Wein zu, der ihm über die Finger troff. Ohne Holzheimer länger zu beachten, trocknete ihm Hedy mit der Manschette ihres Kleides die Hand ab. »Erteilen wir jetzt das Wort dem stolzen Vater! Lieber Edgar, wie also lautet dein Wunsch für deinen feinen Jungen – was soll ihm unter deinem Dach nie ausgehen?«

Edgar überlegte. Luise liebte das an ihm. Er hatte nie eine schnelle, dümmliche Antwort parat wie andere Männer, er sagte nichts, das nicht echt war, und während er ihr jetzt sein Gesicht zuwandte, um seinen Sohn zu betrachten, schnitt seine klare, charaktervolle und dabei noch so junge Schönheit ihr ins Herz.

Aus dem Schnitt im Herzen aber schoss mit dem nächsten Atemzug Blut. Immer geschah das ohne Warnung, legte sich im Handumdrehen ein Schalter um: Hatte sie sich eben noch sicher im Schoß ihrer Familie, von den Freunden verwöhnt und gepriesen gefühlt, so traf sie jetzt der Stachel: *Was glaubst du wohl, dummes Ding? Dass er bei dir bleibt, ein Mann, der so kostbar ist, so begehrenswert, der so viel zu bieten hat? Warum sollte er? Ist vielleicht deine eigene Mutter bei dir geblieben, warst du ihr, ehe sie sich davonstahl, auch nur einen Gedanken wert?*

Wann immer sie den Stachel spürte, musste sie sich wehren, musste Edgar zeigen, dass er gar nicht die Macht besaß, ihr wehzutun, dass sie mit seinem Weggang rechnete und sich davon nicht beirren lassen würde.

Wenn du gehen willst, bitte – ich halte dich nicht. Für meinen Unterhalt habe ich mein Leben lang allein gesorgt, und darauf, dass mir ein Mann das Blau vom Himmel holt, werde ich in meinem Alter nicht mehr wie ein Backfisch zu hoffen anfangen.

»Na los, Edgar, trauen Sie sich«, forderte das kokette Fräulein Schiele, das ein Flirt auf langen Beinen war, Luises Mann heraus. »Was ist es denn, das Ihrem Stammhalter nicht ausgehen soll?«

»Geld, um die Familie zu ernähren, wird's kaum sein«, fuhr Luise dazwischen. »Darum schert sich Edgar ja nicht, er glaubt, seine Frau hat hinterm Haus einen geheimen Baum, auf dem sie's wachsen lässt.«

Sie wollte nicht glauben, dass sie das gesagt hatte. Wie konnte ausgerechnet sie ihren Mann so kränken, sie, die doch wusste, wie er kämpfte und sich mühte, um sich dem Zeitgeschmack anzudienen, und wie er als Künstler doch nichts anderes vermochte, als bei sich zu bleiben? Wie konnte ausgerechnet sie ihn vor der gesamten Nachbarschaft bloßstellen, vor den Freunden, die ihre Familie gefeiert und ihre Gläser auf ihr Glück gehoben hatten?

Sie wusste ja, wie und warum sie es konnte, warum dieser Zwang in ihr war, der sich nicht beherrschen ließ: *Versetzt du mir einen Stich, versetze ich dir einen, und um sicherzugehen, steche ich zuerst. Und wenn du jetzt aufstehst und gehst, bekommen wenigstens alle zu sehen, dass ich recht hatte, dass ich's nicht wert bin, dass keiner, den ich liebe, bei mir bleibt.*

Ihre Arme schlossen sich wie eine Zwinge um Michael, der bisher weder geschlafen noch geweint, sondern immer nur mit schönen, verständigen Augen um sich geblickt hatte, der aber jetzt, in ihrem zu festen Griff, zu schreien anhob.

Die Freunde, bestürzt, verstört, ließen Arme, Gläser und Mienen sinken. Der *Hasen*-Wirt hatte reihum einschenken wollen, betrachtete nun jedoch skeptisch die Flasche, in der der Weinpegel kaum mehr das Etikett erreichte.

Aus der Schreckstarre löste sich Hedy als Erste, schwebte auf Luise zu und wand ihr Michael aus dem Arm. »Nun, nun, mein Goldiger«, gurrte sie ihn an und tänzelte mit ihm durch den engen Raum. »Wer wird denn weinen, wo doch dein kompletter Hofstaat aufmarschiert ist, um dich zu feiern? Und deine Mama, die hat's ja nicht so gemeint. Was meint man schon so, wie's einem herausrutscht, erst recht, wenn man erschöpft ist und so ein kleiner Schreihals einen nachts nicht schlafen lässt?«

Michael ließ Luise nachts sehr wohl schlafen. Sie selbst war es, die den Schlaf bekämpfte. Sie wollte wach liegen, in dem Licht, das die Straßenlaterne ins Dunkel mischte, ihr schlafendes Wunder betrachten und sich wie eine Priesterin, eine Hüterin uralter Heiligtümer fühlen. Nun aber hatte sie selbst Michaels Familie, den Hort, in dem er hätte geborgen sein sollen, zerbrochen. Edgar hatte noch immer kein Wort gesagt. Er rieb sich die Augen, setzte sich die Brille mit den runden Gläsern, die die Verletzlichkeit seines Gesichts betonten, wieder auf. Dass er gleich seinen Hut vom Haken nehmen und gehen würde, wusste sie ja und hatte es immer gewusst. Vielleicht würde er den Hut zurücklassen. Er legte auf dergleichen keinen Wert.

Würde er Michael zum Abschied küssen? Wie konnte er sich losreißen von seinem eigenen Fleisch und Blut?

Aber Männer waren anders. Männer spürten ja nicht, dass das Fleisch und Blut des Kindes aus ihrem eigenen geschnitten war, und außerdem konnte ein Mann wie Edgar noch hundert Kinder zeugen, wenn er wollte, während Luises ganze Flut von Träumen sich in dem einen, einzigen erfüllen musste.

»Nun wirst du uns aber endlich sagen, was du deinem Sohn wünschst, lieber Edgar.« Hedy tanzte mit Michael, der das Schreien aufgegeben hatte, um ihn herum.

»Mir fällt nichts ein«, murmelte Edgar.

War ihm der Sohn, den er verlassen würde, nicht einmal einen Wunsch wert?

»Ihr habt ihm ja schon so viel gewünscht, dass ich nicht weiß, wo der Junge neben all dem Herbeigewünschten noch hinpassen soll.«

»Ach geh, Edgar!« Hell wie ein Glockenspiel lachte Hedy auf. »Humor hat der Mann, das muss der Neid ihm lassen. Aber ein klitzekleines Wünschlein wird sich doch wohl noch unterbringen lassen.«

»Ja, eines weiß ich wohl.« Edgars Stimme hatte einen Hall, als wäre er gar nicht mehr hier im Raum. »Platz wünsche ich ihm, zwischen all dem Gerümpel, das wir ihm hingestellt haben, freien Raum für das, was er sich selbst hinstellen will.«

Hedys Lachen gellte unecht. »Ich sag's doch – einen Humor hat der Mann, da wundert's einen, dass du aus dem Lachen überhaupt noch herauskommst, Lieschen. Und nun, zur Krönung, haben wir noch ein Geschenk für unseren Prinzen vom *Bunten Haus*, nicht wahr, Fritz?«

Fritz zuckte zusammen, sah sich suchend um, schien aber seine Frau, die ihn beim Namen gerufen hatte, nicht zu erkennen. So erging es ihm gelegentlich. Das Geschoss, das er sich als Offizier für Reich und Kaiser eingefangen hatte, war ihm unseligerweise ins Gehirn gedrungen, weshalb er zwar alles noch ein bisschen, aber nichts mehr ganz richtig konnte. Hilflos sah er aus. Wie bestellt und nicht abgeholt.

Im Nu trug Hedy Michael zu Luise zurück und stellte sich an die Seite ihres Mannes wie ein tapferer kleiner Soldat. Sie nahm seinen Arm und hakte sich bei ihm ein, als hätten sie von Beginn an verabredet, genau in diesem Augenblick eine Deklaration abzugeben. »Unser Geschenk, Fritz. Du weißt doch – das, was wir uns für Klein-Michaelchen überlegt haben.«

»Für Klein-Michaelchen.« Mit dem karierten Tuch, das Hedy aus seiner Brusttasche gezupft und ihm in die Hand gedrückt hatte, rieb sich Fritz eine Schweißspur von der Stirn. »Ach ja doch, natürlich. Ja, ja.«

»Mein Fritz und ich, wir haben nämlich beschlossen, dem Kleinen zu unserer Leihbücherei allzeit freien Zugang zu schenken.

Ohne Ausleihgebühren, versteht sich. Zum Lesen nach Herzenslust.«

»Ohne Ausleihgebühren«, wiederholte Fritz, der sich gefangen und die Schultern im Anzug gestrafft hatte. »Damit dem jugendlichen Durst nach Bildung nicht der Mangel an schnödem Mammon im Weg steht.«

Hedys Lächeln wirkte nun matt. Fritz stierte mit gewichtiger Miene vor sich hin. Das Fräulein Schiele lachte geziert auf. »Was für ein nützliches Geschenk, beste Hedwig. Einem Wickelkind, dem's am Nötigsten fehlt, hilft nichts mehr als eine Stube voll verstaubter Bücher, die's nicht lesen kann.«

Luise wollte in die Bresche springen, die ebenso liebevolle wie lächerliche Geste der Staackmanns verteidigen, doch ihrem Hunger nach Gerechtigkeit zum Trotz schwieg sie still. Sie selbst war ja schuld. Mit ihrem Angriff auf Edgar hatte sie der Harmonie, der wohligen Stimmung den Hals umgedreht, und kleine Störenfriede wie die Schiele warteten nur auf eine solche Gelegenheit, um Zwietracht zu säen.

Das Fest war kein Fest mehr. Eilig verlegten sich alle aufs Trinken, leerten Gläser, in denen es höchstens letzte Tropfen gab, und traten noch eiliger den Heimweg an. Dass Edgar nicht mit ihnen ging, sondern blieb, erschien Luise unfassbar. Sie hielt Michael, der noch immer nicht eingeschlafen war, auf einem Arm, drückte sich zwischen Möbelstücken und Gerümpel herum und räumte hier und dort sinnlos etwas beiseite, ohne den leisesten Eindruck von Ordnung zu erzeugen. Edgar stand wieder beim Fenster, das er angelehnt hatte, und zeichnete im flackernden Licht der Laterne in das Skizzenbuch. Einen verbotenen Augenblick lang wünschte sie sich, er wäre nicht Künstler, sondern irgendetwas Banales, Hausmeister, Bäcker, Gerichtsvollzieher, jemand, den man ansprechen durfte, ohne Gefahr zu laufen, mit einem Wort eine Welt in Scherben zu legen.

Sie fror, doch ihn zu bitten, das Fenster zu schließen, wagte sie nicht. Der Brief vom Krankenhaus lag noch immer auf der Anrichte. Luise riss ihn mit der freien Hand auf und fingerte die Bögen heraus.

Ein Satz, der ins Auge sprang, und eine Säule Zahlen:

... erlauben wir uns, für eine an der Patientin Luise Ende durchgeführte Kaiserschnittgeburt samt Wochenbettpflege und Krankenhausaufenthalt von dreizehn Tagen den im Folgenden aufgeschlüsselten Betrag in Rechnung zu stellen ...

Fünfhundertdreizehn Reichsmark. Ein Vermögen, das zusammenzubringen ganz und gar undenkbar war. Selbst wenn sie ihren Körper, der ihr den Dienst verweigerte, zwingen und den Laden ab morgen wieder aufmachen würde, selbst wenn kurz vor Weihnachten die Kunden nur so hereinströmen würden, selbst wenn dies oder das oder jenes geschah, eine solche Summe konnte sie unmöglich aus dem Boden stampfen. Hinzu kam diese Wirtschaftskrise, von der die Zeitungen voll waren. Wenn die Leute das lasen – würden sie ihr bisschen Geld, vielleicht das letzte, das sie auf lange Sicht in der Tasche hatten, ausgerechnet für klobig geschnittene Gemmen und Spitzen von fremdartiger Üppigkeit ausgeben, für nach Phönizierart purpurn gefärbte Holzschatullen?

»Dein Vater wird uns das Geld für Michaels Geburt geben müssen«, entfuhr es Luise zusammenhanglos. »Wir haben's nicht.«

Ohne dass die Hand mit dem Zeichenstift innehielt, schüttelte Edgar den Kopf. »Zwecklos.«

»Woher willst du das wissen? Solltest du ihn nicht wenigstens fragen?« Edgars Vater, Carl Gustav, war ein Hansdampf in allen Gassen, hatte sich mit einer Handelsvertretung, einer Manufaktur für Pantoffeln, als Nachtportier, Schaffner und Geheimagent versucht. Soweit Luise wusste, war er nicht mittellos, und zu ihrer Hochzeit war er immerhin quer durch die Republik angereist, hatte also gegen die so viel ältere, wenig reizvolle Schwiegertochter nichts Grundsätzliches einzuwenden.

Zur Geburt eines Enkelkindes schickte man ein Geschenk, oder etwa nicht? Keine fünfhundertdreizehn Reichsmark. Aber vielleicht einen Teil davon, wenn man erfuhr, dass die Familie des Sohnes in Not war und eine Anzahlung dringend leisten musste? Die Miete stand ebenfalls aus. Gab es etwas, das nicht ausstand, das bezahlt war, das ihnen nicht durch die Finger rann?

»Ich habe ihn schon gefragt.« Edgar sah aus dem Fenster und vervollständigte ein Detail seiner Zeichnung. »Habe ihn vom *Blauen Hasen* aus angerufen, gleich als der Brief gekommen ist.«

»Aber du wusstest doch gar nicht, was drinstand.«

Er zuckte die Schultern. »Ich hab's mir denken können.«

Jäh verlor sich die Kälte. Luise hatte geglaubt, er ließe den lieben Gott einen guten Mann sein und schere sich nur um die Welt in seinem Kopf. Sie hatte sich geirrt. Er scherte sich um die Welt, die er mit ihr teilte.

»Du hast ihn gefragt, aber er will uns nicht helfen?« Es war nicht mehr so schlimm. Es würde eine Lösung geben. Sie war damit nicht allein.

»Wollen schon. Aber er hat mehr Schulden als wir. Ein Bekannter hat ihm erzählt, wer jetzt, wo die Börsenkurse ins Bodenlose stürzen, ein todsicheres Geschäft abschließen will, der investiert in haltbare Gebrauchsgüter. Lederwaren. Mein Vater hat ihm dreitausend Reichsmark gegeben.«

»Dreitausend Reichsmark?« Luise schnürte es die Kehle zu.

Edgar zuckte wieder mit den Schultern. »Er hat dem Mann eben vertraut. Hätte ich an seiner Stelle wohl auch getan, nur hätte ich keine dreitausend Reichsmark gehabt. Wir Endes haben für Geld kein Talent, fürchte ich. Wenn du kein gewaltiges Glück hast, wird es dir mit Michael nicht besser ergehen.«

Sie liebte es, wenn er den Namen ihres Sohnes aussprach. Mit Michael auf dem Arm, der Hunger hatte und zu wimmern begann, trat Luise hinter ihn. »Es macht nichts, Edgar. Wir finden schon einen Weg.«

»Ja, das denke ich auch.«

Luise reckte sich auf Zehenspitzen und blieb doch zu klein, um ihm über die Schulter zu spähen. Von der Seite erhaschte sie nur einen Blick auf eine Ecke des Blattes, das er mit schnellen Strichen in Aquarellkreide füllte. Wenn er sonst Skizzen machte, benutzte er Bleistifte, über diese Seite aber ergoss sich ein Schauer aus zarten Farben. Luise erkannte einen Affen, der in einer Hand einen Zauberstab hielt und sich mit der anderen am Widerrist eines goldenen Pferdes hochzog, um in ein blauschwarzes, von Sternen übersätes Himmelsmeer zu reiten.

»Was wird das?«

»Ein Buch. Für Michael. Lesen kann er ja nicht. Und ich, glaube ich, könnte auch nicht schreiben.«

Über die nächste Seite schlich auf Zehenspitzen ein goldwolliges Schaf mit dem Kopf eines bärtigen, riesenohrigen Mannes, der sich den Finger auf die Lippen legte. »Wer ist das?«

»Lieflam. Der Schafgeist. Sein Herz ist aus Glas, und es steckt in seinen Ohren. Von Geschrei zerspringt es, deshalb schleicht er sich nur dort ein, wo Menschen miteinander sprechen, als wären sie selbst aus Glas.«

Luise spürte die Wärme, die aus seinem großen, wohlgestalteten Körper herüber in ihren schwemmte. Sie hätte so gern seinen Kopf zu sich herangezogen und ihn auf die Lider geküsst, aber sie hatte keine Hand frei. Sie musste sich rasch nach einem Stuhl umsehen, Malutensilien, die darauf gestapelt waren, herunterwischen und sich hinsetzen, weil sie wegen des Schmerzes, der ihr scharf in die Brust fuhr, nicht länger stehen konnte.

»Franz Roh«, sagte Edgar, »dieser Kunstkritiker. Erinnerst du dich?«

Luise nickte. Sie bettete den vor Hunger weinenden Michael auf ihre Knie und begann mit fliegenden Fingern, an den Knöpfen ihrer Bluse zu nesteln. »An den hat dich damals dieser Galerist vermitteln wollen. Aber er hat seine Zusage zurückgenommen.«

»Jetzt hat der Roh mir geschrieben. Er will herkommen. Sich ansehen, was ich mache. Die Neue Sachlichkeit hängt ihm zum Hals heraus, schreibt er, er braucht mal etwas anderes.«

Luise konnte ihm darauf keine Antwort geben, ihm nicht

sagen, wie sehr sie sich freute. Sie war vollauf mit Michael beschäftigt, musste das sich windende Kind in eine bequeme Lage bringen, zugleich ihre pralle, wie entzündete Brust aus dem Mieder lösen und dann die Warze in den winzigen, gierigen Mund schieben. Ihr war die Milch eingeschossen. Sie würde ihren Jungen nähren können, würde mit dem sämigen Gold, das aus ihr herausströmte, dafür sorgen, dass er gedieh.

6

SIE TANZTEN IMMER SEIL. Ohne Netz und doppelten Boden. Nur einen Fehltritt, nur ein Schwanken vom Sturz ins Bodenlose entfernt. Und dennoch waren dies ihre schönsten, ihre leuchtenden, glücklichen Jahre. Die im *Bunten Haus*, im Schatten der Zugspitze, zwischen Wirtschaftskrise und Straßenschlachten, zwischen Darben und Prassen, zwischen Ladentisch und Leihbücherei, doch vor allem zwischen Kinderspiel und Küche und am Ende des Tages in dem knarrenden Bett, in dem sie sich alle drei aneinanderschmiegten.

In der hübsch bemalten Krippe schliefen Puppen und Tiere, die Luise für Michael nähte. Im Bett, in der Höhle unter den Decken, flüsterten abwechselnd Vater und Mutter in lauschende Kinderohren. Der Vater erzählte Mythen von geflügelten Pferden und Drachen, die die Welt auf ihrem Nacken tragen, und die Mutter Märchen wie das von der Schildkröte, die den Wasservogel tröstet: *Von jetzt an bleibe ich bei dir, denn keine Einsamkeit ist so einsam wie die des Flüchtlings.* Und parabolische Weisheiten wie die vom alten Rebbe, der gefragt wird, was ihm das Wichtigste sei: *Das Nächste, mein Guter, immer das Nächste.*

Der Stachel stach nur selten zu in diesen Jahren, in denen sie so eng beieinanderlebten, als könnten ihre Grenzen aufweichen und sie zu einem einzigen Geschöpf verschmelzen. »Die heilige Dreieinigkeit.« So nannte sie der Architekt Holzheimer, der seine Stellung verloren hatte, weil er sich mit dem Leiter seines Bureaus, einem frisch gebackenen Nazi, einen ausgewachsenen Faustkampf geliefert hatte. Stattdessen trat er jetzt mit seiner Zither im *Hasen* auf, sang seine bitterbösen Spottlieder über die Köpfe von

Hitlers Partei und zum Abschluss einen zum Ohrwurm avancierten Schlager, den er noch bitterer und noch böser meinte:

Immer lustig, immer froh
Wie der Mops im Paletot,
Denn die große Pleite
Kommt ja sowieso.

Für Michael dichtete er zu alten Wiegenliedern neue Strophen:

Schlaf, Bübchen, schlaf.
Dein Vater malt ein Schaf.
Die Mutter schert's und strickt dir draus
Ein rosa Wolkenkuckuckshaus,
Schlaf und sei brav.

Was wollen wir mehr?, dachte Luise, wenn sie dem renitenten Musikus einen guten Tag wünschte und ihren Schatz nach Hause, in den Schutz ihrer Bärenhöhle, trug oder im Jahr darauf an der Hand führte. Schloss sie ihr Wolkenkuckuckshaus auf und trat zur Türe herein, waberten ihr die Düfte ihrer Familie entgegen: Terpentin, Leinöl und säuerliche Milch. Sie setzte sich nieder, um Michael zu stillen, und spürte tief in sich die Stille ihrer Wunschlosigkeit. Nur die Zeit anzuhalten, hätte sie sich wünschen sollen, aber an so etwas denkt man nicht, wenn das Glück Perlen formt und auf eine Kette fädelt, die endlos scheint.

Edgar beendete, womit er beschäftigt war – eine Skizze, eine Verbesserung an einem Gemälde oder einen langen Blick ins Nichts –, und holte den satt gestillten Michael ab, um ihn zu baden. Einen ausgeschrubbten Farbbottich hatte er in eine Kinderwanne verwandelt, er wurde geradezu findig und gab mit Michael um die Wette glucksende Geräusche von sich, als wären sie beide noch Kinder.

Luises Kinder.

Die ihr nicht weglaufen konnten, weil der eine sie so sehr brauchte wie der andere.

Gemeinsam wickelten sie den vom Baden rosigen Michael in ein am Ofen gewärmtes Handtuch, bestaunten dabei seine Schönheit, seine Vollkommenheit, lachten mit ihm, wie Luise allein nie gelacht hatte, zogen ihm den winzigen, mit bunten Tieren bestickten Schlafanzug über und legten ihn in die Mitte des Betts. Links und rechts von ihm legten sie sich selbst nieder und sangen, krähten und gurrten, liebkosten, küssten und kitzelten, bis von einem Augenblick zum andern das Lachen des Kindes verstummte, die lang bewimperten Lider sich schlossen und die vor Leben prallen Glieder erschlafften. Eine Weile lang schwiegen sie dann und scheuten sich, sich zu bewegen, bis sie sicher waren, dass ihr Sohn tief schlief.

Erst danach schlich sich Luise aus dem Zimmer, um Käse, Brot und an guten Tagen etwas Wein zum Nachtmahl zu holen, und während sie in dunkler Stille, an der Seite ihres schlafenden Kindes, aßen, redeten sie. Das hatten sie immer gekonnt, miteinander reden, besser als jedes Paar, das Luise kannte. Ob über Rudolf Steiners *Menschenrätsel*, über den von sich selbst eingenommenen Herrn Mann, der letztes Jahr den Nobelpreis für Literatur gewonnen hatte, über die Auswirkungen, die der Zwillings-Aszendent auf ihren Sohn, das Kind zweier leidenschaftlicher Eltern, haben mochte, über die Kritiken des Herrn Roh, der schließlich doch noch gekommen und von Edgars Bildern sehr angetan gewesen war, oder über die Religion und was die Leute um sie herum dafür hielten – ihnen ging der Gesprächsstoff nie aus.

Immer und bei allem, was sie aufgriffen und nächtelang beredeten, stand die eine Frage darüber: Was ist Kunst, was ist ihr Zweck, ihr Kern? Aus all ihren Themen, den banalen, kleinen wie den gewaltigen, weltumspannenden woben sie sich ein Netz, suchten Zusammenhänge und knüpften neue, bis das Gewebe Festigkeit bekam und sie eine Zeitlang hielt. »Womöglich ist das die einzige Heimat, die ich mir schaffen kann«, hatte Edgar einmal gesagt. »Die aus Gedanken.«

Mit einer anderen könnte er besser tanzen, dachte Luise, obwohl sie sich – selbst als Christin – für die Tänze der *Chassidim,* den Weg zu größerer Gottesnähe, einst begeistert hatte und es ihr auch gefiel, an den Abenden, an denen die Freunde kamen, nach den Regeln der Eurythmie über jeden freien Meter Boden zu wirbeln. Edgar aber tanzte ohnehin nicht gern und schon gar nicht gut, und wenn er in einem Kreis von Menschen seiner Scheu zum Trotz dennoch den Mittelpunkt bildete, so war es, weil er wiederum tat, was er am besten mit Luise konnte: Reden, reden, reden, ohne Grenze, ohne Zensur und Tabu.

Und lieben? Hätte er mit einer anderen besser lieben können? Gewiss nicht besser geliebt werden, nicht leidenschaftlicher, unbedingter, und selbst wenn – ihr Edgar war ja keiner von den Männern, deren Gedanken sich nur um ihre Leibesmitte drehten, und reden konnte er nie und nimmer mit einer andern wie mit ihr. Wenn sie redeten und Michael bei sich hatten, spürte sie, dass sie einander genug waren, und die Spitze des Stachels wurde stumpf. Manchmal, an Regentagen, saßen sie zu dritt auf der schmalen Fensterbank, erst der große Edgar, in der Mitte die kleine Luise und daneben der noch kleinere Michael, des einen Kopf an Arm oder Schulter des anderen gelehnt.

Manchmal, beinahe zu leicht, um ihn zu spüren, lehnte sich Lieflam, der Schafgeist, dazu.

Michael wuchs und gedieh. Als das teure Taufkleid aus Palästina endlich eintraf, war es ihm zu klein. Luise schämte sich wegen der Geldverschwendung, aber Edgar bestand darauf, dass sie ein neues bestellte. »Der Roh will sich um eine Ausstellung kümmern. Bei Goltz. Oder im *Glaspalast*. Wir werden's Halbsurrealismus nennen müssen, sagt er, denn ohne Namen auf dem Etikett zückt kein Mensch seine Brieftasche, aber das soll mir recht sein. Wenn es für euch ist, soll's mir recht sein. Für dich und Michael.«

Die letzten Worte hatte er so leise gesagt, das Luise vielleicht gar nichts hörte, sondern nur das Streicheln seines Atems auf der Wange spürte.

Also bestellte sie ein neues Taufkleid mit noch kunstvoller verästelten Spitzen, aber als sechs Wochen später auch dieses nach seiner weiten Reise eintraf, war Michael schon wieder gewachsen, und das Kleid war zu klein, um es auch nur anzuprobieren.

»Das wird dann wohl ein Zeichen sein«, sagte Edgar. »Dafür, dass ihm die Religion, in die wir ihn hineinzwingen wollen, zu klein ist. Lassen wir das mit der Taufe eben bleiben, und das, was ihm passt, sucht er sich eines Tages selbst. Dass einer nicht getauft ist, heißt ja nicht, dass er im Universum keinen Platz hat und in der Dürre leben muss, dass von all den Myriaden von Mythenwelten da draußen keine auf ihn wartet.«

Aus den nutzlosen Taufkleidern ließ er Luise den herrlichsten Vorhang schneidern, den er für seine Zaubervorstellungen nutzte. Er zauberte nämlich für Michael, weil einer, der nichts als die Wirklichkeit kannte, nicht an Wunder glauben konnte, weder an goldene noch an tiefschwarze. Er trug ihn auf seinen Schultern durch die verdunkelte Wohnung, sodass die Gestalten auf den halbfertig bemalten Leinwänden zum Leben erwachten: zu Gespenstern, Riesen, Prinzessinnen, Werwölfen, Feuerschluckern, siebenköpfigen Drachen, Einhörnern, Meerjungfrauen, Janusköpfen, Flügelpferden, Engeln, Teufeln und Dämonenfratzen. Der kleine Reiter quietschte vor Vergnügen, doch im nächsten Augenblick brach er vor Schreck in haltloses Weinen aus oder verstummte in namenlosem Grauen.

Anfangs war Luise manchmal hinzugeeilt, um ihren Mann zu bremsen, ihr zartes Kind vor dem allzu Furchterregenden zu schützen. Mit der Zeit aber begriff sie, dass sie damit beide, Vater und Sohn, die sie mit vor Enttäuschung weiten Augen anstarrten, um etwas Wunderbares brachte, ein Abenteuer in geheimnisvoller Fremde, das nur sie beide teilten und das grenzenlosen Mut erforderte.

Ein solches Abenteuer ließ sich nicht zähmen. Man durchlebte es ganz, bis ins Mark erschüttert und an allen Gliedern zitternd, oder man erlebte es nicht. Verzagten Herzen blieb der Zutritt in jenes Land verwehrt.

Luise fühlte sich ausgeschlossen. Doch wenn sie anderntags mit Michael einen Spaziergang machte, seine kleine Hand in ihrer hielt, ihm die Berge zeigte und sich mit ihm ausdachte, welcher Zauberer oder Ziegenbock in den Gipfeln hausen mochte, wenn sie ihn mit auf den Markt nahm, wo er für das bisschen Geld, das sie im Beutel hatte, eine Frucht aussuchen durfte, die wie auf einem Basar des Südens leuchtete, legte sich auch dieser Schmerz. Sie hatte ihre Welten, die sie mit Michael bereiste, und Edgar hatte die seinen. Wichtig war einzig, dass sie zwischen den Reisen wieder zusammenkamen, in ihrem Hafen, dort, wo sie zu dritt eine Einheit bildeten, wo Lieflam, ihr Schafgeist, durch die Gänge huschte und ihnen mit flüchtigem Winken versicherte, dass keinem von ihnen das Herz zersprang.

Zu dritt zogen sie zum Skilaufen, an den Kinderhang hinter der Straße, und lachten, als Edgar noch vor Michael in den Schnee plumpste. Zu dritt gingen sie hinüber zu Fritz und Hedy, wo die Eltern Bridge spielten, während Michael unter den Tisch kroch und die dick bestrichenen Butterbrezeln, die Hedy ihm nach unten reichte, mit dem altersschwachen Dackel teilte. Zu dritt lasen sie die Bücher, die Michael aus der Leihbücherei der Staackmanns anschleppte – eine Seite der Vater, eine Seite die Mutter, und wenn der Kleine zwischen ihnen missgelaunt wurde, weil das Gelesene nicht für Kinder taugte, ließen sie ihn eins der Bücher herbeiholen, die der Vater ihm gezeichnet hatte. Die Geschichten, die sie aus den Bildern steigen lassen konnten, feinhörige Schafsmenschen und Dämoninnen mit Milchstraßenhaar, taugten ihnen allen dreien.

Sie tanzten seil. Sie stritten. Sie machten sich Sorgen. Aber in diesen Jahren im *Bunten Haus* fanden sie einander immer wieder, so schnell, wie sie sich verloren hatten, und die Sekunde des Schreckens war, ehe sie unerträglich wurde, schon vorbei.

Einmal, an einem Tag im tiefen, melancholischen Spätsommerlicht, auf einem Heimweg vom Einkauf, lief Michael auf seinen kurzen Beinchen dem Vater, der sich in einem Tagtraum verfangen hatte, davon. Er rannte hinter dem Bahnhof den Hang zu den Gleisen hinauf und juchzte dabei, wie er es auf des Vaters Schultern reitend in der verdunkelten Wohnung tat. Luise, die aus ihrem Laden getreten war, um einer Kundin den Weg zu weisen, sah den blonden Schopf ihres Kindes, der den Gleisen entgegenflog, hörte sein fröhliches Stimmchen und sah wie mit einem anderen Auge, einem anderen Bewusstsein, die Lokomotive, den Zug, der aus dem Bahnhof herausgerast kam. Auf den Punkt zu, auf den gleich ihr Sohn stürzen würde, sein kleiner Körper getrieben von viel zu viel Schwung, um rechtzeitig anzuhalten.

Luises Mund öffnete sich, um zu schreien. Sie spürte, wie ihre Kiefer sich spannten, während das eine Bewusstsein auf das andere zuschoss, die stählerne, qualmende Höllenmaschine der weichen Gestalt ihres Kindes entgegen, sie wollte sich die Seele aus dem Leib schreien, doch aus ihrer Kehle drang kein Laut. Genauso ging es Michael: Vor dem Grauen, das ihm blind in die Augen stierte und über ihn hinwegbrausen würde, versagte ihm die Stimme. Die Zeit streckte sich ins Unermessliche, jede Sekunde ein Sandkorn unter einem Vergrößerungsglas. Das Pfeifen der Räder, die über die Schienen schliffen, bohrte sich in ihre Trommelfelle, und sie war unfähig, wahrzunehmen, dass Edgar aus seinem Traum geschreckt war und mit Riesenschritten, wie in Siebenmeilenstiefeln den Hang hinaufjagte.

In den Sandkornsekunden dachte Luise: *Ich werde sie verlieren. Meinen Sohn, den ein Zug überrollt, und seinen Vater, der daran schuld ist. Alles. Wie habe ich mir denn einbilden können, ein Mensch wie wie ich dürfe in dieser Welt etwas behalten?*

Da plötzlich warf sich Edgar über Michael, riss ihn mit sich und rollte mit ihm durch das hohe Gras den Bahndamm hinunter. Der Zug fuhr donnernd vorbei und war kurz darauf schon nicht mehr zu sehen. Alles war still, so still, dass man die Grillen zirpen hörte, das Summen der Insekten über Halmen und Blüten. Edgar und Michael rappelten sich auf die Füße und rannten los, und Luise, in deren Kehle noch immer ein Schrei saß, rannte auch. Vor allen Passanten, Kunden, Nachbarn stürzten sie einander in die Arme, hielten sich fest und weinten, bis ins Innerste erschüttert und außer sich vor Erleichterung.

So war das Leben in Garmisch, im *Bunten Haus*, in jenen ersten Jahren: Da war die überwältigende Angst, das Geliebte zu verlieren, und das Glücksgefühl, es nicht verloren zu haben.

Nach solchen Erlebnissen wünschte sich Luise, sie müsste nicht mehr im Laden arbeiten, Michael nicht Edgars Obhut oder der von Hedy überlassen, die in der Bücherei oft stundenlang auf ihn achtgab, sondern könnte von früh bis spät um ihn sein und ihn vor jeglicher Unbill bewahren. Sie stillte ihn noch, weil Muttermilch Kräfte verlieh, ließ ihn sich zu den Mahlzeiten in den Laden bringen, wo sie sich in den Lagerraum mit ihm zurückzog. Wie schön wäre es gewesen, ihn füttern zu können, wann immer es ihm beliebte, nicht unter der Tyrannei der Ladenklingel, sondern in der Geborgenheit ihrer vier Wände. Das intime Band zwischen Mutter und Sohn, die unsichtbare Nabelschnur hätte nie durchtrennt werden müssen, sondern hätte für immer ihr Geheimnis bleiben können.

An jenem Nachmittag im Spätsommer verriegelte sie rigoros ihre Ladentür und ging mit Mann und Kind nach Hause, egal wie lauthals sich zwei Kundinnen, die gerade erst eingetroffen waren, auch echauffierten.

Auf der Treppe sagte sie zu Edgar: »Ich will nicht mehr den ganzen Tag arbeiten. Ich will nur noch Michaels Mutter sein.«

Und wovon sollen wir leben?, würde er ihr erwidern, und natürlich hätte er damit recht. Sie wusste es ja selbst: Neulich war dieser beleibte Mensch aus einem der Nordbezirke aufgetaucht, um sich von Edgar porträtieren zu lassen, und das Honorar war genau zur rechten Zeit gekommen, weil Michael aus seiner gesamten Kleidung herausgewachsen war. Aber für den alltäglichen Bedarf, für das, was Miete, Heizung, Gas kosteten, benötigten sie Luises Einkommen. Das genügte ohnehin vorn und hinten nicht und schien mit jedem Tag zu schrumpfen.

»Ich weiß, es geht nicht«, kam sie ihm zuvor. »Und es ist ja auch nicht so arg. Mach dir keine Sorgen, ich werd' schon tun, was getan werden muss, damit es der Familie gut geht.«

Edgar, der den von seinem Abenteuer vollkommen erschöpften Michael trug, schob den Schlüssel ins Schloss. »Doch, doch, Lise«, sagte er. »Über dasselbe habe ich auch nachgedacht.« Er öffnete die Tür, setzte Michael in sein Stühlchen, schob ihm Papier und Farbstifte hin und wartete, bis Luise ihm einen Becher Saft gebracht hatte. »Roh sagt, ich muss in Richtung München umziehen«, fuhr er erst fort, als sie beide auf Küchenstühlen ihrem Kind gegenübersaßen. »Er hat erzählt, vor meinem Bild *Die Erregten,* das er in diese Kunsthandlung gebracht hat, ist eine Kundin in Ohnmacht gefallen. Es hat Kraft, meint er. Aber mit ohnmächtigen Kunden kann man ja keine Rechnungen bezahlen. Ich müsste Beziehungen knüpfen, die richtigen Leute kennenlernen, um voranzukommen.«

»Und das kannst du hier nicht?«

Edgar schüttelte den Kopf. »Er hat mir da etwas vorgeschlagen. In Obermenzing. Bei der Witwe Floßmann wird ein Atelier mit Wohnung frei.«

»Wer ist die Witwe Floßmann?«

»Floßmann war Bildhauer, einer von denen, die in Massen Bismarck-Büsten und dergleichen verkauft haben, er ist ziemlich früh gestorben und hat seiner Witwe eine Villa hinterm Würmkanal vererbt. Eine ihrer Töchter bewohnt mit ihrem Mann dort eine Wohnung, die übrigen Räume vermieten sie. Vorzugsweise an Künstler. Laut Roh hätte ich da die Umgebung, die ich brauche, wenn ich jemals mehr als nur Almosen verdienen will. Und ihr beide hättet ein bisschen mehr Platz, der nicht ... nicht voll ist mit dem, was ich so mit mir herumtrage. Mit meinem Dunkel.«

Luise sagte nichts. Ein Teil von ihr glaubte noch immer, dass man dem Kind das Dunkel besser ersparte. Der andere ahnte, sie würde es schmerzlich bereuen, nicht mehr zwingend Teil seiner Welt zu sein.

»Die Villa soll schön sein«, fuhr er fort. »Geradezu eine Pracht. Und drumherum erstreckt sich all das unbebaute Land, der Kanal, ein Gehölz, ein verwilderter Park, dazwischen Wiesen zum Spielen.«

In seiner Stimme lag eine Sehnsucht, die in Luises Seele ein Echo fand. Auch wenn sie in ihrer Zauberkugel, dem aus ihren Gedanken gesponnenen Kristall, zu Hause waren, wünschte er sich, seiner Familie ein Zuhause in der Welt zu schenken: Einen Ort, wo Michael nach Herzenslust spielen und herumtollen konnte, wo sie jedoch zugleich mit bedeutenden Leuten zusammentreffen und in der Welt vorankommen würden. Er wünschte sich Räume, die Michael einmal *mein Elternhaus* nennen und in die er stolz seine Freunde mitbringen konnte. Sie selbst hatte das Haus, das ihnen all das bot, schon viele Male in Gedanken vor sich gesehen: Es war schneeweiß, erhob sich hinter einer Gartenmauer, zu seiner Rechten überragt vom Gewirr alter Bäume, zu seiner Linken umschlungen vom silbrigen Band des Kanals.

Dort werden Sie wohnen, Frau Ende. In einem weißen Haus an einem Gewässer, und was für ein vornehmes Haus das ist – wie für Sie und Ihren Wundersohn gemacht.

Eine Zigeunerin hatte es ihr geweissagt, hatte ihre Kristallkugel in Luises Laden getragen, weil sie für das Schultertuch, das ihr Herz begehrte, kein Geld besaß. Stattdessen hatte sie Luise in der glänzenden Münze einer Zukunft bezahlt: In einem vornehmen Haus würde sie wohnen, ihr Wundersohn wäre die Perle in einer Austernschale, die wie für ihn gemacht war.

»Wenn an dem Laden also dein Herz nicht zu sehr hängt«, begann Edgar, unterbrach sich aber, um Michael, der in seinem Kinderstuhl eingeschlafen war, auf seine Knie zu betten. Der Rest des Satzes blieb ungesagt.

Luise überlegte. Ihr Herz hatte an dem Laden gehangen, als

sie nichts anderes besessen hatte, nur dieses Geschäft mit seinen Preziosen – süß duftendes Zedernholz aus dem Libanon, blaue Rohseide, besetzt mit geklöppelten Rüschen wie für eine Märchenprinzessin – als Beweis, dass es Luise Bartholomä gab. Jetzt aber gab es Luise Ende, und die war Mutter und Ehefrau. Zudem warf ja der Laden von Tag zu Tag weniger ab. Es zeigte sich noch die eine oder andere betuchte Kundin, die Spitzenkrägen für die Kleider ihrer Dienstmädchen kaufte, aber die Schar der kleinen Leute, die ihr Geschäft über Jahre hinweg am Leben erhalten hatten, fanden jetzt keine Arbeit oder hatten Männer, die keine Arbeit fanden, und trugen ihren Hausrat ins Pfandhaus, weil ihnen das Geld für den Lebensunterhalt fehlte. Neulich war der Mann einer Stammkundin, einst ein vielbeschäftigter Prokurist, in ganz langsamen Schritten die Straße hinauf und hinunter geschlurft, vor Bauch und Rücken zwei Schilder: *Suche Arbeit. Nehme alles.*

Solche Leute kauften keine geklöppelten Besätze für Tischläufer. Und der Holzheimer, der noch immer im *Hasen* sang, behauptete, es werde noch weit schlimmer kommen: »Wem 1931 auf den Magen schlägt, dem rate ich, sich vor 1933 den Darm amputieren zu lassen.«

»Der Laden muss dich nicht kümmern«, sagte Luise zu Edgar. »Wenn es für deine Laufbahn förderlich ist, dass wir nach Obermenzing ziehen, näher bei der Stadt leben, dann werde nicht ausgerechnet ich als deine Frau dir Steine in den Weg legen.«

Er sah sie an, strich durch den hellen Schopf des Jungen an seiner Brust. »Ob was daraus wird, weiß ich ja nicht. Aber der Roh meint, es könnte was werden. Durch diesen Vorfall mit der Ohnmacht sind wohl Kollegen von ihm auf meine Sachen aufmerksam geworden. Und vor meinem *Aquarium*, das bei der Kunsthandlung im Fenster stand, musste die Polizei eine Menschenmenge auseinandertreiben.«

Luise spürte ihr Herz klopfen. Da, wo der Stachel gesessen hatte, war nur noch das Klopfen.

»Einer von den Kollegen hat zum Roh gesagt, dieser Ende, den Sie da zwischen sämtlichen Stühlen entdeckt haben, der ist ja wohl dabei, sich einen Namen zu machen.«

»Auf mich kannst du zählen.« Luise musste die Worte herauspressen, weil ihr aus dem klopfenden Herzen ein jäher, heißer Stolz bis in die Kehle züngelte. Hatte nicht sie es vom ersten Tag an gewusst, dass in dem langen, linkischen Menschen etwas Unvergleichliches steckte? Dass er nicht einfach nur ein schöner Bursche war, wie sie zu Dutzenden herumliefen, sondern dass diese Schönheit aus dem Innern herrührte, aus dem Reichtum, der in diesem Kaleidoskop von einem Mann verborgen lag? »Ich greife dir unter die Arme«, sagte sie. »Ich fange gleich morgen in der Frühe an, unsere Sachen zusammenzupacken.«

»Danke«, sagte er und beugte sich über Michaels Kopf zu ihr hinüber.

Allein das war Gold wert, nein, mehr als Gold, mehr als das Elfenbein an Salomons Thron.

Also zogen sie fort aus dem *Bunten Haus*, fort von den Freunden, der Leihbücherei und dem *Hasen*, den Menschen, mit denen es leicht gewesen war. Die neue Wohnung – Obermenzing, Prinzregentenstraße – war im Vergleich mit der alten geradezu elegant, lag im Parterre einer Villa und offerierte ihnen ein großes Atelier für Edgar und eine reizende Kinderstube für Michael. Dass sie ihre glücklichsten Jahre mit den zu kleinen Räumen hinter sich ließen, bemerkten sie erst viel später, und vielleicht war es überhaupt nur Luise, die es bemerkte.

Sie war ja immer noch wunderbar, ihre Zauberkugel, die ihre zerbrechliche Schönheit bewahrte, und auch Lieflam, ihr guter Geist mit den gläsernen Herzohren, zog mit ihnen um. Sie lernten neue Menschen kennen, kluge, begabte, vielfarbige und widersprüchliche Menschen, die ihr geistiges Gewicht in die Waagschale warfen und mit denen sich trefflich debattieren ließ. Sie waren ja immer noch zu dritt, die Dreieinigkeit im Herzen ihres Universums, und außerdem begann Edgars Laufbahn Fahrt aufzunehmen, bekam sein Name einen Klang, der bis ins ferne Amerika hallte.

Es ging ihnen gut. Manchmal saßen sie zu zehnt oder zwanzigst beisammen, und wenn Edgar das Wort ergriff, wurden kurz alle still, um ihm zuzuhören. Kam Luise nicht zum Kochen, aßen sie Aprikosen aus Floßmanns Garten, die sie in Scheiben schnitten und auf butterweiches, braunes Brot legten. Ihr kleiner Sohn blühte auf, bekam ein dunkles Gesicht wie ein Zigeuner und sagte Dinge, über die ihre Gästeschar bezaubert lachte.

Vielleicht war es tatsächlich nur Luise, die zuweilen im Geheimen um die Enge trauerte. Um die Schuhschachtel von einer Wohnung, in der nichts – weder Freund noch Feind, weder Gutes noch Böses – zwischen die drei Glieder ihres Dreigespanns gepasst hatte.

7

IN DEM HAUS WOHNTEN eine Prinzessin und ein Riese. Die Prinzessin war gut und wunderschön, doch es war schwierig, sie zu Gesicht zu bekommen. Der Riese hingegen war böse, finster und laut, und zu Gesicht bekam man ihn viel zu oft.

Hinter dem Haus und hinter dem Kanal lag das Land Gu, in dem weit mehr Geschöpfe wohnten, als Michael zählen konnte, gute, böse und solche, von denen man es nicht genau wusste. Das Land Gu war die Vorwelt, die es gegeben hatte, ehe es die Welt gab. Um in die Vorwelt einzudringen, musste man mutig sein, denn in der Vorwelt war jeder allein. Michael war mutig. Er hatte seinen Mut im Lauf von Jahren gestählt, denn daheim, im *Bunten Haus*, hatte er mitten in der Vorwelt gelebt.

Aus den Bildern des Vaters, aus dem Dunkel, war die Vorwelt zu ihm heraufgestiegen, und er hatte gelernt, ruhig stehen zu bleiben, auch wenn ein erster Impuls ihn zwingen wollte, davonzulaufen. Die Mutter wollte nicht, dass Michael sich in des Vaters Dunkelheit hineinstahl, sie fürchtete, die Angst wäre größer als Michael und werde ihn übermannen. Meist ging sie mit ihm spazieren oder behauptete, er brauche Schlaf, wenn der Vater in die Vorwelt hinauszog, doch zuweilen gelang es Michael, ihr zu entwischen. Blind und lautlos schlich er sich dann in die Schwärze, und der Vater schickte ihn nie zurück. Er tat, als bemerke er ihn nicht, und wen man nicht bemerkte, den konnte man auch nicht vor Angst bewahren.

Es war das Alleinsein, das solche Angst machte, denn obwohl der Vater in der Nähe war, sein Atem hörbar, sein Duft nach Leinöl und Terpentin in der Luft, wussten sie beide, dass sie das Dunkel der Vorwelt nicht teilen konnten. Der Vater hatte das seine, und Michael hatte ein anderes, und über das eine wie über das andere hatten sie zu schweigen.

Das Alleinsein schwieg nicht. Das Alleinsein wisperte Michael mit tausend Stimmen in die Ohren, er sei nicht Manns genug, es auszuhalten. Aber Michael hielt es aus. Er presste sich die Hände auf die Ohren, um die Stimmen nicht länger zu hören, und wenn die Stimmen in seinem Kopf weiter sirrten, biss er die Zähne zusammen und floh trotzdem nicht. Michael wusste, dass er dem Alleinsein in der Vorwelt gewachsen sein musste, denn wenn niemand mehr die Vorwelt aufsuchte, würde sie immer kleiner und blasser werden und eines Tages hinter der Welt, die es gab, verschwinden.

Das durfte nicht geschehen. Mit der Vorwelt würden auch die unzählbaren Geschöpfe verschwinden und all ihre Geschichten, die dann niemand mehr erzählen konnte. Sie würden unerzählt bleiben, und das bedeutete: noch mehr allein sein als allein.

Wer keine Geschichte hatte, hatte keinen Namen, und wer keinen Namen hatte, bei dem ein anderer ihn hätte rufen können, der war im Alleinsein verloren. Diese Erkenntnis war so atemberaubend, dass ihm jedes Mal, wenn er sich aus dem Dunkel herauskämpfte und sich darauf besann, dass er selbst ja einen Namen besaß, vor Erleichterung der Schweiß ausbrach. In alle Welt und mit aller Stimmgewalt hätte er seinen Namen hinausschreien wollen: »Michael, Michael, Michael!«

Deshalb besuchte Michael das Land Gu, das hinter seinem neuen Daheim lag, und hielt das Alleinsein aus: um den Geschöpfen im Dunkeln ihre Geschichte und ihren Namen zu geben. Wer es allerdings hätte wagen wollen wie er, der hätte wissen müssen, dass es kein Alleinsein war, das man sich eroberte, indem man seiner ewig besorgten Mutter entwischte und ungehindert eine Reihe von Abenteuern genoss. Das Abenteuer, das in der Vorwelt lauerte, war keines zum Genießen. Es war eines zum Bestehen, und die ewig besorgte Mutter durfte davon nichts wissen. Das war ja das Schwierigste daran, das Einsamste: dass er es mit keinem, von dem er geliebt wurde, teilen durfte, nicht einmal mit dem Vater, der es kannte.

Michaels Mutter nannte das Land Gu »den Park« und sah es nicht gern, wenn er die Brücke über den Kanal überquerte und dorthin »zum Spielen« lief. »Tu dir nicht weh. Zwischen all dem zertrümmerten Steinwerk und den alten Wurzeln kann man leicht stolpern und sich den Kopf aufschlagen. Und wer findet dich dann, wenn du mit blutendem Kopf in der Wildnis liegst?«

Die Mutter dachte sich unentwegt schreckliche Dinge aus, die ihm hier und dort und überall zustoßen mochten. Was ihm aber wirklich zustoßen konnte in der Vorwelt des Landes Gu, hätte auch sie sich nicht ausdenken können, denn gerade darin bestand ja die größte Gefahr des Landes Gu: dass niemand es kannte, dass es selbst keinen Namen hatte, nur das Geräusch, Gu-Gu, das aus den Wipfeln der Bäume hallte. Dass das, was dort wartete, nicht aus der Welt stammte, die es gab.

»Es wäre mir lieber, wenn du dir ein paar Freunde suchtest«, sagte die Mutter. Michael wäre das auch lieber gewesen, aber wie man sich Freunde suchte und vor allem, wo man sie fand, das wusste er nicht. Er hatte die Mutter und den Vater, und im *Bunten Haus* hatte er noch Mucki, den Dackel, gehabt, der sich unter dem Tisch mit ihm in eine Höhle gekuschelt und nach feuchtwarmem Fell und Butter geduftet hatte. Dass er seinen Freund Mucki im Stich gelassen hatte, um in das weiße Haus beim Land Gu zu ziehen, setzte Michael arg zu. Er hatte Mucki noch einmal besucht, doch der Dackel hatte von seinem treulosen Freund nichts mehr wissen wollen und war wenige Wochen darauf gestorben.

»Dieser Hund war älter als Methusalem«, hatte die Mutter gesagt. »Fritz und Hedy hatten ihn schon, als ich dort eingezogen bin.«

Die Mutter sagte das nicht nur, um Michael zu trösten, sondern war davon überzeugt. Michael aber wusste, dass er an Muckis Tod schuld war, dass der Hund an gebrochenem Herzen gestorben war, weil sein Freund ihn verraten hatte. Vielleicht fiel es Michael ja deshalb so schwer, einen Freund zu finden, denn jeder echte Freund würde spüren, dass auf ihn kein Verlass war, dass er schon einmal einen Verrat begangen hatte.

Michael wünschte sich nichts mehr als das: ein anderer, ein besserer Freund zu werden, sich eines neuen Freundes würdig zu erweisen.

Manchmal, wenn er durch das Land Gu streifte und sich von aller Welt verlassen fühlte, versuchte er, sich den Freund, den er eines Tages haben könnte, vorzustellen. Die Prinzessin, die in der oberen Etage des Hauses wohnte, hätte er gern zur Freundin gehabt. Sie sah so hübsch aus, dass man sie immerfort anschauen wollte, besonders wenn sie im Licht saß und ein Sternenregen über ihre hellen Haare tanzte. Außerdem war eine Prinzessin der beste Freund, den es für einen Jungen gab, weil man ihr sein Leben weihen, für sie mit Todesmut in Schlachten ziehen und Drachen töten konnte. Bei der Prinzessin hätte er beweisen können, zu welchen Freundestaten er fähig war, er hätte die Scharte mit Mucki auswetzen können und seine Welt der Prinzessin zu Füßen legen.

Eine Welt und alle Geschichten darin wurden ja erst wirklich etwas wert, wenn man sie einer Prinzessin zu Füßen legte.

Die Prinzessin hieß Christa und war die Tochter eines Zauberers, der fliegen konnte. Er konnte wirklich fliegen. Dazu musste er sich einen ledernen Zauberhut, der mehr wie eine Mütze aussah, über die Ohren stülpen und in eine geflügelte Zauberkiste steigen, die kurz darauf enorm zu knattern begann. Unter dem Geknatter erhob sie sich in den Himmel und drehte dort ihre Runden.

Ein Flugzeug. Der Herr von Beaulieu – so hieß der Vater der Prinzessin Christa – war kein Zauberer, sondern ein Pilot. Zumindest behauptete das der Riese, der in der Wohnung neben der Prinzessin hauste und mit seiner lauten Stimme im Haus das Sagen hatte. Warum einer, der ein Pilot war, kein Zauberer sein konnte und ein Flugzeug keine Zauberkiste, leuchtete Michael nicht ein, aber den Riesen fragte er nicht danach, weil er Folgendes schon gelernt hatte: Es gab Leute, die auf eine Frage nicht nach einer Antwort suchten, sondern in eine allgewaltige Wut gerieten, als hätte der Fragesteller sie beleidigt und bedroht.

Außerdem mochte er es nicht, wenn die bunten Fensterscheiben im Treppenhaus von der Riesenstimme zu scheppern begannen. Vor lauter Furcht, sie würden irgendwann in tausend Scherben zerspringen, konnte er sich auf das, was der Riese sagte, meist kaum konzentrieren. Noch mehr fürchtete er, Lieflam, dem Schafgeist, könnte von all dem Lärm das Herz in seinen Ohren platzen, oder er würde flüchten und nicht mehr zurückkommen.

Und überdies mahnte ihn die Mutter: »Gib acht, mit wem du sprichst.«

Auch das hatte Michael, der noch nicht zur Schule ging, schon gelernt: Während im und um das *Bunte Haus* jeder sprach, wie es ihm eben einfiel, gab es hier Gespräche, die nur hinter der Tür ihrer Wohnung geführt werden durften, während draußen, beispielsweise im Treppenhaus mit dem Riesen, andere geführt wurden. Der Riese hieß Herr Josef und war der Vermieter. »Der Herr Josef muss nicht alles wissen«, hatte die Mutter Michael erklärt. »Wenn wir beim Kaufmann anschreiben lassen, das geht ihn nichts an. Aber dass der Vater nach Italien gefahren ist, um für seine neue Ausstellung zu malen, kannst du ihm ruhig erzählen.«

Michael erzählte dem Riesen gar nichts. Schon gar nicht von Italien, denn dass der Vater ohne ihn dorthin gefahren war, erfüllte ihn mit dumpfer Trauer. Im *Bunten Haus* hatten sie gemeinsam von Italien geträumt. Es gäbe dort leere Theater, hatte der Vater erzählt, die in tiefen Wäldern verborgen lagen und darauf warteten, dass der Vater und Michael darin Geschichten zum Leben erweckten. Als die Mutter dann den Pappkoffer von seinem bebilderten Schrank geholt und begonnen hatte, ihn zu packen, war Michael sicher gewesen, dass der Vater ihn mitnehmen würde.

Aber der Vater hatte es nicht getan. »Noch reicht eben das Geld nicht«, hatte er gesagt. »Und dann muss ich ja auch arbeiten.«

Michael hätte ihm antworten wollen, dass er nur ganz wenig essen würde, nur das, was dem Vater nicht schmeckte, sodass sie für ihn kein Geld auszugeben brauchten. Dass er ihn aber bei der Arbeit nicht stören würde, hätte er nicht herausgebracht. Hätte das der Vater denn nicht wissen müssen? Im *Bunten Haus*, wo sie nur die Küche und das eine Zimmer gehabt hatten, hatte er bei des Vaters Arbeit doch immer dabei sein dürfen, hatte still gesessen, wenn der Vater das Licht löschte und die Fenster abdunkelte, und mit klopfendem Herzen mit ihm darauf gewartet, dass die Bilder hereinzogen.

Natürlich hatte er die Bilder, die sein Vater mit eiligen Strichen auf seinem Block skizzierte, damit sie sich nicht namenlos verflüchtigten, nicht selbst gesehen. Aber dass etwas Besonderes vor sich ging, dass sein Vater etwas Verlorenes wiederentdeckte, hatte er am ganzen Körper gespürt. Kaum etwas hatte er so sehr geliebt wie die stummen, heiligen, dunklen Augenblicke, die er mit seinem Vater und dessen Zauberkunst verbrachte.

Seit sie in das weiße Haus gezogen waren und vor dem Riesen verschweigen mussten, wenn das Geld nicht reichte, war der Vater ein Stück von ihm weggerückt, dorthin, wo Michael ihn nicht greifen konnte, und das tat weh. »Ich gehe Skizzen machen«, sagte er jetzt und zog die Tür seines Ateliers hinter sich zu. Sogar den Riegel schob er vor und kam für viele Stunden, manchmal sogar die ganze Nacht lang, nicht mehr heraus.

»Der Vater arbeitet. Wir dürfen ihn jetzt nicht stören«, sagte die Mutter, und das tat noch mehr weh. Warum störte er den Vater? Er hatte ihn doch im *Bunten Haus* nie gestört.

Michael brach sich einen Stock ab und schlug das Gras nieder, das ihm bis an die Brust reichte. Der Stock pfiff wie eine Peitsche, und für gewöhnlich hätte er sofort damit aufgehört, weil das Geräusch ihm in den Ohren wehtat. Heute aber tat es ihm wohl. Um ein Haar hätte die Stockspitze den grünen Engel verletzt, der sich in einer zerbrochenen, von Moos überwucherten Statue verbarg, doch auch das machte Michael heute nichts aus.

Er war selbst verletzt. Weshalb war der Vater in dem neuen Haus manchmal anders zu ihm als im alten? Was hatte ihn verwandelt? Der Riese? Etwas, das in den Wänden des Hauses verborgen saß?

Vielleicht lag es an beidem nicht, weder an dem Haus noch an der Angst vor dem Riesen, sondern an der Zeit, die die Mutter und Tante Hedy, wenn sie zu Besuch kam, eine *böse Zeit* nannten.

»Warum ist die Zeit böse?«, hatte Michael die Mutter gefragt.

Sie hatte ihn geküsst. Sie küsste ihn immer. Aber sie gab ihm nicht mehr immer Antwort.

»Es wird schon wieder besser.« Tante Hedy hatte gelacht und ihm mit beiden Händen die Haare verstrubbelt. Eine Antwort war das aber auch nicht. Sie musste entweder ein Geheimnis sein, oder es gab gar keine.

Michael ging weiter, ohne stehen zu bleiben. Das tat er sonst nicht im Land Gu, denn wenn er nicht Ausschau hielt, konnte er nichts, das sich verbarg, entdecken. Heute aber fühlte er sich dem Land Gu nicht gewachsen. Er hätte jemanden gebraucht, der ihn entdeckte, ihn beim Namen rief, nicht umgekehrt. Selbst an der alten Kegelbahn mit ihrem rostbraunen Blechdach ging er fast ohne einen Blick vorüber. Dabei sah die ein bisschen so aus, wie er sich die leeren Theater in Italien vorstellte, und er hatte sich manches Mal überlegt, ob er nicht den Vater herholen und hier mit ihm eine Geschichte spielen sollte, damit das verlassene Vorwelt-Theater wieder zum Leben erwachte.

Das war gewesen, ehe die Sache mit dem Riesen passierte.

In dem Kegelbahn-Theater waren Gestalten aus verlorenen Geschichten zu Stein erstarrt. Und als wäre das nicht grausam genug, hatten die versteinerten Gestalten ihre Eigenheit verloren. Sie sahen eine aus wie die andere, sodass niemand sie mehr hätte unterscheiden können. Michael hatte auf einen Weg gesonnen, sie zu retten. Doch statt seiner hatte der Riese den

Vater hergeholt und hatte ihm einen Hammer in die Hand gedrückt.

»Wenn Sie wollen, dass ich Ihnen die Miete stunde, werden Sie mir schon helfen müssen, Ende«, hatte der Riese gesagt, der neben dem Vater eigentlich gar nicht mehr so riesig wirkte, aber viel größere Hände hatte und mit dieser Stimme sprach, die alles, selbst das Gras, zum Zittern brachte.

»Ich glaube, das kann ich nicht«, hatte der Vater so leise gesagt, dass Michael, der an der offenen Seite der Bahn hinter einem Gebüsch stand, es nur mit Mühe hörte.

»Ach was, keine Schwachheiten, Ende. Diese ganzen Bismarcks, die mein Herr Schwiegervater da zurechtgeklopft hat, mögen sich zu seiner Zeit ja wie warme Semmeln verkauft haben, aber heute will das Zeug kein Mensch mehr haben. Ja, wenn einer in solcher Menge den Hitler gemacht hätte – da fänden sich jetzt wohl Abnehmer.«

»Das ist nicht Ihr Ernst.«

»Mein Ernst ist, dass ich ein zu großes, zugiges Haus beheizen muss, weil mir sonst die säumigen Mieter die Ohren vollgreinen. Dafür braucht's Geld, und die Bismarcks nimmt mir keiner mehr ab. Den Bruch dagegen schon, da wird Schotter für den Straßenbau draus gemacht. Also los. Hauen Sie zu, sonst wird's im Herbst hübsch eisig.«

Der Riese hatte selbst einen Hammer gepackt, holte mit beiden Händen über seinen Kopf hinweg aus und zerschmetterte der versteinerten Gestalt, die er *Bismarck* nannte, die Stirn. Gesteinsbrocken spritzten. Was der Vater tat, sah Michael nicht mehr, denn er drehte sich um und flitzte durch die hohen Sträucher, die ihm Arme und Beine zerkratzten, davon.

Später waren Männer mit Schubkarren gekommen, die die zertrümmerten Überreste abgeholt hatten, und zurückgeblieben war nur eine weißliche, kreidige Staubschicht, die den Boden bedeckte. Michael wollte nicht mehr, dass die alte Kegelbahn wie ein leeres italienisches Theater aussah. Sie war eine Kegelbahn, die zu nichts taugte, wenn man niemanden zum Kegeln hatte. Missmutig ging er weiter, sah nicht nach links oder rechts, sondern nur auf das Gras, das sein Stock aus dem Weg drosch, wie der Hammer des Riesen die versteinerten Gestalten aus dem Weg gedroschen hatte.

Das Dickicht der Sträucher, die längst sämtliche Beete überwuchert hatten, lichtete sich. Unter der Last belaubter Zweige und Ranken wurde ein niedriger, geschmiedeter Zaun erkennbar. Dahinter endete abrupt das Land Gu, und der Blick auf eine Straße tat sich auf, nicht unähnlich der, in der Michael wohnte. So weit war er noch nie gegangen. Auf der anderen Seite der Straße, die sich still in den Sonnenflecken aalte, als würde nie ein Mensch hier entlangfahren, erhob sich ein Haus, das wiederum dem ihren nicht unähnlich und ebenfalls von einem Garten umrundet war. Nur setzte sich der Garten, in dem der Riese herrschte, aus abgezirkelten Rabatten mit Reihen kleiner, wie gestickter Blüten zusammen, während hier alles wild durcheinander wucherte. Ein Mann mit einer Gießkanne wässerte einen mächtigen Busch voller Rosen und Dornen, der sich um einen Turm hätte ranken können, um das Gefängnis einer verwunschenen Prinzessin.

Der Mann trug eine Schiebermütze und stand beim Gießen vornübergebeugt. Neugierig schlich Michael sich näher, gab sich Mühe, die Füße samtweich aufzusetzen, um beim Gehen keinen Laut zu verursachen. Der Mann aber musste unsichtbare Ohren zum Ausfahren haben, Schneckenfühler, die Geräusche erspürten. Kaum hatte Michael die Stelle erreicht, wo sich an die Gartenmauer ein Zaun anschloss, drehte der Mann sich um.

»Na, Bürschlein? Verlaufen?« In seiner Stimme schwang etwas mit. Wie die nicht ganz festgeschraubte Saite an Onkel Holzheimers Zither.

Michael war so aufgeregt, dass er nicht stillstehen konnte, sondern am Zaun in die Höhe hüpfte. Er erkannte den Mann! Er war eine von den versteinerten Gestalten aus der Kegelbahn, die der Riese mit dem Hammer zertrümmert hatte. Nur musste ihm ein

Wunder widerfahren sein – im letzten, rettenden Augenblick war er zum Leben erwacht und entronnen. Deutlich zeichnete sich auf seiner Stirn das Loch ab, das ihm der Riese geschlagen hatte, doch offenbar war er robuster gewesen als seine armen Kameraden. Seine Stirn war verbeult und aus der Form geraten, aber über der Vertiefung hatte sich eine Hautschicht gebildet. Eines seiner Augen hatte der Riese ebenfalls erwischt – Ober- und Unterlid waren aufeinander zugewachsen, sodass die leere Höhle nur unter einem Schlitz erkennbar war.

Auch ansonsten wirkte der Kopf des Mannes gehörig mitgenommen, aber Michael war vor Freude außer sich, weil er den Angriff des Riesen überlebt hatte. Er wollte etwas sagen, um diese Freude zum Ausdruck zu bringen, doch ausgerechnet jetzt fand sich in den Wasserfällen aus Worten in seinem Kopf kein einziges, das passte.

Der Mann stellte die Gießkanne ab und streckte ihm über den Zaun die Arme entgegen. »Na komm schon, Kuno.«

Michael kannte das aus dem Land Gu, aus dem Dunkel: Namen waren wichtig, und wo man den Namen von jemandem nicht kannte, rief man den ersten, der einem einfiel. Damit der Verlorene wusste: Ich bin gemeint.

Er zeigte mit dem Finger auf sich und blickte zu dem Überlebenden der Kegelbahn auf. »Kuno?«

»Na klar«, sagte der Mann, der ihm die Arme entgegenstreckte. »Siehst du denn hier sonst noch einen?«

Michael zögerte nicht länger und ließ sich über den Zaun helfen. Kaum setzte der Mann ihn auf der anderen Seite ab, bemerkte er den Reigen der Gestalten, der auf die Mauer des Hauses gemalt war. Märchenfiguren, wie er sie aus den Erzählungen der Mutter kannte, Helden aus Abenteuergeschichten, Gefährten, denen der Mann im Land Gu begegnet sein musste. Prinzessinnen, Feen und Ritter, Zauberer, Narren und Musikanten, Froschkönige, Knusperhexen und Zinnsoldaten. Blaue Pferde und weiße Drachen. Sie tanzten einer hinter dem andern her, und ihre Farben schillerten noch unter der Schicht von Schmutz, die sich darübergelegt hatte.

In seiner Begeisterung wollte Michael darauf zustürzen, doch schon im Schritt besann er sich. »Ein Junge, der etwas auf sich hält, ist höflich«, hatte ihn seine Mutter gelehrt. Also drehte er sich höflich nach seinem Gastgeber um. »Vielen Dank, dass Sie mich eingeladen haben«, sagte er. »Und mir einen Namen geschenkt haben. Haben Sie selbst denn auch einen?«

Wenn nicht, würde er ihm einen schenken, beschloss er, und dachte schon angestrengt über einen nach, der zu dem Geretteten passen könnte.

»Ob ich einen Namen hab? In einem anderen Leben hab ich mal Franz geheißen, Franz Reinhardt, um genau zu sein, aber das brauchst du dir nicht zu merken. Kein Mensch merkt sich's mehr.«

»Das ist traurig.«

»Ach was, ach was. Fanti heiß ich. Sagen alle hier, also kannst du's getrost auch sagen.«

»Wer sind alle?«, fragte Michael, dem die Neugier geradewegs das Herz sprengen wollte.

Mit einem Schwenk des verbeulten Kopfes wies der Gerettete auf das Haus, als spreche er von den tanzenden Märchenfiguren. »Das Volk, das hier wohnt. Die Buchners. Nicht nur die vier Blagen rufen mich Fanti, sondern auch die Alten, wenn die mit mir überhaupt mal reden.«

»Blagen?«

»Solche wie du«, knurrte Fanti. »Zwerge, Gnome, kleine Sargnägel.«

»Können Sie Kinder nicht leiden?«

»Kann irgendwer Kinder leiden?«

»Warum haben Sie mich dann eingeladen?«, fragte Michael.

Fanti sah ihn lange an, wobei die grün schillernde Iris seines verbliebenen Auges in Richtung Nase wanderte, bis sie im Innenwinkel zu verschwinden drohte. »Weil du aussiehst wie einer, der einen Freund brauchen könnte«, sagte er schließlich. »Wenn du keinen italienischen Rotwein magst, halt's, wie du willst, aber ich geh jetzt rein und brech einer staubveredelten Flasche den Hals.«

»Italienischen Rotwein?« Etwas in Michael begann, mit den Figuren, deren Reigen sich ums Haus zog, zu tanzen.

»Spaß.« Fanti grinste, was sein verbeultes Gesicht aufs Abenteuerlichste verzerrte. »Kriegst einen Schlangenhauttee. Und eine Geschichte, wenn du dich benimmst, aber keine für nervenschwache Großmütter. Und jetzt komm.«

8

SO BEGANN DIE ZEIT mit Fanti, der Märchen gemalt hatte, bis ihn mit zwanzig eine Märchenprinzessin verließ und er sich aus Verzweiflung eine Kugel in den Kopf schoss. Dass in Wahrheit der Riese ihm den Kopf zertrümmert hatte, wusste nur Michael, der schließlich dabei gewesen war und der außerdem Onkel Fritz kannte. Der hatte eine echte Kugel aus dem Krieg im Kopf, aber wie der von Fanti sah sein Kopf nicht aus. Die Buchner-Kinder wussten es nicht. Denen erzählte Fanti die Geschichte von der treulosen Prinzessin oder vom Spinnrädchen, das ohne Unterlass Garn spann und das man ihm deshalb aus dem Schädel hatte operieren müssen. Das mit dem Riesen und dem Hammer war sein und Michaels Geheimnis.

Fanti malte noch immer Märchen. Anders als der Vater brauchte er dazu kein Dunkel, sondern malte und zeichnete immerzu, mit allem und auf allem, was ihm in die Hände fiel: mit dem Bleistift auf die Rechnung von der Reinigung, mit einem Stück Kreide auf den Küchentisch, mit seinen leuchtenden Farben an die Wände des ganzen Hauses. Fantis wilde, wimmelnde Gestalten bevölkerten sämtliche Räume, was Herrn und Frau Buchner, denen das Haus gehörte, nicht zu kümmern schien.

Die Buchners kümmerte überhaupt wenig von dem, was in dem Haus vor sich ging. Herr Buchner war Direktor in irgendeiner hochwichtigen Institution voller Bilder, also mochte er es wohl auch gern, in seinem eigenen Haus von Bildern umgeben zu sein. Und Frau Buchner, die keine Röcke, sondern Hosen trug und aus einer Spitze Zigaretten rauchte, ging immerfort auf Gesellschaften, weshalb sie morgens meist müde war, im Bett frühstückte und sich um die Aufzucht ihrer Kinder nicht sonderlich sorgte.

Für Michael war das neu und ungeheuerlich. Mütter sorgten sich um die Aufzucht ihrer Kinder, sie wirbelten unablässig um Kinder herum, weil die von alleine nicht groß wurden, und sie berührten sie ständig, wie um sich zu vergewissern, dass sie sich noch nicht in eine Art körperlose Wolke aufgelöst hatten. Das war es, was er von Müttern kannte. Seine eigene wäre niemals auf eine Gesellschaft gegangen, auf die sie ihn, Michael, nicht hätte mitbringen können, und ein Morgen, an dem er erwachte, ohne seine Mutter in der Küche bei der Zubereitung seines Haferbreis und seines Kakaos rumoren zu hören, war undenkbar.

Aber Frau Buchner brauchte sich vielleicht um ihre Kinder nicht so sehr zu sorgen, weil sie vier davon hatte, nicht nur eines wie Michaels Mutter. »Wenn du mir verloren gingest, hätte ich nichts mehr«, sagte seine Mutter zu Michael, wenn sie ihn ins Bett brachte, zudeckte und küsste, aber Mutter Buchner hätte beim Verlust von einem immer noch drei gehabt.

Und außerdem hatte sie Fanti. Der kochte zwar keinen Kakao, aber er brühte Tee aus unsäglichen Zutaten wie Schlangenhäuten, Brennnesseln, Froschlaich, Schusternägeln, Engelshaaren und ließ die Kinder von seinem Wein aus Italien probieren. Er erzählte ihnen Geschichten, in denen sie selbst mit den Würgeschlangen und reißenden Wölfen kämpfen mussten, bastelte ihnen Kostüme, erklärte ihnen, was erlaubt und verboten war, und brachte ihnen bei, die Spielregeln einzuhalten.

Fanti malte mit seinem kaputten Kopf und dem fehlenden Auge zwar noch immer weiter, doch er bekam kein Geld mehr dafür. Den Zusammenhang verstand Michael nicht, denn er hätte Fanti für sein Gemaltes sofort alles Geld, das er besaß, gegeben. Aber er besaß ja überhaupt keines, und wie das mit dem Geld, das einer kriegte, und der Arbeit, die er dafür tat, funktionierte, hatte er sowieso nie verstanden. Ihm war nicht einmal ganz klar, wozu man Geld überhaupt brauchte. Da jedoch Fanti welches brauchte und für sein Malen keines mehr bekam, arbeitete er bei den Buchners als »Mädchen für alles«.

»Sie sind doch aber kein Mädchen«, hatte Michael gesagt.

»Gott, wer weiß«, hatte Fanti erwidert, »und darauf kommt's jetzt schon auch nicht mehr an.«

Wie die Zeit mit Fanti begann für Michael also auch die Zeit mit den Buchners – Hartmut, der noch ein Kind und zugleich schon ein Held war, und seinen drei Schwestern Regine, Asgerd und Helge. Das mit den Schwestern traf sich prächtig, denn als Michael sich das Herz brach, weil der Flugzauberer Beaulieu mit der Sternenprinzessin Christa aus dem weißen Haus fortzog, als er tagelang erwog, sich nach Fantis Anleitung etwas in den Kopf zu schießen, erwies sich Asgerd, die mittlere Schwester, als rettender Engel: Michael entdeckte nämlich, dass Asgerd ebenfalls eine Prinzessin war, die ihr wie Rosenholz schimmerndes Haar flechten und aus dem Fenster eines Rosenturms hätte hinunterlassen können.

Auf sie konnte er seine zurückgelassene und nutzlos gewordene Liebe werfen, die Fülle seines Herzens ausschütten, ehe es ihm platzte.

Zwar beachtete Asgerd Michael kaum, sondern hockte lieber zart wispernd, zwitschernd und von Zeit zu Zeit in Gekicher ausbrechend zwischen ihren Schwestern, aber das tat der Erfülltheit dieser Liebe keinen Abbruch. Michael selbst zog in diesen Jahren Hartmuts Gesellschaft vor und war vollauf damit zufrieden, der süßen Asgerd von fern hinterdrein zu schmachten und ihr seine Welt zu Füßen zu legen. Dazu eignete Asgerd sich vorzüglich. Sie war anbetungswürdig, unerreichbar und verlangte nichts, das der Minnesänger im Spielhöschen ihr nicht hätte geben können.

Hartmut seinerseits kannte keine Furcht, weder vor dem Land Gu und dem Dunkel noch vor fauchenden Lokomotiven und lodernden Flammen. Wenn jemand der Rettung bedurfte, konnte man keinen Besseren als Hartmut herbeirufen, denn der wagte sich an Rettungen aus jedweder Lebenslage. »Dir Dreikäsehoch muss ich wohl mal zeigen, wie's in der Welt zugeht«, hatte Hartmut gesagt, und dann war er Michael vorausgestapft, von einem Abenteuer zum nächsten.

Drei Jahre lang.

»Wer sich an ein Abenteuer macht, muss wissen, worauf er sich einlässt«, sagte Fanti. »Ein Abenteuer, das keine Gefahr und keinen Schmerz mit sich bringt, ist nichts wert.«

Er sagte auch: »Es gibt eine Linie zwischen Gut und Böse, ihr Bürschlein. Die zu übertreten, ist ganz einfach. Aber man hat dafür einen Preis zu bezahlen.«

Michael wünschte sich manchmal, er hätte bei seiner Mutter auch einen Preis bezahlen dürfen. So wie man in der Bäckerei für einen halben Laib Brot bezahlte und das Brot daraufhin mitnehmen durfte, hätte er der Mutter die ausgemachte Summe entrichten und hinterher mit seinem Abenteuer von dannen ziehen wollen. Aber so einfach war es mit seiner Mutter nicht. Blieb er zu lange aus, trieb sich in gefährlichen Gegenden herum und ließ sich dabei von jemandem erwischen, schimpfte sie ihn nicht aus, was er als angemessenen Preis gelassen hingenommen hätte. Stattdessen blickte sie kummervoll auf ihn hinunter, mit von der Küchenarbeit geröteten Wangen und Augen, die nach innen zu weinen schienen.

Nach außen weinte die Mutter nie, sie sah immer aus, als drücke sie sich die Tränen mit den Fingern erbarmungslos in die Augen zurück.

»Ich habe Angst um dich gehabt«, sagte sie. »Tante Hedy ist zum Kaffee gekommen, aber ich habe sie wieder nach Hause geschickt, denn ich hatte keine Ruhe. Ich hätte keinen Gedanken fassen können, habe nur in allem Grauen vor mir gesehen, was dir passiert sein muss.«

Michael schämte sich in Grund und Boden, und das fühlte sich nicht an wie ein angemessener Preis. Er lief zur Mutter hin und schlang die Arme um sie. »Aber mir ist doch gar nichts passiert«, rief er, und dann erklärte er ihr, wie sehr er sie liebte, mehr als sämtliche Prinzessinnen und Helden und Fantis, schwor, dass es immer so bleiben würde, und doch half von alledem nichts. Die Mutter blieb tieftraurig.

»Es ist eine so böse Zeit«, sagte sie. »Was kann einem Jungen wie dir nicht alles zustoßen!«

Michael stellte die Frage, die ihm auf der Zunge lag, nicht in retour, nämlich warum einem Jungen wie ihm das alles denn zustoßen sollte. Er hatte die Mutter lieb, er wollte nicht, dass sie weinte, weder nach innen noch nach außen. Schon gar nicht seinetwegen. Also sagte er ihr auch nicht, dass er keineswegs fand, dies sei eine böse, sondern eine rundherum herrliche Zeit. Er hatte Freunde gefunden, sein Leben war prall gefüllt mit Abenteuern, und wenn er nach vollbrachter Heldentat nach Hause kam, wartete die hübsche Wohnung auf ihn, und er und die Mutter und der Vater liebten sich. Der Vater verkaufte Bilder, sodass sie beim Kaufmann nicht mehr anschreiben lassen und sich vor dem Riesen nicht mehr fürchten mussten. Der Riese begann zu schrumpfen und war bald nur noch Herr Josef, der Vermieter, der auf der Treppe polterte und sich vom vielen Gebrüll einen Lungenkrampf holen würde.

Michael war glücklich in seinem Leben, und im Grunde wäre die Mutter ja auch glücklich gewesen, hätte nur er ihr nicht so viele Sorgen bereitet, so viel Angst und so viel Grund zum Weinen gegeben.

Jeden Abend, wenn sie ihn zu Bett brachte, ihn mit der Decke, die sie für ihn bestickt hatte, zudeckte und ihm die Schildkröte, die sie für ihn genäht hatte, in den Arm legte, nahm Michael sich vor, am folgenden Tag seiner lieben Mutter keinen Kummer mehr zu machen. Wie ein braves Kind würde er allein im Garten spielen oder in seiner Stube zeichnen. Sobald dann aber Hartmut auftauchte und bereits geplant hatte, welchen Gefahren sie an diesem Morgen die Stirn bieten würden, zerstoben all die tapferen Vorsätze im Wind.

»Deine Mutter glaubt, du bist noch ein Wickelkind«, spottete

Hartmut. Das war falsch, aber Michael sagte nichts, um es richtigzustellen. Wie es zwischen ihm und seiner Mutter zuging, konnte Hartmut nicht beurteilen, weil Hartmut und seine Mutter sich nicht so sehr liebten. Niemand liebte sich so sehr wie die Mutter und Michael, doch auch davon sagte er nichts zu Hartmut, denn es ging nur ihn und die Mutter etwas an. Er würde nie wieder an jemandem, den er liebte, zum Verräter werden.

Zu seinem Glück fragte Hartmut auch nicht nach. Der Freund war keiner, der sich gern mit Reden aufhielt, sondern schritt lieber auf dem schnellsten Weg zur Tat.

Eine Zeitlang trugen sie im Land Gu, das Hartmut »die Wildnis« nannte, schwere Wackersteine zusammen und errichteten daraus Burgen und Barrikaden. *Nazis und Sozis* könne man damit spielen, erklärte Hartmut, sich hinter den Barrikaden verschanzen wie die Roten und Braunen in den Straßen von München und über das Mauersims hinweg Steine nach den Feinden schleudern.

»Deine sind die Roten«, bestimmte er. »Der Fanti, der ist ja auch ein Roter. Kommunist ist der, meinem Vater passt's nicht, aber der Fanti ist eben der Fanti, also schickt er sich drein. Meine sind die Braunen. Da merk ich mehr Saft und Kraft.«

Michael hätte lieber Burgherr und Raubritter gespielt, aber wichtiger war ihm, dem Freund eine Freude zu machen. Zudem entdeckte er recht schnell, dass er sich seine eigene Welt in Hartmuts Welt hineindenken konnte, ohne dass sich am Spielgeschehen etwas ändern musste.

Ein paar Tage lang beschäftigten sie sich also mit ihrer Steinschlacht, trugen auch ordentliche Blessuren davon, die Michaels Mutter weinend mit Honigsalbe einrieb, doch mit der Zeit verlor Hartmut die Lust. Michael sah den Glanz in seinen Augen und spürte das Zittern, das in der Luft lag, wenn der Freund nach etwas Neuem gierte.

»Lass uns ein paar von diesen Steinen aus der Wildnis raustragen«, schlug er eines Morgens vor. »Mal sehen, was sich im Ort mit denen anfangen lässt.«

Also luden sie sich die Arme voller Steine und machten sich daran, sie in Richtung Buchner-Haus zu transportieren. Die Steine waren schwer, und jeder Schritt, mit dem er sie schleppte, ohne hörbar zu ächzen, erfüllte Michael mit Stolz. Als sie die Straße allerdings erreicht hatten, kamen ihm seine Arme schwerer als die Last vor und schmerzten wie frisch aus der Hölle. Hartmut jedoch marschierte unbarmherzig voran.

»Wie weit müssen wir denn noch?«, keuchte Michael kleinlaut, und schon die Frage war das Eingeständnis einer Niederlage.

Gönnerhaft wandte Hartmut den Kopf nach ihm. »Hast es ja gleich geschafft, Kleiner. Nur noch bis vor zur Gemeindewiese, wo die Trambahn vorbeifährt.«

»Und was jetzt?«, fragte Michael, schwer nach Atem ringend, als sie die Steine endlich auf dem schmalen Gehsteig abgelegt hatten.

Wie sich zeigte, wusste Hartmut das selbst nicht so genau. »Bisschen kicken, dachte ich. Wie die Jungs von 1860.«

1860 war der Fußballverein, für den Hartmut schwärmte, und Michael mochte ihm den Spaß daran nicht verderben. Aber Kicken mit Wackersteinen? »Die sind doch viel zu schwer«, entfuhr es ihm.

»Na komm schon. Macht stahlharte Muskeln.«

Ein paar Mal probierten sie es und holten sich statt stahlharter Muskeln eisblaue Zehen. Dann gaben sie auf.

Michael entging nicht, wie der Freund sich wand. Hartmut hatte die Idee gehabt, also durfte er sich jetzt keine Blöße geben, sondern musste ein Abenteuer für sie ersinnen. Er tat Michael leid. Immer lastete auf ihm die Bürde des Anführers, immer war er es, von dem erwartet wurde, dass er vor Einfällen nur so strotzte. Michael sah sich um. Keine zehn Schritte von ihnen entfernt verliefen die Schienen der Straßenbahn, beschrieben eine enge Kurve und verschwanden dann hinter der Häuserecke. »Was wohl passieren würde«, überlegte er vor sich hin, »wenn man einen von den Steinen da vorn ins Gleis legt?«

Hartmut, der noch einmal das Bein geschwungen hatte, um wütend gegen einen Stein zu treten, hielt inne. Über sein Gesicht fuhr ein Leuchten – das Zeichen, dass er Blut geleckt hatte. »Herrschaftszeiten, Kleiner!«, rief er. »Das ist aber mal ein Geistesblitz! Was meinst du denn wohl, was passiert? Wenn die Tram kommt, donnert sie gegen den Stein, springt aus dem Gleis und kippt um wie ein toter Ochs.«

»Mit allen Leuten drin?«

»Klar doch. Mit Mann und Maus. Los, hilf mir – welchen wollen wir nehmen?«

»Wir können doch nicht wirklich die Trambahn umwerfen«, begann Michael, doch der Blick, den Hartmut ihm zuwarf, machte ihm unmissverständlich deutlich, dass sie genau das tun würden: die Trambahn umwerfen. Und trotz der Furcht erwachten ja auch in ihm die Erregung, das Sehnen, die Neugier: Wenn etwas so Mächtiges wie eine Trambahn umfiel – würde das ein Erdbeben geben, würden die Häuser wackeln, die Vögel aus den Bäumen stürzen?

Gemeinsam wählten sie einen Steinbrocken, der nicht ganz so schwer wie die übrigen, doch dafür länglich geformt und ein wenig gebogen war, sodass er sich für ihren Plan trefflich eignete. Bis zur nächsten Haltestelle, wo Leute warten würden, war es noch ein gutes Stück, und in diese ruhige Seitenstraße verirrte sich selten ein Mensch. Hartmut und Michael waren mit ihrem Abenteuer allein.

Zu zweit den einzelnen Stein bis auf die Gleise zu tragen, war, verglichen mit der Plackerei zuvor, ein Kinderspiel. Zu Beginn der Kurve legten sie ihn ab, passten ihn zwischen den Schwellen ein, dann drehten sie sich um und nahmen die Beine in die Hand. Bis ins nächste Gebüsch flitzten sie, wo sie sich im Schutz der Zweige Seite an Seite niederkauerten.

Michael wurde der Aufregung kaum noch Herr. Wenn die Bahn nicht gleich kam, würde er ohnmächtig werden und das ganze herrliche, grausige Spektakel versäumen. Schweiß rann ihm über

Rücken und Seiten, und durch den dünnen Stoff ihrer Hemden hindurch spürte er, dass der Körper des Freundes so nass war wie seiner. In diesem Augenblick wusste er: Einen besseren Freund als Hartmut würde er nie mehr finden. Ein ganzes Leben lang würden er und Hartmut Freunde sein.

Nichts war kostbarer als Freundschaft, nichts bewahrte einen verlässlicher davor, im Dunkel der Vorwelt verloren zu gehen. Nicht einmal Namen. Der Satz *Ich bin Hartmuts Freund* besaß noch mehr schützende Kraft als: *Ich bin Michael.*

Kam denn die Trambahn nicht endlich?

Noch immer nicht?

Was, wenn sie heute überhaupt nicht mehr kam, wenn sie für einen Tag stillgelegt worden war und die Arbeiter heute Abend ihren Stein entdeckten und beiseite räumten?

Er hatte den Gedanken noch nicht zu Ende gedacht, da regte sich der leise Wind, der das Herannahen der Tram ankündigte. Gleich darauf wurden das Rattern und Quietschen laut, als das Höllenpferd aus Stahl um die Ecke bog. Nein, ein Höllenpferd aus Stahl wie das, was ihn einmal fast zermalmt hätte, war die Tram von Menzing nicht. Eher eine gemächliche Bimmelbahn voller Frauen mit Einkaufstaschen, aber der Lärm, als die Räder des Triebwagens gegen den Stein prallten, war dennoch ohrenbetäubend. Ein Scheppern, Krachen und Kreischen, als geriete die Erde aus den Fugen.

Mit einem Satz wurde der Triebwagen aus dem Gleis geschleudert, stand einen Herzschlag lang zur Seite geneigt, als wollte er umfallen, doch wie durch Zauberhand fing er sich ab. Gewann sein Gleichgewicht wieder. Die beiden Wagen, die folgten, kamen kreischend zum Stillstand. Türen flogen auf, und laut schreiend quollen die Fahrgäste ins Freie. Mehr geschah jedoch nicht. Der große Zirkus, den sie in Szene gesetzt hatten, war vorüber, und eher enttäuscht als erleichtert spürte Michael, wie die Spannung aus seinen Gliedern wich.

Bis der Mann quer über die Straße auf sie zustürmte. Er trug die grüne Uniform der Trambahnschaffner, sein Haar stand vom Kopf ab wie elektrisiert, und sein Gesicht war hochrot. Mit zwei Sprüngen war er bei Michael und Hartmut und zerrte mit jeder Hand einen von ihnen aus dem Gebüsch. »Hab ich euch erwischt, ihr Hundsbuben!«

Wie er das gemacht hatte, das Erwischen, wusste der Himmel.

Oder die Hölle. In jedem Fall wurden die beiden Missetäter im Triumphzug – aus Schaffner, Schutzmann und etlichen Gaffern – zur Buchner-Villa geschleppt und am Tor der Hand des Richters namens Fanti übergeben. Obermenzing war ein Dorf, jeder kannte jeden, und jeder wusste, wer zu wem gehörte. Fanti hatte sie gewarnt: Die Linie zu übertreten, war einfach, doch wer es tat, musste dafür einen Preis bezahlen. Nun also war ihr Freund, der Märchenmaler, zum Richter geworden, der das Urteil über sie verhängen würde.

Er sagte nicht viel, sondern führte Hartmut und Michael in sein Zimmer, wo er sich wie sonst an seinen Zeichentisch setzte. Heute aber würde er keinen von ihnen auf seinen Schoß einladen, kein imaginäres Buch aufschlagen, um daraus eine selbst erdachte Geschichte vorzulesen, keine Liste abscheulicher Zutaten aufzählen, aus denen er den Kindern einen Tee bereiten wollte.

Das behaglich verlotterte Zimmer ihres Freundes war kein Zimmer mehr. Es war ein Gerichtssaal.

Von den Jungen, die stotterten und stockten, ließ er sich schildern, was sie verbrochen hatten. Detail um Detail hatten sie wahrheitsgetreu zu schildern, bis zu dem Augenblick, in dem der Stein auf den Gleisen gelandet war. Vom Entgleisen des Zugs und ihrer Ergreifung wollte Fanti nichts hören, denn davon hatten ihm bereits der Schaffner und die zornigen Fahrgäste aufs Farbigste berichtet.

»Und wer von euch beiden war der Anstifter?«, fragte er streng, weil ihm die zwei Delinquenten diese Auskunft schuldig geblieben waren.

Michael spürte, wie Hartmut neben ihm kämpfte, wie er versuchte, den Rücken zu straffen und sich zum Sprechen zu zwingen, wie ihm die Schultern jedoch immer wieder heruntersackten und die zitternden Lippen sich schlossen.

»Ich«, sagte er.

»Du, Kuno?«

Michael nickte und war stolz.

»Also schön«, sagte Fanti. »Das Strafmaß steht damit fest. Zehn für jeden und für Kuno fünf extra fürs Anstiften. Und Kuno bequemt sich jetzt auch in die Küche und holt mir den Kochlöffel. Marsch, Marsch.«

Michael ging wie auf Eiern, spürte mit jedem bebenden Schritt das Gewicht seiner Tapferkeit. Er trat vor die deckenhohe, weißlackierte Kredenz, zog die unterste Schublade auf und nahm einen hölzernen Löffel heraus, den großen zum Kartoffelbrei-Rühren, der ihm riesig vorkam. Resi, die Köchin, stand am Herd, siedete Weißwürste und bedachte Michael mit einem schadenfrohen Blick. Resi hasste Kartoffelbrei. Den Löffel hatte, wie jeder im Haus wusste, Fanti gekauft.

Im Zimmer war das Tribunal bereit zur Vollstreckung.

»Nun mal her damit, Kuno. Dein Komplize ist zuerst dran.«

Michael musste Fanti den Stiel des Löffels in die Hand drücken, während Hartmut fügsam wie ein Lamm seinen Kopf zwischen seine Beine zu schieben hatte. Fanti klemmte ihn ein, setzte sich mit ihm in Position und zählte ohne Ausdruck in der Stimme: »Eins.« Augenblicklich sauste die Rührfläche des Löffels auf Hartmuts Hinterteil nieder. Das Geräusch war schrecklich und Hartmuts vergeblich unterdrückter Schrei noch schlimmer. Michael hätte sich gern die Ohren zugehalten, aber das wäre feige gewesen. *Tritt über die Linie und zahle den Preis*, so lautete der Vertrag, den Fanti mit ihnen abgeschlossen hatte. Daran zu rütteln, sich gar davor zu drücken, hätte ihre Freundschaft entwertet.

Fantis Schläge hatten nichts Mildes, nichts Halbherziges. Sie taten so weh, dass man sicher sein konnte, mit dem geschundenen Hintern erst einmal auf keinem Stuhl, ja nicht einmal auf dem

Abort sitzen zu können. Hatten die Jungen ihre Prügel aber bezogen, war die Missetat aus ihrem Register gestrichen und wurde nie wieder erwähnt. Fanti war wieder Fanti, nicht länger der Richter, sondern ihr Freund.

Seinen Eltern gegenüber erwähnte Michael nie ein Wort davon, dass Fanti ihn mit Schlägen bestrafte. Hätte er es getan, hätte er fürchten müssen, sein Vater oder seine Mutter wären aus dem Haus gestürmt und hätten Fanti mit bloßen Händen erwürgt. Er hätte den Eltern auch nicht erklären können, warum er sich die Prügel gefallen ließ, wo er doch kein Kind der Buchners war und nicht Fantis Obhut unterstand. Nicht einmal, wie wohl er sich in seiner Freundeswelt fühlte, die fest gefügt und frei zugleich war, hätte er ihnen zu erklären vermocht, und er hätte es auch nicht gewollt, denn es gehörte ihm allein.

Das Geld im Hause Ende wurde wieder knapper, die Bilder des Vaters, die hätten ausgestellt werden sollen, reihten sich unbeachtet im Korridor, und die Klagen der Mutter über die böse Zeit nahmen zu, aber Michael war noch immer glücklich. Er blieb es bis zu dem Tag, an dem er aus seiner Welt nach Hause kam und sein Kinderstübchen, in dem er die Schätze seiner Streifzüge sammelte, in Kisten verpackt vorfand.

Nicht nur die Kinderstube. Auch die Küche, das Schlafzimmer der Eltern, des Vaters Atelier. Die Kisten stapelten sich im Korridor, und an der Straße vor der Gartenmauer stand ein Kleinlaster, in den zwei Packer in Lederschürzen die Habe der Endes luden. Der Vater war nicht zu Hause, und die Mutter sah aus, als hätte sie sich alle Tränen, die strömen wollten, wieder zurück in die Augen gedrückt.

»Nimm den kleinen Koffer, Lieberchen. Wir ziehen von hier weg. Nach Schwabing.«

Die Mutter öffnete die Arme, doch heute wich Michael ihr aus. »Ich will von hier aber nicht weg.«

»Ich weiß, Lieberchen.« Die zerdrückten Tränen schwangen in

ihrer Stimme. »Aber es lässt sich doch nicht ändern. Der Vater hat ja schon seit dreiunddreißig kaum noch ein Bild verkauft, und jetzt darf er's gar nicht mehr. Die verbieten's ihm, das Ausstellen wie das Anbieten, wer weiß, als Nächstes verbieten sie ihm noch das Malen und am Ende das Leben! *Politisch unzuverlässig* nennen sie ihn. Seine Bilder *entbehrlich. Entartet.*« Sie hockte sich vor ihn hin, ihr Gesicht auf seiner Höhe, ihre Hände auf seinen Schultern. »Weißt du, wie elend es dem Vater damit ergehen muss? Wie hart das ist?«

Michael nickte, spürte die Festigkeit und die Wärme ihrer Fingerspitzen durch den verschlissenen Stoff seines Hemds.

»Das ist jetzt das Wichtigste, oder? Dass wir beide ganz dicht beim Vater sind, dass wir ihm zeigen: Uns macht es nichts aus, wo wir wohnen, es zählt nur, dass er nicht aufgibt, sondern weiter seine Bilder malt.«

Aber mir macht es etwas aus, wo wir wohnen, wollte es Michael herausrutschen, doch im letzten Augenblick presste er die Lippen zusammen. Nein, diese ganze Sache mit dem Wohnen war nicht so wichtig wie die Bilder des Vaters. Wenn sie die Bilder mitnahmen, die Geschichten, die Geheimnisse, würde es sich irgendwo anders, weit weg von Hartmut und Fanti und seiner Prinzessin, auch leben lassen. Weh tat es trotzdem. Hartmut und Fanti und ein bisschen auch die Prinzessin, die waren ja nicht wie der Kiosk, das Rosenbeet und der Duft nach Zimt in der Küche, die man vergessen und sich dann neu suchen konnte.

Es brauchte seine Zeit, all die Worte, die hinausgewollt hätten, wieder herunterzuschlucken. Als er nichts davon mehr auf Zunge und Gaumen spürte und sich tapfer fand, wagte er zu fragen: »Und das geht gar nicht, Muttchen? Dass der Vater Bilder malt und wir trotzdem hier wohnen bleiben?«

»Wenn der Vater nichts mehr verkaufen darf, haben wir nicht genug Geld für die Miete.« Die Augen der Mutter, deren Blick in seinem ruhte, waren groß, die Iris braun wie Haselnüsse. »Und der Herr Josef sagt, mit dem Stunden ist Schluss.«

Der Riese. Den er unterschätzt und für nicht länger gefährlich gehalten hatte. Zuletzt hatte er doch noch seine gewaltige Hand geöffnet und Michaels Welt darin zerquetscht.

Angestachelt von Zorn und Ohnmacht wollte Michael aufbegehren. Dann aber spürte er die Fingerspitzen der Mutter auf den Schultern. Sah den Schrank, auf den sein Vater ihm Geschichten gemalt hatte und der zur Hälfte von ihrer bunten, gesteppten Bettdecke verhüllt auf seinen Abtransport wartete. Dachte an ihr dreifaches Flüstern unter dieser Decke, an die Geschichten, die Vater und Mutter dorthin mitbrachten und die wie ein Seil waren, an denen sie sich zusammen forthangeln konnten – drei Affen, die aber sahen, hörten und sprachen. Wenn ihnen das blieb, was konnte der Riese dann zerquetschen?

»Ich habe Eier gekauft«, sagte die Mutter. »Wenn wir angekommen sind, blase ich welche aus, und wir malen eine Unterwasserstadt darauf, um die neue Wohnung auszuschmücken.«

Michael liebte die Eier, auf die seine Mutter mit des Vaters feinstem Pinsel Panoramen zauberte, Kulissen, vor denen sich die Gestalten wie von selbst einstellten. Er seinerseits durfte die Eier nach dem Trocknen mit einem Tuch und einem Tropfen Leinöl polieren, bis sie schillerten, und hielt die Schale mit äußerster Sachtheit und Verantwortung, damit keine der kleinen Welten zerbrach.

Gar nicht viel kann der Riese zerquetschen, beschwor sich Michael, nahm die Hand der Mutter und zog mit ihr los. *Nicht einmal eins von unseren Zaubereiern.*

9

BURSCHEN, IHR GLAUBT JA nicht, was da kommt! Das dicke Ende!«

Der Junge, der das gerufen hatte, hieß Heinz und war der Sohn eines Amtsvorstehers bei der Post. Er sprang auf sein Pult, damit ja jeder in der Klasse ihn hörte, und wenn der Herr Hauptlehrer Burckhardt mit dem Bambusstock ihn erwischt hätte, wäre es ihm gewiss übel ergangen. Oder auch nicht. Für den Sohn eines Amtsvorstehers, der die Tage, bis er seine Pimpfen-Uniform bekam, schon zählte, galten andere Regeln. Zudem war jetzt Pause, und der Herr Hauptlehrer Burckhardt, der sicher einmal Ober-Haupt-Befehls-und-Sturmbann-Lehrer oder so etwas werden wollte, hatte Wichtigeres zu tun.

»Na, Ende-schlecht-alles-schlecht? Wieder mal verschlafen?« Heinz warf sich in die Brust und stemmte die Hände in die Hüften. »Oder hat's so lange gedauert, dich zurechtzumachen? Wollte dir Mutti ihren Lippenstift nicht geben, Michaela?« Er klatschte sich auf den Schenkel und brach in prustendes Lachen aus wie über einen göttlichen Witz. Von den übrigen Jungen im Klassenzimmer erfolgte ein spärliches Echo.

Michael trug ein Hemd, das seine Mutter ihm aus einem ihrer Kittel genäht hatte. Der Kittel war blau geblümt gewesen, und dazu bestand die Mutter auf einem Halstuch, weil es Herbst wurde und Michael sich so leicht erkältete. Aus einem anderen Kittel. Grün geblümt.

Wenn Heinz ihn deswegen verspotten wollte, sollte er damit selig werden, das focht Michael nicht an. Er hasste die Schule, hatte sie vom ersten Tag im April an gehasst. Er hasste den Lehrer, der ihn gleich zur Schnecke machen würde, den Geruch nach Bohnerwachs und Jungenschweiß, der in Fluren und Sälen hing, die Aufgaben an der Tafel, deren Sinn sich ihm nicht erschloss, und mehr als alles die Stille, die Menschenleere, die sich rund um das Gebäude ausbreitete, wenn er wie heute wieder einmal viel zu spät das Tor erreichte. Der Spott von Klassenkameraden wie Heinz ließ ihn hingegen kalt. Er hatte die liebste Mutter, eine, die sich nachts für ihn hinstellte und ihre Kittel zerschnitt, und wenn Heinz keine solche Mutter hatte, dann wollte Michael Mitleid mit ihm haben, sonst nichts.

Solange der seine Bosheiten auf ihn beschränkte und sich nicht auf Willi einschoss. Doch genau das würde er tun. Er tat es jedes Mal. Zielsicher wie ein Raubtier witterte er das schwächste Mitglied des Schülerrudels und war schon dabei, das Interesse an Michael zu verlieren. Kaum schob sich schrammend die Tür auf, wirbelte Heinz auf seinem Pult herum. Durch seinen Leib fuhr ein erregtes Beben. Er hatte sein liebstes Opfer, seine köstlichste Beute erspäht.

Willi Nägele, Sohn des Tabakhändlers aus der Kaulbachstraße, in der Michael jetzt wohnte, war der kleinste Junge in der Klasse und zugleich der dickste. An ihm war alles fett und schneckenhaft weich, von den schwammigen Wangen über den Bauch bis zu den Gliedern der Finger. Willi ähnelte irgendwie dem Sofa in Vaters Atelier, auf dem dieser neuerdings auch schlief und auf dem Michael sich nur zu gern angeschmiegt und die Mutter dazugerufen hätte. Nur wohnte in diesem Willi, der an ein Sofa erinnerte, ein Herz aus Glas, das man nur einmal fest anzupacken brauchte, um es splittern und springen zu hören.

Wie die Ohren von Lieflam. Willi und Lieflam, obwohl sie sich gar nicht kannten, die waren auf irgendeine rätselhafte Weise verwandt.

Allem Anschein nach hatte sich Willi vor dem Versuch, sich unbemerkt ins Klassenzimmer zu schleichen, den letzten Bissen von seinem Butterbrot in den Mund gestopft. Im Mundwinkel glänzte ein Streifen Fett, und die Wangen beulten sich mit jedem Kauen grotesker aus. Willi hatte immer Hunger, seine Gier nach Essbarem war unbezähmbar, und seine Mutter war wie Michaels Mutter: Damit es ihrem Sohn, ihrem Ein und Alles an nichts fehlte, hätte sie sich Tag und Nacht krummgelegt.

»Seht euch das an.« Heinz sprang vom Pult. »Der Fresssack frisst schon wieder. Sag mal, du fette Wanze aus der Kaulbachstraße, hat dir schon mal jemand vorgerechnet, was du die Volksgemeinschaft kostest, bei den Bergen von Essen, die du verschlingst?« Einen Augenblick lang sah es aus, als wollte er Willi auch körperlich angreifen, und Michael spürte, wie sich seine Hände in den Hosentaschen zu Fäusten ballten. Dann aber machte Heinz einen geradezu tänzerischen Schritt zur Seite und stimmte einen Singsang an, zu dem er von einem Fuß auf den anderen hüpfte: »Dicke Sau, dicke Sau, Brüste wie 'ne Negerfrau!«

Willis ohnehin blasses Gesicht wurde bleich wie ein Weichkäse. Manchmal fragte Michael sich, ob einer wie Heinz oder Hauptlehrer Burckhardt so gnadenlos mit einem anderen umgegangen wäre, wenn er durch Haut und Fett und Knochen hindurch dessen gläsernes Herz hätte sehen können, das dahinter klirrte und zerbrach.

Ein paar Jungen lachten. Über Willis Stirn sickerte Schweiß, verklebte das wirre braune Haar. Sickerte weiter. Die glänzenden Schneckenspuren in seinem Gesicht – Schweiß, Fett, Tränen – waren nicht mehr zu unterscheiden.

»Wer wird denn gleich heulen, Fettsack?« Heinz sonnte sich in seinem Triumph. »Sei froh, dass du nicht auch noch ein Jud bist, sonst gäb's was aufs Maul, dass du drei Tage nichts fressen kannst.«

Michael wollte loslaufen, sich neben Willi stellen, die Hohnsalven mit ihm abfangen. Doch da stürmte schon der Lehrer mit erhobenem Stock zur Tür herein und hatte in beklemmender Geschwindigkeit ausgemacht, wer in der Klasse von vierzig Abc-Schützen ein strafwürdiger Sünder war. *Eine Pestbeule im Volkskörper.*

Das hatte er neulich zu Michael gesagt, als der wieder einmal zu spät zum Unterricht erschienen war.

»Nägele! Die Pause dient geistiger Erfrischung, nicht maßloser Völlerei. Und Ende! Der Unterricht beginnt um acht, das war vor zwei Stunden.«

Sie mussten sich vor dem Lehrerpult aufstellen und ihm jeder eine Handfläche entgegenstrecken. Mit dem Bambusstock würden sie jeder fünf Schläge bekommen, solche, die Striemen machten, die Haut aufrissen, sodass man den Hauptlehrer Burckhardt hätte fragen wollen: *Ist das denn erlaubt? Meine Eltern schicken mich zum Lernen hierher, meine Mutter reibt mir daheim die Hände mit Creme ein, und Sie schlagen mir eine davon kaputt?*

Mit den Schlägen von Fanti, die etwas wieder ins Lot gebracht hatten, hatte dies hier nichts zu tun. Und Fanti hatte sich vor dem Schlägeausteilen die Mühe gemacht, ihnen Fragen zu stellen: Wie lautete der Tatbestand, wer waren die Übeltäter, was hatte sie getrieben, was hatten sie sich gedacht?

Hauptlehrer Burckhardt hingegen fragte weder Willi ein einziges Mal, was diesen unersättlichen Hunger bei ihm verursachte, noch Michael, warum er zu spät zur Schule kam.

Hätte er aber gefragt, so hätte er, wie Michael sich eingestehen musste, keine Antwort erhalten. *Ich hab mich nicht früher auf den Weg machen können, weil ich meine Eltern nicht allein lassen wollte,* war schließlich nichts, was man zu einem prügelnden Hauptlehrer sagte. Jäh sehnte sich Michael nach irgendeinem Menschen, zu dem er es hätte sagen können.

Seit sie in die Kaulbachstraße gezogen waren, gab es immer mehr Tage, an denen er nicht wagte, die Eltern daheim zurückzulassen. Nicht mit diesem üblen Gefühl im Bauch, dass sie nur um seinetwillen einen Frieden vorgaukelten, der zerplatzen würde, sobald er die Wohnung verließ.

Ssst.

Mit einem bösartigen Sirren fuhr der Bambusstock nieder. Ehe Michael begriff, dass der Schlag nicht seiner Hand gegolten hatte, sondern der von Willi, hatte er bereits geschrien. Als seine an der Reihe war, hatte er keinen Schrei mehr übrig, aus seinem aufgerissenen Mund kam kein Ton. *Ein stummer Schrei.* So etwas hatte ein Kunstkritiker über die Bilder des Vaters geschrieben, und der Vater hatte sich darüber geärgert. Er ärgerte sich immer, wenn Leute in seine Bilder so viel hineindachten, dass für das, was darauf war, kein Platz mehr blieb. Jetzt schrieben die Kritiker nichts mehr über seine Bilder, aber das machte ihn nicht froher. Im Gegenteil. Der Vater und die Mutter waren so wenig froh, dass Michaels Magen sich zusammenzog, weil er sie beide schließlich doch allein in der Wohnung hatte zurücklassen müssen.

Die Wohnung, das war ein einziger Raum im Dachgeschoss mit einer sich anschließenden Kammer und einer Nische zum Kochen. Wasser holen mussten sie wie die übrigen Dachbewohner aus einem Hahn zwischen Abort und Speicher, und einmal in der Woche, wenn die Zinkwanne zum Baden aufgestellt wurde, schleppten sie zu dritt eimerweise Wasser in ihre Wohnung, das die Mutter in ihrem größten Topf auf dem Herd dann erhitzte.

Michael liebte die Badetage in der Zinkwanne, weil es das einzige Mal war, dass sie noch so intim und vertraut zusammenkamen, wie sie früher gelebt hatten. Die gemeinsamen Nächte, in denen er sich vor allen Widrigkeiten der Welt in seinem Elternnest verkrochen hatte, gab es nicht mehr. Das Bett in der Kammer teilte Michael mit der Mutter, und der Vater schlief im Atelier. »Musst du verstehen«, versuchte die Mutter ihn zu beschwichtigen. »Er hat's jetzt schwer mit dem Malen, selbst die Bezugsscheine für Farben haben die ihm weggenommen.«

Michael versuchte ja zu verstehen, obwohl die Mutter andererseits forderte, je wütender »die da draußen« ihnen zusetzten, desto enger müsse die Familie zusammenrücken. Er hätte das gern getan. Wenn die Familie zusammenrückte, wäre das alles nicht so schlimm. Ihre Familie, das war ihr Zuhause, und wo man zu Hause war, da konnten weder die Enge noch der Dreck stören, weder der Kanonenofen, der nicht richtig zog, noch der eisige Wind, der in kalten Nächten durch das undichte Dach pfiff.

»Der Junge holt sich den Tod«, sagte die Mutter, dabei war es den Sommer über warm gewesen. Die kalte Jahreszeit war erst kürzlich angebrochen, und außerdem kam es Michael vor, als wäre der Tod längst da. Zwischen seinen Eltern war etwas gestorben, und er rannte von einem zum andern, umarmte, drückte und schüttelte beide, als ließe das Gestorbene sich wieder zum Leben erwecken.

Ssst.

Der Stock traf seine Hand, und Michael schrie. Nicht stumm, sondern schrill wie ein kleines Kind.

Von dem Schmerz wurde ihm für kurze Zeit schwindlig, aber auch das war auszuhalten. Alles war auszuhalten, selbst die Wanzen, die von den Tauben kamen, ihm die Haut zerbissen und sein Blut saugten. Die ganze Kaulbachstraße wäre verwanzt, behauptete Heinz, weil da nur Ungeziefer wie Willi und Michael wohnte.

In Wahrheit wohnten freundliche und bildhübsche Leute dort. Etta und Inge, zwei Bildhauerinnen, die die Wohnung neben ihrer hatten, waren zum Beispiel fast so hübsch wie Prinzessinnen. Manchmal trafen die Endes und die Bildhauer-Mädchen einander vor dem Wasserhahn, und wenn es ein guter Tag war, geriet man ins Reden und Lachen. Die sehr süße Etta holte dann einen Teller mit Dampfnudeln, die Mutter hatte Zwetschgenkompott dazu, und der Vater öffnete eine aufgesparte Flasche Weißwein in einer fast bronzenen Farbe, an der Michael gern roch. Auch wenn an einem guten Tag jemand von den alten Freunden auftauchte, wurde das Atelier unter dem Dachgebälk noch manchmal zum Festsaal, in dem sie redeten, tranken, lachten und Michael aufbleiben durfte, bis er behaglich zusammengerollt auf dem Boden einschlief.

Es war nicht alles schlecht in der Kaulbachstraße. Im Nachbarhaus zum Beispiel war der Milchladen von Fräulein Hilde, deren dunkel rollendes Lachen war schön. Ihre Augen lachten mit, die

Wimpern wackelten richtig, und Michael mochte ihr Haar, das sie rund geschnitten wie den glänzenden Helm einer Amazone trug. Fräulein Hilde hatte immer Geld in der Tasche, das klimperte bei jedem Schritt, weil sie tagsüber im Milchladen Butter in Packpapier wickelte und nachts mit einer Stimme wie ein betrunkener Matrose im *Café Leopold* sang. Morgens auf dem Schulweg schenkte sie Michael einen halben Liter Milch, »weil ein so zuckersüßer Bub doch tüchtig wachsen muss«.

Nein, es war wirklich nicht alles schlecht in der Kaulbachstraße. Manches war sehr schön, und das Schönste war der gläserne Schildkrötenpanzer, den das Dach sich aufgesetzt hatte. In klaren Nächten funkelten darüber die Sterne, und Michael konnte die Sternbilder erkennen, deren Namen Vater und Mutter ihn gelehrt hatten. Orion schwang sein Schwert über der verschütteten Engelsmilch, und die in sich selbst verliebte Kassiopeia brachte den Ozean der Nacht in Wallung. Ihre Geschichten brauchte er sich nicht auszudenken, denn die erzählten sie ihm von selbst, und für die, deren Namen er nicht kannte, erfand er neue: *der Wasserträger, die Taubenzwillinge, der Kapitän auf dem Schiff der Zeit.*

Er hätte es in der Kaulbachstraße gut aushalten können, erst recht seit er in Willi vom Tabakladen wieder einen Freund hatte. Willi war kein Hartmut, der Hartmut in ihrer Freundschaft musste Michael selbst sein, aber er war jetzt alt genug und hatte von Hartmut und Fanti alles Nötige gelernt, um sich in die Rolle eines Anführers einzufinden. Er gründete einen Geheimbund, dem nur er und Willi angehörten, und an den Tagen, an denen er den Kopf frei hatte, weil die Eltern sich nicht stritten, schmiedete er Pläne für neue Abenteuer.

Nur wurden die Tage, an denen die Eltern sich nicht stritten, seltener. Jedes Wort besaß Sprengkraft, konnte – belanglos dahingesagt – einen Tisch, an dem sie friedlich wie früher beim Nachtmahl saßen, Bilder anschauten und Geschichten teilten, in ein Schlachtfeld verwandeln.

Ssst.

Die Stockspitze schnitt in seine Handfläche wie ein Messer ins Brot. Etwas in ihm weidete sich an dem Schmerz, der wütend und stark war, wie er selbst es gern gewesen wäre. Wütend und stark genug, um die Eltern zur Schnecke zu machen: *Warum streitet ihr, warum macht ihr alles kaputt, warum haben wir es in unserer Höhle, wo wir sicher sein könnten, jetzt so oft nicht mehr schön?*

Aber wie durfte er wütend sein und schimpfen, wo die Eltern sich doch so quälten, die Mutter nach innen weinte und der Vater mit der Pfeife in der Hand im Atelier auf und ab strich wie ein Tier? Die Mutter wurde auch wütend. Oft schrie sie. »Geliebt hast du mich doch sowieso nie, du hast nur eine gebraucht, zu der du aus dem Regen flüchten konntest.«

Der Vater schrie nicht zurück. Er drehte sich um und ging, und mit der Tür, die zuschlug, fiel die Wohnung in Schweigen. Michaels Herz klopfte vor Angst wie eine Trommel.

Was, wenn der Vater nicht wiederkam, wenn die schweigenden Bilder im Atelier alles waren, was von ihm zurückblieb, wenn Michael beim Nachhausekommen nur noch die Mutter vorfinden würde, die wortlos am Fenster saß und blicklos nach draußen starrte?

Ssst.

Falls er die Hand wegzog, würde der Hauptlehrer Burckhardt von vorn beginnen. Es gab kein Entkommen, so wenig wie daheim in der Kaulbachstraße. Der Vater ging, schlug hinter sich die Tür zu, aber Michael musste bleiben. »Ich sterb daran«, murmelte die Mutter, »ich geh daran zugrunde.« Wie hätte er sie allein lassen dürfen?

Zudem war ja er es, der an alledem die Schuld trug. Nachts, wenn sie ihn schlafend glaubten, stritten sie sich im Flüsterton, der Vater auf dem Sofa im Atelier, die Mutter im Türrahmen der Kammer, und Michael hätte sich die Decke über den Kopf ziehen wollen, weil jedes über die Distanz hinweg gewisperte Wort schärfer als der Bambusstock des Lehrers zischte.

»Du und ich«, hatte der Vater gesagt, »wir hätten kein Kind haben dürfen.«

Michael war schuld. Er hatte es geahnt. Die Eltern konnten ja nicht schuld sein, sie waren die besten Eltern, die man sich vorstellen konnte, aber sie hätten kein Kind haben, hätten ihn, Michael, niemals in ihre Welt holen dürfen.

Er war ein Versager in der Schule, musste vom Lehrer geschlagen werden, taugte nicht fürs Leben, las nicht die richtigen Bücher. Er kostete Geld, das die Eltern nicht hatten, und war nicht einmal dankbar dafür. An seinem Geburtstag waren sie beide, der Vater wie die Mutter, restlos erschöpft gewesen, hatten sich bis aufs Letzte verausgabt, um über Nacht einen Kuchen zu backen, die Wohnung zu schmücken, ein Geschenk zu kaufen. Und er – der Beschenkte – saß still da, streichelte mit einem Finger der Harlekin-Puppe das freundlich lächelnde Gesicht und sagte kein Wort.

»Ja, freust du dich denn nicht? War die ganze Mühe umsonst?«

Michael freute sich. Er hatte den lächelnden Harlekin, den seine beiden Eltern gemeinsam für ihn ausgesucht hatten, lieb wie ein lebendiges Wesen. Dennoch brachte er kein Wort heraus, und auf seinen Schultern lastete eine Schwere, die es ihm nicht gestatten wollte, sich aufzurichten.

»Der Michael kann sich nicht mehr freuen«, sagte die Mutter, drehte sich wieder nach dem Herd um, und damit war der Geburtstag beendet. »Dem ist alle Freude vergangen.«

Seinetwegen musste die Mutter in aller Herrgottsfrühe, noch bei Dunkelheit, aus dem Bett aufstehen und hinaus in die Kälte, um in irgendeinem Gesundheitshaus Kranke zu massieren und mit ihnen Turnübungen zu machen. Wenn sie wiederkam, hatte sie Köstlichkeiten für Michaels Frühstück im Gepäck und weckte ihn mit dem Duft von gebratenen Eiern.

Seinetwegen musste der Vater einen Auftrag von Ernst Buchner annehmen, der mit betretener Miene vor ihrer Tür erschienen war: »Sie wissen, ich bringe mich in Teufels Küche, wenn das hier auffliegt. Aber unsere Buben waren befreundet. Ich kann nicht untätig zusehen, wie Sie vor die Hunde gehen.«

Buchner wollte, dass der Vater die Bilder von anderen Malern kopierte, er wollte ihm dreihundert Mark dafür geben, doch den Vater ekelte es davor. Nicht vor den Bildern, sondern vor Buchner. »Wenn ich das annehme, ertrage ich mich selbst nicht mehr im Spiegel. Der Buchner macht gemeinsame Sache mit den Braunen, ansonsten hätten die Staatlichen Gemäldegalerien ihn doch längst als Direktor geschasst.«

»Der Buchner will dir helfen, verdammt!«, schrie die Mutter ihn an. »Dass du an mich denkst, erwarte ich ja schon längst nicht mehr, aber denk doch wenigstens an deinen Sohn!«

Ssst.

Der letzte Schlag konnte Michael nichts mehr anhaben. Seine Hand war versteinert, sein ganzer Körper war versteinert, und den versteinerten Arm legte er um die Schultern von Willi, der Rotz und Wasser weinte.

»Hände weg! Nicht antatschen!«

Michael kümmerte sich nicht um das, was Hauptlehrer Burckhardt schnarrte, und aus unerfindlichem Grund ließ der ihn unbehelligt ziehen.

»Komm, Willi. Wir setzen uns hin.«

Er führte den schluchzenden, schniefenden Freund durch den Gang, ohne auf die hämischen Blicke aus den Bankreihen zu achten. Wenigstens darin war er gut: etwas links liegen zu lassen, es aus seinem Kopf zu streichen; oder noch besser: sich selbst weit weg zu denken. In jenen klaren Nächten, auf die er jeden Abend hoffte, halfen ihm die Sterne dabei, denn zwischen den Sternbildern gab es Zwischenräume, in die Michael auf seinem Vehikel aus Gedanken entschlüpfen konnte.

Von einem zum nächsten.

Im Morgengrauen würden Schwäne über den gläsernen Rücken der Schildkröte ziehen und ihn mitnehmen, wohin sie auch flogen.

10

DER WEG VON DER Schule nach Hause war lang. »Zu lang für ein Kind in Michaels Alter«, hatte die Mutter geklagt, aber daran war nun nichts zu ändern. Er würde ihn tagein, tagaus vier Jahre lang zu gehen haben, und hätte er anfangs geschworen, er könne keinen weiteren Tag in der Schule überleben, so waren inzwischen von den vier Jahren zwei schon vorüber.

Morgens kam Michael der Weg so sonderlich lang gar nicht vor, obwohl er herumtrödelte, von einer Straßenseite auf die andere schlenderte und nichts ausließ, das im Mindesten eine Betrachtung wert war. Dennoch tauchte allzu schnell die rote Backsteinfront des Schulgebäudes hinter der Straßenecke auf, und sein Herz wurde so schwer, dass er den Tornister auf dem Rücken gar nicht mehr spürte.

Auf dem Heimweg hingegen war es umgekehrt. Da hätte er rennen wollen, trieb den trägen Willi beständig zur Eile an, und doch dehnte sich der Weg durch die paar Straßenzüge unsäglich lang. Mit jedem Schritt, jedem Augenblick, der verstrich, wuchs die Sorge, steigerte sich das Grauen, das sein Hirn ihm vorgaukelte: Wie würde es den Eltern gehen, würde der Vater daheim sein, oder war womöglich auch die Mutter fort? War womöglich geschehen, wovor sie Michael und den Vater doch ständig gewarnt hatte, war sie daran zugrunde gegangen? Er sah sich allein in der dunklen, eisigen Wohnung stehen, einer Wohnung, in der all die Liebe, die seine Eltern für ihn gehegt hatten, gestorben war und die plötzlich riesig erschien, ein Labyrinth aus Gängen und Kammern, in denen die Einsamkeit sich einnistete wie Schimmel, der das Haus von innen auffraß.

Er ging noch schneller, kam fast so schnell voran wie die Dämmerung, die sich jetzt, wo es wieder Herbst war, wie ein Betttuch über das Glitzern der Stadt senkte. Wenn er nicht trödelte, wenn er rechtzeitig käme, konnte er seine Familie vielleicht noch retten, den Vater überreden, zu bleiben, und die Mutter, nicht zugrunde zu gehen. *Ich will von jetzt an ein liebes Kind sein, eins, das ihr hättet haben dürfen, das keinen Kummer macht, dankbar ist, seine Freude zeigt.*

»Jetzt komm schon, Willi. Ich muss nach Haus'.«

Willi aber, der sich eben noch unterm Gehen den Rand von einem Streifen Zwetschgenkuchen hineingestopft hatte, war stehen geblieben. Sonst gab er sich einen Ruck, sobald der Ruf seines Anführers ertönte, selbst wenn er völlig außer Atem war. Jetzt aber stand er vornübergebeugt, stützte die Hände auf den Knien ab und spuckte etwas aufs Pflaster, das wie dunkles Blut aussah, vermutlich aber von den unverdauten Zwetschgen stammte. Dabei gab er Geräusche von sich, als versuchte er, mit dem Kopf unter Wasser zu atmen.

»Willi! Willi!« Michael strengstes Gesetz lautete, auf dem Heimweg nie umzukehren, keinen noch so kleinen Schritt zurück zu setzen, und wäre der Grund noch so zwingend. Das Gesetz war noch strenger einzuhalten als all die anderen Regeln, die er sich auferlegt hatte, um gute Omen heraufzubeschwören: Wenn er nicht auf die Rillen zwischen den Pflastersteinen trat, wenn er nur den linken Rand der Straße benutzte, wenn er die rechte Hand nicht aus der Hosentasche zog, würde daheim alles in Ordnung sein, die Eltern am Tisch sitzen, Seite an Seite, Hand in Hand bei einer Flasche Wein, beide lächelnd, sich erhebend, sobald sie seinen Schlüssel im Schloss hörten: *Michael! Wie schön, dass du kommst.*

Die Regeln änderten sich nahezu täglich, aber das Verbot der Umkehr blieb immer bestehen: Würde er sich umdrehen, würden seine Eltern vor seinen Augen entschwinden, wären ihm für immer verloren wie die Geliebte des Sängers im Totenreich.

Er drehte sich um. Rannte die halbe Straßenlänge zurück. »Willi, Willi! Was ist denn mit dir?«

Der Freund warf den Kopf auf, rang mit rasselnder Kehle nach Atem. Aus seinem Mund troff eine schwärzliche Masse aus Blut und halb verdauten Zwetschgen.

»Willi, Willi!« Michael streckte die Hand nach seinem Gesicht aus und zog sie wieder zurück. Was konnte er tun? Willi röchelte.

»Himmel, Bub, haben sie dich mit dem scheußlichen Husten etwa zur Schule geschickt?« Das war Hilde, sie kam aus dem Milchladen und rannte mit klappernden Absätzen die Straße hinunter. Michael fiel es jetzt erst auf: Ja, Willi hatte heute wirklich viel gehustet, er hustete seit Tagen, wenn nicht schon seit Wochen. Michael aber war ein schlechter Freund gewesen, so tief in seine eigenen Sorgen versunken, dass er das, was um ihn geschah, nur verschwommen wahrnahm, wie durch ungeputzte Fensterscheiben betrachtet.

Hilde, die ein hübsches Kleid trug, ihr rotes, enganliegendes mit dem kurzen Jäckchen, mit dem sie abends ins *Café Leopold* ging, legte resolut einen Arm um Willis Schultern und hielt ihm den Kopf. Sein Husten klang wie Gebell. Sobald er sich ein wenig beruhigte, zog sie sich das Jäckchen aus, hüllte Willi darin ein und nahm den dicken Jungen auf den Arm. Willis Gesicht sank an ihre Brust, beschmierte das Rot des Kleides mit Rotz und blutigem Speichel.

»Dein Kamerad muss zum Arzt«, rief sie Michael zu, ehe sie loslief. »Du holst dir im Laden deine Milch, ich hab den Becher schon für dich auf die Theke gestellt.«

Michael trottete heim. Seinen Schlüssel brauchte er nicht, denn die Tür war nur angelehnt. Schon auf der Stiege hörte er die Eltern streiten.

»Und wenn Gott schuld ist?«, rief die Mutter. »Wenn Gott nicht unsere Erlösung vom Bösen ist, sondern der Grund dafür? Ist es nicht Gott, der uns so sehr wehtut, uns so elend macht, dass wir zu Monstern werden, zu Bestien, zu Dämonen?«

Michael schob sich zur Tür herein, wollte wie sonst irgendetwas sagen, damit sie sich beruhigten, doch noch immer war seine Kehle wie zugeschnürt. Die Mutter saß am Tisch, der mit goldenen Flügeln übersät war, dazwischen die Klebstoffflasche, eine Schere, *Hartmanns Verbandwatte*. Sie bastelte Rauschgoldengel, an deren Goldpapier sie sich die Finger zerschnitt. Zehn Pfennige das Stück brachten die ein. Um seinetwillen. Damit es zu Weihnachten für einen Baum, zum Plätzchenbacken und für ein Geschenk reichte.

Michael wollte zu ihr hintreten, doch als er ihr Gesicht sah, verharrte er sofort. Es war nass. Als wäre sie durch strömenden Regen gelaufen. Er hatte die Mutter noch nie nach außen weinen sehen.

Er hatte auch noch nie gehört, dass sie sich im Zorn gegen Gott wandte – seine Mutter, die ihm erklärt hatte, dass *Dewekut*, die Hingabe an Gott, im Herzen des Glaubens stünde und dass das Wesen Gottes jegliche Existenz umfasste. Michael hatte die Erklärung nicht bis ins Letzte verstanden, aber er hatte das Funken sprühende Feuer geliebt, mit dem die Mutter sie vortrug, die Unbedingtheit und Leidenschaft: *Gott schuf unsere Existenz aus dem Nichts, und er kann aus unserer Existenz zu jeder Zeit das Nichts schaffen.*

Und jetzt saß sie hier, weinte und schmähte ihren heiligen, alle Welt umfassenden Gott.

Der Vater lehnte an der Fensterluke, rauchte seine Pfeife, sah hinaus. Auf leisen Sohlen näherte sich Michael, bis er durch die Rauchwolken ebenfalls hinaussehen konnte. Im Licht der Laternen, unter den Spinnennetzen kahler Baumkronen marschierte eine Kolonne brauner Herren die Straße hinunter, wie es häufig geschah. Der Vater nannte sie so: *Die Herren Braune* oder *die braunen Herren*, und es klang, als spucke er die Worte aus.

Jetzt drehte er sich sehr langsam um, warf auf Michael nur einen flüchtigen Blick und nickte ihm zu. »Darüber denke ich nicht nach«, sagte er zur Mutter.

Das durfte er nicht! Michael liebte seinen Vater, er bewunderte ihn, blickte zu ihm auf und wäre ihm zugleich gern ein Gefährte gewesen, jemand, den der Vater ernst nehmen und bei Problemen durchaus schon einmal wie einen Erwachsenen nach seiner Ansicht fragen konnte. In diesem Augenblick aber war er ihm verhasst. Wie konnte er ruhig dastehen und gleichgültig vor sich hinmurmeln, während die Mutter weinte? Er hätte zu ihr gehen, sie in die Arme schließen und trösten müssen, das war es, was man tat, wenn man jemanden liebhatte, und der Vater und die Mutter und Michael hatten sich doch über alle Maßen lieb!

Über alle Maßen. Es hatte eine Zeit gegeben, da hatte die Mutter das wieder und wieder gesagt: *Wir sind drei Bären in unserer Höhle und haben uns über alle Maßen lieb.*

»Darüber denke ich nicht nach.« Die Worte des Vaters, obwohl leise gesprochen, hallten dröhnend nach. »Mir genügt es, zu wissen, dass das Universum nicht leer ist. Nicht gesichtslos. Welche Vorstellung ich mir davon mache, ändert sich mit meiner jeweiligen Verfassung.«

»Zum Teufel, wir reden hier nicht von deiner hochheiligen gottverdammten Kunst!«, schrie die Mutter los.

»Hör auf zu brüllen!«, schrie der Vater zurück. Er schrie so selten wie die Mutter weinte. Also nie.

Michael versuchte, sich mit dem Blick an dem Schrank festzuhalten, den der Vater damals, in der guten Zeit, für ihn bemalt hatte, an seinem geliebten Schrank, auf dem die Gestalten die Hände nach ihm ausstreckten, um ihn in ihre Zauberwelt hineinzuziehen. Für gewöhnlich half das ein wenig, rief ihm in Erinnerung, dass sie zusammengehörten. Lieflam, der Schafgeist, würde wiederkommen und durch die Gänge streichen, und ein wirkliches Grauen konnte ihnen nicht zustoßen, weil ihr Geborgensein in der Bärenhöhle zu stark war.

Heute aber flimmerten die Farben der Bilder vor seinen Augen, und der Schrank schien im Gleichschritt der braunen Herren zu wanken. Jäh wünschte er sich, das zu tun, was in Kürze der Vater tun würde: Auf dem Absatz kehrtmachen und aus der Wohnung flüchten. Aber das durfte er nicht. Es wäre Verrat gewesen. Er durfte die weinende Mutter in ihrem Kummer nicht verlassen, wie man einen uralten Dackel verließ.

»Wir reden nicht von deiner ewigen Kunst, sondern von Hedy!«, schrie die Mutter tränenblind. Der Schrank verschwamm vor Michaels Augen. Alles verschwamm. Löste sich auf wie ein Aquarell, über das jemand ein Glas Wasser kippt. »Von Hedy, die sie zum Tier gemacht haben, die sie *Ungeziefer* und *Dreck* nennen!«

»Ich kann es doch auch nicht ändern!«, schrie der Vater, und die schwellenden Adern an seinem Hals schienen gleich platzen zu wollen. »Ich kann es verdammt noch mal nicht ändern, selbst wenn ich mir einen von denen da unten hole und ihn hier im Gebälk aufhänge!«

Sie schrien sich die Seele aus dem Leib.

Danach war es still.

Michael konnte wieder klar sehen, und auch der Druck in seinem Hals ließ nach. Mit schweren, wie trunkenen Schritten ging der Vater zur Mutter und legte steif seine Arme um sie. Die Mutter erhob sich, ließ ihren Körper gegen seinen fallen. Beide weinten, und Michael fühlte eine Erschöpfung, die es ihm unmöglich machte, länger stehen zu bleiben. Er sackte auf dem Boden zusammen und blieb sitzen, sah den Wolken zu, die über dem Schildkrötenpanzer schnell vorbeitrieben, und dem Regen, der gerade anfing, gegen das Glas zu prasseln.

Das Prasseln war fein wie das Bimmeln des Windspiels, das sich im Luftzug bewegt hatte, wenn er in Tante Hedys Bücherei gekommen war. Tante Hedy hatte ihm Indianergeschichten aus einer ellenlangen Reihe grüner Bücher vorgelesen, und das Windspiel hatte ihr die Mutter geschenkt, weil es Tante Hedy im Laden so gefallen hatte. Aber daran, behauptete die Mutter, könne er sich unmöglich erinnern, weil er noch zu klein gewesen war.

Später kamen Etta und Inge, brachten Suppe, Schnaps und Trost, heizten den Kanonenofen an, hängten Michael einen gefütterten Damenmantel um. Sie setzten sich alle so dicht zusammen, wie sie konnten, und ließen die Mutter reden:

»Sie war meine Freundin. Schon ehe ich Edgar kannte, als ich ganz allein in der Welt stand. Dass sie Jüdin war, hab ich doch gar nicht gewusst, danach hat früher doch kein Mensch gefragt.«

Dass die Mutter von Tante Hedy in der Vergangenheitsform sprach, bedeutete, dass Michael sie nicht wiedersehen würde. Die Indianergeschichte aus den grünen Büchern hatten sie nie zu Ende gelesen.

Was die Mutter erzählte, war wie eine der Zeichnungen, die der Vater für misslungen hielt und zerriss. Die Fetzen, die Michael fand, fügte er zusammen, und auch wenn Teile fehlten, entstand am Ende ein Bild. Die Mutter hatte Tante Hedy besuchen wollen, sie fuhr, wenn auch selten, noch immer dorthin und brachte manchmal ein Buch für Michael mit. Eines war *Pu der Bär* gewesen, das Michael geliebt hatte und das Hauptlehrer Burckhardt für *kindisch, albern und ohne erzieherischen Wert* hielt. Heute hatte die Mutter weder Tante Hedy noch Onkel Fritz im *Bunten Haus* angetroffen, und das hatte sie in Schrecken versetzt, weil Tante Hedy sich auf ihren Besuch gefreut hatte und Onkel Fritz sich ja vom Haus nicht gut entfernen konnte.

»Ich bin gleich zum Bahnhof gerannt. Der Himmel weiß, warum ausgerechnet zum Bahnhof.«

An den Bahnhof erinnerte sich Michael. Er hatte ein bemaltes Dach, das nach Regenschauern schillerte. Auf dem Platz vor dem Bahnhof mit dem schillernden Dach hatte die Mutter Tante Hedy entdeckt. Und Onkel Fritz. Um zu den beiden zu gelangen, hatte sie sich durch einen Ring von Menschen drängen müssen wie im Tierpark Hellabrunn, in den Tante Hedy einmal mit Michael gegangen war.

»Der Holzheimer hat auch dagestanden. Hat gegafft wie die anderen, und es hätte nur noch gefehlt, dass er gejohlt oder Dreck von der Straße aufgehoben und nach Hedy geschmissen hätte. Derselbe Holzheimer, der sich von Hedy hat durchfüttern lassen und den Hedy noch gewarnt hat, er soll sich nicht so weit aus dem Fenster hängen – der macht sich mit denen jetzt gemein, baut Häuser für die, steht am Bahnhof und gafft.«

Sie weinte wieder. »Machen doch alle«, murmelte der Vater und tätschelte linkisch ihren Arm. »Wen die Braunen nicht verpuffen lassen, der läuft bei ihnen mit.«

Was es am Bahnhof zu gaffen gegeben hatte, was die Leute bejohlt und mit Dreck beworfen hatten und was die Mutter zum Weinen brachte, war ein Käfig. Kein großer, in dem sich in Hellabrunn die Tiere hin und her bewegten, sondern einer, der so klein war, dass ein Mensch gerade noch darin stehen konnte. Der Mensch war Tante Hedy gewesen, und um ihren Hals hatte sie ein Schild mit einer Aufschrift getragen.

Ich bin eine Judensau.

»Die Haare standen ihr wirr vom Kopf ab, und sie hatte doch immer die Frisur so elegant gewellt getragen! Zeit, sich anzuziehen, haben die ihr auch nicht gelassen, sie hatte nur ein Hemd an, und ihr Kleid hing an einer Schulter herunter. Und die, die dastanden, die habe ich alle gekannt. Jeden Einzelnen. Die waren in meinem Laden zum Einkaufen, die haben sich bei Hedy Bücher geliehen, zu denen hat man sich im *Hasen* an den Tisch gesetzt, und wenn die kein Geld hatten, hat man ihnen ein Bier ausgegeben.«

Neben dem Käfig, umringt von denen, die johlten, gafften und mit Dreck warfen, hatte Onkel Fritz gestanden.

»Der Fritz. Ach, der Fritz. Ach Gott, ach Gott, der Fritz.«

Er hatte seine Uniform aus dem Krieg getragen, die mit den blank polierten Orden und der Spange, die in der Bücherei auf einem Bügel an der Garderobe gehangen hatte. Michael hatte sie sehr bewundert und Onkel Fritz gefragt, warum er, wo er doch eine so schöne Uniform besaß, immer in einem gewöhnlichen Anzug herumlief. Daran erinnerte er sich, obwohl die Mutter beharrte, er wäre zu klein gewesen, hätte ja noch kaum sprechen können.

»Die Uniform, Junge«, hatte Onkel Fritz gesagt, »die zieht man im Krieg an. Und jetzt ist ja Frieden.«

»Neben ihr hat er Wache gestanden«, rief die Mutter. »In seiner Uniform aus dem Krieg. Hat sich nicht von der Stelle bewegen lassen, bis ihm einer von den Braunen seine Waffe übergezogen hat. Da ist er zu Boden gegangen. Die Hedy hat ausgesehen, als ob sie gar nichts mehr mitbekommt.«

»Ist der denn auch Jude, euer Nachbar Fritz?«, fragte Etta so leise, dass sich alle vorbeugen mussten, um etwas zu hören.

»Katholik«, sagte die Mutter. »Katholik und Arier ist der Fritz, und im Krieg war er Offizier.«

Drei Tage später trafen mit der Post zwei Pakete ein, auf denen als Adressat Michaels Name stand. Jede der Kisten enthielt achtzehn grüne Bücher, zusammen sechsunddreißig. Karl May, die Gesamtausgabe. Die Bücherei war aufgelöst worden.

Am meisten weh tat es Michael, als er eines davon aufschlug und nichts mehr darin fand. Er war aus der Geschichte, die er mit Tante Hedy geteilt hatte, herausgewachsen wie aus einem Paar kratziger selbstgestrickter Strümpfe, aber wie durfte er das denn, wo von Tante Hedy nur noch die Geschichte da war? Dass er sie nicht wiedersehen würde, stand fest, auch wenn niemand ein Wort davon gesagt hatte. Für sie wollte er das Indianerbuch zu Ende lesen, aber es langweilte ihn. Nach ein paar Tagen vergaß er es und kehrte zu den anderen Büchern, die ihn jetzt zu fesseln vermochten, zurück.

Willi war drei Tage lang nicht zur Schule gekommen, und Michaels Nachfrage im Tabakladen hatte ergeben, dass er mit einer Lungenentzündung im Bett lag. Michael hätte auch lieber im Bett gelegen, statt allein zur Schule zu gehen, aus den fuchsteufelswilden Stürmen des Herbstwetters geradewegs in den fuchsteufelswilden Sturm, der in Hauptlehrer Burckhardts Klassenraum tobte.

Am vierten Tag war der Tabakladen geschlossen, die Tür und

das Schaufenster waren verhängt. Als Michael ins Milchgeschäft ging, um sich seinen täglichen Becher abzuholen, brach Hilde in Tränen aus. »Lauf nach oben zu deiner Mutter, die soll dir Kakao kochen und dich drücken, so fest sie kann. Das arme kleine Dickerchen hat's nicht geschafft. Den hatte die Welt schon fertiggemacht, noch ehe er zehn Jahre alt geworden wär'.«

11

KEIN JAHR NACH WILLIS Tod war Krieg. Die Väter der Klassenkameraden mussten an die Front, und nach vier Wochen war der Vater von Heinz, der Postamtsvorsteher, auf den sein Sohn so stolz gewesen war, schon tot. Michael schwor sich, ein guter Sohn zu werden und seine Dankbarkeit zu beweisen, weil sein Vater daheim und am Leben war.

Alles würde anders werden, alles würde wieder gut werden. Nicht draußen, wo Höllenfeuer brannten, wohl aber hinter der Wohnungstür der Endes, wo der Dreieinigkeit der Familie nichts etwas anhaben konnte. Michael würde fleißig lernen und den Übertritt ins Gymnasium schaffen, obwohl sie ihn seiner Noten wegen nicht einmal zur Aufnahmeprüfung hatten zulassen wollen. Die Eltern würden sich nicht mehr streiten, sie wären jetzt viel zu froh, einander noch zu haben. Ihr Kind wäre ihnen ein Grund zur Freude, und der Vater würde schon bald nicht mehr für Buchner arbeiten müssen, denn der freundliche Herr Privatdozent Rauhut, der zu ihnen in die Wohnung gekommen war, hatte ein Bild von ihm gekauft.

Dass das verboten war, störte Rauhut nicht. Er ließ sich von den braunen Herren nichts verbieten, sondern brachte sogar noch eine Freundin mit, die ebenfalls ein Bild kaufte. Der Vater war wie in sich selbst versunken gewesen, seit die Nazis, die er noch immer braune Herren nannte, das *Gesetz zur Einziehung von Erzeugnissen entarteter Kunst* erlassen und seine Bilder aus sämtlichen Galerien beschlagnahmt hatten. »Wenn ich keine Bilder mehr habe, bin ich dann noch ein Maler?«, hatte er gefragt. »Und wenn ich kein Maler mehr bin – was bin ich dann?«

Dozent Rauhut aber hatte ihn wie einen Maler behandelt, und jetzt kroch er aus dem Panzer ein Stück weit hervor und begann, neue Bilder zu malen. Er durfte keine Farben beziehen, aber die Mutter fand Mittel und Wege und trieb immer welche auf. Wer weiß, vielleicht musste sie ja bald nicht mehr vor Tagesanbruch aufstehen und fremden Leuten den Rücken massieren. Solange nur der Vater nicht in den Krieg musste, konnte immer noch alles sich zum Besseren wenden.

Im Frühling 1940 wurde Michael auf Probe ins Maximiliansgymnasium aufgenommen. Die Schule kostete Geld, doch Michaels Bedenken deswegen wischte die Mutter beiseite. »Darum musst du dich nicht bekümmern. Einen guten Start im Leben sollst du haben, dafür werde ich als deine Mutter sorgen, koste es mich, was es wolle.«

Michael wäre es lieber gewesen, sie hätte *wir als deine Eltern* und *koste es uns, was es wolle* gesagt, aber dahin würde der Weg schon noch führen. Wenn er sich ihrer würdig erwies. Wenn er fleißig lernte. Wenn er im nächsten Jahr, beim Übergang in die Quinta, seine Prüfungen bestand.

Zu Weihnachten erhielt der Vater den Gestellungsbefehl. Binnen einer Woche hatte er sich zu einem Bataillon von Flakhelfern vor Köln zu melden. »Dem Himmel sei Dank, nicht nach Afrika!«, sagte Etta, die mit Vanillekipferln vorbeigekommen war, aber für Michael machte das keinen Unterschied. Für ihn war Köln so unerreichbar wie Afrika, und wenn der Vater mit ihm noch manchmal vom Reisen geträumt hatte, war es um Italien gegangen, wo es bronzefarbenen Wein gab, Erdbeeren wie Zuckerperlen und Männer auf Marktplätzen, die statt Pinienkerne Geschichten verkauften. Nicht um Krieg.

Die Geschenke, für die die Mutter sich die Hände wund gearbeitet hatte, wurden fahrig ausgepackt und beiseitegelegt. »Michael kann keine Freude zeigen. In seinen Sternen stand etwas anderes, aber mit Edgar als Vorbild war das wohl zu erwarten. Mein Sohn ist ja klug und hat ein feines Gespür. Dass sein Vater in der Familie nie glücklich war, entgeht keinem Kind, das so empfindsam ist.«

Im Jahr darauf wurde der Wechsel des Schuljahrs vom Frühjahr in den Sommer verlegt. Somit dauerte es bis Juni, ehe Michael bei den Prüfungen zum Übertritt in die Quinta durchfiel. Er hatte seine Eltern wiederum enttäuscht. Den Vater, von dem er nicht wusste, ob er noch am Leben war, und die Mutter, die alles für ihn gab.

Du und ich, wir hätten kein Kind haben dürfen.

Die beiden wären besser dran, wenn es ihn nicht mehr gäbe. Wäre er tot, müsste der Vater aus dem Krieg zurückbeordert werden, und am Grab ihres Kindes dürften die Eltern nicht streiten. Michael hatte Willis Eltern gesehen, den Tabakhändler und seine Frau, wie sie sich vor dem offenen Grab weinend in den Armen gehalten hatten.

Er würde sich das Leben nehmen. Der Weg zum Stauwehr war nicht weit, dort war nur selten ein Mensch unterwegs, und Michael konnte nicht schwimmen.

Es war ein trüber Sommertag, die Luft schon schwer wie im späten August, nur nicht so warm. Über der grauschwarzen Wasseroberfläche tanzte ein erster Schwarm Mücken.

Ob sie sich spiegelten? Auf dem Wasser war nichts zu sehen, ihre Glieder waren wahrscheinlich zu fein. Michael hätte sich damit jetzt nicht befassen müssen. Alles, was er noch zu tun hatte, war, einen Schritt nach vorn zu machen, sich ins dunkle Wasser gleiten zu lassen und zu sterben. Aber der Gedanke an das Spiegelbild der Mücken ließ ihn nicht los.

Es musste eines geben. Auch die Zweige der Weide spiegelten sich ja bis in ihre zartesten Verästelungen. Er war nur zu weit weg, und seine Sehkraft war nicht stark genug. Wie sah das Spiegelbild, das der Schwarm winziger Insektenkörper warf, wohl aus? Wie Sternenstaub in verhangener Nacht, der zwischen Wolkenfeldern auf- und abtauchte? Michael starrte durch die schwere Luft und war auf einmal sicher, den Tanz der Spiegelmücken auf dem Wasser auszumachen. Nein, sie glichen nicht Staubkörnern von zersprungenen Sternen, sondern rätselhaften Geschöpfen, die nur aus einem Flügelpaar bestanden. Unzählige dieser hauchfeinen Flügelpaare schwangen sich auf wie die Schwäne, die manchmal über das Glasdach seines Hauses zogen, und flogen rauschend davon. Nicht himmelwärts, sondern in die bodenlose Tiefe.

Das Wasser schillerte. Man musste sich nur weit genug vorbeugen und tief genug blicken. Unter der sich kräuselnden Oberfläche gerieten die Flügelwesen ins Trudeln und Tanzen, sie gewannen ihre Leichtigkeit zurück, ihre Heiterkeit und ihren Zauber. In den unteren Schichten teilten sich die Wellen wie der Vorhang im Theater, legten eine Bühne frei, auf der die Geflügelten nur für sich selbst, nur aus Lust am Spiel eine Vorstellung gaben. Michael streckte sich noch ein wenig weiter, verlor das Gleichgewicht und wäre um ein Haar ins Wasser gefallen. Erst als er sich an einem dürren Birkenstamm abgefangen hatte und sein eigenes erleichtertes Aufatmen hörte, wurde ihm klar, dass er gerade das doch gewollt hatte: vornüber ins Wasser fallen und ertrinken.

Michael fühlte, wie etwas in ihm brannte. Der Wunsch, die Geschichte der Goldflügelwesen zu erkunden, zu erforschen, woher sie gekommen waren und wohin sie entschwebten. Waren sie Mann und Frau und bekamen ein einziges Kind, oder legten sie Eier und brüteten eine Hundertschaft aus? Statt in eine Antwort mündete jede Frage in die nächste, und mit jeder neuen wurde das Brennen stärker, bis die fahle Sonne sank und das Glimmen der Flügel im Wasser erlosch. Auf einen Schlag verging die Wärme, und Michael, der seit Stunden stillstand, begann zu frieren. Er hatte den besten Zeitpunkt zum Sterben verpasst und würde nun in eisigem Wasser ertrinken müssen.

Aber wenn er jetzt sprang, überlegte er, wenn er sich aus der Welt zurückzog, dann waren auch die Flügelwesen und ihre Geschichte aus der Welt, das Brennen, das ihm die Brust füllte, die Sehnsucht, die Neugier und die Liebe. Wenn aus der Welt so viel Liebe verschwand – entstand dann irgendwo ein Loch und aus dem Loch ein Strudel, ein Sog, der alles nicht mehr Geliebte in die Tiefe riss?

Michael begriff, dass er nicht sterben wollte. Es war ein recht kleinmütiges, zerknirschtes Begreifen, denn wenn er nicht ins Wasser sprang, würde er nun den Heimweg zur Mutter antreten und ihr beichten müssen, dass er wieder versagt hatte. Er würde nach den Ferien wieder in die Schule gehen müssen, ein zweites Mal in die gleiche Klasse, sich dieselben Dinge einbläuen lassen, die ihn schon beim ersten Mal nicht berührt hatten, altgriechische Verben und binomische Formeln, und dabei nicht wissen, wovor er mehr Angst hatte: davor, dass der Vater starb, oder davor, dass er nicht mehr zurückkommen wollte. Er würde nachts aus dem Bett aufstehen und im Dunkeln den vom Vater bemalten Schrank anstarren, würde sich quälen und nicht schlafen können, aber alles Sträuben gegen solch trübe Aussichten änderte nichts: Das mit dem Sterben war nicht machbar, es ließ sich nicht in die Tat umsetzen.

Wenn er sich umbrachte, traf er nicht nur eine Entscheidung für sich selbst. Er tötete damit auch die Geschichten in ihm.

Die Mutter fand sich mit der Enttäuschung schließlich ab. »Am Sitzenbleiben ist schließlich noch kein Junge gestorben.« Wie exakt sie mit dieser Erkenntnis ins Schwarze traf, konnte sie glücklicherweise nicht ahnen.

Tatsächlich starb Michael nicht daran, sich im Herbst noch einmal in eine Schulbank der Sexta zu setzen. Im Gegenteil: Er lebte auf, denn neben ihm auf der Bank saß Bodo, ein lang aufgeschossener Blondschopf, der den Mut von Hartmut besaß, den Hunger von Willi und, wenn er nassgeschwitzt war, einen Hauch vom Duft von Mucki, dem Dackel.

Die größte Härte, das Unbarmherzigste, was einem Menschen widerfahren konnte, so erkannte Michael, war ein Weg, den er ohne einen Freund ins Auge fassen musste.

Er hatte wieder einen Freund geschenkt bekommen, und es

wartete noch mehr auf ihn. Seit dem Nachmittag am Stauwehr spürte er, dass etwas anders wurde, wie bei einem Tier, das sich häutete und sich unter der Schicht, die es abstreifte, neu entdeckte. In die Kaulbachstraße, in das Zimmer über dem Milchladen, zog Else Münchgesang, eine Flickschneiderin, die ausgebombt war, zusammen mit ihrer Tochter Gretel. Gretels Haar war schwarz und lockig, und jede einzelne Locke glänzte wie mit Tinte angemalt. Sie trug einen blauen Rock, der wie bei einer Tänzerin von der Hüfte abstand und auf und ab wippte, wenn sie beim Gehen die Beine ausschwang. »Wie Krautstampfer«, behauptete die Mutter, die Gretel nicht mochte und sie frühreif schimpfte. Aber Michael mochte Gretel. Wenn er neben ihr ging, glaubte er zu hören, wie die Oberschenkel dieser straffen, stämmigen Beine sich bei jedem Schritt aneinander rieben.

Hinter dem Milchladen gab es einen Schuppen für Werkzeug, das jetzt, wo die Männer im Krieg waren, nie ein Mensch benutzte. Dort richteten sich Gretel und Michael ihr Versteck ein. Sie war zwölf, gut ein halbes Jahr älter als er, und wenn sie zusammen waren, endlich allein, wie er es sich seit einer Ewigkeit gewünscht hatte, versagten ihm auf einmal die Worte. Er wollte sich nicht blamieren, indem er vor Gretel über Dummes und Kindisches sprach, sondern wollte ihr im Gegenteil beweisen, dass er war wie sie: frühreif, forsch und schon fast erwachsen, dass sie klug gewählt hatte, als sie keinen der älteren Jungen, sondern gerade ihn mit ihren Blicken und Zeichen in den Schuppen einlud.

Glücklicherweise hielt es Gretel offenbar nicht für nötig, überhaupt viel zu sprechen. Sie wusste anderes mit der gestohlenen Zeit im Werkzeugschuppen anzufangen, und in diesem anderen erwies sich Michael zu seiner freudigen Verblüffung als Naturtalent.

Michael hatte beschlossen, der kindlichen Liebe zu Prinzessinnen entwachsen zu sein. Gretel war etwas Handfesteres, doch eine Krone gebührte ihr allemal. War er mit ihr zusammen, so fühlte er sich stark und glücklich und dem Leben gewachsen, nicht klein und für die Gefahren, die hinter jeder Biegung lauerten, zu schwach. Bei Gretel gab es weder den Versager, den seine Lehrer zu kennen glaubten, noch das schutzlose Kind, das die Mutter in ihm sah, sondern einen von Neugier erfüllten Jungen, der bald ein Mann sein würde – oder im Grunde doch jetzt schon einer war. Mit Bodo verhielt es sich ähnlich. Hatten Michael und Bodo ihr Herz an etwas gehängt und unkten die Schwarzseher, das Ersehnte sei unerreichbar, so brauchten die Freunde miteinander nur einen Blick zu tauschen:

»Schaffen wir das?«

»Und ob wir das schaffen!«

Wenn niemand jammerte, die ganze Welt hätte sich gegen ihn verschworen, und niemand ihn einen Dummkopf schimpfte, war es gar nicht so schwierig, sich etwas zuzutrauen. Mit Bodo spürte Michael wieder das Brennen, das viel stärker und ungestümer war als alle Bedenken und sich über Hindernisse hinwegsetzte, ohne ihnen mehr als einen Blick zu schenken. So lief es mit der Reitschule in der Königinstraße: Bodo und Michael waren lustlose Hitlerjungen. Auf den Schulungsabenden war Bodo bereits zweimal vor Langeweile eingeschlafen, und Michael graute es davor, Lieder von morschen, zitternden Knochen und von Blut, das vom Messer spritzt, zu singen. Die Hitlerjugend blieb eine Pflicht, der man nicht entkam, doch dann entdeckte Bodo einen Handzettel, auf dem nach Jungen gesucht wurde, die ihren Dienst bei den Pferden der SA ableisten wollten. Keine öden Vorträge, keine Appelle und keine eifernden Lieder mehr, sondern Striegeln, Reiten und Stallwache.

»Da melden wir uns«, beschloss Bodo kurzum.

Michael studierte den Handzettel. »Aber die suchen doch Jungen, die reiten können.«

»Und? Hast du's schon mal versucht?«

Michael schüttelte den Kopf und presste die Lippen zusammen, damit die Sehnsucht nicht aus ihm heraussprudelte.

»Na also. Woher weißt du dann, dass du's nicht kannst?«

So gelangten sie als Burschen in die Reitschule und waren entschlossen, sich keinesfalls abweisen zu lassen. Zwar erwies der praktische Versuch, dass keiner von ihnen reiten konnte, doch es zu lernen, war jede Mühe wert. Wer trotz wundgescheuerter Schenkel, geschundenem Hinterteil und kopfüber erfolgter Stürze immer weiterritt, dem war es eines Tages vergönnt, dass er mit einem Pferd verwuchs. Dann war er nicht länger ein schwächlicher, fehlbarer Mensch, sondern ein Zentaur, Sohn eines Königs und einer Wolke, in dessen Lenden die Kraft des Pferdes hinüberfloss, als teilten beide einen einzigen Blutkreislauf.

Das Pferd, mit dem Michael zum Zentauren verwuchs, war ein Schimmel namens Atreus. Auf seinem Rücken, ohne trennenden Sattel, war es ein wenig wie damals in Obermenzing, als er auf den Schultern des Vaters durch das verdunkelte Atelier getrabt war: Die Angst machte sich klein, weil er unter sich Kraft spürte und weil einer solchen Freundschaft keine Angst etwas anhaben konnte. *Atreus,* der Name des Pferdes, war griechisch, bedeutete *furchtlos,* und sein Klang erinnerte ihn an den Namen Hartmut, an seinen Freund, der keine Furcht gekannt hatte. Auch wenn Bodo behauptete, das wäre Quatsch und an Pferdehaaren herbeigezogen.

Atreus war furchtlos, wachsam, schlief im Stehen, manchmal gar einen Augenblick lang unterm Laufen. Wenn Michael bei dem schlafenden Atreus nachts Stallwache hielt, lehnte er die Wange an die samtene, vom Atem warme Nase des Tieres und war für kurze Zeit wunschlos glücklich, vergaß, dass um die Stille des Pferdestalls, um sein Paradies die Hölle wütete.

Bombenkrieg. Auf dem Heimweg in der Frühe presste er sich sein Halstuch über Mund und Nase, um an den Schwaden schwarzen Qualms, die ihm entgegenwallten, nicht zu ersticken. Wohnhäuser mit vier, fünf Stockwerken brannten wie Fackeln, und dort, wo die Flammen sich sattgefressen hatten, ragten schwarz und nackt Gerippe in den Himmel. Ohne Erinnerung an das Leben, das sich dort zugetragen hatte, an die Mahlzeiten, die gekocht, die Schlüssel, die in Schlösser geschoben, die Kleider, die abgelegt, gewaschen, geflickt und wieder angezogen worden waren, an die Kinder, die zur Welt gekommen, und die Alten, die gestorben waren, die Liebespaare, die sich hinter Vorhängen geküsst, und die anderen, die sich auf dem Gang gestritten hatten.

Ganze Häuserfronten stürzten vornüber auf die Straße, und wer dort hindurchmusste, stieg über Gebirge aus Trümmern, über zerschmetterte Möbel, Hausrat, Spielzeug, in Fetzen fliegende Bücher, Alben, Dokumente, über Scherben von Gläsern, Tellern, Fensterscheiben, über Leichen von Erstickten und verzweifeltes Klopfen von Verschütteten hinweg. Weltuntergang im Kleinen, immer nur ein, zwei Straßenzüge lang, durch die Michael rannte und eine komplette Litanei von Stoßgebeten keuchte.

An den Wortlaut konnte er sich später nie erinnern, an nicht mehr als: *Lass unser Haus noch stehen, lass die Mutter noch da sein, lass uns noch einmal, einmal, einmal unter den Verschonten sein.* Und an den Augenblick, in dem er beim Milchladen in die Straße einbog und das Haus rußgeschwärzt, aber unversehrt vor sich sah. Er hätte auf die Knie fallen und vor Dankbarkeit weinen mögen, wäre nicht Gretel aus dem Hofeingang gekommen, ein Paket mit Wäsche unterm Arm, den andern zum Winken erhoben und ein freches Lächeln um den Mund.

Wie viele Weltuntergänge konnte eine Stadt, ein Land, eine Welt sich leisten? Wie viel Grauen konnte sich in Netzhäute brennen, ehe deren Besitzer erblindete? Durch noch unversehrte Straßen schleppten sich die Obdachlosen, manche ohne Schuhe, manche mit kahlen Schädeln und Verbrennungen, manche mit Henkeltöpfen, die ihnen von mildtätigen Seelen gefüllt wurden, manche mit ihren Toten auf den Armen. »Ihr armen Kinder«, rief die Mutter und wollte Michael, der ihr über den Kopf wuchs, schützend in die Arme schließen. »Wie sollt ihr denn das überstehen, was soll von euch denn übrig bleiben, wenn das hier je zu Ende geht?«

Michael wusste, wie er es überstehen würde. Er floh zu Gretel, zu Bodo, zu Atreus, er hatte den Schildkrötenpanzer aus Glas überm Bett. Und er hatte einen Willen, der sich zwar nicht gerade eisern, sondern erstaunlich biegsam und schier unzerstörbar anfühlte. Er würde durchkommen, weil nichts anderes möglich war, weil er etwas in sich trug, das kostbarer war als der Familienschmuck, den die Leute in Metallschatullen verschlossen und zum Schutz vor Feuer in der Erde vergruben.

Wo nicht nur Menschen verbrannten, sondern obendrein die Bilder, die sie voneinander gemacht hatten, die Geschenke, die sie einander überreicht, die Decken, mit denen sie einander zugedeckt, und die Bücher, Schallplatten, Tanzschuhe und Farbstifte, mit denen sie einander getröstet hatten, da mussten ihre Geschichten überleben. Entkam aus dem Höllenfeuer keiner, der die Geschichten noch zu erzählen wusste, dann würde es sein, als hätte es sie nie gegeben. Die goldenen Flügelwesen im schwarzgrauen Wasser nicht, für die sich Michael an einem Junitag durchgerungen hatte, nicht zu sterben, und auch die Menschen nicht, für die er es wieder tun würde, wieder und wieder, bis ihm die Kraft ausging.

Menschen waren offenbar nicht sonderlich klug, sie lernten wenig und bejubelten einander für höchst zweifelhafte Erkenntnisse. Aber sie waren am Leben gewesen und hatten ihre Geschichten, ihre Geheimnisse und Rätsel gehabt. Das war ihre Würde, die sie hinterließen. Auf die kam es an.

Zweiter Akt

Sie haben die Traumstadt verbrannt,
Was sie erbeuteten, zerfällt im Licht.
Mich ganz alleine, mich finden sie nicht,
Finden mich niemals in meinem Heimatland.

— MICHAEL ENDE: TRÖDELMARKT DER TRÄUME

München,
Träume aus Trümmern
1945–1964

12

DER KRIEG WAR ZU Ende. Zumindest stand es so in den Zeitungen.

Das letzte Kriegsjahr hatte Michael nicht mehr in Schwabing verbracht, sondern war mit seiner Schulklasse vor Bombenhagel und Hungersnot nach Garmisch evakuiert worden. Auf den Kramerhof, eine rustikale Pension im Schatten der Zugspitze, wo er sich mit drei Kameraden eine Kammer teilte. Es folgten wilde, unwirkliche Monate, in denen weitab vom lodernden Vulkanschlund der Stadt die Zeit stillstand und halbwüchsige, sich selbst überlassene Jungen sich ihre eigenen Gesetze schrieben. Bodo und Michael schindeten Eindruck mit ihren Reitkünsten, und Michael vergaß treulos Gretel und verliebte sich in Gudrun.

Nur eine kleine Weile. Dann kam Lene. Auf die folgte Tina, das langbeinige Telefonfräulein, und ihre Base, deren Namen er vergessen hatte. Ihre seltsam silbrigen Augen vergaß er jedoch nicht, und auf Bodos anerkennenden Spott: »Sag mal, Micha, in dir steckt ja ein lupenreiner Schürzenjäger«, erwiderte er: »Solang ich eine liebe, ist sie für mich die Einzige auf der Welt.« Noch immer eine Prinzessin. Eine, für die er – wenn auch nur eine Woche oder einen Tag lang – brennen konnte.

Er war süchtig danach. Das Feuer der Leidenschaft, das er in sich schürte, brannte Schmerz und Angst und Wahnsinn aus: Bilder des anderen Feuers, das in der nahen Stadt verzehrte, was ihm vertraut gewesen war, Knistern in den Ohren und den Gestank nach verkohltem Fleisch, der sich aus seinen Kleidern nicht auswaschen ließ. Manchmal konnte er nachts selbst in finsterster Schwärze nicht schlafen, weil es, sobald er die Lider schloss, vor seinen Augen zu lodern begann. Weltenbrand. Fegefeuer. Als für seinen gesamten Jahrgang Gestellungsbefehle eintrafen, obwohl die Amerikaner schon am Rhein standen, warf Michael seinen in das Feuer im Kamin. Während seine Kameraden dem Tod in den Rachen marschierten, schlug sich Michael nach München zu seiner Mutter durch.

Aber es gab ja kein München mehr, nur eine Wolke von schwarzem Qualm, durch die es heulte, pfiff und zischte. Hinter den Schwaden, die in den Augen bissen, waren Gerippe erkennbar, die über Trümmer krochen, auf der Suche nach etwas, das sich verspeisen, verscherbeln, das sich festhalten oder zumindest noch erkennen ließ. Die schwarze Wolke würde auch sie verschlingen, sobald ihnen die Kraft ausging und sie liegen blieben, sie würde sich ausbreiten, die Lebenden töten und die Toten namenlos machen. *Vernichten*, das fiel Michael ein, während er sich durch die Schuttwüste kämpfte, bedeutete *zu einem Nichts machen.* Und das Nichts, das aus seiner Stadt geworden war, würde weiter wachsen.

Jede Hoffnung, seine Mutter könne, ja müsse noch leben, verkam auf dem Weg durch die Ruinen zum Aberwitz. Wer nicht beizeiten geflohen war, den musste das qualmende Nichts verschlungen haben. Die Mutter aber lebte. Nicht mehr in Schwabing, sondern in einem Mansardenzimmer in München-Solln, das sich kaum heizen ließ und lediglich eine Matratze, einen verbeulten Feldkocher und einen Schrank enthielt, doch immerhin, sie war da, war sich selbst nicht verloren gegangen. Wie konnte sich im Angesicht der Apokalypse einer beklagen, solange er noch atmete, Hunger verspürte, solange er seine eigene Stimme noch hörte, seinen Herzschlag, das Scharren seiner Schritte?

Die Mutter beklagte sich nicht, sondern schlang die Arme um Michael und murmelte: »Dass du lebst«, immer wieder nur: »Dass du lebst.« Später erklärte sie, sie habe mit völliger Sicherheit gewusst, dass Michael noch lebte, denn andernfalls wäre auch sie gestorben.

»Und wenn sie uns deinen Vater nicht lebend wiederbringen, dann sterben wir beide zusammen, nicht wahr?«

In solchen Augenblicken versprach man so manches, weil es grausam gewesen wäre, es nicht zu tun. Aber Michael wollte nicht sterben. In der zerstörten Welt, auf deren Schutt der Tod wie auf den mittelalterlichen Fresken von der Pest mit Stundengläsern tanzte, verspürte er einen unzähmbaren Hunger nach Leben. Der Vater hingegen wollte vielleicht gar nicht lebend wiederkommen. Das Haus in der Kaulbachstraße war wie so viele in Flammen aufgegangen und mit ihm das Atelier und des Vaters Bilder. Seine Ölgemälde, Aquarelle, Radierungen, die aus dem Dunkel gefischten Skizzen, seine Entwürfe und Zeichnungen. Das Einzige, was zwischen den Trümmern des Dachgebälks nicht zu Fetzen verkohlt war, waren die Bilder, die die Nazis als entartet beschlagnahmt und zweifellos anderen Flammen übergeben hatten.

Wenn er aber keine Bilder mehr hatte, war er kein Maler mehr, hatte der Vater gesagt, und wenn er kein Maler mehr war, war er womöglich gar nichts mehr und wollte nichts mehr sein.

Verwundert spürte Michael einen Anflug von Neid. Wenn man nichts mehr war auf der Bühne einer Welt, die auch nichts war, konnte man dann nicht sein, was immer man wollte, sich selbst inszenieren auf jede Weise, die einem in den Sinn kam? Es gab keinen Halt mehr, aber auch keine Fessel. Wenn alles sich neu erfinden musste – warum dann nicht auch er?

»Der Junge ist doch noch nicht mal mit der Schule fertig«, erzählte die Mutter einer Bekannten aus der Christengemeinschaft nach Rudolf Steiner, die die Nazis verboten hatte und die sich nun tastend wiederfand. Die Frau ging putzen, und Michaels Mutter hatte sie gebeten, ihr ebenfalls einen Platz zum Putzen zu vermitteln. Aber wo ging man putzen in einer Stadt ohne Häuser? War der Tod sanfter, wenn er blankpoliert war, die Zerstörung leichter zu ertragen, wenn man sie nach Kräften wienerte? Die Mutter aber dachte wie üblich nur an ihn: »Falls sie jetzt das Gymnasium wieder aufmachen, muss von irgendwoher ja das Geld kommen, um Michael noch mal hinzuschicken.«

Und der kann ich nicht mehr sein, dachte Michael. *Der Vater kann kein Maler mehr sein und ich kein Bub von noch nicht sechzehn, der in Schulbänken stillsitzt und Vokabeln in jahrtausendealten Sprachen hersagt.* Er war durch Schluchten aufgerissener Straßen gegangen und hatte verkohlte Bäume gesehen, deren Stämme wie hohle Zähne waren, nur dass noch Äste wie Galgen herausragten, an denen Erhängte baumelten. Deserteure. Die meisten kaum älter als er. Sollten sie die herunterschneiden und auch wieder in eine Bank des Maximiliansgymnasiums klemmen, damit sie mit ihren leergepickten Augenhöhlen in Lateinbücher starren konnten?

Wenn das nicht möglich war, dann war es für ihn, den Davongekommenen, auch nicht möglich. Er fand, er war denen, die weniger Glück gehabt hatten, etwas schuldig.

Schöne Mädchen umarmen, volle Teller leeren, treue Hunde halten, vor Wärme dampfende Pferde reiten. Nach Italien reisen, in spiegelndem Wasser Geheimnisse entdecken, sich auf Marktplätze stellen und mit Geschichten statt Pinienkernen handeln. Sich in Abenteuer stürzen, deren Ausgang ungewiss war, aufs Ganze gehen, ohne etwas zurückzuhalten, keinen Groschen für ein Alter aufsparen, das man nie erreichen würde.

Er wollte nichts lernen. Er wollte leben. Am Leben verglühen, nicht am Tod.

Weil die, die an den ausgebrannten Bäumen hingen, die unter den Trümmern verrotteten, die Wahl nicht mehr hatten.

Der Vater lebte auch. Er kam im Sommer aus amerikanischer Gefangenschaft, sprang vor dem Haus von einem Armeelaster und erklomm mit schweren Schritten die Stiege. So dürr war er, dass sich seine langen, kantigen Knochen durch das verschossene Hemd abzeichneten. Es erfüllte Michael mit einer seltsamen Scheu, ihn zu berühren, ihn zu umarmen, wie es doch aber ein jeder tat, der auf wundersame Weise einen Menschen aus der

Hölle zurückbekam. Dabei sah der Vater nicht anders aus als all die anderen, die mit ihren Lebensmittelkarten in den endlosen Schlangen standen, vor dunklen Geschäften, in denen es weder Fleisch noch Fett, weder Kartoffeln noch Mehl, sondern im besten Fall Steckrüben zu kaufen gab. Michael sehnte sich nach ihm. Doch Berühren war schwierig. Dem Vater schien es nicht anders zu ergehen.

»Michael kann seine Freude nicht zeigen. Konnte er damals schon nicht, im Frieden, wie soll er's dann erst heute? Aber du freust dich, nicht wahr, Michael, auch wenn du's nicht zeigst? Wir freuen uns ohne Ende. Es wird alles anders, Edgar. Das ganze Leben muss jetzt doch anders werden.«

»*Ohne Ende?*« Der Vater grinste schief.

Michael begriff und zwang sich, zu lachen.

»Mach damit keine Witze«, herrschte die Mutter den Vater an. »Weißt du, was ich deinetwegen ausgestanden habe, kannst du das überhaupt ahnen, du, der du nie um einen Menschen Angst gehabt hast, sondern immer nur um dein gottverdammtes Lebenswerk?«

Sie sah in sein Gesicht und schwenkte urplötzlich um, packte ihn bei seinem dünnen Arm und versuchte, ihn vor den Schrank zu ziehen, eines von drei Möbelstücken im Raum. »Sieh doch, ich habe deinen Schrank gerettet, den du für Michael bemalt hast. Aus den Trümmern habe ich den ausgegraben, und ist es nicht ein Wunder, dass er ganz unbeschädigt ist? So ist ja doch noch etwas von dir da, und du brauchst nicht zu verzweifeln, kannst jetzt, wo die Braunen weg sind, noch einmal neu anfangen.«

Er blickte auf sie hinunter, als hätte er Mühe, sich zu erinnern, wer sie war. »Die sind nie weg, die Braunen. Die kleiden sich jetzt nur in Grau.«

Die Mutter stieß ihn von sich. Was sie schrie, hörte Michael sich nicht mehr an. Er drehte sich um, nahm seine Joppe vom Haken und ging zu Hiltrud. Hiltrud, deren Eltern zu Steiners Christengemeinschaft gehörten, saß drei Straßen weiter in einem

Haus, das nur zur Hälfte noch stand, und spielte in einem Zimmer, das ansonsten leer war, auf ihrem Flügel. Wenn Michael kam, hörte sie damit auf und hob die Hände von den Tasten.

Die Mädchen, die er während der Wochen im Nichts geliebt hatte, hatte er nicht gezählt. Aber Hiltrud zählte. Wäre sie eine Prinzessin gewesen, dann eine aus einem fernöstlichen Kirschblütenreich, die einzige Tochter eines Herrschers, streng behütet hinter Mauern einer verbotenen Stadt. Zierlich, grazil, das schwarzbraune Haar in der Mitte gescheitelt, die Augen klar, die Stimme ein Vogelzwitschern, die Schritte ein Trippeln auf zartesten Füßen. In Wirklichkeit war Hiltruds Vater Gymnasiallehrer, hatte noch eine zweite Tochter und war samt seiner Frau, die in ihrem nur halb zerbombten Haus Zimmer an Vertriebene vermietete, mit Michaels Eltern befreundet.

Solche Wirklichkeiten wollte Michael jedoch vergessen, wenn er bei ihr war. Vor allem die Freundschaft mit den Eltern. Was er mit Hiltrud erlebte, gehörte ihm allein, ging die Eltern nichts an. Er und sie schufen sich ihre eigene Wirklichkeit, die ihrer Körper, die ihm ausnehmend gut gefiel. Sein Körper war kräftig und heil, mager zwar, aber kerngesund. Der Körper hatte keine Erinnerung, kannte keine Angst, und sein Hunger ließ sich stillen. In dem sinnlichen Abenteuer, auf das ihre Körper sich einließen, war es kinderleicht, sich neu zu erfinden. Jede Entdeckung war ja neu, jede Idee, jedes Ertasten und Ausprobieren. Sein Körper und der von Hiltrud, die nach einander verlangten, trumpften auf und bewiesen, dass sie am Leben waren und bleiben würden, dass sie ihr Leben nicht noch einmal als Faustpfand missbrauchen ließen. Wenn irgendwo der Krieg tatsächlich vorbei war, dann in Hiltruds leerem Klavierzimmer, auf Bank und Boden, sooft ihre Mutter und die Untermieter ausgegangen waren.

Die Mutter hieß Johanna und tat gute Werke. In dieser Eigenschaft ging sie mit erfreulicher Häufigkeit aus. Vielleicht gönnte sie aber auch ihrer Tochter die Zweisamkeit in einer Zeit, in der Alleinsein in den Wahnsinn treiben konnte. Sie mochte Michael gern, nannte ihn einen »guten Kerl« und beglückwünschte Hiltrud zu ihrer Wahl: »Und was fürs Auge ist der Junge ja auch noch. Was will meine Kleine da mehr?«

Mit Hiltrud besuchte Michael die Weihehandlungen der Christengemeinschaft und berauschte sich an ihrem Drama – den mystischen, vielstimmig gemurmelten Formeln, den benebelnden Schwaden von Weihrauch, der Verwandlung von Wein und einem flachen Stück Brot in ein unerhörtes Geheimnis. Dass die Welt der anthroposophischen Lehre nach nicht fertig war, gefiel ihm, dass sie immer neu und immer weiter geschaffen und entwickelt werden musste und somit nicht aufhören würde, zu überraschen. Im Guten wie im Bösen. Sie war keine Geschichte, deren Ende sich erraten ließ, sondern eine, die ihr Ende selbst nicht kannte, weil sie keines hatte.

Vor dem Schritt, der Gemeinschaft offiziell beizutreten, schreckte er jedoch zurück. Sein Geist verlangte nach Vieldeutigkeit, mochte sich keinen Kompass aufzwingen lassen, auf dem die Nadel nur in eine Richtung ausschlug.

Auch im Jugendkreis der Gemeinschaft saß er anfangs widerwillig, ein argwöhnischer Fremdling unter Gleichaltrigen, die sich ihrer Sache sicher und in allem und jedem einig schienen. Er ertrug den Zustand um Hiltruds willen, saß neben ihr und spürte ihren sehnigen Schenkel an seinem, selbst aber war er überzeugt, unter diesen Jugendlichen in ihrer Gewissheit, ihrem Angekommensein keinen Platz zu haben.

Dann aber begann die Gruppe, unter dem rührigen, emsigen Pfarrer Klein ein Paradeis-Spiel einzustudieren, und Michael übertrug man den Part des Adam. Von Alexander, einem rundlichen, blondgelockten Kameraden in der Rolle des Gottvaters, wurde er aus todgleichem Schlaf geweckt und aufgefordert: »Fang endlich an zu leben!« Michael schlug die Augen auf und erfasste ungläubig, wie ihm geschah: Er stand zum ersten Mal auf einer Bühne.

Es war eine Lust, vom ersten Augenblick an. Es war das, was er gesucht hatte: ein anderer sein und doch er selbst. Eine Facette seiner Person, die er entdeckte, wählte und in Szene setzte. Sein Körper, dem er vertrauen gelernt hatte, wurde sein Werkzeug, um eine Geschichte zu erzählen. »Ich glaube, ich habe noch nie in mir solche Kräfte verspürt«, sagte er nach der Aufführung in der zur Garderobe umfunktionierten Abstellkammer zu Hiltrud. »Ich könnte ein Löwe sein oder ein Riese, ich könnte die ganze Nacht hindurch spielen und von diesen Kräften nichts verbrauchen.«

Sie zwängte sich zu ihm in den kleinen Raum und zog ihn an sich. Sie war nicht forsch, wie Gretel gewesen war, aber von einer Zärtlichkeit, die sich keine Grenzen setzen ließ. »Du bist ein Löwe, Michael. Ein Riese sowieso.«

»Ich fühl' mich so stark auf dieser Bühne, ich könnte alles sein.«

Hiltrud lachte ihr zwitscherndes Vogellachen. »Das glaub' ich dir gerne. Du hörst dich an, als wärst du von dieser Bühne noch gar nicht wieder runtergekommen.«

Sie küssten sich, ehe einer von den Kameraden kam, sprudelten einer dem andern sein Lachen in den Mund, fühlten nichts als Lippen, Zungen, Zähne, Hunger und Entzücken. Zwei Tage später gingen sie zusammen in eine Aufführung des Gärtnerplatztheaters, dessen Stammhaus ausgebombt war und das jetzt in einem trübe beleuchteten Lagerraum in der Schornstraße zwischen eingestürzten Mauern und Balken gastierte. Statt einer Eintrittskarte war ein Brikett zum Füttern der gurgelnden Kanonenöfen mitzubringen. Michael war hingerissen. Theater auf Trümmern. Ehrlicher, als die zuschanden gegangene Welt wiederaufzubauen, war es, sie neu zu erfinden, jeden Abend eine andere, flüchtig, vergänglich, wandelbar.

Nach dem Theater hungerten sie alle, mehr als nach dem geräucherten Schweinespeck vom Schwarzmarkt, den die Schauspieler als Gage für einen Abend bekamen. Sie schlangen ihn in drei Bissen hinunter, sprangen im nächsten Atemzug auf die Bühne, mussten sich im Schwall übergeben, weil der seit Tagen leere Magen gegen den fetten Ansturm rebellierte, und spielten gleich darauf weiter. Spielten, spielten, ließen den Magen außer Acht, wenn nur der Geist sich wieder füllte. Die Bücher, die sie geliebt hatten – Brücken, die in ein Schlaraffenland für den Geist führten –, waren verbrannt. Aber hier, hier auf der zusammengezimmerten Bühne, war noch alles da, eine gedeckte, sich geradezu unter Köstlichkeiten biegende Tafel, auf die man sich nur zu stürzen brauchte.

Michael stürzte sich darauf, schlang unersättlich und beinahe wahllos, wollte alles probieren und bekam den Hals nie voll.

Und als wäre damit das Maß an Glück noch nicht erfüllt gewesen, saß Hiltrud neben ihm, und das Sammelsurium der aufgestellten Schemel hatte keine Armlehnen, die ihre Körper daran gehindert hätten, sich wie Puzzleteile ineinanderzuschmiegen.

13

LEBEN MIT HILTRUD WAR leicht. Aber es war nicht das ganze Leben, sondern davon nur ein kleiner Teil.

Je intensiver Michael Hiltruds körperliche Nähe genoss, desto unbehaglicher fühlte er sich mit der seiner Eltern. Die Wohnung war winzig, das plötzlich erzwungene Zusammensein, nachdem sie so lange getrennt gewesen waren, ließ sich schwieriger an, als Michael es sich hätte vorstellen können. Eines Tages Anfang Oktober brachte die Mutter ihm vom Einkaufen einen Mantel aus dickem Wollstoff mit, für den sie stundenlang angestanden und sämtliche Kleidermarken der Familie aufgebraucht hatte. Voller Stolz überreichte sie ihm ihre kostbare Beute: »Da mag kommen, was will. Mein Kind lass ich nicht frieren.«

Regelrecht erschrocken nahm Michael den Mantel entgegen. Er war mindestens drei Nummern zu klein, hätte dem Zwölfjährigen gepasst, der mit der Mutter in der Kaulbachstraße in einem Bett geschlafen hatte, nachdem der Vater eingezogen worden war. Das nutzlose Kleidungsstück kam ihm wie ein Sinnbild für sein Leben vor: Er war aus so vielem herausgewachsen, ohne dass die Eltern dabei gewesen waren, sie hatten seine Veränderung nicht miterlebt und standen nun vor einem Menschen, den sie nicht kannten.

Sie selbst hingegen schienen im Altgewohnten steckengeblieben. Vor allem in ihrem ewigen Streiten. Der Vater war ständig unleidlich, nörgelte über die Enge, in der er nicht malen könne, das fehlende Licht, das fehlende Dunkel, das Geklapper der Mutter mit Töpfen, in denen zu wenig köchelte, um satt zu werden. Er war ungerecht. Die Mutter tat, was sie konnte. Dass sie ihnen überhaupt einen Unterschlupf bot, während Tausende obdachlos zwischen Schuttbergen umherwanderten, dass sie putzen ging, jede Arbeit annahm und sich anschließend nach Brot und Pinselreiniger anstellte, dafür verdiente sie Dankbarkeit.

Ohne Zweifel wusste der Vater das auch, und es machte ihn nicht umgänglicher. In der Wohnung gab es nicht einmal Platz, um wie ein Käfigtier hin- und herzustreichen, und die Orte, an die er früher entflohen war, gab es vermutlich auch nicht mehr.

Neu war, dass er auch mit Michael stritt. Michael hatte den Eindruck, er brauche nur ein Buch zu erwähnen, eins der billigen neuen Taschenbücher, die seine Freunde einander aus den Händen rissen, eine Aufführung des Trümmertheaters oder gar das Dialektstück, das Pfarrer Klein zu Weihnachten in Szene setzen wollte, damit der Vater die Braue hob und mit zwei, drei abfälligen Worten seine Begeisterung zunichte machte.

»Du bildest dir doch nicht ein, auf diese Weise entstünde Kunst?«, hatte er Michael am Morgen nach seinem Auftritt als Adam gefragt. »Diese Steiner-Leute sind herzensgute Menschen, und das, was der Mann geschrieben hat, lohnt intensive Beschäftigung, aber von Kunst, vergib mir, von Kunst versteht er nichts.«

Michael hatte an Gesprächen mit seinem Vater stets geliebt, dass dieser nie wie andere Eltern ein Urteil über Dinge verhängte. Stattdessen hatte er gesprochen, als würde er den Dingen Fragen stellen, als hoffe er, im Gespräch in sie einzudringen und ihren Kern zu ergründen. War der Vater, der so mit ihm gesprochen hatte, im Krieg geblieben, war er verbrannt wie die Bücher, die er für Michael gemalt hatte, Lieflam, der Schafgeist, und die Bilder im Dunkel, durch deren Zauberwelt er einst mit seinem Sohn geritten war?

»Muss es denn immer um Kunst gehen?«, mischte die Mutter sich ein, die früher in jedes dieser Kunst-Gespräche als feurige Streiterin gezogen war. »Lass doch dem Jungen sein Vergnügen, sei froh, dass er in dieser finsteren Zeit eines hat.«

Seltsamerweise fühlte sich Michael davon noch tiefer verletzt als von der Missachtung des Vaters. Er nahm seine Jacke vom Haken und ging zu Hiltrud, die gewiss nicht alles, was er sagte, deren Körper aber den seinen verstand.

Seine Sehnsucht nach dem Vater konnte aber auch Hiltrud höchstens vorübergehend lindern, nicht stillen. Michael sehnte sich nach dem Land, in dem sie gemeinsam auf die Geschöpfe aus der Leere gewartet, nach ihnen geforscht und über sie gerätselt hatten. In manchen Nächten träumte er von des Vaters Bildern, die an den Rändern zu brennen begannen, von den Figuren, die in ihrer Einsamkeit darauf stillstanden, bis die Flammen sie verschlangen. Er streckte vergeblich die Hände aus, um sie zu retten, und sehnte sich nach ihnen, sobald das Feuer sie ihm fortgenommen hatte, bis er von seinem Weinen erwachte.

Im Tageslicht erschien das alles weniger dramatisch. Es war eng in der Wohnung. Der Vater kam nicht zum Malen, und der Winter drohte, es war kein Wunder, dass die Nerven bloßlagen. Als sich schließlich – durch einen Bekannten aus der Christengemeinschaft – die Möglichkeit eines Umzugs ergab, wagte Michael zu hoffen, es könnte doch noch eine Wendung zum Besseren geben. Sie würden neuerlich in Schwabing wohnen, als Untermieter in der Wohnung von Ferdinand Schmitz, dem Landschaftsmaler, der ihnen nicht nur zwei Zimmer mit Küchenbenutzung, sondern ein großes Atelier überlassen wollte. Der Vater würde sich erholen, würde Krieg und Flammen hinter sich lassen, und sie hätten wieder ein Zuhause. Wie im *Bunten Haus*. Wie in Obermenzing. Zumindest aber wäre die neue Wohnung ein Ort, am dem er die Eltern unbesorgt allein lassen konnte, um mit Hiltrud auf eine Jugendfreizeit an den Starnberger See zu fahren.

Anfangs sah es aus, als könnte sich das Wunder dieser Wendung zum Besseren tatsächlich vollziehen. Der Vater begann wieder zu malen, nahm das Atelier in Besitz und begab sich im Dunkel auf Suche nach neuen Visionen. Zugleich ging er wieder unter Menschen, traf sich mit anderen Künstlern und unternahm in ungewohnter Pragmatik Schritte, um einen Berufsverband zu gründen. Der erste Galerist ließ sich vor der Tür der Schmitz'schen Wohnung blicken, bald darauf der zweite, jemand kaufte, wenn auch zögerlich, ein Bild, in die Haushaltskasse floss ein wenig Geld. Eine Reise nach Italien war im Gespräch, sobald auf zerstörten Verkehrswegen und in kriegsverwirrten Ländern ein Reisen wieder möglich war. In die Planung dieser Reise bezog er jedoch Michael nicht ein, als hätte es die gemeinsamen Träume, die beschworenen Bilder, das aus geteilter Sehnsucht gesponnene Garn, das sie zusammengehalten hatte, nie gegeben.

Der Lichtstreif aus Hoffnung in des Vaters beruflicher Entwicklung konnte nicht lange darüber hinwegtäuschen: Es würde kein Wunder geschehen, keine Wendung zum Besseren geben. Sie hatten den Krieg und die vernichtenden Flammen ins neue Zuhause mitgenommen wie den bemalten Schrank und den verbeulten Kocher. Die Eltern stritten sich weiter, stritten sich bis aufs Blut, wie zwei ineinander verbissene Hunde. Nein, das war nicht richtig: Nur die Mutter schien sich in den Nacken des Vaters verbissen zu haben, der Vater hingegen verdrehte die Augen, stöhnte, murmelte Zornig-Verzweifeltes vor sich hin, doch er blutete nicht.

Auch mit Michael stritt er nicht wie mit seinem Liebsten und Nächsten, sondern wie mit einem entfernten Verwandten, der ihm lästigfiel und von dem er enttäuscht war. Gewiss war auch er selbst ein anderer Mensch geworden, vermutete Michael, einer, den der Vater nicht mehr mögen konnte. *Aber ich*, durchfuhr es ihn, *ich mag den, der ich geworden bin.* Der neue Michael lebte aus ganzer Kraft, tanzte auf den Trümmern der zerstörten Welt und legte dabei eine Zähigkeit an den Tag, für die er sich selbst Respekt zollen wollte und für die er glaubte, auch den Respekt des Vaters zu verdienen. Trotz bäumte sich in ihm. Er hielt der Not stand, er schlug sich durch Elend, Chaos und Gewalt, ohne darin verloren zu gehen, es gab keinen Grund, ihn niederzumachen.

Schließlich wart ihr es, nicht wir, die die Katastrophe nicht verhindert haben.

Die Zeit, in der sein Vater ihm fertige Bilder gezeigt und neugierig auf das Urteil des kleinen Michael gewartet hatte, schien endgültig vorbei. Michael war entschlossen, nicht darum zu betteln, entschlossen, sich nicht länger dafür bestrafen zu lassen, dass es den kleinen Michael nicht mehr gab. Umso verwunderter war er, als der Vater eines Tages geradezu scheu in seine Kammer trat und fragte, ob Michael ein Bild sehen wolle, dass er gerade fertiggestellt habe.

»Ich will dich nicht stören«, sagte er mit einem Nicken in Richtung des Schreibblocks, den Michael vor sich liegen hatte. Papier war knapp. Den Block hatte ihm Pfarrer Klein geschenkt, weil Michael angedeutet hatte, er könne sich an einem Sketch versuchen. Geschrieben hatte er bisher nichts. Fast nichts. Nur ein paar Zeilen, Aneinandergereihtes über Liebe und Tod, eher ein Gedicht als etwas, das sich zum Spielen eignen würde. Was mit dem Körper so leicht war, erwies sich mit Worten als schwierig. Seine Sprache kam ihm vor wie Ton, der schon ausgehärtet war und bröckelte, sobald seine Hände ihn in eine Form zwingen wollten.

So ging es nicht. Etwas in ihm ahnte, dass er die Form dem Ton anpassen musste, nicht umgekehrt, doch es offenbarte ihm nicht, wie sich das anfangen ließ.

»Du störst mich nicht.« Er hatte so schnell nicht aufstehen wollen, fand sich jedoch bereits auf den Beinen und folgte dem Vater ins Atelier, das hinter einer dunkel hölzernen Tür mit einem Knauf aus Messing lag.

»Das schönste Gemach der ganzen Wohnung«, hatte der liebenswürdige Schmitz den weitläufigen Raum angepriesen, der wie eine Wohnung in einer Wohnung wirkte: Durch wuchtige Schränke, Sitzgruppen, Tische und ein gewaltiges Bett, dessen Kopf- und Fußteil Intarsien aus polierten Hölzern zierten, war das Zimmer in Nischen und Kammern unterteilt. Wer draußen umherging, wo jegliche Vergangenheit in Scherben lag, musste dieses überladene Museum, in dem Etageren, Fayencen, Figurinen und Tischuhren unversehrt Staub fingen, für eine Luftspiegelung, eine putzig aufgemachte Kulisse halten. Auf den Dielen lagen persische Teppiche, abgewetzt von friedlich einherlatschenden Fußsohlen und ausgeblichen von nichts als der Zeit. Die Bilder, die in schweren Rahmen an den Wänden prangten, hatte Schmitz ausnahmslos selbst gemalt. Sie zeigten sonnenbeschienene Wiesen und Wälder sowie heitere Szenen aus dem bäuerlichen Leben.

Wurde dem Vater hier nicht das Herz eng, legte sich das Gewicht von Nippes und Niedlichkeit nicht wie Mehltau auf seine Sinne?

Immerhin gab es vor den deckenhohen Fenstern Vorhänge, um das Kuriositätenkabinett zu verdunkeln. Auf einem mit hölzernen Früchten verzierten Beistelltischchen entdeckte Michael des Vaters Skizzenblock und seinen Bleistift, an den er mit einem Bindfaden eine kleine Taschenlampe geknotet hatte. Mit der punktgroßen Lichtquelle würde er versuchen, die flüchtigen Visionen auf Papier zu bannen, ehe sie sich ihm wieder entzogen. Wiederum sah Michael sich im Zimmer um und vermochte sich auf einmal vorzustellen, wie das Dunkel all diese Staubfänger und Überbleibsel in schlafende, harrende, jählings erwachende Geschöpfe verwandelte. Dennoch, dies war nicht mehr die geheimnisvolle Welt, der einst seine Träume gegolten hatten. Er war als Gast hier, und weder hieß der Raum ihn willkommen noch fühlte er sich wohl.

»Und? Was sagst du?«

Michael fuhr zusammen. Er hatte ja das Bild noch gar nicht angesehen! Zwischen den hohen Fenstern stand es auf der Staffelei. Es war ein gutes Bild. Dass sein Vater ein schlechtes Bild malte, hatte Michael noch nicht erlebt. In den Jahren, in denen er für ein kümmerliches Auskommen die Werke anderer Maler kopiert hatte, hatte er sich jeden Aspekt ihrer Technik angeeignet. Nicht weil er sich wünschte, zu malen wie sie, sondern um die Palette der Werkzeuge, die ihm für seine eigene Kunst zur Verfügung standen, beständig zu erweitern.

Aber was war das denn, seine eigene Kunst?

Michael erinnerte sich an die nächtelangen Gespräche, an Streit mit Kunstkritikern, Gerätsel mit Galeristen, Diskussionen mit der Mutter, mit Freunden, die vom Hundertsten ins Tausendste führten. Wohlmeinende Förderer – von Franz Roh über Buchner bis zu Rauhut – hatten den Vater beschworen, sich von all den Stühlen, die die Kunst in den Raum stellte, doch auf einen zu setzen. »Die Kunstwelt möchte Sie ja lieben, Ende, aber Sie machen es ihr gar zu schwer. Menschen zücken nun einmal rasch die Geldbörse, wenn sie hinterher den Nachbarn vordozieren können, was sie da eigentlich gekauft haben.«

Der Vater hatte sich dem immer entzogen. Einmal hatte Rauhut, der nicht nur wohlmeinend war, sondern den Vater aufrichtig liebte, versucht, ihm bei der vertrackten Verortung zu helfen: »Sagen Sie mir doch einmal, Edgar, wem fühlen Sie als Maler sich verpflichtet?«

»Der Kunst«, hatte der Vater gesagt. »Sonst nichts und niemandem, denn das würde nicht lohnen. Im Zweifelsfall müsste ich ja doch wieder für die Kunst entscheiden.«

»Tut mir leid, Franz«, hatte er angefügt, aber es tat ihm nicht leid, das wurde Michael in diesem Augenblick klar. Das neue Bild, das als Fremdkörper aus der staubigen Betulichkeit des Raums geradezu herausschrie, zeigte einen grünlichen Berg mit flacher Steigung. Drei Flügel wuchsen daraus, der äußerste bis an den Fuß gekrümmt. Umgeben war das Gebilde von leerer, fruchtloser Landschaft, am Bildrand ein grellrotes Wasserloch, vielleicht eine Blutlache, weiter nichts. Kein Mensch, weder Tier noch Pflanze, nichts, das lebte. Die Farben wie aus getrübtem Eis.

»Es ist kalt«, sagte Michael.

Der Vater wartete. »Ist das alles?«, fragte er, als er wohl die Hoffnung aufgegeben hatte, dass noch etwas kam.

»Es hat nichts, um sich daran festzuhalten«, sagte Michael, der spürte, wie das Bild ihn vereinnahmte, und der davon weg, aus dem Zimmer fliehen wollte. Es war die Einsamkeit, die er nicht aushielt. Da auf dem Bild keine lebenden Geschöpfe waren, war es die Einsamkeit des Vaters, die ihn daraus ansprang und die nichts mit ihm zu tun haben durfte. Er hatte doch Hiltrud. Er hatte Freunde und Gefährten, weshalb sollte er einsam sein? Weshalb sollte das, was er vorhin beim Niederschreiben von ein paar wenigen, nicht sonderlich geglückten Zeilen empfunden hatte, mit der eisigen Leere des Bildes in Zusammenhang stehen?

»Um sich daran festzuhalten?«, wiederholte sein Vater, als verstünde er nicht.

»Es hat nichts, das es erträglich macht«, sagte Michael.

Der Vater trat vor das Bild, so dicht, dass die Farben ihm vor den Augen zerfließen mussten, und hielt in verspannter Körperhaltung inne. Dann fuhr er herum. »Und wenn ich es nicht erträglich will? Wenn ich deine Erträglichkeit verlogen finde?«

Dass ihre Blicke sich trafen, war unvermeidlich. Keiner wollte der Schwächere sein, der als Erster auswich. Michaels Nacken und Schultern versteiften sich. Jäh verschwamm der Raum, und er sah den Vater an seinem Bett sitzen, in Obermenzing, in dem kleinen Zimmer, das sie gemeinsam in ein magisches Reich verwandelt hatten. »Spielen wir Eule? Ich bin eine, und du bist auch eine. Lass sehen, wer die rundesten Eulenaugen macht.«

Michael hatte mit aller Kraft die Augen aufgerissen. Mit ihren geweiteten Eulenaugen waren sie so nah zueinander gerückt, dass ihre Brauen sich berührten, so nah, dass sie von der Iris des anderen nichts mehr sahen und stattdessen durch den Glaskörper in eine schillernde Tiefe blickten, von der Michael nicht gewusst hatte, dass sie sich hinter den Augen, in den Köpfen von Menschen versteckte. Sekundenlang war er sicher gewesen, nie etwas Schöneres gesehen zu haben als das Funkeln der Schatzkammer, deren Tür auf der Netzhaut seines Vaters lag.

Später hatte ein einziges fragend vorgebrachtes Wort – *Eulenaugen?* – genügt, um das Zauberspiel von Neuem zu beginnen. Er glaubte, den Duft des Vaters – nach Pfeifentabak und einer Seife, die die Mutter selbst siedete – noch in der Nase zu haben und seinen Herzschlag zu spüren, zu dem sein eigenes Herz das Echo gab.

Sie hatten aufgehört, wenn die Augen brannten, waren einander in die Arme gefallen, um sich stumm und stark für eine Weile festzuhalten. Jetzt wandte der Vater sich ab und wieder seinem Bild zu. »Das eben habe ich befürchtet. Du liest Steiner, weil deine Freunde es tun, aber es ist dir zu mühselig, dir über das, was du liest, deine eigenen Gedanken zu machen. Für Steiner ist Kunst ein Vehikel, das seine Königin transportiert, keine Majestät in eigenem Recht. Er glaubt, es bedarf nur einer Erkenntnis, die es gilt, künstlerisch umzusetzen, und wenn die Erkenntnis ihre Richtigkeit hat, ergibt sich das für die Kunst von selbst. Kunst aber kennt gar keine Richtigkeit. Sie kennt auch keine Erkenntnis. Nur sich selbst.«

Weh tat, dass Michael das, was der Vater sagte, verstand. Dass es ihm selbst schon so ergangen war, nicht beim Malen, denn er malte nur noch selten, wohl aber vorhin, als er versucht hatte, dem Ton, der sich nicht formen lassen wollte, Zeilen abzuringen, und erst in einen Fluss geraten war, als er begriffen hatte: *Der Ton will nichts von mir. Nur ich etwas vom Ton. Wenn mir an meinem Ziel etwas liegt, werde ich mich nach ihm richten müssen.*

Weh tat das, weil er keinen anderen Menschen wusste, der so etwas verstanden hätte, und weil er in einem Anflug kühner Überheblichkeit sicher war, dass auch der Vater keinen anderen wusste. Sie hätten füreinander einstehen sollen. Stattdessen demütigte ihn sein Vater, weil er Steiner las, jenen Steiner, dessen Gesamtausgabe das längste Regalbrett des Haushalts einnahm, dessen Bände auf dem Esstisch lagen und zwischen Vater und Mutter hin- und hergeschoben wurden, dessen Zitate mit dicken Bleistiftlinien unterstrichen wurden oder notiert auf Einkaufszetteln, Amtsbriefen und misslungenen Skizzen.

Und jetzt drehte sein Vater ihm ausgerechnet daraus einen Strick, dass er in den Büchern dieses Mannes las?

Ja, er las Steiner. Aber er las auch Christian Rosenkreutz, Aleister Crowley, William Blake, das Buch *Tanja* des Alten Rebbe Schneor Salman, das die Mutter ihm nach Garmisch geschickt hatte, Lafcadio Hearns japanische Legenden, Schillers Balladen, die Bibel nach Luther und *Pu der Bär*. Er las sie alle und keinen ganz, las sie, wie man mit einem Netz zum Fischen ging und erst hinterher, wenn man das Eingefangene sichtete, entschied, was damit anzufangen wäre. Wie man mit einem Klopfholz hinunter in einen Steinbruch stieg, da und dort gegen Vorsprünge klopfte und in den Hosentaschen mitnahm, was dabei absplitterte. Er las sie, erlebte, wie sie sich beim Lesen veränderten, und erlaubte ihnen, auch ihn zu verändern. Wenn er in ein Buch eintauchen und als genau derselbe, der er gewesen war, wieder daraus auftauchen konnte, dann waren das Buch und er nicht füreinander gemacht.

Er würde sich nicht einschüchtern lassen. »Bilder sind für Menschen«, sagte er. »Wenn deine keinen Zugang haben, um sie einzulassen, bleiben sie eben draußen.«

»Was meinst du damit?« Der Vater hob eine Braue. »Soll ich es herziger machen, leicht verdaulich, gefällig?«

Michael schüttelte den Kopf. Er fühlte sich in die Falle getrieben, mit dem Rücken zur Wand. Sagen wollte er, dass sie beide auf ihre Weise recht und unrecht hatten, dass man nicht Menschen zum Gefallen ein Kunstwerk niederzwingen, ihm nicht seine Würde, Kraft und sein Geheimnis rauben durfte, dass die Tür aber offen bleiben musste, der Betrachter nicht ausgeschlossen werden durfte. Aber es hätte geklungen wie ein Eingeständnis, und zu dem war er nicht in der Lage. Der Vater hätte als Erster eines machen, einen Schritt auf ihn zukommen müssen.

Zumindest konnte er versuchen, sich zu erklären: »In deinen früheren Bildern, im *Aquarium* zum Beispiel, war Wärme. Oder wenigstens eine Aussicht darauf. Das ist es, was ich meine. Du musst den Leuten Möglichkeiten geben, die Bilder nicht vor ihren Augen versiegeln, sondern ihnen die Tür zu einer Lösung offen lassen …« Ein solches Werk hätte er selbst schaffen wollen – eines, das die Tür, hinter der Licht wartete, nicht zustieß, einerlei, wie viel Kampf und Not und Furcht zuvor bewältigt werden mussten.

Davon sagte er jedoch seinem Vater nichts, sondern brach ab. Schon nach wenigen Worten war er außer Atem, als wäre er gerannt. Als er in des Vaters Gesicht sah, wusste er, dass er einen weiteren Fehler begangen hatte, den schwersten von allen. Er hatte die früheren Bilder erwähnt, die es nicht mehr gab, und mit dem Gestammel stand auch das im Raum, was er nicht ausgesprochen hatte: *In deinen früheren Bildern war Poesie, die die Welt aus der Bedeutungslosigkeit reißt, waren Märchen, wie die Mutter sie erzählt hat, und Mythen, in denen du und ich uns verloren haben, war Zauber, fern von schwarzer Magie.*

Das Bild der blinden Märchenerzählerin glaubte er vor sich zu sehen, aus den Jahren, als man dem Maler das Malen schon verboten hatte und doch diese Frau in der fensterlosen, versteinerten Stadt aus ihm herausgebrochen war: Man hatte ihr das Augenlicht geraubt, sie aber hatte die Kinder um sich mit ihrem Märchen das Sehen, das Staunen und das Fürchten gelehrt. Als er jetzt das verlorene Bild in sich heraufbeschwor, glaubte er, die Züge der Mutter in dem Gesicht mit der Augenbinde zu erkennen.

»Ach«, warf der Vater ein. »Muss ich mich jetzt von dir darüber belehren lassen, dass die Welt so verschlossen, wie ich sie darstelle, nicht ist, sondern voller Erkenntnisse? Wirst du mir gleich auch noch erklären, dass das Glas genauso gut halb voll sein kann oder jede Medaille zwei Seiten hat?«

Er hatte genug. Wenn der Vater ihm keine Chance geben wollte, brauchte er auch keine zu nutzen. »Nein«, sagte er, drehte sich um und öffnete die Tür. »Ich erkläre dir, dass das Leben kein Glas ist. Und auch keine Medaille.«

Ohne einen Blick zurück lief er aus der Wohnung, aus dem Haus und durch die Straßen, in denen Schieber sich in Hauseingängen herumdrückten und für Familienschmuck *Lucky Strikes* und Nylonstrümpfe feilboten. Er brauchte nichts davon, der Mangel kümmerte ihn nicht, er wollte nur eines: in der Weltraumleere nicht alleine sein. An diesem Nachmittag aber traf er

Hiltrud nicht an, und weder die Mutter noch einer der Untermieter waren zu Hause, um ihm zu sagen, wo er sie hätte finden können.

Sie kam zwei Tage später, als die Endes beim Nachtmahl saßen. Nicht Hiltrud. Sondern Johanna, die Mutter, die Michael bei jeder Begegnung erklärte, wie zugetan sie ihm war. Michael war erleichtert, weil er sich das Genörgel der Eltern, er müsse wieder zur Schule gehen, nicht länger hätte anhören können. Das der Mutter war zu ertragen. Sie meinte es gut und würde sich umstimmen lassen, wenn sie begriff, wie verhasst dem Sohn die Schule war. Dass der Vater einstimmte, erschien ihm hingegen als Verrat. Der Vater hatte sich selbst durch die Schule gequält, hatte gelitten und nichts gelernt, außer dass mit ihm etwas nicht stimmte, dass er so, wie er war, nicht bleiben durfte. Er war es, von dem Michael Verständnis und Beistand erwartet hätte.

»In deinem Alter bist du in der Schule am besten aufgehoben«, behauptete der Vater stattdessen unerbittlich und dabei so leidenschaftslos, als stelle die Frage nach der Zukunft seines Sohnes nicht mehr als ein lästiges, aus dem Weg zu räumendes Übel dar.

Er verrät mich, weil ich es gewagt habe, seine Kunst zu kritisieren. Michael hatte Angst, vor dem Vater in Tränen auszubrechen. Gegen die Mischung aus Zorn und Enttäuschung, die in ihm hochsprudelte, redete er tapfer an: »Ich gehe nicht in die Schule zurück. Ich will Schauspieler werden.«

Jetzt hatte er es ausgesprochen, hatte es sich selbst erklärt und sich damit ein Versprechen gegeben. So verblüfft war er, dass der Verrat des Vaters in den Hintergrund trat: *Ich will Schauspieler werden.*

Und dann kam Johanna. Draußen klingelte es, und gleich darauf klopfte Schmitz' Sohn an die Tür und meldete, eine Besucherin wolle zu Endes. Sie hatte sich mit Sorgfalt angekleidet, trug ein fliederfarbenes Kostüm mit passendem Hut und Tasche und sah aus wie eine Frau, die kam, um sich um einen Posten als Hauslehrerin zu bewerben.

»Setz dich doch.« Die Mutter rückte ihr einen Stuhl hin. »Ich fürchte, von der Suppe habe ich nichts mehr anzubieten, aber einen Tee kann ich uns aufbrühen.«

Der Vater stand auf, hob eine Flasche mit bräunlichem Inhalt von der Kredenz und hielt sie Johanna wie eine Frage entgegen. »Kein echter Cognac, aber etwas entfernt Verwandtes. Von einem zahlungsunfähigen Kunden. Vermutlich sind größere Mengen davon tödlich, aber ein einziges Glas wird man mit ziemlicher Sicherheit überleben.«

Johanna lehnte ab. Den womöglich tödlichen Cognac wie den Stuhl und den Tee. »Ich bin gekommen, um euch wissen zu lassen, dass Hiltrud heiraten wird«, sagte sie im Stehen, die Hände um die Hauslehrerinnentasche geklammert. »Meinen Untermieter. Herrn cand. jur. Clausen, einen äußerst feinen Menschen, noch Student zwar, jedoch mit glänzenden Berufsaussichten. Er wird Hiltrud das Leben bieten können, das ihr zusteht, und wir haben allen Grund, uns für sie zu freuen.«

Ihr Versuch zu lächeln platzte von ihren Lippen ab. Hastig fasste sie sich. »Ich bin nicht nur deshalb gekommen«, beeilte sie sich in das dreistimmige Schweigen der Endes einzuwerfen. »Schließlich weiß ich, dass ihr euch um Michael sorgt, ich sorge mich ja selbst, denn so ein junger Mensch braucht doch Richtung und Bestimmung, kann nicht nur in den Tag hinein leben. Und weil der liebe Michael uns am Herzen liegt, haben mein Gatte und ich beschlossen, ihm ein wenig unter die Arme zu greifen: Was haltet ihr davon, Michael auf eine Schule nach Rudolf Steiner zu schicken? In München gibt es noch keine, wohl aber in Stuttgart, und wenn Michael sich entscheiden könnte, dorthin zu gehen, kämen mein Gatte und ich für die Kosten auf.«

Michael und der Vater schwiegen weiter, während Johanna sich in aller Eile verabschiedete und die Mutter sie an die Tür begleitete. Auch als die Mutter zurückkam, schwieg Michael weiter und war sicher, er würde überhaupt nicht mehr sprechen. Welchen Sinn hatte es, mit Menschen Worte zu wechseln, Beteuerungen,

Komplimente, Liebeserklärungen und Treueschwüre? Genauso gut hätte man seine Finger in sein Wasserglas stecken können, um darin plätschernde Geräusche zu erzeugen.

Stattdessen sprach der Vater. Sah nicht Michael an, sondern starrte auf den Tisch, wo er aus seinem Glas etwas Wasser verschüttet hatte und mit einem Fingernagel darin Striche zog. »Geh nicht los und such sie.« Die Worte klangen, als müsse er sie aus sich herausarbeiten, als klebten sie ihm in der Kehle fest. »Tu dir das nicht an. Du wirst dir einreden wollen, sie hätten Elis gezwungen, sie selbst hätte mit der Entscheidung nichts zu tun. Aber dem ist nicht so. Wer für einen anderen brennt, der lässt sich so leicht nichts in den Weg werfen, sondern rennt dagegen an.«

»Elis?«

Der Vater sah auf und rückte sich die Brille zurecht, doch sein Blick war ziellos, er schien Michael nicht zu erkennen.

14

UND WOHIN FÄHRST DU jetzt schon wieder?«

»Nach Paris. Die Deutsch-Französische Gesellschaft hat mich eingeladen. Nur ein paar Tage. Im höchsten Fall hänge ich noch eine Woche mit Studien an.«

Luise drehte sich zu dem Bügelbrett, auf dem sie eines seiner Hemden ausgebreitet und das Eisen schon erhitzt hatte. Was sie hier trieb, war albern. Edgar war nie ein Mann gewesen, der Wert auf den Zustand seiner Kleidung legte, er hatte sie weder gebeten, für ihn zu bügeln, noch, sich überhaupt um sein Gepäck zu kümmern. Nur ihr mitgeteilt, dass er übermorgen beruflich verreisen werde. Wie so oft in den letzten Jahren. Wie eigentlich ständig.

Berlin, Venedig, Mainz und Köln. Jetzt Paris. Es ging aufwärts für ihn. Er kam herum, traf wichtige Leute, nun wohl gar die französischen Surrealisten, die ihm – so hatte damals der Kritiker Roh vermutet – vor zwanzig Jahren Rückhalt hätten geben können. Vor zwanzig Jahren. Damals hatte Luise gehofft, sie werde einmal diese Welt mit ihm teilen, eine geistige Welt, in der ein Mensch eine Heimat finden konnte, selbst wenn er aus dem Nichts stammte. Eine Welt, in der nicht das Äußere, der Besitz, die Herkunft eines Menschen gewogen wurden, sondern die schillernde Schönheit seiner Gedanken.

Einst war sie weiter gereist als er. Hatte ihm die Hand reichen und ihn in ihre Weite ziehen wollen wie er sie in seine, austauschen, was ein jeder von ihnen von der Welt erlebt, erlesen und erträumt hatte und daran reicher werden.

Jetzt war sie eine todmüde Frau von bald sechzig, die die Betrachtung ihrer Hände tunlichst vermied. Als ihr Blick doch auf die Runzeln und Schrunden, die im Waschwasser aufgequollenen Finger und splitternden Nägel fiel, hätte sie bitter auflachen wollen. Mit solchen Händen auf die Eröffnungsfeier der Biennale, zu Cocktails und Kanapees auf eine Pariser Vernissage? Das Getuschel, das der Anblick ihrer Hände dort ausgelöst hätte, konnte sie in ihren Ohren rauschen hören, und das Gesicht, das ihr aus dem Spiegel in Schmitz' Badezimmer entgegenblickte, wollte sie an manchen Tagen am liebsten mit einem Schleier vor Blicken schützen.

Vor ihren eigenen und vor denen ihres Mannes.

Eines Morgens war sie in einem vom Alter zermürbten Körper erwacht und hatte erkennen müssen, dass ihre Seele noch älter war. Sie war eine Frau, deren Träume sich überlebt hatten, die gelernt hatte, dass man niemanden schmerzhafter vermissen konnte als einen, der im selben Raum stand und nicht mehr derselbe war. Solche Frauen tanzten nicht auf Bällen, die den Aufbruch in lichtere Zeitalter feierten, sie legten auf krumme Finger keine Ringe an und hielten damit keine Stiele kristallener Champagnerkelche.

Und doch war sie glücklich gewesen. In den paar goldenen Jahren mit ihrem kleinen Jungen, in dem Kokon, den das Wunder neuen Lebens um ihre Familie gesponnen hatte, hatten die Tage eine Süße besessen, die durch jede Bitterkeit hindurchschmeckte, eine Zärtlichkeit, in der sie sich manchmal geborgen gefühlt und ihre Unbehaustheit vergessen hatte. Ihre Gedanken hatten miteinander Reigen getanzt und Gipfel erstürmt, sie waren durch Täler mit reißenden Flüssen geschwommen und hatten gefunkelt wie die Sterne der Milchstraße. Aus den prächtigsten der Gedanken hatten sie sich einen Palast ans Himmelsgewölbe gebaut, um darin zu wohnen. Es war schneller vorüber gewesen, als ihr Begreifen hatte folgen können, aber es hatte sich eine Weltensekunde lang angefühlt, als hätte sie, Luise Ende, das Glück für die Ewigkeit gepachtet.

Und er? Ging es denn wirklich bergauf für ihn? Er war fast zehn

Jahre jünger als sie, und mit Männern verfuhr das Alter weniger erbarmungslos. Sein Gesicht hatte sich etwas von der rätselhaften Schönheit bewahrt, vor allem, wenn er die Brille abnahm und mit schweifenden Blicken vor sich hin sinnierte. Ein interessanter Mann und dazu kein ganz unbekannter. Er wurde eingeladen, gab Stunden an der Kunstakademie und empfing reihenweise Besucher, oft gab einer schon dem nächsten die Klinke in die Hand. Seine Bilder hingen auf der *Großen Münchner Kunstausstellung*, in deren Leitung man ihn berufen hatte, und von Zeit zu Zeit verkaufte er auch eines.

Arm blieben sie trotzdem. Seit der Währungsreform schienen sie sogar noch ärmer, weil um sie herum sich alles daranmachte, reich zu werden, und weil man für sein Geld jetzt Schinken und Strümpfe bekam und sich nicht länger mit Bildern begnügen musste. Eine Professur, und damit ein geregeltes Gehalt, bot niemand ihm an. Was Kritiker über seine Werke schrieben, klang oft lau, manchmal gönnerhaft, man bescheinigte ihm wackeres Bemühen, gutes Handwerk, deutete zugleich jedoch an, er hielte mit seiner Zeit nicht Schritt. *Edgar Ende ist einer Formensprache verhaftet, die im Angesicht von Hiroshima und Nagasaki geradezu altertümlich und betulich anmutet.*

Hatten auch seine Träume sich überlebt? Die abstrakten Expressionisten, denen die Kunstwelt jetzt den Speichel leckte, hatten mit seinen Bildern keine Berührungspunkte. Und etwas anderes malen als das, was er in sich fand, das konnte er ja nicht, hatte er nie gekonnt. Kunst, wenn sie für ihn nicht echt war, erschien ihm vergeudet. Luise war darauf stolz gewesen. Wer einen zum Mann nahm, der eine Welt in seinem Innern trug, konnte nicht klagen, wenn er in die Welt, die ihn umgab, nicht passte.

Sie war auch jetzt noch stolz. Und glücklich manchmal auch. Wenn Michael seine Freunde mitbrachte, wenn die Wohnung wieder voller Menschen war, die wie früher nächtelang über Wesen, Sinn und Ziel der Kunst diskutierten, wenn die jungen Leute schwärmten, eine Familie wie die Endes – so weltoffen, so geistig rege – hätten sie sich selbst gewünscht. Wenn sie ihrem Sohn etwas Gutes tun konnte, ihm zum Beispiel ein warmes Essen hinstellen, auch wenn sie noch immer mit Kochen keinen Blumentopf gewonnen hätte. Wenn er Erfolge vorzuweisen hatte, die Neider und Miesmacher zum Schweigen brachten.

Unter ihren Bekannten gab es nicht wenige, die Michael hinter vorgehaltener Hand einen Faulpelz, einen Nichtsnutz schimpften. *Er umgibt sich mit diesem Nimbus von Genie, aber in Wahrheit hängt er nächtelang in Kneipen herum, wechselt die Mädchen wie Hemden und schreibt Gedichte für Kabarett-Klitschen, die ihn dafür in Bier und Rum-Cola bezahlen.*

Mädchen hatte Luise allerdings in ihrer Wohnung ein und aus gehen sehen, und sie hatte es aufgegeben, sich die Namen zu merken. Zweifellos gab es noch weitere, die Michael seinen Eltern gar nicht vorstellte. War es aber die Schuld eines jungen Mannes, wenn er schön war, wenn er etwas ausstrahlte, wenn Mädchen von ihm fasziniert waren, auf ihn flogen, wie man heute sagte? Dass er noch keine gefunden hatte, die ihm das Wasser reichen konnte, und womöglich auch keine finden würde, durfte man nicht ihm zum Vorwurf machen. Er brauchte eine Gefährtin, die ihn nicht mit weiblichen Reizen umgarnte, sondern ihm geistig gewachsen war, aber wo hätte er einer solchen Frau begegnen sollen?

Genauso schwierig war es, das Feld zu finden, auf dem er sich entfalten konnte. Kamen junge Leute mit mäßigen Talenten letztlich immer irgendwo unter, so lief ihr im Übermaß begabter Sohn Gefahr, seine Kräfte zu zerfasern. So war er als kleines Kind schon gewesen: Wo Gleichaltrige einen einzelnen Gegenstand erblickten und mühelos benennen konnten, hatte Michael so viele schillernde Facetten entdeckt, dass er den Gegenstand aus den Augen verlor.

Immerhin hatte er an der Stuttgarter Waldorfschule noch einiges gelernt, wenn es auch mit dem Abitur nichts mehr geworden war. Hatte sich danach bei seinem Vater durchgesetzt und an der namhaften Otto-Falckenberg-Schule eine Ausbildung zum Schauspieler begonnen. Edgar hatte seinem Sohn ins Gesicht geschleudert, es fehle ihm an Begabung, um es auf der Bühne zu etwas zu bringen, er solle von der brotlosen Kunst die Finger lassen. Luise hatte auf ihn losgehen wollen wie eine Bärin, die mit erhobenen Klauen ihr Junges verteidigte. Warum ließ Edgar seinen Sohn denn nicht wissen, dass er dessen in der Wohnung verstreute Gedichte aufsammelte und voller Stolz Bekannten vorlas, warum verweigerte er ihm die Anerkennung, derer Michael so dringend bedurfte?

Diese beiden, Vater und Sohn, waren Luise einst unzertrennlich erschienen. Ihre Verbundenheit hatte sie ausgeschlossen, und doch hatte es sie beglückt, ihnen zuzusehen. Ihre Verständigung, eine Art stummer Geheimsprache, hatte beide beflügelt, hatte in diesen zwei klugen Köpfen aus fliegenden Funken ein Feuerwerk entfacht. Und jetzt standen ausgerechnet diese zwei Männer einander gegenüber wie Rivalen. Noch immer waren sie vollkommen aufeinander fixiert, sobald sie im selben Raum standen, ihre Blicke ineinander verzahnt, ein jeder besessen von dem Wunsch, dem anderen zu imponieren.

Dem vergeblichen Wunsch.

Als der Brief der Schauspielschule eintraf, der bestätigte, dass Michael die Aufnahmeprüfung bestanden hatte, war Edgar durchaus beeindruckt gewesen. »Sieh einer an. Diesen Leuten zufolge, die es ja wohl wissen müssen, hat mein Sohn Talent. Ich hätte nicht gedacht, dass er auf die Bühne gehört, doch wie es den Anschein hat, gehört auch diese zu den Türen, die ihm offen stehen.« Dem Sohn aber hatte er kein Wort der Anerkennung gegönnt. Als Luise Michael später von Edgars Reaktion erzählt hatte, hatte der aufgelacht und ihr nicht geglaubt.

Er hatte die Ausbildung absolviert. Nicht immer reibungslos, ohne fliegende Fahnen. Einmal hatte die Schule gedroht, ihn hinauszuwerfen, weil sein Fleiß zu wünschen übrigließe. Wäre es um einen anderen gegangen, hätte Edgar von seiner eigenen

Ausbildung an der Kunstgewerbeschule erzählt, von innerem Widerstreben, das seine Lehrer für Faulheit gehalten hatten, und von der Besessenheit, die einen Künstler ergriff, wenn er am rechten Platz war. Bei seinem eigenen Sohn hatte er hingegen die Schultern gezuckt und behauptet, er habe sich »so etwas schon gedacht«.

Wohin war die Liebe entschwunden, das Staunen über ihr gemeinsames Wunder, das aus einem Tropfen von Edgar und einem Tropfen von Luise gezauberte Kind?

Aus purem Trotz hatte sie für Michael ein neues Horoskop erstellen lassen, bei einer Frau, die ihr in der Christengemeinschaft empfohlen worden war. Ihr Sohn, so hatte die Astrologin den Sternkonstellationen zu Michaels Geburt entnommen, werde Weltberühmtheit erlangen, er werde die Welt, wenn er eines Tages aus ihr schied, verändert zurücklassen. Geradezu triumphal hatte Luise das Horoskop nach Hause getragen und es Edgar beim Nachtmahl neben seinen Teller geschoben. Er hatte es gründlich studiert und dann eine seltsame Frage gestellt:

»Und wenn es anders käme? Wenn er ein Versager bliebe, der wie ich seiner Familie nicht einmal ein eigenes Heim bieten kann, der immer auf Bahnhöfen steht, von denen der Zug gerade abgefahren ist? Würdest du ihn dann noch lieben, wäre er dir als Sohn noch gut genug?«

Sie hatte ihm darauf keine Antwort gegeben, hatte für den Rest des Abends überhaupt nicht mehr mit ihm gesprochen. Sie wäre ohne zu zögern für Michael gestorben. Was verlieh ihrem Mann das Recht, ihr eine solche Frage zu stellen?

Er habe nicht sie persönlich gemeint, behauptete er später, als sie ihren Zorn nicht länger zügeln konnte. Er sei nur neugierig gewesen, könne sich nicht von dem Drang befreien, mit den Geheimnissen des Lebens in Kontakt zu treten, und die Liebe sei ihm mitunter das rätselhafteste.

Michael hatte seine Ausbildung beendet und nach etwas Wartezeit ein Engagement erhalten. Nicht in München, sondern am anderen Ende des Landes, in einem Küstenort namens Rendsburg. Luise war zumute, als wäre sie an Bauch und Brust aufgeplatzt wie das Pferd, das Edgar gemalt hatte, als hätte ihr jemand in die Eingeweide gegriffen und einen Teil herausgerissen. Was, wenn er dort oben eine Frau kennenlernte, keine seiner austauschbaren Liebeleien, sondern eine, die ihm etwas bedeutete? Was, wenn es ihm an dem Schleswig-Holsteinischen Landestheater gefiel, wenn er sich am Ort niederließ und nicht wiederkam? Sie und Edgar hätten einander trösten sollen, zwei alte Vögel, die im leeren Nest zusammenrückten, aber sie waren zu dieser Art Trost wohl nicht gemacht.

Und Michael war ja wiedergekommen. Eine knappe Saison lang hielt er das Engagement in der Provinz durch, dann stand er mit seinem Seesack und der Gitarre, die er sich für seine vierzig Mark Kopfgeld zur Währungsreform gekauft hatte, wieder vor ihrer Tür. Sprudelnd vor Entrüstung: »Als jugendlichen Liebhaber haben sie mich verpflichtet, aber die Rollen haben sie einem arthritischen Greis zugeschanzt. Mich haben sie dessen Bediensteten spielen lassen, der nicht mehr als zwei Sätze zu sagen hatte. Und nicht mal die hat ein Mensch verstanden, weil unter der Bühne ohne Unterlass die Kegelbahn rumpelte. Man hat geglaubt, man steht auf einem Bergwerk, als würde da drunten das Fundament der Erde umgegraben.«

Luise hatte ihn in die Wohnung gezogen, hatte ihm Bier hingestellt, Brot und Wurst. Sie war nichts als froh, ihren Sohn wieder bei sich zu haben. Etwas Neues würde er über kurz oder lang schon finden, sie war es schließlich nicht, die an seinen Talenten gezweifelt hatte, und um auf Kegelbahnen Bedienstete zu spielen, war er ohnehin zu kostbar.

Edgar hingegen hatte erst kürzlich wieder nachts am Schlafzimmerfenster gestanden und keine Anstalten gemacht, sich zu ihr ins Bett zu legen: »Ich weiß nicht, ob ich das lange aushalte«, hatte er gesagt, »jetzt wieder zwei von euch um mich zu haben, die mir von früh bis spät vor Augen führen, wie unzulänglich ich bin.«

»Was soll das heißen, du weißt nicht, ob du es lange aushältst? Willst du dein eigenes Kind vor die Tür setzen?«

»Nein«, hatte Edgar ohne jede Erregung erwidert, »das war es nicht, was ich als Lösung im Sinn hatte.« Damit verschwand er aus dem Zimmer und ging hinüber in sein Atelier.

Wie so oft hatte Luise gewusst, dass sie das Falsche gesagt hatte. Als seine Frau hätte sie ihm versichern müssen, dass er nicht unzulänglich war, er so wenig wie Michael. Ihm in Erinnerung rufen, dass sie zusammengehörten, eine Familie waren, schon weit Härteres gemeinsam durchgestanden hatten und einander stützen und fördern würden. Jäh erschrak sie: Hatte sie so etwas überhaupt je zu ihm gesagt? Was, wenn er es tatsächlich nicht wusste?

Ging er deshalb ständig auf Reisen, ohne jemals den Wunsch zu äußern, einen von ihnen mitzunehmen?

Luise versuchte vergeblich, die Erinnerung an jene Nacht abzuschütteln, schob das Bügeleisen auf die Abstellfläche und drehte sich zu ihm um. Ihn um etwas zu bitten, hatte sie sich mehr als zwanzig Jahre lang verboten, hatte geglaubt, es werde das Ende ihrer Ehe sein, wenn sie ihn je spüren ließe, dass sie ihn brauchte. Und wenn es umgekehrt war? Wenn ihre Ehe auf ein Ende zutrieb, weil er annahm, sie brauche ihn nicht? Sie hatten immer geredet, sie redeten auch jetzt noch: *Was ist Kunst, was kann und was darf sie, worin besteht ihr Zweck, was hilft ihr auf, und woran muss sie zerschellen?* Was aber sie selbst waren, was sie sich wünschten und was sie quälte, das hatten sie einander nicht gefragt.

Edgar zeichnete mit der Schuhspitze Kreise auf die Bodenfliesen, hielt die Hände im Rücken verschränkt. »Mach dir mit meinen Sachen nicht solche Mühe, Lise. Ich packe mir in der Frühe rasch etwas zusammen, ehe ich zum Bahnhof gehe.«

»Ich will, dass du hierbleibst«, sagte Luise. »Dich mehr um Michael kümmerst. Paris läuft dir ja nicht weg.«

»Um Michael?« Die Frage klang nicht spöttisch, sondern ehrlich verblüfft. »Der ist doch kein Kind von fünf Jahren mehr.«

»Er hat keinen Halt, jetzt wo er ohne Engagement ist und nicht weiß, was er mit seinem Leben anfangen soll. Ich will nicht, dass er an falsche Freunde gerät oder wieder an ein Mädchen, das ihm Schaden zufügt. Er hat noch immer etwas Kindliches an sich, etwas Argloses, das zu schnell vertraut.«

»Sprechen wir von demselben Menschen?«, fuhr er ihr ins Wort. »Mir wird von allen Seiten zugetragen, dass Bekannte ihre Töchter fernhalten, weil mein Sohn Michael als eine Art unersättlicher Gierschlund verschrien ist. Es kursiert sogar das Gerücht, er habe diesem bildschönen jüdischen Geschöpf, das jetzt am Gärtnerplatz in Operetten spielt, ein Kind gemacht.«

»Und auf solche Gerüchte hörst du? Auf Leute, die deinen Sohn verleumden?«

»Das habe ich nicht gesagt«, murmelte Edgar. »Ich dachte nur, wenn da ein Enkelkind ist, müsste man sich ja kümmern. Aber falls es das Kind überhaupt gegeben hat, ist es wohl gestorben.«

Plötzlich wünschte sich Luise, es hätte das Kind gegeben, die Mutter sei irgendwohin verschwunden, und sie hätten es zu sich holen können. Sie hätte es in Michaels Kinderkleider stecken wollen, es in seine Krippe betten und seinen bunten Harlekin zu ihm legen, damit es ein freundliches Lächeln zu sehen bekam, falls es in schwarzer Nacht aus dem Schlaf schreckte. Aber Michaels Kinderkleider, seine Krippe und der bunte Harlekin, über den er sich nicht gefreut hatte, waren ja verbrannt. Nur der Schrank war noch da. Und das Kind gab es nicht.

»Michael«, begann Luise von Neuem. »Er braucht jetzt seinen Vater. Eure Gespräche. Er fragt sich doch, ob er überhaupt auf die Bühne zurückkehren soll oder lieber seine Erfahrung nutzen, um fürs Theater zu schreiben. Ein Drama hat er schon so gut wie vollendet, es fließt ihm nur so aus der Feder, und wenn jemand ihm bei all diesen Überlegungen helfen kann, dann du.«

»Wenn jemand ihm dabei helfen kann, dann er selbst«, entgegnete Edgar. »Und wenn nicht er, dann niemand. Dann wird ihm nichts übrig bleiben, als abzuwarten, ob die Zeit ihm hilft.«

»Hast du sein Stück gelesen?«

»Er hat es mir nicht zum Lesen gegeben. Aber dass er das Manuskript gern blau eingeschlagen hätte, hat er gesagt. In verschiedenen Blautönen, als Grundierung Fra-Angelico-Blau, wie es in der Buchmalerei für den Sohn Gottes steht.«

»Und du?«

»Ich werde in Paris auf Blau achten. Manche nennen Paris ja die Stadt mit den blauen Dächern, und der Himmel gebärdet sich auch immer anders als gewohnt, wenn man in der Fremde ist. Himmel in Fra-Angelico-Blau dürfte es allerdings nur in Italien geben. Vielleicht hätte ich mit Michael nach Italien fahren und nach Blau für seinen Einband suchen sollen.«

»Fahr!«, rief Luise. Sie lief zur Kredenz, öffnete eine der verglasten Türen und nahm die Zuckerdose heraus, die ihr Hayat, eine Näherin aus Palästina, vor einem halben Leben geschenkt hatte. *Palästina.* Dass sie einmal dort gelebt hatte, kam ihr nicht mehr wirklich vor, es schien mit dem Leben der Frau, die in einer Kittelschürze durch ihre schlecht beleuchtete Küche schlurfte, nichts mehr zu tun zu haben. Ihr Plan, sich in der Ferne, weit weg von ihrer verpatzten Kindheit, etwas aufzubauen, war gescheitert, doch für kurze Zeit war sie mit jener fremden Welt verschmolzen und überzeugt gewesen, sie behalte an Geist und Seele etwas zurück.

Wohin war ihre Abenteuerlust verschwunden? Sie wandte den Kopf, um einen raschen Blick auf das Gesicht ihres Mannes zu werfen. Das *Devekut* in der chassidischen Lehre des Alten Rebbe, die sie als junge Frau gefesselt hatte, bedeutete völlige Hingabe, größtmöglichen Einsatz, und zu jenem war sie noch immer fähig. Ihr Abenteuer war der Mann, den sie geheiratet, das Kind, das sie geboren hatte. Sie öffnete die Zuckerdose. Die Summe, die sie darin angespart hatte, verriet, dass es ihnen in den letzten Jahren allzu schlecht nicht ergangen sein konnte, denn aufs Haushalten verstand sich Luise kaum besser als Edgar. Eine, die auf kleiner Flamme köchelte, war sie nie gewesen.

Für diese beiden, ihren Mann und ihr Kind, stand sie noch

immer in Flammen. Sie nahm die Geldscheine, rollte sie auseinander und hielt sie ihm hin. *Für Notfälle,* hatte sie gedacht, als sie den Betrag in der Dose versteckt hatte, und dies hier war einer. Es würde nicht reichen, doch er hätte ja auch die Fahrt nach Paris mit irgendwelchem Geld bezahlen müssen.

Die beiden würden ihr fehlen, und doch erfüllte sie der Gedanke, dass sie zusammen nach Italien fahren würden, mit einer großen, lange nicht gekannten Ruhe. Sie würden ganz miteinander beschäftigt sein, einander wiederfinden, und sie würde sich weder des einen noch des anderen wegen ängstigen müssen. Vielleicht würde sie schlafen können. Die ganze Nacht hindurch, ohne aufzuschrecken und auf Geräusche zu lauschen.

Er sah auf das Geld hinunter, machte jedoch keine Anstalten, danach zu greifen. »Behalte das, Lise.« Sein Ton klang beinahe liebevoll. »Du wirst es irgendwann für etwas Eigenes ausgeben wollen. Es ist aber großherzig von dir. Äußerst großherzig. Danke dafür.«

»Du willst es nicht? Du fährst nicht mit Michael nach Italien?«

»Michael hat jetzt sein eigenes Leben, um das er sich kümmern muss. Und ich kann von Glück sagen, wenn ich halbwegs mit meinem zurechtkomme.«

Luise spürte eine Kälte, die ihr bis in den Kopf stieg. Sie ballte die Fäuste und presste sie sich an die Wangen. »Manchmal frage ich mich, ob du unseren Sohn überhaupt noch liebst.«

Er könnte noch einen weiteren zeugen. Männer konnten Söhne zeugen bis zu dem Tag, an dem sie starben. Für sie aber gab es keinen anderen, nicht einmal wenn sie gekonnt hätte. Es gab immer nur Michael.

»Und ich frage mich manchmal, ob man einen Menschen auch zu sehr lieben kann«, sagte Edgar. »Mehr, als ihm bekommt. Ob nicht manche Liebe erdrückt.« Er sammelte Dinge vom Tisch ein. Seinen Schlüssel, seine Börse, ein kleines Buch für Skizzen. »Ich schlafe im Atelier. Will noch ein paar Sachen heraussuchen, vielleicht eine Mappe zusammenstellen.«

»Fahr nicht!«, rief Luise. »Bleib bei uns. Fahr nicht nach Paris.«

Er nahm die Brille ab und presste sich zwei Finger auf jede Schläfe. »Versuch doch, mich zu verstehen. Ich habe seit Wochen nichts fertig bekommen, ich muss raus, ich habe hier keinen Platz.«

»Du hast keinen Platz?«

Sie erschraken beide. Verstummten und starrten sich an. Natürlich wusste sie, dass er nicht von seinem Atelier, dem größten Raum der Wohnung, gesprochen hatte, und gewiss wusste er, dass er ungerecht war. »Neuerdings nennt mich die Kritik schon *versponnen*«, spuckte er schließlich aus. »Meine Bilder würden Märchen erzählen, ich würde mich in meine verstiegenen Fantasien flüchten, sei mit Mitte vierzig ein alter Mann, der in der Kälte der Wirklichkeit zittert. Und so ein Greis, der Märchen erzählt, der muss dann wenigstens ins Wohnzimmer passen, aber wer hängt sich denn einen Ende über Nierentisch und Polstergarnitur? So geht es nicht weiter, Lise. Ich muss mich diesen ständigen Angriffen von Michael entziehen und das wiederfinden, was ich selbst will.«

»Du gibst Michael die Schuld daran, dass die Kritiker dummes Zeug über deine Bilder schreiben?«

»Nein. Nicht einmal daran, dass ich dummes Zeug über sie denke. Ich will nichts weiter, als eine Weile lang von allem weg.«

Wie ein Tier lag die Kälte um Luises Nacken. Ein totes Tier, das mit jeder Sekunde mehr erkaltete. »Du fährst also?«

Er nickte, schob seine Habseligkeiten in die Hosentaschen und ging zur Tür.

»Kommst du nicht wieder? Verlässt du uns?«

Als er sich noch einmal zu ihr umwandte, erschien sein Gesicht ihr grau. »Hast du dir das schon einmal überlegt?«, fragte er. »Ob manche Gefahr erst dadurch zur Gefahr wird, dass man sich ständig vor ihr fürchtet?«

15

Der junge Mann war ausnehmend hübsch. Aber hübsche Männer interessierten sie nicht. Es wäre nicht gerecht gewesen, denn ein hübsches Gesicht war kein Verdienst. Niemand hatte dafür einen Kampf gekämpft, und niemand half damit einem anderen aus der Not. Wenn jemand sie für ihr Äußeres pries, sie *attraktiv* oder sogar *umwerfend schön* nannte, ließ sie das kalt. Sie wusste selbst, dass sie lange Beine hatte, mit denen sie, wenn sie gewollt hätte, nackt über eine Bühne hätte spazieren können. Sie wusste auch, dass mehr als nur ein Regisseur sich um ihrer Schlankheit und ihrer roten Haare willen hatte hinreißen lassen, ihr eine Rolle zu geben, obwohl sie als schwierig galt und Regisseure es sich lieber leicht machten. *Rassig* hatte sie neulich ein Intendant genannt.

Es ließ sie kalt.

So wie der junge Mann, der an dem ausgezogenen, als Bar hergerichteten Tapeziertisch stand. Mit dem Rücken zu ihr, den Kopf ins Halbprofil gedreht, eine dunkle Locke dekorativ in die Stirn drapiert. *Könnte mein Sohn sein.* Das war lächerlich. Ihr Sohn war neun und spielte daheim mit ihrer Mutter und der gebrechlichen Tante *Mensch ärgere dich nicht*, damit sie bei den Heinrichs Silvester feiern konnte. Ruth, eine junge Kollegin, die aus unerfindlichem Grund für sie schwärmte, hatte sie eingeladen: »Da kommen wichtige Leute. Also, ich meine Leute, die wichtig werden könnten.«

Auf wichtige Leute legte sie keinen Wert. Nur auf wahrhaftige, die im Jahrmarktstreiben der Schwabinger Boheme kaum zu finden waren. Schon gar nicht auf Silvesterpartys in vollgestopften

Wohnungen, wo alles dermaßen erpicht darauf war, gesehen zu werden, dass zum Sehen keiner mehr übrig blieb. Gekommen war sie trotzdem, weil sie die Gastgeber mochte. Wolfgang und Inge Heinrichs, beide Künstler, aber keine von denen, die aus Kunst einen Orden machten und ihn sich ansteckten. Sie waren zwei, die von der Wirklichkeit derart hart gepackt und durchgeschüttelt worden waren, dass sie die Druckstellen niemals loswurden. Nach dem, was Wolfgang im Krieg erlebt hatte, hatte er nicht mehr malen können, sondern fertigte mit scharfen, nackten, nichts mildernden Strichen Grafiken an. Er sprach nie darüber. So wenig wie Inge über den Bombenangriff, nach dem sie verschüttet unter Trümmern gelegen hatte, oder über die Menschen, die neben ihr erstickt waren.

Den beiden konnte man keine poetisch ankolorierten Banalitäten in die Ohren hauchen, sie hörten sich Geklimper mit Worthülsen gar nicht erst an.

Vom Leben gehärtet.

So wie ich, dachte sie.

Feste in der Wohnung der Heinrichs hatten sich eine Art legendären Status verdient. Inge und Wolfgang räumten ihr großes Wohnzimmer aus, warfen die Sofakissen auf den Boden und schoben an beide Längswände Tapeziertische. Kommen durfte, wer wollte, solange er etwas mitbrachte und auf einen der langen Tische stellte. Rechts Essbares, links Getränke. Ob einer mit einer Rolle Drops aufkreuzte oder mit einer Flasche importiertem Cognac, war gleichgültig. Jeder dieser Bohemiens gab, was er aufbringen konnte – eine ganze Platte geräucherten Lachs zu süditalienischem Weißwein, wenn gerade die Gage ausbezahlt, eine Zeichnung verkauft, ein Gedicht gedruckt worden war, oder Rote-Bete-Salat in Dürrezeiten.

Die waren sichtlich vorbei. Beide Tische bogen sich unter Tellern, Schüsseln, Gläsern und Batterien von Flaschen. *Es geht uns wieder gut in Deutschland, geradezu blendend und täglich besser. Dass es in Korea Bomben auf Wohnviertel regnet und in zerschossenen Straßen Kinder verhungern, geht uns nichts an, das haben wir hinter uns. Wir trinken wieder Sekt. Aus Wassergläsern. Das ist unser Nachkriegs-Chic.*

Ein Faschingsfest hatte angeblich einmal geschlagene elf Tage und Nächte gedauert. Hannes und Johnny, zwei Kabarettisten, waren als Zebra erschienen, und in der Frühe hatte man das Tier in der Mitte zerteilen müssen, ehe die Insassen einem verklemmten Kunststoffreißverschluss zum Opfer gefallen und erstickt wären. Ein Filmregisseur aus Den Haag hatte seinen Hund mitgebracht, der derweil eine Käseplatte verspeiste. Und ein verhärmtes Mütterchen hatte man an der Tür mit einer Butterbreze abspeisen und heimschicken wollen, ehe unter kreischendem Gelächter aufgedeckt wurde, dass ein geladener Gast, gar ein jugendlicher, in dem Kostüm steckte.

»Und was für ein hübscher«, hatte die schwärmerische Ruth geflötet. »Zog sich die schmierige graue Perücke vom Kopf, und zum Vorschein kam ein schwarzlockiger Romeo. Verkrachter Schauspieler, aber warum der's bei uns zu nichts gebracht hat, darfst du mich nicht fragen.«

Quer durch den Raum voller redender, lachender, trinkender, Häppchen in sich hineinstopfender Menschen sah sie nach dem jungen Mann an der Bar. Mit einer ansehnlichen Schulter lehnte er an der mit Ranken bemalten Wand und schluckte Weißwein wie Wasser. Aber mit Grazie. Immer wieder bildeten sich Knäuel aus Menschen um ihn, die dem Strom von Worten, der, nur vom Weißweintrinken unterbrochen, unentwegt aus seinem Mund floss, scheinbar gebannt lauschten. Sie erkannte Vera Hacken, die jiddische Literatin aus Odessa, die gut doppelt so alt sein musste wie der Jungspund. Womit faszinierte er die lebenskluge Frau derart, dass sie zu ihm aufsah, ohne sich von der Stelle zu rühren? Daran, dass es sich bei ihm um den als Bettelweib kostümierten verkrachten Romeo handelte, hegte sie inzwischen keinen Zweifel mehr.

»Ingeborg.« Das war Lia, mit der sie bei den *Kleinen Fischen* eine Kabarettnummer gespielt hatte. Keine ganz schlechte Nummer.

Aber wie so viele der pilzartig aus dem Boden schießenden Jungschreiberlinge musste auch der Verfasser jener markigen Couplets noch lernen, dass der Wegfall der Nazi-Zensur nicht alles, was man jetzt frei herausschreien durfte, heiligte. Schwaches blieb immer noch schwach, Dümmliches dümmlich und Verlogenes verlogen. Falsches wurde nicht richtig, weil man frei war, es von sich zu geben. Ingeborg griff nach ihrem Glas und fand es leer.

»Warte, ich lasse da mal die Luft raus.« Lia nahm es ihr weg. »Was war drin? Pfirsichbowle?«

»Whisky«, sagte Ingeborg. »Stell's hin. Wenn ich es nachgefüllt haben will, gehe ich selbst.«

»Oho.« Lia furchte die Stirn. »Gute Vorsätze fürs neue Jahr schon vor Mitternacht? Die Leber pfleglich behandeln?«

»Nein.« Ihre Leber war wie aus Eisen und ihre Lunge tapfer. Sie griff nach ihren Zigaretten. Es war ihr Herz, das Schwächen zeigte, Empfindlichkeiten, die sie sich nicht leisten konnte. Nicht als Frau, die den Vater ihres Kindes, einen heldenhaften Feldarzt, mitten im Krieg verlassen hatte, und noch weniger als Schauspielerin, die für Streitsucht und Rechthaberei verschrien war. Sie hatte mit ihrer Kompromisslosigkeit vier Mäuler zu stopfen, das ihres Kindes, das ihrer Mutter, das der gebrechlichen Tante und ihr eigenes, das sich beim Essen allerdings zurückhielt. Das Herz pfleglich zu behandeln, war nicht machbar, auch nicht als Vorsatz für das druckfrische Jahr neunzehnhundertdreiundfünfzig. Überall dort, wo das Herz sich entlanghangeln musste, riss es sich am Stacheldraht.

»Ich mag dein Kostüm«, sagte Lia und wies auf Ingeborgs schmale, von schwarzem Samt umschlossene Schenkel. »Du siehst aus wie die heimliche Geliebte auf der Beerdigung des Tycoons.«

Ingeborg lachte leise. Sie hatte das Samtkostüm von einer Nachbarin geerbt, die vor lauter Wirtschaftswunder-Schlemmerei aus dem Leim ging. Dass sie selbst im Zweifelsfall lieber an der Butter sparte als an Zigaretten, kam Ingeborg zugute: An ihrem Körper saßen die kaum getragenen Kleider wie eine zweite Haut.

»Und ich weiß jetzt auch, warum du unbedingt selbst zur Bar willst.« Mit ihrem Glas, in dem die geviertelten Dosenpfirsiche wie tote Fische schwammen, wies sie auf den Romeo, der immer noch malerisch an der Wand lehnte. Er füllte einer jungen Schauspielkollegin, der schönen Nina Adler mit ihren Wangenknochen wie Pflugscharen, ein Glas mit etwas Klarem, Wodka vermutlich. »Beeil dich besser. Du bist beileibe nicht die Einzige, die sich heute Nacht gern dem kleinen Ende ans Herz legen würde.«

»Klein ist er nicht«, bemerkte Ingeborg. »Und er heißt Ende? Ein Künstlername? Vielleicht sollte er es mit *Anfang* versuchen, wir sind doch heute alle so scharf auf Hoffnungsvolles.«

»Sein Vater ist Maler«, sagte Lia. »Und er schreibt.«

»Ruth hat gesagt, er versucht sich als Schauspieler.«

»Ja. Wohl auch. Oder nicht mehr.« Die abgebrühte Lia bekam etwas Schüchtern-Verzücktes wie ein Schulmädchen. »Das, was er schreibt, ist ganz unvorstellbar possierlich. Schlecht natürlich. Aber zum Liebhaben.«

»Hören wir damit auf«, sagte Ingeborg, die gern gefragt hätte, ob Lia auch das Geburtsdatum des jungen Mannes wisse sowie den Ort und die Stunde. »Dass du mir alles Mögliche von ihm erzählst, während er nichts über mich weiß, ist nicht anständig.«

»Herrgott, Ingeborg! Sei nicht päpstlicher als der Papst.«

»Bin ich nicht. Ich bin nie sicher, ob hinter solchen Redensarten überhaupt eine Bedeutung steckt oder ob man stattdessen auch zwei Schellen hübsch klingeln lassen könnte.«

»Ingeborg, du bist unmöglich.«

»Das ist mir bekannt. Man lässt es mich gelegentlich wissen.«

Sie sahen sich an, und die Heiterkeit verschwand aus Lias Gesicht, als hätte sie einen Schalter umgelegt. »Wie sieht es beruflich bei dir aus? Hast du genügend Engagements?«

»Wann hat eine wie ich schon genügend Engagements?«, fragte

Ingeborg zurück. »Gerade hat es wieder den Anschein, als hätte ich mich mit jedem Intendanten Münchens zerstritten und müsste die Runde von vorn beginnen. Aber keine Sorge. Beim Rundfunk mögen sie meine Stimme. Wenn man den Rest dazu nicht ertragen muss, gilt so ein Weibsteufel, der fast wie ein Mann klingt, ja als erotisch.«

Ein junger Mann in einer Lodenjacke, vom dem Ingeborg wusste, dass er Walter Sedlmayr hieß und am Volkstheater seinem Talent nicht entsprechende Deppenrollen spielte, näherte sich mit einem beladenen Teller, offenbar in der Absicht, sich zu ihnen zu gesellen. Lia pflückte ihm den Teller aus der Hand und wies ihn mit einem Schwenk des Ellenbogens an, sich zu trollen. »Tut mir leid für dich«, sagte sie, als er zwischen Menschenwellen untergetaucht war. »Therese macht im Frühling etwas in Dresden. Ich könnte sie fragen ...«

»Nein.« Ingeborg hob abwehrend die Hand. »Wer nicht will, der hat schon. Mich braucht niemand wie sauer Bier anbieten.«

Lia seufzte. »Dein Stolz in allen Ehren – aber ist dir der nicht manchmal lästig?« Prüfend beugte sie sich über den Teller, wählte ein mit etwas Weißem, Unergründlichem gefülltes Schinkenröllchen und schob es sich in den Mund. Dabei spähte sie von unten herauf in Ingeborgs Gesicht. »Teilst du wenigstens diese Köstlichkeiten mit mir?«

»Nein. Auch nicht. Mein Beitrag zum heutigen Abend ist eine als Geschenk erhaltene Flasche Whisky, deren größten Teil ich vermutlich selbst trinken werde. Demzufolge fände ich es nicht richtig, wenn ich euch, die ihr wacker am Herd gewerkelt habt, eure Röllchen wegesse.«

»Ingeborg, du bist zu gut für diese Welt.«

»So könnte man es auch sehen. Die meisten Leute fragen mich allerdings, ob es in meiner Familie Geisteskrankheiten gibt.«

Ingeborg fand sich nicht gut. Sie fand sich auch nicht stolz, sondern hatte nur in ihren einunddreißig Lebensjahren so viel Schuld auf sich geladen, dass sie niemandem mehr etwas schuldig bleiben wollte. Sie fühlte sich am Tod ihres Vaters schuldig. Mehr hielt ein gewöhnliches Gewissen nicht aus.

Lias Lachen war nur zu hören, wenn man ihr nahekam. Von einem Beistelltisch schnappte sie sich einen Salzstreuer und begann, die Schinkenröllchen nachzuwürzen. Im Kabarett *Die Kleinen Fische* hatten Kollegen gemutmaßt, sie sei kurzsichtig wie eine Blindschleiche. Der Salzhagel traf daneben. Reflexartig sprang Ingeborg auf, entwand Lia den Streuer und schüttete drei kräftige Prisen über die Schulter der anderen, als gäbe es dort etwas zu würzen. Sie konnte sich ein Schmunzeln nicht verbeißen, aber schaden würde das kleine Abwehrritual auf keinen Fall. Lia erschrak, ließ jedoch die Prozedur über sich ergehen.

Erst als Ingeborg sich wieder gesetzt hatte, sagte Lia: »Ich frage mich, ob ich wirklich wissen will, was du da gerade gemacht hast.«

»Auf Salz hat man zu achten«, erwiderte Ingeborg und kniff einen der schmunzelnden Mundwinkel ein. »Es zu verschütten, bringt Unglück. Entgegenwirken kann man dem nur, indem man sich drei Prisen über die Schulter wirft, aber man darf keine Zeit verlieren.«

Lia öffnete und schloss den Mund. »Manchmal kann ich nicht glauben, dass es dir ernst damit ist. Du bist ohne Frage die scharfsinnigste, belesenste Frau, die ich kenne, du lässt dir von keinem noch so gefeierten Regisseur ein X für ein U vormachen – und im nächsten Augenblick benimmst du dich abergläubisch wie ein Kräuterweiblein aus der finstersten Walachei. Du glaubst nicht ernsthaft, dass ich mit dem bisschen Salz auf Wolfgangs zerkratztem Parkett meinen Untergang heraufbeschworen habe, oder?«

Und du?, dachte Ingeborg, der das Schmunzeln verging. *Glaubst du, glaubt ihr alle ernsthaft, dass neben eurer Welt des Fassbaren und Berechenbaren keine andere existiert, neben eurer Funktionalität nichts Rätselhaftes, das unseren kleinen Geist übersteigt?*

Gerko, der Mann, den sie geheiratet, der ihr einen Sohn gezeugt und den sie verlassen hatte, war so weit gegangen, sie sein Kindsköpfchen zu nennen, weil sie auf das Studium der Sterne

Ernst und Konzentration verwendete. *Kindsköpfchen.* Vor der Verstümmelung der Sprache schauderte sie. Als hätte nicht der assyrische Assurbanipal, den sie König der Welt nannten, zehntausend Bücher besessen, um mit dem geistigen, göttlichen Reich in Verbindung zu treten und dessen Zeichen für seine Zukunft zu deuten. Als wäre der Lehrer des Kronprinzen nicht Balasi, der Astrologe gewesen, als hätte der machtvolle Herrscher je eine Entscheidung getroffen, ohne zuvor den Willen der Schicksalslenker aus den Wegen der Himmelskörper zu lesen? Als wären wir wahrhaftig klüger. Wir, deren tausendjähriges Reich kaum zwölf Jahre bestand und die sieben Jahre darauf noch immer auf den Scherben hocken.

»Ihr seid das Salz der Erde«, zitierte sie statt einer Antwort. »Wenn nun aber das Salz nicht mehr salzt, womit soll man dann salzen?«

Lia sah sie an, als hätte sie unvermittelt in einer ihr unbekannten Sprache gesprochen.

»Matthäus fünf«, fügte sie hinzu und hatte einmal mehr den modernen Stolz auf mangelnde Bildung und Ignoranz von Herzen satt. »Neues Testament.«

»Fromm bist du auch noch?«

»Man braucht nicht zwangsläufig fromm zu sein, um Interesse an Texten zu hegen, die den eigenen Kulturkreis geprägt haben.«

Lia stellte den leergegessenen Teller weg. »Sei mir nicht böse, aber das ist mir heute zu anstrengend. Ich bin hergekommen, um mich zu amüsieren.«

Das seid ihr doch alle, dachte Ingeborg. *Ihr wollt vergessen, ein paar griffige, plakative Weisheiten absondern und euch ansonsten amüsieren, das ist es, wonach ihr strebt.* Sie war ungerecht. Manchmal hätte sie sich eine Handvoll Tabletten gewünscht, die ihr eigenes Gedächtnis zum Vergessen zwangen. Aber solche Tabletten gab es nicht. Nur Whisky, von dem sie ein neues Glas brauchte.

»Ich wünsch' dir Glück mit dem kleinen Ende«, sagte Lia, als Ingeborg sich erhob.

»Ich wünsch' dir auch Glück«, sagte Ingeborg. »Mit wem auch immer. Frohes neues Jahr.«

Dem kleinen Ende würde sie sich wohl oder übel stellen müssen, wenn sie an den Whisky wollte. Er war nicht klein, sondern hielt Hof. Die Vorbeiparadierenden, Männer wie Frauen, schienen eigens Schlange zu stehen, um mit dem lässig an der Wand Lehnenden ein paar Worte zu wechseln. Dass der am Theater nicht Furore machte, erschien jetzt auch ihr wenig glaubhaft. Das war keiner, der sich mit dem, was er war, eben abfand, sondern einer, der sich inszenierte.

Ingeborg stand nicht Schlange. An allen vorbei bahnte sie sich ihren Weg zu den Flaschen mit dem Hochprozentigen. Hatte sie schon Lia mit einem Zitat aus nicht mehr angesagtem Text verprellt, konnte sie es bei dem verkrachten Romeo getrost noch einmal tun.

»*Angelehnt an die Efeuwand dieser alten Terrasse*«, ließ sie fallen und streckte die Hand nach der Flasche aus, die schon halb leer war.

Er blickte auf. Abrupt wurde ihr bewusst, wie dicht sie vor ihm stand. »*Du, einer luftgebor'nen Muse geheimnisvolles Saitenspiel*«, sagte er.

Vor Verblüffung stellte Ingeborg die Flasche wieder hin. »*Fang an*«, setzte sie das Gedicht *An eine Äolsharfe* fort. Die letzten Zeilen der Strophe deklamierten sie zusammen: »*Fange wieder an, deine melodische Klage.*«

Ein junger Mann, der romantische Gedichte las. Die Augen heller, als das Haar hatte vermuten lassen, keiner Farbe richtig zuzuordnen, weder grau noch grün, noch blau. Um sie herum schien sich ein Vakuum zu bilden, ein Ring aus freiem Raum, um den das Gewimmel einen Bogen schlug.

»Eduard Mörike«, sagte er und hielt ihr seine Hand hin. »Der Dichter, meine ich. Ich bin Michael Ende.«

»Ingeborg Hoffmann«, sagte sie und schob ihre Handfläche an seiner entlang, bis ihre Finger sich schlossen.

16

ER BRANNTE FÜR SIE. Seit Hiltrud hatte er nicht mehr so wild, so ausschließlich, so im Wachen und im Schlafen für eine Frau gebrannt. Und Ingeborg war dafür geboren, dass Menschen für sie brannten. Weil sie selbst brannte, mehr als jede andere Frau, die ihm begegnet war. Sie war keine Prinzessin, sondern eine Kaiserin, die über ein Imperium der Gedanken herrschte, über unermessliche Weiten, in denen man sich verlor und erst wiederfand, wenn man sich so verändert hatte, dass man sich nicht mehr erkannte.

Ein Schneewittchen war sie, Lippen wie Blut, Haut wie Milch, Haar wie das Innere einer Feuersbrunst. Sie hatte in den vergifteten Apfel gebissen, aber dieses Schneewittchen schlief im Stehen wie der Schimmel Atreus, schlief gar im Laufen und trug ihren gläsernen Sarg mit sich herum. Wenn sie einen ihrer Wutausbrüche hinlegte – denn ein Vulkan war sie zu alledem auch noch –, fürchtete Michael, das schillernde Glas um sie werde in tausend Scherben springen.

Sie lachte nicht, als er ihr das erzählte. Das gehörte zu den Dingen, die ihn an ihr faszinierten: dass sie etwas urkomisch finden und dabei ernst bleiben konnte. Oder laut herauslachen, weil sie das Komische im allzu Ernsten sah.

Er brannte für sie. Und wusste doch nicht einmal mit Gewissheit, was er mit ihr wollte, welche Rolle er ihr in seinem Leben hätte einräumen können. Vorerst war er ja kaum sicher, welche Rolle er selbst darin spielen würde. Auf die Bühne würde er nicht noch einmal zurückkehren, jedenfalls nicht, um daraus das zu machen, was gemeinhin ein Beruf genannt wurde. Inzwischen kam es ihm vor, als hätte er sich zu der Schauspielausbildung nur entschlossen, um später für die Bühne zu schreiben. Wenn Inge Heinrichs oder Vera Hacken, die ihn beide in einer Art Wettstreit unter ihre Fittichen nahmen, ihn ihren Bekannten als »Michael Ende, ein junger Theaterautor« vorstellten, klang das richtig, hörte sich nach einem Kerl an, der er sein, und nach einem Platz, an dem er sich zugehörig fühlen konnte. Die Leute nahmen es hin, nickten, bedachten ihn fortan mit Blicken, die ihm eine Art von Autorität zubilligten, und er selbst spürte dabei, dass ihm die Rolle passte. Wie ein Kleidungsstück, das er nicht irgendwo günstig aufgegabelt, sondern eigens für sich erworben hatte.

Auch zu Ingeborg hatte Vera Hacken, die eng mit ihr befreundet war, in der Silvesternacht gesagt: »Michael schreibt. Fürs Theater vorwiegend. An euch dürften sich, um das neue Jahr zu begrüßen, zwei gesucht und gefunden haben.«

Er mochte Vera gern. Aus Odessa, der Stadt mit der himmelhohen Treppe, war sie quer durch Europa geflohen und gewandert, eine Nomadin, die daran dachte, in die USA auszuwandern, und doch wie unter Zwang immer wieder zurückkam. Er war stolz, dass einer so klugen, welterfahrenen Literatin als Referenz für sein Schriftstellertum sein Wort genügte, doch zugleich fragte er sich, ob nicht der Tag kommen musste, an dem sie – oder jemand anderer – ihn entlarvte.

Er war also Theaterschriftsteller. Nur hatte er noch kein erwähnenswertes Werk geschrieben, das ein Theater von ihm gekauft hätte. Sketche, Couplets, ein paar Balladen und Bänkelgesänge, nicht selten in Naturalien oder leeren Versprechungen bezahlt. Das war alles. Dass es da zudem ein Stück gab, eine fertiggestellte, aufführungsreife Komödie in fünf Akten, verschwieg er lieber und war dankbar, wenn die, die es wussten, ebenfalls schwiegen.

Sein Vater hatte es ihm in mit Seidenpapier bespannten Karton gebunden, in changierende Kaskaden von Blau. Sie stritten noch immer. Jede Kritik, jeden Widerspruch Michaels schien der Vater als Anmaßung zu empfinden, die dem Sohn nicht zustand. Der blaue Einband bewies jedoch: Die Verbindung zwischen ihm und dem Vater war nicht abgerissen, sie lebte fort, auch wenn es ihnen derzeit schwerfiel, die verstopfte Leitung zur Verständigung zu nutzen. Der Vater hatte ihm auch geholfen, eine Liste der wichtigsten Kritiker, Dramaturgen und Theaterleiter zu erstellen, die zur Präsentation des neuen Stückes eingeladen werden sollten. Die meisten von ihnen waren im Haus der Endes schon zu Gast gewesen und vermutlich wohlgesinnt. Vom kläglichen Rest seiner Rendsburg-Gage kaufte Michael drei Flaschen Cognac, und seine Mutter buk Käsegebäck, das ihr zu dunkel geriet.

Die Eingeladenen erschienen ohne Ausnahme, setzten sich in des Vaters Atelier auf die zusammengeborgten Stühle und begannen, bei gepflegter Unterhaltung Cognac zu trinken. Manch einer war höflich genug, dazu eine Käsestange zu zerkrümeln, doch das Gemurmel, Geknusper und Geklirr verstummte, sobald Michael auftrat, sein blauseidenes Werk in den Händen.

Vielleicht hätte er die Geduld seiner Gäste nicht überstrapazieren, nicht alle elf Rollen sämtliche fünf Akte hindurch lesen sollen. Aber wie wählte man aus, wie schnitt man aus einem in einem Guss geschriebenen Stück eine Scheibe, ohne Wirkung zu vergeuden, weil die Zuhörer nicht wussten, was dem armen Tölpel, der über seinen Schatten stolperte, gerade zuvor widerfahren war? Michael hob an und geriet in Schwung, las – vielleicht aus Furcht vor dem Urteil, das unweigerlich folgen musste – immer weiter und weiter und rang erst erschöpft nach Atem, als keine mit Text gefüllte Schreibmaschinenseite mehr übrig war.

Die Schreibmaschine, bei der die Tasten für das C und das U klemmten, hatte die Mutter für ihn aufgetrieben und ihm nach Rendsburg geschickt. Kaum hatte er sie in seinem möblierten Zimmer auf dem Waschtisch aufgestellt, hatte er mit der Abfassung des Stückes begonnen. Es war kein schlechtes Stück, fand er, die Idee war sogar regelrecht gut. *Sultan hoch zwei*. Schon der

Titel war nicht ohne Charme, und sobald sich der Vorhang hob, erfolgte ein kleines Feuerwerk: Der Sultan Hudschadsch ibn Jahja lässt sich von einem mephistophelischen Puppenspieler zwei Doppelgänger anfertigen, und weil die beiden so verblüffend gut gelingen und er selbst so genau gar nicht weiß, wer in der Pracht seiner äußeren Hülle eigentlich steckt, erkennt er sich am Ende aus dem Dreigestirn nicht mehr heraus.

Ihre Würze erhielt die Geschichte durch üppiges Gepränge orientalischer Spielorte, geheimnisvolle Gestalten, die zwischen den Ständen des Basars und auf den Gängen des Palastes umherhuschten, viel schwarzen, gewitzten Humor und eine drängende Botschaft. Wer ist der Mensch?, lautete die Frage, die das Stück stellte, worauf beruht sein Status, seine Macht? Mit seinem Werk, so hatte er geglaubt, konnte er zufrieden sein. Keine Zutat fehlte, und das Ganze war mit Verve aufbereitet. Mit einer Spur Vorfreude hatte er von den Seiten aufgeblickt, um sich den Reaktionen der Fachwelt zu stellen, und hatte in ausdruckslose, gleichmütige Gesichter geblickt.

Das Nichts, das ihm entgegenschlug, dauerte an, bis er sich mit verzweifelter Heftigkeit eine Reaktion wünschte – wenn es denn sein sollte, auch vernichtende Kritik oder sogar Häme, nur nicht länger dieses Schweigen, als hätte es sein Stück nie gegeben. Es *hatte* sein Stück nie gegeben. Das Schweigen versickerte, die Ersten nahmen ihre unterbrochenen Gespräche wieder auf, schenkten sich den Rest vom Cognac in die Gläser und griffen in Ermangelung anderer Speisen sogar nach den Käsestangen. Der blau gebundenen Komödie vom dreifachen Sultan gönnte niemand ein Wort. Sie war keine Erwähnung wert, weder an diesem Tag noch an einem folgenden.

In der Nacht, nach dem Abgang der Besucher, war Michael über sein Zuhause, das ihm jetzt manchmal zu eng wurde, noch einmal so froh, wie er es als Kind gewesen war. Es war ein Zuhause, das nicht aus Wänden, sondern immer nur aus Menschen bestanden hatte, aus ihnen dreien, die sich zusammenschlossen, sobald einer von ihnen bedroht war: Aus dem Vater, der seinen Streit mit ihm vergaß, aus der Mutter, die ihren Streit mit dem Vater vergaß, und aus Michael, der einmal mehr im Innersten überzeugt war, er könne nie bei anderen Menschen so zu Hause sein, wie sie es miteinander waren. Über den *Sultan* sprachen sie nicht, setzten sich an den Tisch, unter die tief heruntergezogene Lampe, tranken sauren Wein aus Schwaben und lasen sich abwechselnd Novalis' *Hymnen an die Nacht* vor.

Jetzt stand er hier und brannte für Ingeborg Hoffmann, war ein Theaterschriftsteller und hatte doch nichts in den Händen, um es ihr zu beweisen. Dass keinem Bühnenmenschen in ganz München sein Stück eine Bemerkung wert gewesen war, dass er von der Hand in den Mund lebte, von Knittelversen für Jubiläumsfeiern – sollte er ihr das vielleicht erzählen? Kurz erwog er, zu erwähnen, dass er als Schüler der Falckenberg-Schule dem großen Brecht begegnet war und als Komparse in dessen *Mutter Courage* gespielt hatte. Er hätte ihr seine Sicht auf Brechts Theorien darlegen können, auf die Forderung aus dem *Kleinen Organon*, Kunst habe ebenso wie Wissenschaft die Pflicht, in den historischen Prozess einzugreifen.

Aber musste er dann nicht der Ehrlichkeit halber anfügen, dass Brecht ihn von oben herab abgefertigt hatte, und dass er sich bei der Handhabung von des Meisters Regelwerk offenbar wie ein talentloser Schuljunge anstellte? Sie selbst war ja längst kein Schulmädchen mehr, nicht einmal eine Berufsanfängerin wie Nina, sondern eine gestandene Schauspielerin, von der man in seinen Kreisen sprach. Und sie brachte Ballast mit: Sie hatte für ein Kind zu sorgen, einen Jungen, der denselben Namen trug wie er. Ingeborg war acht Jahre älter als er, und was ihr Leben ihr aufgebürdet hatte, schien sie noch einmal älter – reifer, klüger und verwundeter – zu machen.

Außer dem Sohn ernährte sie Mutter und Tante, die bei ihr lebten. In ihrer Wohnung, in der die beiden älteren Frauen zwischen zerschlissenen Empire-Stühlen und verstaubten Kronleuchtern wie in einem stillgelegten Museum umherstrichen und in Nebenzimmern dezent husteten, wurde Michael die Brust eng. In seiner eigenen Familie gab es Streit, der die Nerven zerrüttete, Verletzungen, Angriffe, knallende Türen und zerbrochene Gläser. Aber es gab auch eine beständige Wärme und eine Unbedingtheit, die keinen Zweifel daran ließ, dass diese drei Menschen einander die wichtigsten auf der Welt waren. Die Menschen in Ingeborgs Familie hingegen gingen miteinander um wie höfliche Bekannte. Ingeborg gehörte dort nicht hinein – nicht Ingeborg, die für alles, was sie anpackte, glühte und in solcher Gleichgültigkeit erfrieren musste.

Sie war eine tapfere, standhafte Frau. Eine mit einem klaren Blick und einem unbestechlichen Urteil, vor der er sich nicht besser machen durfte, als er war. Wenn sie sich künftig in Szene setzten, dann würden sie es gemeinsam tun, ihre Rollen aufeinander abstimmen, aber nicht einer dem andern eine Farce vorspielen. Ohne weitere Überlegung ließ er alles aus sich heraussprudeln. Die Schlappe mit dem *Sultan*. Die niederschmetternde Begegnung mit Brecht. Seine Unfähigkeit, seither noch einmal ein Schreibvorhaben über die ersten paar Szenen hinaus umzusetzen.

»Ich nenne mich Schreiber«, schloss er. »Aber in Wahrheit habe ich nicht einmal einen Beweis dafür, dass ich schreiben kann oder es je können werde.«

Sie nahm seine Hand. Flüchtig glaubte er, sie wolle ihn durch Zärtlichkeit trösten, wie Hannelore oder eine der anderen es getan hätte, und war enttäuscht. Ingeborg aber drehte seine Hand um und betrachtete lange und eingehend die Handfläche. Dann ließ sie sie fallen. »Ich kann das hier nicht machen«, sagte sie. »Keine Konzentration. Wenn du willst, komm nächste Woche an einem Vormittag zu mir, da ist der Junge in der Schule. Ob ich in deiner Hand eine Zukunft als Schriftsteller sehe, sage ich dir dann.«

Vielleicht war das der Augenblick gewesen, in dem er begonnen hatte, für sie zu brennen. Und begriffen hatte, dass er, ohne zu brennen, unmöglich schreiben konnte. Der *Sultan* war nett gewesen, eine solide, ordentliche Kleinigkeit, die man gepflegt und höflich ignorieren durfte. Wovon aber sollte ein Funke auf einen Empfänger überschlagen, wenn in dem Sender selbst kein Feuer loderte?

Er ging zu ihr, und sie las ihm erst aus der Hand und dann aus ihren erlesen schönen, abgewetzten Tarotkarten, dass er schreiben und mit dem Schreiben Erfolg haben, ja sogar damit berühmt werden würde. »Daran besteht kein Zweifel«, erklärte sie vollkommen ruhig, als hätte sie festgestellt, dass der Ofen im Zimmer nicht mehr zog, weil der Ölhahn verstopft war. »Du wirst dir Zeit geben müssen. Dich in Geduld üben. Alles Weitere findet sich.«

»Wenn das so einfach wäre!«, entfuhr es Michael, und im selben Moment schämte er sich.

»Warum ist es nicht einfach?« Ingeborgs Augen waren Bojen, um die der Ozean hätte tosen können, ohne dass sie sich erschüttern ließen.

»Weil es Geld kostet. Weil ich meinem Vater auf der Tasche liege. Weil mein Vater zwar seit bald dreißig Jahren immer aufs Neue als Geheimtipp gilt, aber auch immer aufs Neue als der *sperrige Ende*, den man sich lieber doch nicht zulegt, weil man keine passende Schublade hat.«

»Für das Geld sorge ich, Michael Ohne-Ende«, entschied Ingeborg. »Ich vermittle dich an ein paar Kabaretts, die *Kleinen Fische*, die *Zwiebel*, die *Namenlosen*. Da kannst du dich ausprobieren, Kontakte knüpfen und dir das nötige Einkommen verschaffen.«

Ohne-Ende. So hatte der hebräische Kabbalist Isaak Luria das göttliche Urprinzip genannt, das sich jeglicher Fassbarkeit entzog. Ob er in Ingeborg, für die er brannte, verliebt war, vermochte Michael noch nicht mit Sicherheit zu sagen, aber er war verliebt in ihren Humor, der keiner war.

Sie hielt Wort. Zog ihn in ihre Kreise, näher ans Theater, ans Kabarett, aber auch zum Rundfunk, wo sie dauerhaft engagiert war, weil die Hörer ihre Stimme liebten. Sie lagen dieser Stimme regelrecht zu Füßen. *Wenn ich Ihre Stimme höre, möchte ich in meine Radiotruhe hineinkriechen, um Ihnen nahe zu sein,* hatte ihr ein Verehrer geschrieben, nachdem sie in einem Nachtprogramm eine Erzählung ihrer Freundin Luise Rinser gelesen hatte. Michael hörte Ingeborg auch gern lesen, er hätte liebend gern ein Stück Text zustande gebracht, das er ihr zum Lesen hätte geben können, aber die Erzählung ihrer Freundin Luise Rinser gefiel ihm nicht. Sie erschien ihm bedeutungsschwanger, aber nicht bedeutend.

Die Freundin selbst gefiel ihm nicht wesentlich besser. Luise Rinser war eine kleine, kompakte Frau, die ein Bekannter als eine Art Wollhandkrabbe beschrieben hatte, wie Michael sie an der holsteinischen Küste gesehen hatte. Diese Tiere wühlten sich, um an ihr Ziel zu gelangen, mit erstaunlicher Zielstrebigkeit durch den Sand des Strandes und verursachten dabei einen Wirbel, wie man ihn ihrem handtellergroßen Körper kaum zutraute. Ähnlich verhielt sich Luise Rinser, wenn sie beim Betreten eines Raumes jemanden erspähte, den sie als wichtig erachtete. In schnurgerader Linie strebte sie auf das Objekt ihres Interesses zu, wühlte alles auf, ohne einen Blick zurückzuwerfen, und begann in dem Augenblick, in dem sie ihr Opfer erreicht hatte, auf es einzureden.

»Und worüber redet sie?«, fragte sein Vater, nachdem Michael daheim einen Auftritt der Krabbenfrau geschildert hatte. »Nach allem, was man so hört, muss allein ihre theologische Bildung ja im Umfang der vatikanischen Bibliothek entsprechen.«

»Theologisch?«, schaltete die Mutter sich ein. »In welcher Richtung denn? In der Christengemeinschaft hat jemand sie eine preisgekrönte Literatin genannt, und Johannes Lenz hat neulich erwähnt, sie wäre politisch aktiv und in Fragen zeitgenössischer Musik eine Kapazität.«

Tatsächlich war Luise Rinser eine Kapazität in so ziemlich allem. Sie redete über Hesses spirituelle Symbolik, Orffs Choralwerke, den pazifistischen Auftrag der katholischen Kirche, ihre Erfahrungen im antifaschistischen Widerstand, die kulturelle

Überlegenheit Italiens und die Bedeutung der Lektüreauswahl für die Volksschulerziehung. Trotz seines Widerwillens konnte sich Michael einer gewissen Bewunderung nicht erwehren: Was auch immer sie anfing, mit welcher Vehemenz sie ein Thema, eine These oder Theorie auch zu vertreten schien, es gelang Luise, so gut wie ausschließlich über sich selbst zu reden.

Vielleicht hätte er sich für sie erwärmen sollen, denn sie war eine, die unentwegt in Flammen stand. Inge Heinrichs, ihre die Wirklichkeit anbetende Gastgeberin, wirkte neben ihr nicht nur kühl, sondern geradezu trocken. Dennoch ließ etwas ihn vor dem Feuer der Rinser zurückschrecken, etwas allzu Grelles, allzu leicht Entbranntes.

»Ich mag sie nicht«, sagte seine Mutter, die sie kaum kannte.

»Warum nicht?«

»Weil sich mir die Nackenhaare aufstellen, wenn sie hereinkommt. Ich brauche mich nicht einmal umzudrehen und weiß doch, sie ist da.« Sie holte Atem, setzte neu an. »Außerdem zieht sie über dich her. Zu Vera hat sie gesagt: *Der nennt sich Dichter und hat es nicht einmal bis zum Abitur gebracht*. Was das miteinander zu tun hat, Poesie und stumpfes Einpauken vor der Prüfung, hätte jemand sie fragen können, aber eine, die so dumm daherredet, hätte darauf ja auch nur eine dumme Antwort gewusst.«

Michael spürte sich lächeln und schloss die Arme um seine Mutter. Er musste an Ingeborgs Verwandte denken, die in kühler Höflichkeit umeinander Bögen schlugen, und an Ingeborgs Antwort, als er sie gefragt hatte, warum sie Luise Rinser so sehr mochte: »Sie ist klug. Sie ist meine Freundin. Und ich bin treu.«

Sie hatte den Halt, die bedingungslose Liebe, auf die er sich verlassen konnte, nie gekannt. Er zögerte noch, begann sich aber zu wünschen, sie hierherzubringen: in die seltsam zerbrechliche und doch unzerstörbare Geborgenheit seines Zuhauses. In seine Familie von *Baraitot*. Weil sie auch eine war, eine *Baraita*: eine, die außerhalb stand.

Als er ihr das gesagt hatte – dass er in ihr wie in sich selbst eine *Baraita* sah –, hatten ihre sichelförmigen Brauen gezuckt. »Wie alt bist du noch einmal, Erzengel Michael Ohne-Ende? Vierundzwanzig?«

»Dreiundzwanzig. Aber ich glaube, meine Mutter hat mir von der chassidischen Sehnsucht nach Gottesnähe schon erzählt, als ich drei Monate alt war. Und mit mir getanzt, um ihm näher zu kommen. Ich habe mir die Lehrmeinungen, die in die *Mischna* nicht hineindurften, wie tanzende Derwische vorgestellt, die sich unter die Gestalten ihrer Märchen, Fabeln und Legenden mischten.«

»Deine Mutter ist auch eine *Baraita?*«

Michael nickte. »Meine beiden Eltern. Und du und ich auch.«

»Sonderbar«, murmelte sie. »Gerade kommt es mir vor, als täte dieses Ausgeschlossensein weniger weh, wenn man dabei zu zweit ist. Aber das ist gefährlich. Damit fängt man besser gar nicht erst an.«

»Warum nicht?«, fragte Michael und wusste, dass die Frage töricht war.

Ihr Blick glitt prüfend, tastend über sein Gesicht. »Der letzte Mann, auf den ich mich eingelassen habe, war ein amerikanischer Besatzungsoffizier. Er schwärmte mir von dem Brautkleid vor, das er mir in den Staaten kaufen würde, und war beleidigt, weil ich keines wollte. Kein Brautkleid. Den Mann hätte ich genommen. Wäre ihm samt meinem Sohn durch die halbe Welt gefolgt und hätte mich auf das Abenteuer Ehe, das ich schon einmal in den Sand gesetzt habe, von Neuem eingelassen. Nur gab es dabei einen kleinen hässlichen Haken: Er hatte auf der anderen Seite des Atlantiks bereits eine Frau. Und Kinder auch. Ich hätte das alles nicht so ernst nehmen dürfen, hat er gesagt, als sein Lügengewebe fadenscheinig geworden war und riss.«

Michael schwieg, gleichermaßen bestürzt und beeindruckt. Er hätte ihr eine Tapferkeitskrone aufsetzen wollen, weil sie keinen Teil von sich schonte, weder ihren Stolz noch ihre Verletzlichkeit.

Er hätte sie halten und trösten wollen und wünschte, er hätte ihr Versprechungen machen können, ohne sie zu brechen.

»Lieben würde ich nicht gern noch einmal«, sagte sie ruhig. »Sämtlichen Zeichen zufolge bringe dabei entweder ich dem Geliebten Unglück oder er mir.«

Mir bringt sie kein Unglück, durchfuhr es Michael. Im Gegenteil. Durch sie schien sein Leben in die richtige Bahn zu geraten, Fahrt aufzunehmen, und darum, dass er in ihrer Begleitung durch die Kleinkunstbühnen und Kellerkneipen der Schwabinger Boheme zog, wurde er glühend beneidet. War er aber ihr Geliebter, oder wollte er es sein? Er beschloss, nicht daran zu rühren, spürte, dass das, was nicht ausgesprochen wurde, etwas zwischen ihnen verändern könnte und dass er nicht sicher war, ob er sich dazu bereit fühlte.

»Wir sind Freunde«, sagte er und umschloss ihre Wangen leichthin mit flachen Händen. »Freunde, die füreinander brennen, bringen sich kein Unglück.«

»Sie brennen nur aus«, sagte sie.

In einer Frühstückspension in Schwabing, nach einem Auftritt in den *Kleinen Fischen,* bei dem sie ein Bänkellied von ihm gesungen hatte, schliefen sie zum ersten Mal miteinander. Als sie hinterher umschlungen, doch mit ein wenig Abstand still dalagen, glitten seine Finger über ihr Schulterblatt und blieben an einer Narbe hängen. In ihre weiche Haut, an der er sich gerade berauscht hatte und die ihm als Begrenzung für ihr gefährdetes Dasein viel zu zart vorkam, hatte sich eine Furche gegraben, und darin war die Haut nicht zart, sondern zäh, wie abgestorben. Eben noch war er eine Sekunde lang vollkommen glücklich gewesen und hatte sich darüber gewundert.

Jetzt stockte das Glück. Seine Finger auch. Ihre Augen, die auf ihn gerichtet waren, schienen ihm weit, fast rund. »Mein Vater«, sagte sie.

»Dein Vater hat das getan?«

Dass Väter ihre Kinder schlugen, war etwas, das er sich nie hatte vorstellen können, auch wenn es überall geschah und niemand darum Aufhebens machte. Hätte sein Vater ihm je Schmerz zugefügt, wie hätte er ihm noch einmal glauben sollen, dass er ihn behüten, ihn vor Übel bewahren wollte? Wie hätte er ihm noch einmal vertrauen sollen, so tief, dass er nicht zusammenschreckte, wenn er sich näherte, wenn er die Hand nach seinem Gesicht ausstreckte. Sein Vater hatte ein Bild von ihm gemalt, es war noch frisch, roch nach Farbe, zeigte ihn stark und schön, Wolf und Fuchs zu Füßen, eine Weltkugel auf dem Oberschenkel. Jäh setzte sich in seinem Kopf die Überzeugung fest, dass der Vater ihn so nicht hätte malen können, hätte er seine Würde, seine Unversehrtheit je verletzt. Er erschrak. Vor ihm blitzte das Gemälde des Vaters auf, doch der junge Mann darauf lag gekrümmt am Boden, die Arme schützend um den Kopf geschlungen.

»Er hat uns beide geschlagen«, sagte Ingeborg mit diesen weiten, leeren Augen. »Meine Mutter und mich. Ich habe zu ihm gesagt: *Ich will, dass du stirbst.*«

»Und er?«

»Ist gestorben.«

»Nein, nein«, entfuhr es Michael. Seine Finger über ihrer Narbe zuckten.

»Doch«, sagte sie. »Im Schlesischen. Er war im Krieg – im ersten Krieg – Offizier gewesen, und hinterher fanden Männer wie er, deren Geschäft der Todesmut gewesen war, so gut wie nirgends mehr Verwendung. Also verlegte er sich auf Wetten, die immer waghalsiger, immer verstiegener wurden. Mit einem begüterten Freund aus Breslau hatte er gewettet, er könne auf den Trittbrettern der Wagons einen Zug in voller Fahrt einmal komplett umrunden. Bei dem Versuch ist er abgestürzt, und der Zug hat ihn zermalmt.«

Michael glaubte das donnernde Rauschen zu hören, mit dem ein Zug an einem Menschenkörper vorbeischoss, der neben dem Gleis kauerte. Gegen das Bild desselben Körpers, der nur ein

Stück weiter vorn auf den Gleisen lag, wehrte er sich so heftig, dass er sich aufsetzen musste, nach seinen Zigaretten greifen.

»Gib mir auch eine.«

Mit einem tiefen Zug steckte er zwei gleichzeitig in Brand und hielt ihr eine hin. Die Rauchschwaden zogen einen Vorhang zwischen ihre Gesichter, nahmen Zügen und Mienen die Schärfe. »Es war nicht deine Schuld«, sagte er.

»Doch«, sagte sie, »das war es. Kein Mensch, nicht einmal mein größenwahnsinniger Vater, klettert auf Trittbrettern um einen fahrenden Zug. Die Geschichte haben sich irgendwelche Verwandte ausgedacht, damit die Leute mit der Fragerei aufhören. Ich habe mir gewünscht, dass er stirbt, und er ist gestorben. Aus dem Zug gesprungen. Überlege dir gut, worauf du dich einlässt, Michael Ohne-Ende.«

Michael blieb still. Er überlegte sich nicht, ob er sich einlassen sollte, denn das hatte er längst getan. Was sie ihm anvertraut hatte, war dennoch enorm und schüchterte ihn ein. Vage war ihm bewusst, dass er bekommen hatte, was er sich seit Jahren gewünscht hatte, dass es aber leicht war, sich etwas zu wünschen, solange man überzeugt war, dass man es unmöglich bekommen konnte.

Einen Menschen, für den er brennen konnte, hatte er sich gewünscht, einen einzigartigen Menschen, und genau den hatte er jetzt. Wenn er erst den Menschen gefunden hätte, würde er schreiben können, davon hatte er sich überzeugt, also hätte er sich jetzt hinsetzen und imstande sein müssen, zu schreiben. Aber er schrieb nicht. Stattdessen fühlte er sich verzagt und war auf einmal nicht mehr sicher, ob er all dem, was dieses Brennen mit sich brachte, gewachsen war.

Er liebte Ingeborg, und er wollte sie lieben. Gut lieben, besser als jede vor ihr. Nur ob er einzig sie allein lieben wollte, jetzt schon und für lange, wenn nicht gar alle Zeit, war eine Frage, die er nicht beantworten konnte. Um seine Zukunft zu kennen, die Rolle, die er für den Rest seines Lebens spielen sollte, fand er sich auf einmal nicht reif genug, sondern wollte das Rätsel behalten, das seine Welt erregend und grenzenlos machte. Soweit er konnte, vermied er es, darüber nachzudenken. Als Freunde ihn fragten, ob er Lust hätte, sich mit ihnen auf eine Reise durch den Süden Italiens zu begeben, zögerte er nicht, sondern erzählte Ingeborg sicherheitshalber erst davon, als die Reise beschlossene Sache war.

17

ITALIEN WÜRDE BLEIBEN. HÄTTE er die Bilder in seinem Kopf in Sprache zu übersetzen vermocht, hätte er auf die Schreibmaschine mit ihren zwei klemmenden Tasten gar nicht schnell genug einhämmern können.

Neapel. Vom Vulkan ausgespuckt, mondsichelförmig. Die Sirene Parthenope, die sich ins Meer stürzte, weil ihr Gesang bei dem kaltherzigen Odysseus auf taube Ohren gestoßen war, lag vor der Stadt begraben, und seither hatten Scharen von Sängern und Dichtern lieber hier sterben als anderswo leben wollen. In der Frühe, als das Morgenlicht die Dächer der Stadt zu einem Tanz aus blendendem Glitzern erweckte, glaubte Michael den Chor ihrer Stimmen zu hören.

Apulien. So karg, wie man sich die Oberfläche des Mondes vorstellte, der Boden zu beiden Seiten der Gleise hart gebrannt, an seiner Trockenheit zerspringend, die Landschaft eine Steppe, ein Meer aus dürrem Gras. Dazwischen Bäume, nahezu völlig entlaubte, kahle Gespenster, doch an ihren Zweigen zum Platzen pralle, vor Reife leuchtende Zitronen. In dem Dorf, in dem sie für zwei Tage unterkamen, auf dem Verkaufskarren einer Bäuerin, fand er solche Zitronen, die groß wie Kindsköpfe waren, und nach dem ersehnten nächtlichen Regen auch Pilze, flach und schwammig und irgendwie lebendig wie frisch gefangenes Meeresgetier.

Solange er sich erinnern konnte, hatte es ihm nie etwas ausgemacht, am Essen zu sparen. In Italien aber lernte er, dass der Umgang mit Speisen ein Zeremoniell war, eine Form der Kunst, der man ohne Wenn und Aber zu huldigen hatte. Er aß Erdbeeren, winzig und süß wie Zuckerperlen, zerdrückte die Zartheit von

Fleisch mit der Zungenspitze und glaubte, er müsse allein von der Farbenpalette der Weine betrunken werden.

Sizilien. In Palermo, auf dem Platz vor dem königlichen Palast, versammelten sich im Nachmittagslicht, das wie Honig vom Himmel tropfte, Passanten, die von der Arbeit, vom Einkauf, vom Herumtreiben kamen, und bildeten Kreise um ein paar Männer, die wie auf unsichtbaren Podien standen. Die Männer blähten ihre Brustkörbe und rissen die Münder weit auf, um der wartenden Menge etwas zu erzählen.

Cantastorie – Sing Geschichten.

Dabei sangen die *Cantastorie* nur selten. Die meiste Zeit skandierten sie ihre Sätze rhythmisch und präzise, als trügen sie jambische Dichtungen der Antike vor, und zerteilten dabei mit den Hieben eines Holzschwerts die flimmernde Luft. In diesem Takt, mit ihren weithin tragenden Stimmen, erzählten sie die jahrhundertealten Epen, die Heldengeschichten des Südens – von der Prinzessin Angelica aus dem fernen China, die den Kaisersohn Orlando um den Verstand brachte und zum Rasenden machte, und von Rinaldo, dem Kreuzritter, der einer sarazenischen Zauberin, der berückenden Armida das Herz brach.

Vor der Abreise aus München hatte sich Michael rasch ein paar Brocken Italienisch angeeignet und mit jedem Tag, den er nun mit der Sprache lebte, ein wenig dazugelernt. Er liebte es. Eine Sprache zu lernen war, als zöge man täglich ein kleines Stück Vorhang beiseite und fände dahinter doch immer mehr Geheimnisse. Zudem verblüffte es ihn, wie sehr sich die italienische Sprache in ihrem Wesen von seiner eigenen unterschied: Deutsch war ein schwer beladenes Gespann, das der Kutscher mit Mühe antreiben und dabei darauf achten musste, es mit straffen Zügeln in die richtige Richtung zu lenken. Italienisch hingegen war ein Zauberteppich, der den, der einmal darauf saß, davontrug, ohne ihn wissen, geschweige denn Einfluss darauf nehmen zu lassen, wohin die Reise ging.

Fasziniert begriff er, dass kein noch so feinfühliger Übersetzer einen Text von einer Sprache in eine andere übertragen konnte, ohne dass der Text sich verwandelte, ohne dass eine andere Geschichte für andere Menschen entstand. Nur zu gern hätte er so etwas bei einem seiner eigenen Texte erlebt. Wie aber konnte er sich einbilden, ein Text von ihm werde je in eine fremde Sprache übersetzt werden, wenn er kaum einen in der eigenen zustande brachte?

Von dem, was die *Cantastorie* erzählten, verstand er trotz der wachsenden Kenntnisse des Italienischen kein Wort, weil sie ihre Geschichten auf Sizilianisch vortrugen. *Sicilianu.* Der Wirbel aus wachsweich verschmelzenden Vokalen und prasselnden Konsonanten war ein Konvolut, in das Griechisch, Arabisch, kastilisches Spanisch und normannisches Französisch in kräftigen Strömen geflossen waren. Der Verführungskraft der Erzählungen tat die Fremdheit keinen Abbruch, man konnte sie über sich hinwegrollen lassen wie Musik. Da Michael dennoch wissen wollte, was darin steckte, trieb er am zweiten Tag einen alterslosen Burschen mit schief sitzender Kappe auf, der ein malerisches Deutsch sprach und zum Preis einer Karaffe Weißwein für ihn gerade so viel übersetzte, dass Rätsel und Sehnsucht erhalten blieben.

Der Wein war nicht bronzen, sondern blassgolden, und die Übersetzung stand dem Original kaum nach, denn der Bursche – Beppe – war selbst ein *Cantastorie.* Keiner von den klassischen, die wie Hofschauspieler die Mitte des Platzes für sich beanspruchen durften, sondern ein findiger Rattenfänger, der von Bank zu Bank sprang, seinen Zuhörern sirenenhaft in die Ohren säuselte und sie dazu verlockte, ihm zu folgen. Nachdem Michael ihm eine Woche lang zugehört hatte, glaubte er, Elemente von Beppes Geschichten wiederzuerkennen, die sich wiederholten, ohne dass die Erzählung im Ganzen je gleich verlief.

Darauf angesprochen, grinste Beppe mit dem Stolz eines Magiers, der seinen Meistertrick preisgibt, und zeigte Michael ein dickes Buch mit abenteuerlich zerfledderten Seiten. Es war ein

Band von Dumas, die *Drei Musketiere* nahm Michael an. »Das hat mir mein Großvater geschenkt«, verkündete Beppe. »Als ich ein Junge war, habe ich nur dieses eine Buch besessen, und der Alte hat es mir wieder und wieder vorlesen müssen. In den hellen Nächten hab ich manchmal nicht schlafen können und in den dunklen noch weniger, also hab ich angefangen, mir die Geschichte selbst zu erzählen, und heute verdien ich mir damit mein Geld: Ich erzähl sie den Leuten wieder und wieder, und sie freuen sich, wenn sie sie erkennen, und fühlen sich zu Hause. Aber ich erzähle sie ihnen jedes Mal auch ein bisschen neu, wie man an den *sugo* für die *maccheroni* eine Prise von einem neuen Gewürz gibt. Wenn ich anfange, weiß ich nie, was mir Neues dazu einfallen wird, so wird mir nicht langweilig dabei, und genau so hat es mein Großvater auch gemacht.«

Während Beppe seinen Dumas immer wieder gleich und immer wieder neu erzählte, warfen ihm die Leute Kleingeld in den Hut, und wenn der Geldstrom versiegte, machte er eine Pause, bis das Geschäft von Neuem florierte. Die Methode schlug niemals fehl. Das Publikum war so erpicht darauf, zu erfahren, wie die Geschichte – die es doch kannte – weiterging, dass es in aller Eile Hosentaschen und Geldbeutel nach Münzen durchsuchte, damit das Abenteuer kein abruptes Ende fand.

Das, dachte Michael, war noch größer, als in eine andere Sprache übersetzt zu werden. Alexandre Dumas war bald hundert Jahre tot, aber seine Geschichten lebten fort, veränderten und entwickelten sich weiter, wie die, denen sie erzählt wurden, sich veränderten und weiterentwickelten. Im Krieg hatte Michael erleben müssen, wie aus einem Menschen, der sprach, lachte, sich Gedanken machte, mit einem anderen stritt und einen dritten in die Arme schloss, innerhalb eines Atemzugs ein totes, bald stinkendes Ding wurde, das niemand mehr brauchte und das beseitigt werden musste. Eine Welt, die sich selbst so etwas angetan hatte, konnte nie mehr heilen, nie mehr in Ordnung kommen. Aber das Überleben der Geschichten bot Zuflucht und Trost, und beim

Aufbruch aus Sizilien fühlte Michael sich weit stärker als an dem Tag, als er gekommen war.

Und dann Rom, auf der Rückfahrt. Keine Stadt aus der Wirklichkeit, sondern ein durch Jahrtausende bewahrtes, aus dem Meer erstandenes Atlantis, durch dessen Straßen nach einer Berührung mit dem Zauberstab wieder Leben perlte. Ein Piranesi-Stich, der sich aus dem Papier erhob und sich – vom Licht der Sonne mit Farben überschüttet – zwischen die Hügel und Weinberge, zwischen Olivenbäume, Pinien, Zypressen, knospenden Oleander und blühende Zitronen ergoss. Rom bot auch Trost und Zuflucht, wie die Geschichten der *Cantastorie*. Es beruhigte, weil es aussah, als wäre es immer da gewesen und werde immer da sein. Ein magischer Ort. In den Wäldern um seine Mauern mussten Heiligtümer und Amphitheater schlafen und auf ihre Erlösung warten.

Michael nahm sich vor, mit Ingeborg herzukommen. Herkommen würde er immer wieder, sich mit Bildern vollsaugen, und wenn er anschließend in seinem dunklen Zimmer am Schreibtisch saß, würden die Bilder auferstehen, und er könnte schreiben. Er brannte darauf. Und er brannte darauf, seinem Vater von seiner Reise zu erzählen, sich mit ihm darüber auszutauschen. Hinterher würde er zu Ingeborg fahren und hoffen, dass ihre Verwandten ihren wilden, schwierigen Sohn zu hüten bereit waren, sodass er redend oder liebend die Nacht mit ihr verbringen konnte.

Mit seiner Reisetasche stand er daheim vor der Tür der Wohnung, die sie inzwischen allein bewohnten, und auf sein Klingeln machte niemand auf. Das überraschte ihn. Er hatte durch einen der früher abgereisten Freunde übermitteln lassen, dass er heute ankommen würde, und hatte erwartet, dass zumindest die Mutter am Fenster stünde und seiner Ankunft entgegenfieberte. Stattdessen musste er in der Tasche nach seinem Schlüssel kramen. Als er die Tür endlich öffnete, schlug ihm ein Bild entgegen, das er kannte, und ließ ihn im Schritt erstarren.

Im Korridor stapelten sich die Kisten, daneben stand ein verbeulter Koffer, und an der Wand lehnte die kleinere von Vaters Staffeleien. Auf einmal war er sicher, sich zu erinnern, dass er draußen an der Gartenmauer einen Kleinbus gesehen hatte, weiß und schmutzig mit irgendeiner Aufschrift, in den zwei Männer in Lederschürzen mit Lumpen umwickelte Leinwände luden.

Damals aber war Lieflam, der Schafgeist, mit ihnen in den Bus gestiegen. Heute hingegen war Michael kein Kind mehr, das an Schafgeister glauben durfte.

Scheinbar zusammenhanglos fiel ihm ein, wie die Mutter während des Krieges, als der Vater kein Malzubehör hatte kaufen dürfen, Leintücher zurechtgeschnitten und auf Holzrahmen genagelt hatte, damit er weitermalen konnte. Sie hatte über ihn und seine Kunst gewacht, war vor Sonnenaufgang zur Arbeit gelaufen und hatte das Unmögliche möglich gemacht. Nach dem Krieg war sie von Galerie zu Galerie, von Sammler zu Sammler gepilgert und hatte ihm zur Ermutigung eine Liste seiner Bilder erstellt, die nicht von Flammen vernichtet worden waren. Michaels Schrank hatte sie aus den Trümmern ihres Hauses geborgen, weil von Edgars Hand Gemaltes darauf war.

Jetzt schien es, als hätte er sie nicht länger nötig. Er kam herum, unterrichtete an der Kunstakademie, erhielt Einladungen und Ehrungen. Seine Verkäufe würden vermutlich spärlich bleiben, doch Geld hatte ihm nie mehr als ein notwendiges Übel bedeutet. So wie er gemacht war, wie sie alle drei gemacht waren, konnte er von seiner Kunst endlich sorgenfrei leben. Die besseren Zeiten, von denen sie geträumt hatten, die, in denen der Vater malte und sie alle sich auf das Geistige konzentrierten, ohne sich vor dem kommenden Tag zu fürchten, hätten jetzt anbrechen können. Noch immer wie erstarrt verharrte Michael auf der Schwelle und fragte sich, warum sie nicht längst angebrochen waren.

Die Tür zur Wohnstube stand halb offen. Michael sah den Tisch mit der Lampe, die sie tief gehängt hatten, damit gleichmäßig Licht auf ein aufgeschlagenes Buch fiel, in dem drei Menschen gleichzeitig lasen. »So etwas tun Familien für gewöhnlich nicht«, hatte Ingeborg einmal gesagt. »Ich kenne welche, die sich hassen, und welche, die sich gleichgültig sind, aber deine muss von einem anderen Stern gefallen sein.«

Sein Vater ging am Tisch vorbei und trat in die Tür. »Ah, Michael«, sagte er, die Stimme müde wie nach stundenlangen ergebnislosen Debatten. »Wie war Italien?«

Das war keine Frage, wie sein Vater sie stellte. Also gab Michael auch keine Antwort. Stattdessen wies er auf den braunen Koffer. »Verreist du?«

Die Frage war so falsch wie die nach Italien.

»Nein.«

Aus der Küche kam die Mutter, in den Händen einen hölzernen Stampfer, den sie fest umklammerte. Ihr Gesicht war gerötet und nass, vielleicht von Schweiß, vielleicht von Dampf aus einem Kochtopf. Ihre Tränen aber rannen nach innen, wie auch ihr Blick nach innen gewandt schien, vom Geschehen ihres Lebens fort. »Dein Vater verlässt uns«, sagte sie ohne einen Gruß. »Dich und mich. Für eine Frau, der er Jahrzehnte lang erzählt hat, auf das Geistige käme es an, auf die Gemeinschaft in Gedanken, hat er jetzt, wo sie über sechzig und abgewirtschaftet ist, keine Verwendung mehr. Eine Frau, die sich einst ein Leben in Palästina zimmern wollte, die ihre Freizeit über Büchern verbracht hat, die aus Milchquarz und Achat Gestalten schnitt, wie sie ihr im Traum erschienen sind.«

»Lise, lass das doch.« Der Vater hob beide Hände. »Tu uns allen das nicht an.«

»Dir tue ich nichts an«, sagte die Mutter. »Dazu habe ich ja gar keine Macht, und was deinem Sohn und der Frau, die ihn dir geboren hat, angetan wird, kommt von dir, nicht von mir. Ich habe alles aufgegeben. Meine Träume. Mein bisschen Talent. Um euretwillen. Weil ihr beide mir kostbarer wart. Weil ich fand, wer mit euch sein Leben verbringen kann, der darf sich nicht über ein paar lächerliche Opfer beklagen.«

»Ich weiß das doch«, rief der Vater und presste sich die Hände an die Schläfen. »Und war nicht manches auch gut, können wir das, was gut war, nicht stehen lassen, müssen wir alles zerschlagen?«

»Ja«, sagte die Mutter. »Das müssen wir. Alles zerschlagen, was gewesen ist, den Tag, an dem du mich mit dem neugeborenen Michael nach Hause geholt hast, und den, als du heil und gesund aus dem Krieg gekommen bist. Jedes Gespräch bei Nacht, bis der Morgen graute, jede Sternengeschichte, die wir unserem Kind unter der Glasglocke erzählt haben, jede Krankheit, die gut ausging, jeden hochfliegenden Plan, jedes *Ich hab euch beide so lieb* aus einem winzigen Mund. Jedes Puppentheater hinter der Treppe, jeden Sturz im Schnee. Andere Leute stellen sich in ihre Vitrinen Glaswaren, Kelche, Schalen und Vasen, die sie hegen und pflegen, ich aber habe mir in meine Vitrine jeden schönen Augenblick mit euch gestellt. Ich habe sie alle gehütet und poliert, bis sie funkelten, aber heute sind sie mir in einem einzigen Schwung aus der Vitrine gefallen und am Boden zerschellt. So wie das verdammte Herz von dem Schafgeist aus seinen verdammten Ohren.« Sie ließ den Stampfer fallen, der krachend aufschlug, aber aus Holz war und nicht zerschellte.

»Lise.« Wie ein Blinder tastend, streckte der Vater die Hand in ihre Richtung und ließ sie gleich darauf wieder fallen. *Ich*, dachte Michael mechanisch, *ich werde zu ihr gehen und sie berühren müssen, damit sie zu sich zurückkommt. Ich werde mich um sie kümmern müssen. Nicht nur heute. Immer.* Er blieb untätig stehen.

Sein Vater trat in den Korridor und umfasste den Griff des Koffers. »Ich muss gehen. Walther hat den Wagen nur noch eine Stunde. Wir sehen uns. Sprechen alles durch und finden eine Regelung.«

Er wollte aufbrechen, doch die Mutter war schneller, stürmte durch die Stube und verstellte ihm den Weg. »Tu das nicht, Edgar. Der Mann, der du bist, der du sein musst, um dir als Künstler treu zu bleiben – dieser Mann lässt seine Familie nicht im Stich.«

»Lieber Himmel, Lise, wir haben diese Szene doch bis zum Überdruss durchgespielt. Es hat keinen Sinn, wir zerfleischen uns und haben beide keine Kraft mehr. Mir ist zumute, als wäre ich um die gesamte Erde gerannt. Und Michael ist kein Kind mehr, er hat sein eigenes Leben und wird sowieso nicht mehr lange hier wohnen.«

»Willst du meinen Sohn jetzt auch noch gegen mich hetzen? Soll mir nach alledem niemand bleiben?«

»Nicht doch. Aber Michael hat eine feste Freundin ...«

»... die nicht zu ihm passt.« Die Mutter schrie. »Sie ist zu alt für ihn, so wie ich für dich zu alt war. Seine eigenen Freunde warnen ihn vor ihr: zu eigensinnig, zu sehr auf sich bedacht. Das ist keine, die ihm auf seinem Weg voran hilft, sondern eine, die ihn am Boden festhält. Ich habe immer versucht, dir zu helfen, Edgar.« Ihre Stimme schnurrte zusammen wie ein Ballon, aus dem Zorn und Lautstärke wichen. »Aber dazu war ich nicht gut genug, nicht wahr? Keine Malerin, obwohl ich vielleicht eine hätte werden können. Kein junges, süßes, höheres Töchterchen, das in druckreifen Sätzen spricht.«

»Darum geht es doch nicht!« Jetzt war es der Vater, der schrie. Er stellte den Koffer ab und fasste sich wieder an die Schläfen. »Lotte begreift, was mir durch den Kopf geistert. Sie mag meine Verquerheit. Sie versteht sie.«

»Das ist es, nicht wahr?«, fragte die Mutter wie erloschen zurück. »Sie verehrt dich. Himmelt dich an. Ich dagegen habe dich in fünfundzwanzig Jahren immer nur geliebt.«

»Ich habe dich auch geliebt. Und wenn zwei sich lieben, nimmt man wohl an, dass sie sich guttun, aber dem ist nicht so, Lise. Bei uns war dem nicht so.« Er ließ die Worte wie gewichtslose Federn zu Boden trudeln und sah ihnen nach.

Michael wünschte sich, aus Stein zu sein, damit niemand sich darüber empören konnte, dass er still dastand und nichts tat. Er war nicht fähig, etwas zu tun, weil er noch immer nicht fähig war, das Geschehen zu erfassen. Sein Leben lang hatte er sich davor gefürchtet, und jetzt konnte er nicht glauben, dass sein Vater dazu imstande war – alles wegzuwerfen, was ihnen gemeinsam gehört hatte, ihre geheime Welt und alle Geschöpfe, die sie bevölkerten, zum Sterben zu verurteilen. Wenn es den Vater in dieser Wohnung nicht mehr gab, gab es ihre Familie nicht mehr, und was hatte es dann überhaupt in all den Jahren gegeben?

»Also deshalb verlässt du Frau und Kind, ja?« Die Mutter kniff die Augen schmal. »Weil ich dir nicht gutgetan habe. Weil wir uns zerfleischen. Und deine kleine Malschülerin, die dreißig Jahre jünger ist als deine Frau, hat nichts damit zu tun?«

»Lass es gut sein, Lise. Es ist genug.«

»Dir mag es genug sein!«, rief die Mutter. »Aber mir in hundert Jahren noch nicht. Warum erzählst du eigentlich deinem Sohn nicht, dass du jetzt mit einem Mädchen schläfst, das mit ihm im selben Alter ist? Gehst du hin und machst deinem kleinen Täubchen einen neuen Sohn, weil der, den ich dir geschenkt habe, dir nicht mehr passt? Er ist dir zu aufsässig geworden, nicht wahr? Du erträgst dein eigenes Kind nicht mehr, weil es dich nicht mehr vergöttert, weil du genau weißt, dass es dem großen Edgar Ende eines Tages über den Kopf wachsen wird.«

Noch einmal nahm der Vater den Koffer auf, schob sich mit absurder Behutsamkeit an der Mutter vorbei und trat aus der Tür. »Ich komme spätestens übermorgen«, sagte er schon im Hausflur, an Michael gewandt. »Dann können wir alles Nötige besprechen. Ich muss das Atelier ja vorläufig weiterhin nutzen, ehe wir etwas Eigenes finden.«

Wir. Gerade erst hatte er ihr gemeinsames *Wir* für nichtig erklärt, und schon besaß der Vater ein neues.

Ich hab dich lieb, jagte es Michael durch den Kopf. *Das haben wir uns zum Abschied hinterhergerufen, egal ob wir zu Bett gingen, zur Schule oder in den Krieg*. Dem Vater rief er nichts hinterher. Und der Vater rief nichts zurück.

Michael schloss die Tür hinter ihm und drehte sich nach seiner Mutter um. Kraftlos wie eine Lumpenpuppe sackte sie ihm in die

Arme, sie, die er sein Leben lang nur stark erlebt hatte, die mit ihm auf Kisten gesessen und Märchen auf Hühnereier gemalt hatte, nachdem sie aus dem Haus des Riesen verjagt worden waren. Sekundenlang fühlte Michael sich als Waise – elternlos, haltlos durch ein bodenloses Universum wirbelnd. Der Vater fort und die Mutter, die Kriegerin, die jeder Gefahr die Stirn geboten hatte, zusammengebrochen, aller Lebenskraft beraubt. Wer schützte künftig ihn, wer schützte die Träume, die noch immer verletzlich waren wie Falter, ihre fiebrige Buntheit schon im Begriff, zu verbleichen?

Dann riss er sich zusammen. Die Seifenblase, das mit Poesie gefüllte Gespinst, das er für sein Leben gehalten hatte, war geplatzt. Künftig kam es auf Handfestes an, darauf, dass er seiner Mutter, die trocken schluchzte, Halt gab und sich für ihre Zukunft etwas einfallen ließ. Er würde einen Weg finden müssen, sie über Wasser zu halten, denn wenn der Vater tatsächlich mit einer seiner Studentinnen einen neuen Haushalt gründete, würde ihm für den vorigen nichts übrig bleiben. Außerdem war Michael sicher: Von dem Mann, dem sie sich mit Haut und Haar gegeben und der sich ihrer entledigt hatte, hätte die Mutter keinen Pfennig genommen.

So war sie immer gewesen, Luise Bartholomä-Ende: Für sie gab es nur alles oder nichts, für das Grau zwischen Nacht und Tag war sie nicht gemacht.

»*Baraita*«, murmelte die Mutter tonlos. »Nicht er. Nicht du. Nur ich.«

An diesem Abend versetzte er Ingeborg. Blieb bei seiner Mutter, ließ sie reden, weinen, wüten, sagte selbst wenig, streichelte sie aber und sorgte für ein aus Resten zusammengestoppeltes Nachtmahl. Am nächsten Tag gelang es ihm immerhin, sowohl Ingeborg als auch dem Spielleiter der *Namenlosen*, der auf zwei im Voraus bezahlte Sketche von ihm wartete, eine Nachricht zukommen zu lassen. Am Abend des dritten Tages begann ihn die Erkenntnis zu überrollen, dass es so nicht weiterging. Er hatte sich in der

Kneipe an der Ecke rasch eine Schachtel Zigaretten kaufen wollen, doch seine Mutter hatte sich mit ihrem ganzen Gewicht an seinen Arm gehängt und gefleht: »Lass du mich nicht auch noch allein, Michael. Nicht auch noch du, oder ich kann dir nicht versprechen, dass ich das überlebe.«

Sie war so nie gewesen. Weder eine Erpresserin noch ein Klageweib oder eine Todesbotin.

Er hüllte sie in ihren zu weiten Mantel, kämmte ihr das Haar und bemerkte erst jetzt, dass es grau geworden war. Auf dem Weg zur Kneipe und zurück hing sie an seinem Arm wie eine Kranke. Die Fenster der Häuser schienen Augen zu haben, hinter jedem Vorhang ein Blick, jeder Blick eine Spießrute: *Da unten gehen sie. Haben sich rausgetraut, die Verlassenen.* Als sie es hinter sich hatten und Michael sich die ersehnte Zigarette anstecken wollte, verwandelte sich sein Brustkorb in ein Eisengestänge, das ihm Herz und Lunge zusammenquetschte. Rauchen war unmöglich, atmen kaum leichter, und eine Weile war ihm nichts anderes möglich, als in der Küche auf und ab zu laufen wie einst sein Vater. Wie ein Tier in Panik.

Erst das Öffnen des Fensters, die hereinströmende Kühle der Nacht verschaffte ihm ein wenig Erleichterung. Es ging so nicht weiter. Er wollte für seine Mutter da sein, doch ihre ständige verzweifelte Präsenz erdrückte ihn. Nächste Woche hatte Ingeborg Premiere, der Anouilh, auf die sie seit Monaten hingearbeitet hatte. Er würde dabei sein wie geplant, er würde auf die Premierenfeier gehen, und er würde sich morgen früh an seinen Schreibtisch setzen und arbeiten. Schreiben. Die italienischen Bilder, die ihm in freier Folge durch den Kopf geflutet waren, in ein Stück verwandeln, eine Mischung aus Märchenspiel und *commedia dell'arte*, durch das ein *Arlecchino*, traurig und komisch, in bunten Lumpen tanzte.

Seine Mutter legte ihm keine Steine in den Weg. Sie trug ihm Tee an den Schreibtisch und wandelte im Schleichschritt durch die Wohnung, um ihn nicht zu stören. Michael schrieb dennoch kein Wort. Die Bilder, Gedanken, Ideen wollten sich nicht wieder einstellen. Stattdessen saß er mit verkrampften Schultern still da und lauschte dem Bemühen der Mutter, kein Geräusch zu verursachen. Abends zog er das noch immer leere Blatt aus der Schreibmaschine, und die Enge des Eisengestänges in der Brust kehrte zurück. Seine Mutter stand in der Küche am Herd und briet zum Abendessen Kartoffeln.

In den Nächten dann war sie das Tier, das ruhelos auf und ab strich. Sie konnte nicht schlafen. Überwach und überreizt räumte sie jedes Regal, jedes Schrankfach in der Wohnung um, die nach wie vor einem Raritätenkabinett glich, zerschlug Porzellan und ordnete die Scherben zu Mustern an. Wenigstens ließ sie sich nach ein paar Tagen überreden, einen Arzt aufzusuchen, der ihr aus der Christengemeinschaft bekannt war und der ihr ein Schlafmittel verschrieb. Dass sie es nahm, bezweifelte Michael. Hellwach lag er in seinem Bett auf dem Rücken und lauschte auf das ununterbrochene Streichen von Fußsohlen über Dielenbretter.

Immerhin brachte er in den folgenden Tagen ein paar Sketche zustande, für die Geld ins Haus kommen würde. Sooft er sich fragte, ob er immer so weiterleben würde, Lohnschreiberei betreiben und mit einem Hungerlohn abgespeist werden, ob er vielleicht für nichts anderes geboren war, verspürte er wieder die Enge in der Brust.

Der Abend von Ingeborgs Premiere kam. Als er bereits in der Jacke an der Tür stand, stürzte seine Mutter aus der Stube und hängte sich an seinen Arm. »Wo willst du denn jetzt noch hin?«

»Ins Theater, Mutter. Darüber haben wir heute früh noch gesprochen. *Jeanne*, das neue Stück von Anouilh. Ingeborg spielt die Titelrolle.«

»Soll sie«, versetzte seine Mutter wie eine missgünstige, von sich selbst angeödete Alte, die sie nicht war. »Dazu wird sie ja wohl dich nicht brauchen.«

»Natürlich braucht sie mich – und ich will sie in dem Stück gern sehen.« Er hätte die Mutter einladen können, ihn zu begleiten. Es lag ihm auf der Zunge, doch er sprach es nicht aus. Der Abend sollte Ingeborg gehören und ihm selbst, da er dringend Luft zum Atmen brauchte, Gespräche, Reize und Ermunterungen, vielleicht einen zündenden Einfall, der ihn wieder auf den Weg brachte. Um seine Mutter würde er sich morgen wieder kümmern, vielleicht sie zum Essen ausführen, falls Sammy Drechsel, Leiter des Kabaretts *Die Namenlosen*, sich dazu überreden ließe, ihm einen Vorschuss auszuzahlen. Er schluckte also die Einladung unausgesprochen herunter. Die Worte kamen ihm scharfkantig vor, stachen ihn in die Kehle.

»Geh nicht«, sagte seine Mutter. »Lass mich nicht allein.«

»Ich lasse dich doch nicht allein, nur weil ich für ein paar Stunden ins Theater gehe.« Er hätte länger ausbleiben wollen, die ganze Nacht am liebsten, jetzt aber wäre er schon froh gewesen, überhaupt erst wegzukommen.

»Lass mich nicht allein«, wiederholte seine belesene, begabte Mutter wie ein störrisches Kind.

Damit zwang sie ihr Kind – ihn, Michael –, endgültig erwachsen zu werden. Sein ganzer Körper sträubte sich. »Mutter, ich muss jetzt gehen.« Finger für Finger löste er ihre Hand von seinem Arm, doch sie fasste sofort wieder zu.

»Bleib doch bei mir, Lieberchen. Ich bitte dich so sehr.«

Tu uns das nicht an, war er versucht zu sagen, wie ein Echo seines Vaters. Noch einmal begann er, behutsam ihre Hand, Finger für Finger, von seinem Arm zu lösen, sehnte sich nach einer Zigarette und einem großen, bis zum Rand gefüllten Glas Wein. Als er den letzten, den kleinen Finger, anheben wollte, ließ seine Mutter ihn los und trat einen Schritt zurück. »Also schön«, sagte sie. »Aber ob ich es überstehe, weiß ich nicht.«

Er versuchte zu lachen. »Natürlich überstehst du es. Nimm dir ein Buch vor, genieße es, dich um niemanden kümmern zu müssen, und ehe du dich versiehst, bin ich wieder da.«

Sie nickte, den Kopf schon abgewandt. »Aber ob ich dann noch da bin, das weiß ich nicht und kann es dir deshalb nicht sagen.«

Der Abend wurde kein Erfolg. Ingeborg mit ihrer Leidenschaft, ihrem Feuer spielte den viel blasseren Rest des Ensembles an die Wand, der Applaus fiel dürr aus, und auf der anschließenden Feier geriet sie mit dem Regisseur darüber in Streit. Michael bewunderte ihre Absolutheit, die konsequente Weigerung, ihre Kunst durch den geringsten Kompromiss zu schwächen. Heute aber fühlte er sich für Kampf und Erregung zu ausgelaugt und hätte sich fruchtbare Gespräche gewünscht, ein paar Impulse, einen Funken Hoffnung.

Stattdessen fand er sich an einem Tisch mit einem von Ingeborgs Verwandten wieder, einem aufgeregten kleinen Mann, der sich als »Karl-Ludwig Peters, in Finanzen tätig«, vorstellte, Begeisterung darüber bekundete, einen »waschechten Schriftsteller« kennenzulernen, das Thema Schreiben jedoch nicht einmal ansprach. Seine Verehrung hatte dennoch etwas Rührendes, ja geradezu Ritterliches, was es unmöglich machte, diesen Don Quichote von der Heiligen Finanz schroff abzufertigen.

Überdies hätte Michael dazu die Energie gefehlt. »Wenn Sie einmal Rat in Finanzdingen benötigen, melden Sie sich jederzeit«, forderte der Mann ihn auf und schob ihm stolz eine geschnörkelt bedruckte Karte hin. »Ich verwalte Vermögen in jeglicher Höhe.«

Um ein Haar hätte Michael aufgelacht. Er benötigte allerdings Rat in Finanzdingen: *Verwalten Sie bitte mein Vermögen von zwölf ganzen Pfennigen, angelegt in meiner Hosentasche, erforderlich zum Unterhalt für zwei Personen und gelegentlichen Reisen nach Italien. Aufstockung bis auf Weiteres nicht zu erwarten.* Er steckte die Karte des jovialen kleinen Ritters ein und versprach: »Sollte ich je in eine entsprechende Lage geraten, komme ich auf Sie zurück.«

Kurz darauf endete die Feier damit, dass Ingeborg fristlos ihren Vertrag kündigte und sie sich beide auf der nächtlichen Straße wiederfanden, rundum kein Lokal mehr geöffnet, keine Menschenseele unterwegs. Ingeborg fischte ihre Zigarettenpackung aus der Rocktasche und stellte fest, dass die letzte Zigarette darin zerbrochen war.

»Bei mir ist leider auch nichts zu holen«, sagte Michael.

»Was ist eigentlich los mit dir?«, fragte Ingeborg, als wäre er es und nicht sie, der gerade ihr Engagement zum Fenster hinausgeworfen hatte.

»Ich kann nicht schreiben«, sagte Michael, als wäre das, nicht der Zustand seiner Mutter sein größtes Problem.

Sie ließ ihn erzählen. Dabei gingen sie die Straße hinunter und bogen wahllos in eine nächste. Es war kalt, und sie hatten keine Zigaretten. Irgendwann sagte Ingeborg: »Du redest so viel, als hättest du Angst, ich könnte dir eine Frage stellen, die du nicht beantworten willst.«

»Eher habe ich Angst, ich könnte sie mir selbst stellen.«

»Aber wie sie lautet, weißt du nicht?«

Er schüttelte den Kopf. »Es gibt unzählige Möglichkeiten: Habe ich mich mit dem Schreiben verrannt, soll ich lieber Eisverkäufer werden? An den Lippen italienischer Eisverkäufer hängen die Kinder ganzer Dörfer. Hatte Brecht recht, als er mich abgekanzelt hat, bin ich nicht fähig, in meine Geschichten eine Botschaft zu legen, weil ich gar keine habe? Um seinem Publikum eine Botschaft vorzusetzen, um den Leuten etwas beizubringen, muss man ja wohl klüger sein als sie, nicht wahr?«

»Und daran, meinst du, hapert es bei dir?«

»Ich habe es nicht einmal bis zum Abitur gebracht, wie deine Freundin Luise Rinser nicht müde wird, dich zu erinnern«, erwiderte Michael. »Ich bin nicht imstande, mein häusliches Leben zu regeln, ich war nicht imstande, meine Familie zusammenzuhalten – was soll denn ausgerechnet ich den Leuten beizubringen haben, die tagein, tagaus ihren Alltag bestehen und mit alledem, was mir über den Kopf wächst, ganz wunderbar fertigwerden? Vielleicht werde ich besser ein Eisverkäufer mit Puppenspiel, teile Eis aus und führe ihnen das Kasperle vor, damit sie die ganzen Botschaften, die sie tagtäglich zu beherzigen haben, mal für fünf Minuten vergessen können.«

»Du bist Schriftsteller«, sagte Ingeborg. »Daran ändern weder das Kasperle noch Bertolt Brecht etwas, genauso wenig wie dein verpatztes Abitur und deine Tiraden.«

»Ein Maler, der nicht malt, ist kein Maler.«

»Ich bin Schauspielerin«, sagte Ingeborg. »Ob mich nach dem heutigen Abend noch jemand zu beschäftigen wagt oder nicht, hat damit nichts zu tun.«

Er küsste sie. Praktisch betrachtet, half die Erkenntnis nicht weiter, aber sie erleichterte ihn, machte ihn weniger fremd in sich selbst. Ja, er war Schriftsteller, war immer Schriftsteller gewesen, auch wenn er tagelang keine Seite füllte, wenn von den im Kopf geballten Gedanken keiner den Weg aufs Papier fand und er nicht einmal begriff, warum er so schlecht mit dem Schreiben vorankam.

Sie küsste ihn wieder. »Und was den puppenspielenden Eisverkäufer angeht – das eine schließt ja das andere nicht aus.«

»Ich muss nach Hause«, sagte er und bedauerte es. In ihre missglückte Nacht hatte sich unbemerkt eine Leichtigkeit eingeschlichen, die ihn freier atmen ließ.

»Wenn du musst, dann musst du.« Sie wirbelte herum, dass ihr Haar seine Wange streifte, und lief davon. Falls sie verletzt war, hatte sie allen Grund. Seit bald einer Stunde hatte sie ihm ohne Wenn und Aber zugehört, er ihr hingegen nicht einmal eine Minute lang. Er sah ihr nach und liebte ihren herrlichen Stolz.

Es war nach Mitternacht, als er in seine Straße einbog, die Laternen erloschen, alle Fenster schwarz wie zu Zeiten der Verdunkelung. Allein ihre Wohnung war blendend hell erleuchtet, als feiere seine Mutter dort oben ein Fest. Michael rannte schon los, suchte im Laufen nach dem Schlüssel, überzeugt, dass sie ihm nicht öffnen würde, und klingelte dann heftig Sturm, hämmerte mit den Fäusten an die Holztür.

Drinnen regte sich nichts. Als er den Schlüssel ins Schloss schob, zitterten ihm die Finger.

Es war ein Schlachtfest, das sie gefeiert hatte. Mit dem großen Messer, mit dem sie in der Not nach dem Krieg eine schwarz erworbene Hammelseite zerlegt und ausgenommen hatte, war sie auf die Bilder ihres Mannes losgegangen, hatte das, was sie ihr halbes Leben lang beschützt hatte, in Fetzen gehackt. Mit einer an Irrwitz grenzenden Traurigkeit bemerkte Michael, dass keines der totgestochenen Geschöpfe blutete.

Auch seine Mutter blutete nicht. Sie lag im Schlafzimmer, der kleiner Körper über beide Hälften des Ehebetts ausgestreckt. Das Glas auf dem Nachttisch war umgekippt, an der Innenseite klebte ein weißlicher Rückstand wie eine Schneckenspur. Sie musste sämtliche Röhrchen mit Schlaftabletten, die der Arzt ihr für den ganzen Monat verschrieben hatte, geleert, die Tabletten in Wasser aufgelöst und hinuntergestürzt haben.

Aber ob ich dann noch da bin, das weiß ich nicht und kann es dir deshalb nicht sagen.

Aus ihrem Mundwinkel troff weißlicher Speichel, schaumige Reste von Tabletten. Ihr Gesicht war schweißüberströmt. Michael sprang auf, lief aus der Wohnung und klingelte die Nachbarn wach, damit sie einen Krankenwagen riefen. *Wir brauchen ein Telefon*, dachte er. Seine Brust war zu eng für jedes Gefühl.

18

MICHAEL ENDE? DER … BEKANNTE von Ingeborg, richtig?«

Michael nickte. Bekannt waren er und Ingeborg ohne Zweifel, auch wenn sie – nicht zum ersten Mal – beschlossen hatten, sich auf Probe zu trennen. Er vermisste sie. Ihre Loyalität, ihr unbestechliches Urteil, ihre Bereitschaft, zu jeder Tages- und Nachtzeit alles stehen und liegen zu lassen, um mit ihm eine Szene zu erörtern, die ihm unter den Fingern stockte und splitterte. Sie las nie etwas, das er ihr hinschob, still für sich durch, sondern straffte den Rücken und begann, den Text mit ihrer androgynen Feuerstimme vorzutragen. Die Stimme war ein Fangnetz, in der jede Schwäche, jede Nachlässigkeit hängen blieb. Während er zuhörte und später über das Gehörte mit Ingeborg sprach, wurde Michael bewusst, wohin er mit dem Text wollte, es stärkte sein Gespür, die Verständigung zwischen Kopf und Hand, zwischen Idee und Wort.

Sein Schreiben profitierte von ihr. Noch immer hatte er kein Ziel erreicht, sondern tappte ziellos durchs Dunkel, doch in den vergangenen drei Jahren war er zumindest in kleinen Schritten vorangekommen. Er erkannte im Dunkel jetzt immer häufiger Konturen. Fürs Kabarett schrieb er auch weiterhin, aber mit wachsender Kraft zog es ihn vom Bonmot, von der Pointe, vom Erzählen für den Augenblick fort. So entstanden Gedichte, die ihm vorkamen, als hätte er sie von den Bildern seines Vaters abgeschrieben. Eines hatte Vera Hacken gelesen, an einem Abend, an dem sie ihm an einem Straßenstand einen ganzen Korb Brezen gekauft hatte, weil er ihr »allzu verhungert« aussah.

»Wenn ich mir nicht bald etwas anderes einfallen lasse als Schreiben, wird es wohl beim Hungern bleiben«, hatte er gesagt.

Sie hatte sein Gedicht gelesen, aufgeblickt und erwidert: »Werden Sie Gigolo. Aber lassen Sie sich ja nichts anderes einfallen als Schreiben.«

Verkaufen ließen sich die Gedichte nicht, doch seine Filmkritiken brachten ihm das Nötigste ein. Der Bayerische Rundfunk – vermittelt durch Vera und Ingeborg gleichermaßen – beauftragte ihn mit einer Reportagereihe über Süditalien und schickte ihn dafür erneut in sein gelobtes Land. Als er zurückkam, suchte er seinen Vater in dessen neuer Wohnung, die er mit der jungen Lotte Schlegel teilte, auf, weil er nicht anders konnte. Er war nicht vollständig ohne den Vater, drang ohne den Dialog mit ihm in Teile von sich selbst nicht vor.

»Du hast mir gefehlt«, hatte der Vater gesagt. »Wenn ich dir der Vater, den du gern hättest, nicht mehr sein kann – vielleicht finden wir beide uns als Kollegen wieder?«

»Ich male ja kaum noch.«

»Du schreibst.«

»Sehr wenig.«

»Das ist eben so. Manchmal kann man nur warten.«

Als er Michael schon an die Tür gebracht hatte, lief er noch einmal zurück in die Wohnung und kam mit einem Buch wieder. »Nimm das mit. Ich denke, es könnte dich interessieren.«

Das Buch war von einem Autor namens Gustav René Hocke und hieß *Die Welt als Labyrinth*. Der Titel sprach auf der Stelle zu ihm. Als wäre das Buch schon aufgeklappt und ließe ihn ein.

»Der Mann ist Journalist«, sagte sein Vater. »Kunsthistoriker. Das Buch zieht unter den Kollegen, die sich der Phantastik verschrieben haben, Kreise wie die Bibel unter frommen Christen.«

»Worum geht es darin?

»Manierismus«, antwortete sein Vater.

Die kulturelle Epoche, die auf die Renaissance gefolgt war. Aufruhr und Verstörung nach Harmonie und Ebenmaß.

»Ich weiß, was du denkst«, sagte sein Vater. »Das ist alles über dreihundert Jahre her und hilft mir hier und heute nicht weiter. Aber so ist es nicht. Hocke schreibt über das Chaos in Hirn, Herz und Blut, über den manieristischen Menschen aller Epochen, der sein Leben lang durch ein Labyrinth taumelt. Auf der Nachtseite. Ich konnte mich des Eindrucks nicht erwehren, er schriebe über mich.«

Michael erging es nicht anders. Im Gehen, auf dem Heimweg, begann er schon, in dem Buch zu lesen. Alle paar Schritte blieb er stehen und holte tief und erleichtert Atem. Gustav René Hocke schrieb über ihn. Über seinen Hang zum Absonderlichen, Befremdlichen, Wirklichkeitsfernen, das so wirklichkeitsfern gar nicht war, sondern die Antwort auf eine Wirklichkeit, die den Halt verlor, sich selbst ad absurdum führte. Eine Wirklichkeit unter der Wirklichkeit, ein Sammelbecken all dessen, was unter die Oberfläche gedrückt werden musste, damit der schmale Ausschnitt darüber weiter geordnet, klar verständlich erscheinen konnte und niemanden beunruhigte.

Er las das Buch in einem Zug durch und schrieb seinem Vater einen Brief, um sich zu bedanken. Er könne ihm Hockes Werk nicht zurückbringen, schrieb er, weil er sich nicht imstande fühle, sich davon zu trennen. Der Vater schenkte es ihm. Da es ihm nicht anders erging, hatte er sich längst ein zweites Exemplar besorgt.

Die Mutter verzieh es ihm nicht. Für sie war der Vater gestorben, und dass er für Michael noch existierte, dass Michael sich nach dem Vater sehnte, betrachtete sie als Verrat.

Sie betrachtete es auch als Verrat, als Zeichen, dass er sie wie der zum Dämon stilisierte Vater verlassen würde, wenn er ohne zwingenden beruflichen Grund das Haus verließ und sie nicht mitnahm. Folglich nahm er sie überallhin mit, auf den Faschingsball in der Schwabinger Max-Emanuel-Brauerei wie zum intimen Abendessen an Ingeborgs Geburtstag. Eingekeilt zwischen den beiden Frauen war er durch seinen Alltag gezogen und hatte sich irgendwann nach einer Seite hin befreien müssen, andernfalls wäre er am Druck auf Herz und Lunge erstickt.

Denn auch Ingeborg war keine, die kleine Brötchen buk. Was das betraf, hätte sie die jüngere Schwester seiner Mutter sein können, sosehr beide über diese Behauptung auch in Empörung geraten wären. Für Ingeborg war Michael ebenfalls ein Verräter. Verrat beging er, wenn er sich mit Nina und ein paar Freunden – dem Tänzer Heino oder Franz Moll, dem Kunstsammler – auf eine Nachtschwärmerei ohne Absicht und Zweck traf. Wenn er mit Sonja, einer jungen Akteurin der *Kleinen Fische*, die seine Bänkellieder liebte, über Nuancen ihres Vortrags diskutierte. Wenn er Margit, einer Schulfreundin, die ihm zufällig über den Weg gelaufen war, ein Bier ausgab, und vor allem, wenn er ehrlich blieb und sich weigerte zu leugnen, wie es ihm in der Nähe jener Frauen erging.

Er fand Nina unerhört schön, das hatte er immer gefunden. Er liebte es, wenn ihr der Rock über die schlanken Beine hochrutschte und er gleich darauf in ihr kluges, dunkles Gesicht blickte. Nina war seine Kameradin, doch warum hätte er vor Ingeborg behaupten sollen, dass ihm der Zauber dieses Zusammenspiels von Sex und Geist entging? Warum hätte er ihr verschweigen sollen, dass ihm manchmal schwindlig wurde, wenn er Sonja tanzen sah, und dass er diesen Schwindel genoss? Was war verräterisch an dem Bekenntnis, dass er damals auf der Falckenberg-Schule in Margit verliebt gewesen war und dass er es, wie bei jeder Frau, auch bei ihr ein wenig blieb?

»Wir sind Freunde, Ingeborg. Keine Gefangene. Vor allem sind wir Künstler. Darauf angewiesen, die Augen offen zu halten und uns an dem, was wir sehen, zu berauschen.«

Ein andermal erklärte er ihr, dass er nicht schreiben konnte, wenn er zwar für herrliche Städte – wie Palermo unter dem Schleier des Morgennebels – brennen durfte, sich das Brennen für herrliche Menschen aber verbieten musste. Und er versuchte, ihr verständlich zu machen, dass es sie beide entwürdigte und ihre Freundschaft entwertete, wenn sie mit Verboten voreinander hintraten.

»Ich habe noch kaum gelebt. Ich bin gierig, Ingeborg.«

»Ich verstehe. Vielleicht ist das ja der Haken bei uns, ich hatte vom Leben schon zu viel.«

Also trennten sie sich. Einmal auf seinen Wunsch, dann wieder auf ihren. Er vermisste sie. Er hatte Angst, dass dies die letzte Trennung sein könnte und sie nicht wieder zueinanderfinden würden. Zugleich aber ließ gerade das ihn zurückscheuen: Wenn er sich tiefer einließ, wenn er ihr und sich eingestand, dass er sie brauchte, wenn sie daraus etwas Festeres bauten als das fragile Konstrukt, mit dem sie offenbar nicht gut leben konnte – würde es nicht womöglich ein eiserner Käfig werden, in dem die Luft zu knapp war? Er durfte nicht Ingeborg antun, was der Vater der Mutter angetan hatte, nicht Ingeborg auf das Häufchen Elend reduzieren, das der Vater aus der Mutter, die eine Zauberin gewesen war, gemacht hatte. Je länger er jedoch in dieser Zwickmühle lebte, desto heftiger fürchtete er, die Tat des Vaters sei auch in ihm angelegt und nicht zu vermeiden.

Ödipus auf der Flucht vor sich selbst. Die Vorstellung machte ihm Angst.

Und jetzt stand dieser Mann vor ihm, der ihm schon begegnet war, den er aber nicht zuordnen konnte, und fragte ihn, ob er Ingeborgs *Bekannter* war.

»Claus Grothe«, durchbrach sein Gegenüber das Schweigen und streckte ihm die Hand hin. »Wir sind uns bei den Heinrichs begegnet. Ich bin Grafiker. Sie werden sich bestimmt nicht erinnern.«

»Um ehrlich zu sein …«

»Zerbrechen Sie sich nicht den Kopf. Ich habe Sie angesprochen, weil ich auf der Suche nach einem Autor bin und mehrere Freunde Sie empfohlen haben. Mir liegt ein recht ordentliches Angebot von einem Verlag vor. Für ein Bilderbuch. Nichts Großes, vielleicht zehn bis zwölf Seiten. Nur fehlt mir eine Geschichte.

Hätten Sie vielleicht Lust, mir so etwas zu schreiben? Etwas Harmloses, ein hübsches Abenteuer für die Kleinen, die selbst noch nicht lesen können, aber Freude an den Bildern haben. Und natürlich für die Eltern, die sich beim Vorlesen ja nicht langweilen sollen.«

Das Bild, das Michael verdrängen wollte, hatte sich längst in seinem Kopf Raum verschafft: Er sah die Küche in Obermenzing, sah sich zwischen seinen Eltern auf der Eckbank sitzen und die Buchseiten umblättern, die sein Vater ihm gemalt hatte. *Damals bin ich süchtig geworden*, dachte er. *Süchtig nach einem Schaf mit Menschenkopf und Glasherzohren, nach den Geschichten, die verbrannt sind und von denen es in Deutschland keine mehr zu geben scheint.*

»Wir würden uns das Honorar natürlich teilen«, beeilte der Grafiker sich hinzuzufügen.

Michael wollte ablehnen. Das Honorar würde ein Almosen sein, nie und nimmer den Schaden wert, den er sich damit zufügte: Er wäre als ernsthafter Autor erledigt. Schon jetzt sagte ihm mancher Kritiker Klamauk nach, sofern er ihm überhaupt Beachtung schenkte, *eine allzu freimütig ausgelebte Verspieltheit, die an Naivität grenzt und die Frage aufwirft, warum denn der junge Herr Ende gar so verschreckt vor dem Erwachsenwerden zu flüchten versucht.*

Auch Inge Heinrichs hatte ihn neulich zwar mütterlich, aber beileibe nicht zärtlich zurechtgewiesen: »Diese kleinen Liedchen, die du für die *Zwiebel* geschrieben hast – zu was sollen die taugen? Das ist Wortgeplänkel, Michael, substanzlose Spielerei, Abzählreime für Kinder, die ihre Zeit vergeuden. Bist du aus dem Alter nicht allmählich raus, hast du einer Welt, die von Ungarn bis Korea in Flammen steht, nicht mehr zu bieten?«

Für Kinder. Das Etikett hing ihm an. Zweifellos hätte niemand Bertolt Brecht vorgeworfen, er würde verspielt, substanzlos, naiv und in zeitvergeudenden Abzählreimen schreiben. Und wenn er jetzt tatsächlich begann, für Kinder zu schreiben, wenn ein Bilderbüchlein für kleine Kinder das erste Buch wäre, das im Druck von ihm erschien? Etwas Harmloses, ein hübsches Abenteuer. Er musste das von sich weisen. Aber das Wort *Abenteuer* war ein Funke, der in sprödes, zu lange ausgetrocknetes Holz schlug.

Als stünde das Land Gu aus einer Nebelwand des Vergessens auf und riefe um Hilfe, weil es dabei war, für immer zu verschwinden. Die zertrümmerten Steingestalten, die Feen im Dickicht, die namenlosen Geister, die sich in den Schatten der Vorwelt verbargen, schrien auf, derweil der Sumpf des Nichts nach ihnen fingerte, um sie in bodenlose Tiefe zu zerren. Die schwarze Oberfläche des Morasts warf gefräßige Blasen. Wenn er dem Land Gu nicht jetzt seine Hand hinstreckte, würde es keine Gelegenheit mehr geben, es je wiederzusehen.

Land Gu. *Vater*land.

»Falls es daran hängt – wir könnten uns das Honorar auch sechzig zu vierzig aufteilen«, sagte der Mann. »Man kann sich natürlich auf den Standpunkt stellen, dass auf Sie der weit größere Anteil an Arbeit entfällt.«

»Unsinn«, sagte Michael. »Ich schreibe auf jede Seite ein paar Zeilen, und Sie erschaffen mit Ihren Bildern eine Welt.«

»Nun ja.« Der Mann senkte den Blick. »Um ganz aufrichtig zu sein, erschien es mir selbst auch eher so. Dann sind wir uns also einig?«

Nein, wollte Michael sagen, *es kommt für mich nicht in Frage, ich bin kein Kinderbuchautor*. »Ich kann Ihnen nichts versprechen«, sagte er.

»Aber Sie versuchen es?«

»Versuchen kann ich es.«

Der Grafiker entblößte gut gepflegte Zähne und klopfte Michael auf die Schulter. »Ich bin sicher, Sie bekommen das ganz wunderbar hin.«

Als er nach Hause kam, graute der Tag. Seit seiner Trennung von Ingeborg blieb seine Mutter nicht mehr so häufig wach, um ihn zu empfangen, und auch heute hatte sie sich schlafen gelegt. Über der Wohnung lag ein eigentümlicher Frieden, wie er ihn zuletzt in Italien empfunden hatte, weit weg von seinem Leben hier. Am Spülstein in der Küche schenkte er sich ein großes Glas Wasser ein und trug es hinüber zum Schreibtisch. Dort setzte er sich hin und spannte in die Schreibmaschine einen nicht mehr ganz sauberen Bogen Papier.

Wovon die Geschichte, die er zu schreiben hoffte, handeln sollte, wusste er nicht. Nur dass er in der Stille sein Herz klopfen hörte und dass er auf einmal seinen Mut spürte. Seinen in Jahren beim Leben in der Vorwelt gestählten Mut, der ihm die Tür zum Abenteuer aufstieß, auch wenn ein erster Impuls ihn zwingen wollte, davonzulaufen. Der Beginn jeden Abenteuers, selbst des dunkelsten, gefahrvollsten, war auch eine Einladung zum Spiel.

Schon beinahe reflexhaft griff er nach *Die Welt als Labyrinth*, das neben der Maschine lag. Willkürlich blätterte er den Band auf und las Hockes Übersetzung eines Zitats des Manieristen Concetto: *Das Wunderliche, Wunderbare ist also Ziel der Dichtung. Wer nicht verblüffen kann, soll zum Stallknecht gehen.*

Er schob die Schreibmaschine, an der mittlerweile nicht nur das C und das U, sondern inzwischen auch das T und das L klemmten, beiseite und zog eines der billigen, linierten Schulhefte heran, die er stapelweise kaufte, um sich Notizen zu machen. Er schlug es auf und begann sofort zu schreiben, ohne sich Zeit für Zweifel zu lassen. »Das Land, in dem Lukas der Lokomotivführer wohnte«, schrieb er. Dreimal L. Das ergab einen Spielball und rollte mit ihm davon. »Das Land, in dem Lukas der Lokomotivführer wohnte, war nur sehr klein.«

19

INGEBORG ÜBERFLOG DIE LISTE mit Namen. Zehn Verlage hatte er angeschrieben, und alle zehn hatten abgelehnt. Die Ablehnungsschreiben hatte er beigelegt, die im Zorn zerknüllten glattgestrichen:

Passt bedauerlicherweise nicht in unser Programm.

Kinder dieser Altersgruppe lesen keine Romane von fünfhundert Seiten.

Leider entgeht uns die tiefere Aussage Ihrer Arbeit ebenso wie die Absicht, die Sie damit bezwecken.

Der ganze Stoß hatte in ihrem Briefkasten gelegen, als sie aufbrechen wollte, um Luise Rinser im *Luzifer* zu treffen. Ingeborg hatte Michael gebeten, ihr den Schriftwechsel zu schicken. Ein paar Minuten lang blätterte sie vor und zurück, dann ließ sie die Briefbögen sinken und trank einen Schluck von ihrem kühlen Weißwein. »Ich rede mit Sammy«, sagte sie. »Er soll Michael an diese Verlegerin vermitteln, die letztes Jahr seinen Fußballroman herausgebracht hat.«

Sammy Drechsel leitete eines der Kabaretts, in denen Ingeborg auftrat. Er schuldete ihr einen Gefallen, irgendwer schuldete immer irgendwem einen Gefallen, damit hielt sich die gesamte Branche über Wasser. »Die Klingler vom Bayerischen Rundfunk könnte ich auch ansprechen. Vielleicht hat die ja Platz in ihrem Kinderprogramm.«

Luise Rinser zog ihr den Stapel der Verlagsbriefe weg und blätterte ihn selbst durch. Als sie fertig war, hob sie so ruckartig den Kopf, dass Ingeborg glaubte, es in ihrem Nacken knacken zu hören. »Warum halst du dir das auf, Ingeborg? Du hast endlich deinen Jungen aus dem Gröbsten raus – warum willst du dir um jeden Preis einen neuen anschaffen? Und zwar einen, der nicht eines Tages seiner Wege zieht wie dein Micha, sondern dich erst wieder aus den Klauen lässt, wenn er alle Kraft aus dir herausgesaugt hat.«

Ingeborg verspürte ein Kratzen im Hals. Sie beugte sich vor, drückte die Zigarette im Aschenbecher aus und hustete sich mindestens die Hälfte ihrer Seele aus dem Leib. So etwas passierte ihr in letzter Zeit dauernd, vor allem wenn sie sich aufregte. Als sie durch ihre schmerzende Kehle wieder Luft bekam, nahm sie Luise den Papierstoß weg. »Dass Michael jünger ist als wir beide, macht ihn nicht zum Jungen. Er ist ein Mann.«

»Der dich sitzen gelassen hat, um sich durch die Betten von halb Schwabing zu schlafen. Nicht zum ersten Mal übrigens.«

Einer anderen hätte Ingeborg gesagt, sie solle sich zum Teufel scheren. Aber Luise war ihre Freundin seit zwanzig Jahren, in denen sie sich gegenseitig an den Kopf geworfen hatten, was immer ihnen nötig erschienen war. Luises Behauptung, sie wäre der Mensch, der Ingeborg am besten kannte, hätte diese bestritten, denn dazu war Luise zu intensiv mit sich selbst beschäftigt. Aber durch die lange Vertrautheit hatten selbst die Moralpredigten, die ihre wortgewaltige Freundin zu halten liebte, etwas Heimeliges. Zuflucht für im Geiste Obdachlose.

Sie steckte sich eine neue Zigarette an. »Michael kann schreiben. Dafür ist es reichlich gleichgültig, mit wem er schläft.« Dass es ihr nicht gleichgültig war, dass die Frauen, mit denen er es tat, bei Nacht zur Armee wurden und über Ingeborg hinwegmarschierten wie durch ein besetztes Land, verschwieg sie Luise. Es hatte mit Michaels Buch nichts zu tun, und zudem hätte sie der Armee womöglich Einhalt gebieten können, wäre es um nichts anderes gegangen als ums Körperliche. Michael aber war kein Mann, der auf die Idee gekommen wäre, sich in Körper und Geist aufzuteilen, Michael gab es nur ganz oder gar nicht, nur lichterloh oder kalt. »Er hat einen Roman geschrieben, der veröffentlicht gehört«, sagte sie zu Luise. »Aber er ist nicht fähig, ihn zu verkaufen. Also helfe ich ihm.«

»Ausgerechnet du?« Luise tat so, als müsse sie prusten. »Du bist doch nicht einmal in der Lage, dich selbst zu verkaufen. Und der sogenannte Roman, von dem wir hier reden – Ingeling, ich bitte dich.«

»Worum bittest du mich?«

»Darum, deine rosa Verliebten-Brille abzunehmen und dir gefälligst anzusehen, womit wir es zu tun haben: Dieser Mensch, der begabt sein mag oder nicht, der zumindest versteht, es dir einzureden, hatte den Auftrag, ein paar Knittelverse für ein Bilderbuch zu verfassen. Wie der Mensch hieß, der ihm den Auftrag erteilt hat, weiß er nicht mehr, denn das Ganze ist bald drei Jahre her, und in diesen drei Jahren hat er an seinem Schreibtisch gesessen und ein Kinderbuch von sage und schreibe fünfhundert Seiten verbrochen. Ein *Kinderbuch*! Keiner meiner Romane hat auch nur annähernd fünfhundert Seiten.«

Sie sprach *Kinderbuch* aus, als müsse man nach dem Genuss eines solchen die Toilette säubern. Wobei Luise ihre Toilette längst nicht mehr selbst säuberte. Ihre Romane waren kommerzielle Erfolge, und sie war in dritter Ehe mit Carl Orff verheiratet, einer Art lebendem Denkmal und dem Lieblingskomponisten des Feuilletons. Manchmal wünschte sich Ingeborg eine Waage, in deren eine Schale sie die ständigen Appelle, jedes Kunstwerk müsse eine gesellschaftspolitische Botschaft enthalten, gelegt hätte, während sich in der anderen die uneingeschränkten Huldigungen an Künstler türmten, die auf Hitlers Gottbegnadeten-Liste gestanden hatten.

Welche der Schalen hätte sich wohl tiefer geneigt?

Sie trank ihren Wein, und der Zorn packte sie. Als Luise noch einmal nach den Verlagsablehnungen griff, riss Ingeborg sie ihr weg, schob unter den Fuß ihres leeren Glases einen Fünf-Mark-Schein mit dem Bild der vom göttlichen Stier entführten Europa und stand auf. »Ich gehe rüber zu den *Namenlosen* und sehe zu, ob ich Sammy noch erwische.«

Luise schnellte in die Höhe und legte Ingeborg ihre Hände an den Hals, knapp über dem Ansatz der Schultern. Ihr Duft, der Ingeborg in die Nase stieg, hatte etwas Dunkles, Feuchtwarmes. Die unsichtbaren Mauern, die Menschen um sich errichteten, rannte Luise einfach um. »Was willst du denn da jetzt, Ingeling?«

Ingeborg schüttelte sie ab. »Habe ich dir doch gesagt. Ich will Sammy bitten, sich bei seiner Verlegerin für Michaels Buch zu verwenden.«

»Für das Kinderbuch, dem auf fünfhundert Seiten jede kleinste Spur einer pädagogischen Absicht fehlt?«

»Für *Lukas den Lokomotivführer*«, betonte Ingeborg, als spreche sie den Namen von ihrem und Michaels Kind aus. Sie hatte nie zu den Frauen gehört, die scharf auf Kinder waren, und das eine, das sie zur Welt gebracht hatte, bereitete ihr ein dauerhaft schlechtes Gewissen.

Aber dieses war ihres. Für dieses wollte sie sorgen.

»Jetzt setz dich in Gottes Namen wieder hin, ich gebe uns beiden noch ein Glas aus, und du hörst mir ausnahmsweise mal zu.« Mit einer Hand versuchte sie Ingeborg auf ihren Stuhl zu drücken, mit der anderen winkte sie dem Kellner. »War das Veltliner, was du hattest?«

»Silvaner.« Ingeborg blieb stehen. Für den Wein allerdings war sie dankbar – ihr Portemonnaie war leer, und ihre Nerven flatterten. Die zwei Gläser wurden im Handumdrehen gebracht. Luise war im *Luzifer* so etwas wie eine selbstgekrönte Königin.

»Schmecken alle nicht.« Luise stieß ihr Glas mit Schwung gegen das von Ingeborg und blieb ebenfalls stehen. »Wenn man einmal in Rom war, ist man für das traurige Gesöff aus unseren sonnenarmen Breitengraden ein für allemal verdorben.«

Wenn man einmal in Rom war, ist man für den Rest der Welt ein für allemal verdorben, dachte Ingeborg.

»*Est! Est!! Est!!! di Montefiascone!*« Luise, die nicht singen konnte, ließ ihren Kehlkopf hüpfen wie eine Koloratursopranistin. »Ich sage dir, das ist kein Wein, das ist eine Offenbarung. Habe ich dir übrigens erzählt, dass ich dabei bin, mir in Rom eine Wohnung zu kaufen? Auf dem Aventin. Traumhafte Aussicht. Ich habe diese elenden Winter und die grässliche Bildungsfeindlichkeit in diesem Land so satt.«

»Nein, das hast du mir nicht erzählt.« Ingeborg fand Neid erbärmlich und hatte ihm dennoch nichts entgegenzusetzen. Sie war mit Michael in Rom gewesen und hatte hinterher ernsthaft erwogen, ihre Mutter zu fragen, ob sie nicht vielleicht ein Findelkind war, von Bänkelsängern und Gauklern in ein grimmig kaltes Land verschleppt, in dem sie ihr Leben lang auf Eiern tanzte. *Nur wer die Sehnsucht kennt, weiß, was ich leide.* »Was sagt denn Carl dazu?«, fragte sie. Orff war fern von Deutschland, wo er wie eine knorrige Trutzeiche verwurzelt schien, schwer vorstellbar – und noch schwerer ohne den Kreis seiner Jünger und Famuli, allein mit Luise in vier Wände gesperrt.

»Auf dem neusten Stand bist du wirklich nicht, was?« Luise spitzte den Mund. »Nimm's mir nicht krumm, aber wenn du es weiterhin vorziehst, dich in die hausgemachten Probleme des Herrn Ende zu vergraben, musst du dich nicht wundern, dass das Leben an dir vorbeirauscht. Meine Beziehung mit Carl strebt ihrem natürlichen Ende entgegen. Im Grunde war das von Beginn an abzusehen. Ich bin als Künstlerin nun einmal nicht in der Lage, meine Arbeit der eines anderen unterzuordnen. Und ich war der Ansicht, dasselbe gelte für dich.«

Ich auch, dachte Ingeborg. »Spielt das eine Rolle?«, fragte sie. »Wenn es uns um Kunst geht – muss es dann nicht grundsätzlich das wertvollste Kunstwerk sein, in dessen Dienst wir unsere Kräfte stellen?«

»Bist du noch bei Trost?« Luises Nussäuglein feuerten empörte Blitze ab. »Und mit dem wertvollsten Kunstwerk meinst du allen Ernstes dieses breitgetretene Märchen über eine Ansammlung von sieben Zwergen, die auf ihrer Insel Eisenbahn fahren?«

»Ich meine *Lukas den Lokomotivführer*«, sagte Ingeborg. »Ich meine das, was Michael schreibt und noch schreiben wird, wenn jemand ihm hilft, die Stolpersteine aus dem Weg zu räumen.«

»Zum Kuckuck, Ingeborg, macht dieser Mensch dich blind? Wir leben in keinem Zeitalter, in dem wir es uns leisten könnten, unsere Kinder von Märchenonkeln einlullen zu lassen. Literatur muss uns helfen, sie zu formen, zu bilden, sie zu mündigen Staatsbürgern zu erziehen. Ich habe Stephan und Christoph in ihrem ganzen Leben kein Märchen vorgelesen.«

Und was hast du ihnen stattdessen vorgelesen?, hätte Ingeborg am liebsten gefragt. *Das Alte Testament, das Kommunistische Manifest?*

Wäre Michael, dem die halbe Weltliteratur kreuz und quer vorgelesen worden war, hier gewesen, so hätte er dagegengehalten, dass es wenig Unterschied machte. »Kinder, bevor sie zerbrochen werden, entdecken sowieso ihre Märchen in allem. Für sie ist die Welt noch ein magischer Ort, ist noch jeder Schritt mit Bedeutung aufgeladen. Jeder Pflasterstein im Gehsteig kann sich zu einem Schlund der Hölle auftun, wenn man mit dem falschen Fuß drauftritt. Von jedem Hausdach kann eine gefangene Prinzessin ihr Haar herunterlassen, wenn man das Zauberwort kennt.«

An jenem magischen Ort war sein *Lukas* entstanden. »Ich habe einfach einen ersten Satz geschrieben. Dann einen zweiten. Wenn ich zwischendurch nicht wusste, wo die Geschichte hinwollte, habe ich gewartet, bis sie sich entschieden hatte, und eines Morgens war mein *Lokomotivführer* zu Ende erzählt und fünfhundert Seiten lang.« Den fünfhundert Seiten langen *Lokomotivführer* hatte er einem komischen Kauz hinter einer Dornröschenhecke nachempfunden, der an Mauern Märchengestalten gemalt und garstige Kinder mit dem Kochlöffel verprügelt hatte. Luise hatte nicht völlig unrecht. Wenn man bei Michael nur auf die Oberfläche blickte, mochte man glauben, einen verlorenen Jungen vor sich zu haben, bedeckt mit Reben und Blättern und im Mund letzte Milchzähne. Einen verlorenen Jungen, der vor dem Zwang, der Welt als Erwachsener die Stirn zu bieten, in ein Nimmerland hinter Wolken davonlief. Einen Eskapisten.

Wer aber meinte, er dürfe die Abgründe von Märchen und die Untiefen ihrer Schöpfer so billig abtun, der flüchtete selbst. Ihm fehlte der Mut, das Tal der Dämmerung, den Mund des Todes zu durchqueren, die Stimmen derer zu ertragen, von denen längst nichts mehr als ihr Echo übrig war. Ihm fehlte der Mut, vor dem Tor des Kummerlandes Einlass zu begehren, wo nicht reinrassigen Geschöpfen die Todesstrafe droht. Ihm fehlte der Mut, sich einzugestehen, dass er in keiner Welt der Ordnung und der klaren Regeln lebte, sondern in einer aus Chaos und Rätselhaftigkeit, in der es der Poesie, des Humors, der Zaubersprüche bedurfte, um darin heimisch zu werden.

Ingeborg stopfte die Zigarettenschachtel in die Tasche ihrer Kostümjacke und ließ den Rest des Weins stehen.

»Wo willst du jetzt wieder hin? Ich hatte dir gerade von dem Buch erzählen wollen, das ich plane, eine unerhörte Sache, nichts, womit mich die deutsche Literaturkritik so leicht davonkommen lassen wird ...«

»Ich muss rüber zu Sammy«, schnitt ihr Ingeborg das Wort ab und war schon auf dem Weg.

Sammy Drechsel, der als Karl-Heinz Kamke das Licht der Welt erblickt hatte, war ein feiner Kerl, ein Tausendsassa und einer, der nicht lange fackelte. Ingeborg gab, was sie konnte, legte in ihr Plädoyer für Michaels Roman all ihre Überzeugung. Anders als Michael selbst, zweifelte sie an der Qualität des Romans keinen Augenblick lang, auch wenn sich das, was daran einzigartig und verführerisch war, nur schwer in Worte fassen ließ. Wenn sie eines noch besaß, dann war es ein untrüglicher Blick für Qualität. Sammy ließ sie eine Weile reden, dann sagte er: »Sag Michael, er soll mir den ganzen Manuskriptpacken ins Theater senden, ich schreibe dann rasch ein paar Zeilen dazu und schicke ihn nach Stuttgart zu Lotte.«

Lotte – mit der er sich übrigens keineswegs duzte – war Lieselotte Weitbrecht, die Verlegerin, die seinen Jugendroman *Elf Freunde müsst ihr sein* herausgebracht hatte, nachdem etliche andere Verlage ihn als chancenlos abgetan hatten. Ihr Unternehmen – den vergleichsweise kleinen Thienemann Verlag für Kinder- und Jugendliteratur – hatte ihr Vater fast vierzig Jahre zuvor, mitten im Ersten Weltkrieg, aufgekauft, und seine ledig gebliebene Tochter führte es mit innigster Hingabe weiter.

Sie hatte ihren Bruder Richard ins Unternehmen einbezogen, und dessen Sohn Hansjörg – mit seinen fünfzehn Jahren nicht älter als Ingeborgs wilder Sohn Micha – bereits als Nachfolger im Auge, selbst wenn dieser sich in den Kopf gesetzt hatte, Lehrer zu werden. Vielleicht hatte Sammy recht, vielleicht war diese Frau die letzte Idealistin ihres Berufsstandes und las einen Text zumindest durch, ehe sie die Augen zukniff und ihn vom Tisch wischte, weil er in keine ihrer Schubladen passte.

Wenn ein Verleger Michaels Text durchlas, dessen war Ingeborg sicher, würde er sich verlieben, und alles Weitere würde sich finden.

Ihr Problem bestand darin, Michael die fünfhundert Seiten seines Manuskripts mit Menschen- und Engelszungen abzuschwatzen. Er hatte es gerade wegwerfen wollen, hatte es mit Bindfaden zusammengeknotet in den Rinnstein gestellt, wo die Müllabfuhr es abholen würde. Sie fing ihn vor seiner Haustür ab. Wenn jemand verstand, wie mürbe er von all der Ablehnung, den unaufhörlichen Schüssen vor den Bug war, dann sie. Und doch musste er in sich den Mut finden, es noch ein einziges Mal zu versuchen.

Sie war es, die den Mut in ihm würde finden müssen, ihm versichern, dass dieser Versuch anders verlaufen würde, weil all die vergeblichen zuvor nichts über den Wert seines Romans aussagten.

»Was soll das noch, Ingeborg?« Er baute sich vor ihr auf, vertrat ihr den Weg zu dem Manuskript im Rinnstein. »Niemand will es haben, und eine Geschichte, die niemand haben will, ist tot. Ich habe diese tote Geschichte schon unter meinen Schreibtisch gelegt, weil ich dachte, es geht mir besser, wenn ich sie oben, neben der Maschine, nicht mehr ertragen muss. Aber es hat nicht geholfen. Mit der Leiche von meinem *Lukas* um die Füße bekomme ich nicht einmal mein klägliches bisschen Lohnschreiberei zustande, und demnächst wird meine Vermieterin uns aus der Wohnung werfen.«

»Gib es mir.« Ingeborg hatte ihm die Hände entgegengestreckt. »Stell dir einfach vor, ich bin die Müllabfuhr.«

»Und was willst du damit?«

»Mir die Wände tapezieren.« Sekundenlang spielte sie mit dem Gedanken, ihn zur Seite zu stoßen und mit dem Manuskript in einen Zug nach Stuttgart zu flüchten, um dem Thienemann Verlag damit die Tür einzurennen. Sie hatte gelesen, Pietro Mascagnis Frau hätte ebendies getan, hätte *Cavalleria Rusticana* aus dem Mülleimer gefischt und persönlich zum Verlag Sonzogno getragen, in dessen Wettbewerb die Oper ihres Mannes dann den ersten Preis errang. Damit habe Lina Mascagni einen Welterfolg vor der Vernichtung und ihren Mann davor bewahrt, Bäcker werden zu müssen. Ingeborg hatte die Geschichte nicht geglaubt, doch womöglich hätte Michael, der noch als Bäcker ein Geschichtenerzähler sein würde, ein derart entschlossenes Stück Tatkraft gebraucht.

Nur war es nicht Ingeborg, die ihm das geben konnte. Sie war keine Macherin, sondern eine müde Schauspielerin, der es zunehmend schwerer fiel, um ihre eigenen Belange zu kämpfen. Wenn es ihr nicht gelang, ihm mit Worten das Rückgrat zu stärken, bis er den schweren Packen Papier selbst aus dem Rinnstein fischte, hatte sie verloren.

Freudlos lachte Michael auf. »Ich kaufe dir fünf Rollen Raufaser.«

Ingeborg holte Atem, wobei die Lungenspitzen schmerzten. »Ich will nicht von toter Raufaser umgeben leben, sondern von tanzenden, quirligen Gestalten. Von Traumfängern, die meine Alpträume verscheuchen.«

Sie merkte, dass er aufhorchte. »Das ist dir nicht ernst, oder? Du willst nicht tatsächlich all diese Seiten, die ich sinnlos vollgetippt habe, in der Wohnung, in der du mit deiner Familie lebst, an die Wände kleben?«

»Es ist mir todernst«, sagte Ingeborg. »Nein, ich will mir nicht die Seiten deines Buches an die Wände kleben, weil sie dort nur die Handvoll Leute lesen können, die zu uns in die Wohnung kommen. Die meisten davon haben mit dem Lesen längst aufgehört. Der Vorteil eines Buches im Vergleich mit einer Tapete ist eindeutig, dass jeder es lesen kann, und das ist es, was ich für deinen *Lukas* will. Hast du das nicht auch gewollt?«

»Doch«, sagte er. »Nur will es außer mir keiner.«

»Bin ich keiner?«

»Natürlich nicht.«

»Schön«, sagte Ingeborg. »Dann hat dein armes Buch also zumindest noch einen, der daran glaubt, denn dich hat es ja verloren. Und wessen Urteil vertraust du nun? Meinem oder dem von ein paar grau gekleideten Herren hinter ihren Schreibtischen, die dir in ihren diktierten Briefen mitteilen, dass Kinder keine dicken Bücher lesen. Hast du als Kind dicke Bücher gelesen?«

»Ich denke nicht, dass ich als normales Kind durchgehe«, erwiderte Michael.

»Und kennst du viele Kinder, die als normal durchgehen?«

Er musste lachen. Nicht heiter, aber auch nicht ganz freudlos. Dann hielt er inne. »Grau gekleidete Herren«, murmelte er. »Wie kommst du auf grau?«

»Ich weiß nicht«, sagte Ingeborg. »Mir kommt es vor, als hätten alle, die mir als Kind erzählen wollten, ich solle meine Zeit nicht mit unangemessenen Büchern verschwenden, graue Anzüge getragen.«

»Meiner hieß Hauptlehrer Burckhardt«, murmelte Michael gedankenverloren. »Was er für einen Anzug trug, weiß ich nicht mehr. Aber dass er mir verbieten wollte, *Pu der Bär* zu lesen, weil es kindisch sei, albern und ohne erzieherischen Wert.«

»Und *Lukas der Lokomotivführer?«*, fragte Ingeborg.

»Hätte er zweifellos noch wertloser gefunden«, sagte Michael dumpf.

Sie stemmte die Hände in die Seiten und suchte seinen Blick. »Wer hat recht? Hauptlehrer Burckhardt oder ich?«

Er sagte nichts. Einander gegenüber standen sie auf der Straße.

»Hol das Manuskript aus dem Rinnstein, Michael. Bring es zu Sammy Drechsel, der es seiner Verlegerin nach Stuttgart schicken will. Unternimm noch diesen einen Versuch, tu es für alle Kinder, die sich von Hauptlehrer Burckhardt nichts vorschreiben lassen, und für die Erwachsenen erst recht. Wenn diese Verlegerin dann auch ohne Hirn und Herz einen Ablehnungsbrief diktiert, geben wir auf, und ich belästige dich damit nicht mehr.«

Sehr langsam drehte er sich um. Noch langsamer griff er nach dem Ende des Bindfadens, den er um das Manuskript gewickelt hatte, und zog es hoch. Ingeborg zwang sich dazu, sich ebenfalls umzudrehen. In die andere Richtung. Sie fühlte sich ermattet wie nach einer Schlacht, und ihr blieb jetzt nichts übrig, als zu vertrauen. Wenn er das Manuskript in den Rinnstein zurückstellte, sobald sie sich weit genug entfernt hatte, würde sie sich damit abfinden müssen, was immer es für seine – und wohl nicht weniger für ihre – Zukunft bedeutete.

Sie ging nach Hause, legte sich drei Tage lang ins Bett und kurierte eine Bronchitis aus, wie es sonst nicht ihre Art war. Rief Michael nicht an und fragte auch bei Sammy nicht nach. Nach weiteren drei Tagen kam Michael zu ihr, weil er ihr einen Brief von Lotte Weitbrecht zeigen wollte: Um den Roman in diesem Jahr noch zu veröffentlichen, sei es leider zu spät. Zudem werde man den Text seiner Länge wegen in zwei Bände teilen und wolle anfragen, ob der Autor dazu bereit sei. Ingeborg allerdings hatte Schwierigkeiten, über den ersten Satz des Briefes hinaus etwas aufzunehmen: »Von Ihrer Geschichte, lieber Herr Ende«, stand da, »bin ich tief begeistert.«

Lukas der Lokomotivführer – oder zumindest der erste Band davon – würde unter dem Titel *Jim Knopf und Lukas der Lokomotivführer* im folgenden Jahr, 1960, in Lotte Weitbrechts Thienemann Verlag erscheinen.

20

DAS LEBEN GING WEITER. Jenes tägliche Leben, in das man wie aus dem Olymp stürzte und das Leute wie Inge Heinrichs mit Lehrerinnenstimme die Wirklichkeit nannten. Was Michael daran verdienen würde, hing ausschließlich davon ab, wie sich das Buch verkaufen würde. Vorerst bestand also weiter die Notwendigkeit, die Gedanken von der großen Sache fortzulenken und durch Kleines, mühsam Zusammengeschriebenes für den Unterhalt zu sorgen. Dazu war jedoch Michael nicht gemacht. Er warf sich kopfüber in sein neues, bisher erregendstes Abenteuer, saß seiner Verlegerin im Nacken und begleitete seine Geschichte auf jedem Schritt ihres Weges in den Druck.

Die Arbeitsproben der Illustratoren prüfte er, als hätte er sie an der Kunst seines Vaters zu messen, bis mit Franz Josef Tripp endlich jemand gefunden war, der die Bilder in Michaels Kopf zu kennen schien. Die Teilung des Manuskripts in zwei Hälften nahm etliche Wochen in Anspruch, und aus der Zeit des Lektorats wurde ein schmerzvoller täglicher Kampf. Ingeborg blieb so dicht an seiner Seite, wie er es ertrug. So dicht, dass *Jim Knopf* noch zwischen sie passte. Ein wenig waren sie jetzt wirklich zu Eltern geworden, deren Kind Nacht für Nacht zu ihnen ins Bett kroch. Die aus dem Lektorat eingetroffenen Seiten las sie ihm vor, bis ihr Schauspielerinnen-Gedächtnis jede Zeile auswendig kannte. Für andere Arbeit blieb keine Zeit. Als der erste Band schließlich erschien, hatten sie beide keinen Pfennig mehr.

Ingeborg erhielt Hilfe von Walter Sedlmayr, einem der wenigen Freunde, die ihr weder jemals Avancen gemacht noch deren Zurückweisung krummgenommen hatten. Walter war seit Jahren in den Münchner Kammerspielen und brachte es fertig, auch ihr mitten in der Saison ein Engagement zu verschaffen. »Ist nur was Bescheidenes«, entschuldigte er sich. »Schon schade, wo du so viel mehr kannst, aber du weißt's ja selbst: Hast eben deinen Ruf als Kratzbürste weg, und wenn sich daran nun mal nichts ändern lässt, wird's mit den Rollen, die du verdient hast, leider hapern.«

»Passt schon«, versicherte ihm Ingeborg. Damit, dass sie eine *Baraita* bleiben würde, eine, die so, wie sie war, von vielen eingangs begehrt und von wenigen dauerhaft ertragen wurde, hatte sie sich inzwischen arrangiert. Sie hatte ihr Auskommen, und von Erfolg hatte sie nie geträumt. Nur von Schönheit, davon, auf einer Bühne ihr Bestes zu geben, und mit der Erkenntnis, dass dieser Traum unerfüllt bliebe, ließ es sich leben. Sie hatte immerhin gerade der Schönheit eines Romans in die Welt geholfen, hatte einem anderen Traum ihre Kraft geschenkt und für *Jim Knopf* ihr Bestes gegeben.

Ihre Sorge galt Michael, der einen Auftrag beim Rundfunk abgelehnt hatte. Er müsse sich auf sein Theaterstück konzentrieren, hatte er ihr erklärt. Wenn nicht jetzt in kürzester Zeit etwas von ihm käme, das die Szene – all die selbsternannten Literaturpäpste – gelten ließ, würde man ihn in einen Spielzeugschrank sperren und nicht mehr herauslassen. Von der Vorstellung hatte er Alpträume: Ein Bataillon von grau gekleideten Herren, die in schweren Stiefeln aufmarschierten, ihn packten und als untauglich wegsperrten. Ins Kinderzimmer. Dorthin, wo niemand ihn mehr hören würde, was immer er auch von sich gab. Auf seinem Schreibtisch hatte die Kritik einer Münchner Tageszeitung gelegen, die Ingeborg von ihm hatte fernhalten wollen.

Süffisant stellte der Verfasser fest, Michael Ende, der bisher Kleinkunstbühnen mit eher durchschnittlicher Kost beliefert habe, sei mit dem Wechsel ans literarische Kasperltheater nun offenbar der Sprung in sein eigentliches Element gelungen. *Was der Autor neuerdings für Kinder zusammendichtet, mag oberflächlich betrachtet sogar mit einem gewissen Liebreiz daherkommen. Welcher Junge träumt schließlich nicht davon, Lokomotivführer zu werden? Dass Ende über possierliche Träume und Blüten, die seine diffuse Fantasie treibt, hinaus jedoch nichts zu sagen hat, ist in Anbetracht der Weltlage nicht nur dürftig, sondern rundheraus schädlich. Eskapismus in Reinform. Betäubungsmittel für die Kinderapotheke.*

Es gab auch andere Kritiken. Wohlwollende, die *Jim Knopf* einen *liebenswerten Kobold* nannten und seine Geschichte *ein heiteres Kinderabenteuer voller amüsanter Kapriolen.* Vielleicht schmerzten diese guten Kritiken, für die man sich zumeist auch noch bedanken musste, mehr als die Verrisse. Vielleicht war inzwischen jedes Wort, das über *Jim Knopf* geschrieben wurde, ein Nadelstich geworden, der Michael traf. In jedem Fall war es kein Wunder, dass er in wüster Verzweiflung auf seine Schreibmaschine einhämmerte, dass er glaubte, er müsse etwas beweisen, das jeder, der es sehen wollte, längst hätte sehen können. Ingeborg verstand ihn. Aber ihr Verständnis verhalf Michael nicht zu Geld.

Die erste Abrechnung fiel nicht übel aus. Für ein Debüt hatte *Jim Knopf* sich mehr als ordentlich verkauft. Das, was dem Autor ausgezahlt wurde, genügte dennoch nur knapp, um ein Darlehen an seinen Hamburger Onkel Helmuth zurückzuzahlen und die drängendsten Schulden zu begleichen. Die Wohnungsmiete hätte fraglos dazugehört, doch dann fielen Heizkosten an, und es stellte sich heraus, dass Michaels Mutter keine Beiträge zur Krankenversicherung zahlte und somit ohne Schutz war. Die Miete musste warten. Bis das Theaterstück fertiggestellt und verkauft war. Bis die nächste Abrechnung eintraf. Oder bis – in etwas mehr als einem Jahr – der zweite Band erschien.

Sie gingen abends oft aus. Zogen durch Stammlokale, trafen Bekannte, saßen in verrauchten Räumen, in denen Ingeborg husten musste und Michael die Augen tränten, und tranken Wein, den sie sich nicht leisten konnten. Feierten, dass sie nichts zu feiern hatten. Betrieben das, was die Kritiker Michael vorwarfen: Eskapismus. Flucht vor zu scharfem, zu klarem Denken.

Am verrücktesten erschien dabei, dass sie an den meisten

Abenden Michaels Mutter im Schlepptau hatten. Nein, das war falsch: Michaels Mutter war keine kleine Lokomotive Molly, die sich an einer Schlepptrosse hinterdreinziehen ließ. Sie war eine Galionsfigur, die mit geschwellter Brust vorneweg strebte, zwar von Natur aus klein und durch die Härte der Jahre schmächtig geworden, aber definitiv die Letzte, die sich die Butter vom Brot nehmen ließ. Besitzergreifend ruhte ihre Hand auf dem Arm ihres Sohnes, und wenn unter den Nachtschwärmern, die ihnen über den Weg liefen, jemand das Buch jenes Sohnes erwähnte, war sie es, die das Wort ergriff und mit dem Stolz der Expertin sämtliche Fragen beantwortete. Auch solche, die niemand gestellt hatte.

Ein Mensch, der so sehr lieben konnte, wie Luise Ende Michael liebte, war Ingeborg nie zuvor begegnet. Sicher gab es andere Mütter, die für ihre Kinder durchs Feuer gegangen wären, aber Luise hätte es strahlenden Auges und tänzelnden Fußes getan. Daran, dass die kleine, weißhaarige Frau mit demselben Temperament zu hassen imstande war, hegte Ingeborg keinen Zweifel. Ausläufer jenes Hasses bekam sie von Zeit zu Zeit selbst zu spüren, war jedoch nicht in der Lage, ihn mit der gleichen Kraft zu erwidern.

Vielleicht weil sie vor der Wucht dieser Liebe zu viel Ehrfurcht hatte. Und sich insgeheim wünschte, sie hätte eine solche Liebe in ihrem Leben gehabt, um sich daran zu erinnern. Einmal, als ein paar Freunde in der Wohnung der Endes zusammengekommen waren und über die Zerstörung sprachen, die die Jahre des Nazi-Terrors in ihnen angerichtet hatte und die nicht mehr zu heilen war, hatte Michaels Mutter gesagt: »Wenn etwas weich bleibt, dann lässt es sich ja nicht zerbrechen. Und dieses Weiche in mir, das war selbst in der mörderischsten, unmenschlichsten Zeit der Teil, der das Kind zu versorgen hatte, der den kleinen Jungen auf dem Schoß hielt und auf sein aufgeschlagenes Knie pustete, der seinen Harlekin für ihn tanzen ließ und ihm versicherte, dass es Monster unter Betten zwar gab, dass sie aber nicht zwingend bösartig waren.«

Nicht nur das Ausmaß ihrer Liebe, auch das Durchhaltevermögen der Mutter nötigte Ingeborg Bewunderung ab. Sie war entschlossen, ihren Sohn nicht der gefährlichen Verführerin zu überlassen, also wich sie ihm nicht von der Seite, selbst wenn der Sohn und die Verführerin sich in einem Lokal festschwatzten und festtranken, das bis in die Morgenstunden geöffnet war. Als Ingeborg sie einmal zu fragen wagte, ob sie nicht müde sei, gab sie zur Antwort: »Wenn es darum geht, sich die Nacht um die Ohren zu schlagen, sind Michael und ich ganz anderes gewohnt.«

Ihren Mann erwähnte sie nie. Nicht als wäre er tot, sondern als hätte er nie gelebt und mit der Existenz ihres Sohnes nichts zu schaffen.

An einem Morgen Anfang März, nach einer auf solche Art durchfeierten Nacht, taumelten sie erst aus dem Lokal, als der Wirt die Rollläden herunterließ. Die Kälte lauerte in Hauseingängen, fiel über sie her und kroch unter die Haut. Der Tag zeigte gähnend und grau sein todmüdes Gesicht. Ein Straßenkehrer fegte Bananenschalen und eine tote Ratte in den Rinnstein. Es ging Deutschland wieder gut, es gab Südfrüchte in Hülle und Fülle. Michaels Mutter, entschlossen, keine Schwäche zu zeigen, stapfte auf der Straße voran. Bis zu ihrem Haus waren es nur zwei Straßenzüge, und Ingeborg hätte in die andere Richtung gemusst.

»Komm mit uns«, sagte Michael und nahm ihren Arm. »Ich bin zweiunddreißig, und noch immer trenne ich mich von meiner Freundin vor der Kneipentür wie als Oberschüler. Geld für den Heimweg im Taxi, wie es sich gehört, kann ich ihr auch nicht geben.« Er wendete seine Jackentaschen nach außen, und ein paar Krümel Tabak rieselten aufs Pflaster. »Der Bilanz des Tages zufolge bin ich keinen Pfennig wert. Zum Ausgleich habe ich einen Kinderroman aufzubieten, den die Kritik als weltfremden Schund verreißt, und wenn das nicht genügt, noch sieben Monate Mietschulden. Ich habe das alles so satt, Ingeborg. Mich selbst am meisten.«

»Sieben Monate!« Zu spät bemühte sie sich, ihren Schrecken

über die Länge des Zeitraums zu verbergen. Im Kopf überschlug sie ein paar Zahlen, um zu prüfen, ob sie ihm aushelfen konnte, und kam zu einem negativen Ergebnis. »Hast du mit deiner Vermieterin gesprochen? Würde sie sich auf eine Anzahlung einlassen?«

Michael schüttelte den Kopf und führte sie weiter. Als sie im Schlepptau von Luise in die Leopoldstraße einbogen, in der Michael mit seiner Mutter inzwischen wohnte, sah Ingeborg mit ihren scharfen Augen eine Frau, die im Morgennebel vor dem Haus der Endes stand. »Sie lässt sich auf nichts mehr ein«, sagte Michael, der dringend eine Brille brauchte. »Sie sagt, sie müsse sich in Frau Weichherz umtaufen lassen, weil sie so lange für uns Verständnis gezeigt hat. Aber auch ihre Geduld ist irgendwann am Ende.«

Ingeborg berührte mit ihrem Ellenbogen seine Rippen. Michael blieb stehen. Noch immer segelte seine Mutter wie eine sturmtaugliche Fregatte voraus. »Das ist sie.«

»Frau Weichherz?«

»Frau Sterzing. Undine.« Er ging weiter. An ihrem Arm, der an seinem lag, spürte sie sein Zittern. Undine Sterzing trug einen metallblauen Rock im Blütenkelchstil und ein Kopftuch in derselben Farbe. Als sie sich ihr bis auf drei Schritte genähert hatten, fuhr sie herum. »Sieh an, der Herr Ende. Hab ich also nicht ganz umsonst gewartet – verschluckt vom Erdboden konnten'S ja wohl doch nicht sein.«

Seine Mutter, die bis an die Zähne bewaffnete Fregatte, wollte der Feindin entgegensegeln, aber dieses eine Mal war ihr Sohn schneller. Er drängte sich an ihr vorbei und stellte sich zwischen sie und die Weichherzige, deren Geduld am Ende war. »Ich weiß, weshalb Sie hier sind, Frau Sterzing, und Sie haben natürlich völlig recht. Leider lässt die erhoffte Verbesserung meiner finanziellen Lage noch ein wenig auf sich warten. Ende des Monats erhalte ich jedoch die Abrechnung meines Verlages, und dann ...«

»Nichts da mit *und dann*«, schnitt ihm Undine Sterzing das Wort ab. »Ich bin gekommen, um Ihnen mitzuteilen, dass ich eine Räumungsklage gegen Sie eingereicht habe. Die paar Mark aus Ihrer Abrechnung investieren Sie am besten in einen Möbelwagen, ansonsten stelle ich Ihnen Ihr *Glump* nämlich vor die Tür.«

Zorn wallte in Ingeborg auf und sorgte für einen Hustenanfall. Sie hätte auf die selbstgerechte Person losgehen und ihr ins Gesicht schleudern wollen, was der Welt bevorstand, wenn es außer Geld keinen Wert, keinen Maßstab mehr gab, wenn Kunst erstickte, weil niemand sie sich mehr leisten konnte. Stattdessen entging sie nur knapp dem Ersticken, stand auf dem Gehsteig und keuchte sich die Seele aus dem Leib. Michael hingegen blieb mit schwer erkämpfter Ruhe Herr der Lage. »Ich bitte Sie, Frau Sterzing, lassen Sie uns das drinnen besprechen. Meine Mutter ist müde und friert, und meine Bekannte fühlt sich nicht wohl.«

Ohne eine Antwort abzuwarten, nahm er Ingeborg und seine Mutter bei den Armen und führte sie an der Sterzing vorbei. Als er seinen Schlüssel ins Schloss schob, begann drinnen das Telefon zu läuten. Die Rechnung für den Anschluss war Michael wichtiger als die Miete erschienen, weil er sich seit dem Selbstmordversuch seiner Mutter ohne Telefon nicht mehr sicher fühlte. Wer rief ihn so früh am Morgen an? Noch im Mantel eilte er in sein Zimmer, wo auf dem Schreibtisch der Apparat stand. Die drei Frauen folgten. Michael nahm den Hörer ab, presste ihn jedoch nicht fest ans Ohr, sodass Ingeborg mithören konnte, wie sich eine Frauenstimme für die Störung zu »unchristlicher Zeit« entschuldigte.

»Keine Ursache«, sagte Michael. »Wir haben unsere Morgenandacht schon hinter uns.«

»Wir wollten gern, dass Sie es vor der Presse erfahren«, erwiderte die Frau. Dann drehte Michael sich zur Seite, und Ingeborg konnte die Stimme nicht mehr hören. Offenbar redete die Frau eine Weile, ohne dass Michael den Sinn ihrer Worte erfasste, denn er fragte mehrmals »Wie bitte?« und »Was heißt das?«, griff nach einem Kugelschreiber und klopfte damit auf die Schreibtischplatte. Dann ließ er den Kugelschreiber fallen und zog das Buch zu sich heran, *Die Welt als Labyrinth*, das er dort liegen hatte wie ein gehorsamer Christ seine Bibel. Seine Hand umspannte den abgegriffenen Einband.

»Können Sie mir das bitte erklären? Was bedeutet: der Preis ist nicht hoch dotiert?«

Wieder sprach die Frau. Ingeborg vernahm nur ein Schnarren.

Über Michaels Gesicht ging eine Bewegung. Kein Lächeln. Eher ein Leuchten, als fiele Tageslicht darauf. »Machen Sie sich keine Sorgen«, sagte er zu der Frau. »Ich habe so viel Geld noch nie auf einem Haufen gesehen. Haben Sie vielen Dank, ich wünsche Ihnen auch einen schönen Tag.«

Sehr langsam legte er den Hörer auf die Gabel, wischte sich über die Stirn und blinzelte mehrmals heftig mit den übermüdeten Augen. Dann wandte er sich Ingeborg zu. »Ich muss diesen Cousin von dir anrufen«, sagte er. »Karl-Ludwig Peters, Ritter von der heiligen Finanz. Ich habe ihm versprochen, ich komme auf ihn zurück.«

Es war Ingeborg, die zuerst lächelte. Die begriff, dass das, was sie ohne jeden Zweifel gewusst hatte, dabei war, sich zu erfüllen. »Wärst du so freundlich, mich ins Bild zu setzen, ehe du Karl-Ludwig anrufst? Und ich glaube, deine Mutter und Frau Weichherz wüssten auch gern, was los ist.«

»Etwas ziemlich Merkwürdiges«, sagte Michael. »Mein Märchen für Eskapisten hat den Deutschen Jugendbuchpreis als bestes Kinderbuch gewonnen. Ich war nicht sicher, was das überhaupt ist, aber die freundliche Dame vom Verlag hat mir erklärt, dass mein Buch ab heute, wenn die Buchhandlungen öffnen, in jedem Schaufenster stehen wird. Nur dotiert sei der Preis leider nicht sehr hoch, meinte sie. Zu ihrem Bedauern bekomme ich lediglich fünftausend Mark.«

»Fünftausend Mark«, wiederholte seine Mutter ausdruckslos.

Michael drehte sich zu seiner Vermieterin um. »Liebe Frau Sterzing, ich denke, wir ziehen hier aus. Wenn es Ihnen nicht allzu viele Umstände macht, würde ich aber gern abwarten, was uns Herr Peters, unser Finanzberater, vorschlägt.«

Dritter Akt

Ich bin hier die glücklichste Unglückliche.

— INGEBORG HOFFMANN-ENDE

Und unter all dem Plunder hab ich plötzlich
Auch uns'rer Liebe schönen Traum geseh'n.
Sein Gold war blind, er war zerbrochen, aber
Er war es doch – und war noch immer schön.

— MICHAEL ENDE: TRÖDELMARKT DER TRÄUME

Atempause nach Wechsel des Bühnenbildes:
Genzano di Roma
1971–1985

21

WIR HÄTTEN ZUSAMMEN HIER *sitzen sollen.*

Jedes Mal, wenn er vor einem Café an einem jener Plätze saß, um den das italienische Leben tänzelte, wippte, gluckste und gurgelte, hupte, zischte und gellte, durchzuckte Michael dieser Gedanke. Gefolgt von: *Wir werden niemals zusammen hier sitzen*, und: *Wir haben es nie getan.*

An dem wackligen Tisch vor dem *Café Nazionale*, im Schatten, den der Kirchturm von Genzano in die Mittagssonne schnitt, bäumte der Gedanke sich regelrecht auf und machte es schwer, sich auf anderes zu konzentrieren. Ihm gegenüber saß Ingeborg, aus deren Espressotasse ein nahezu betäubender Duft waberte, und unter dem Tisch lag Ali Baba, ihr gefleckter Mischlingsrüde, der in der Spätsommerwärme sein Jagdhundeblut vergaß und seinen Kopf auf Michaels Schuh bettete. In Italien, schien es, wurden selbst Hunde zu Bummlern, Flaneuren, die den lieben Gott einen guten Mann sein ließen.

Vielleicht war der liebe Gott ein guter Mann in Genzano di Roma. Der kleine Ort, keine Stunde von dem gigantischen Komposthaufen Rom entfernt, lag gebettet in die Albaner Berge, in einer Art Gürtel um die weite Taille der Hauptstadt. Der Gürtel trug den Namen *Castelli Romani*, weil all diese Bergkuppen mit einst bewehrten Burgtürmen aus Märchen gespickt waren wie Rehrücken mit Speckstreifen.

Genzano selbst war nicht auf einem Berg errichtet worden, sondern auf einem Vulkan, zog sich als Mäanderband aus gelb, weiß und rosa verputzten Häusern an der Kante des Kraters entlang. Der Vulkan war erloschen, in seiner Kratertiefe lauerte ein

See, der dunkel glitzerte und sich selbst bei Sonneneinfall nicht aufhellte. Trat man unvorbereitet an den Rand, unter dem sich der Blick in jene Tiefe auftat, so wurde der See zum Spiegel und warf das eigene Bild in einer Schärfe zurück, vor der mancher umkehrte und floh. Blieb man stehen, wartete man lange genug, enthüllte der See zuweilen eine Ahnung seiner Geheimnisse, die Umrisse zweier gigantischer Schiffe, deren physische Wirklichkeit längst nicht mehr dort unten ruhte, sondern gehoben worden und alsdann bei einem Bombenangriff verbrannt war.

Sie waren von Kaiser Caligula erbaut, zu schwimmenden Tempeln, Orten der Weihe gestaltet und Diana, der Herrin des Mondes, gewidmet worden, die der Weltbeherrscher in tiefer Demut verehrte. Als man ihn im Gewölbe seines Theaters ermordet und als Wahnsinnigen aus der Geschichte gestrichen hatte, mussten auch seine Schiffe aus der sichtbaren Sphäre der Welt verschwinden. Ihr Schicksal und ihr Gedächtnis lagen für immer in dem See gefangen, der einst kaum groß genug gewesen war, sie zu fassen.

Die steilen Flanken des Kraters hinauf erstreckten sich Wälder aus Kastanien, wilden Ölbäumen und heiligen Eichen, in denen Diana, die göttliche Jägerin, hauste. Nymphen verwandelten sich in Quellen und wachten über den Schlaf schöner Jünglinge, und in Neumondnächten tanzten nackte Hexen um die Vulva der Erde, die ihnen Fruchtbarkeit versprach. Grillenzirpen drang bis auf die *Piazza* unter dem Kirchturm, jenes eigentümliche Geräusch, dessen Fehlen man lauter wahrnahm als sein Klingen, weil man dabei entdeckte, dass wieder ein Sommer vorbei war. Dieser Flecken Erde war kein Schauplatz für die Wirklichkeit, sondern ein magischer Ort. Welt nach der Wiederverzauberung.

Wir hätten zusammen hier sitzen sollen.

Wir werden es niemals tun.

Michael beugte sich nieder und streichelte den Kopf seines Hundes, den die Zärtlichkeit nicht zu freuen, aber auch nicht zu stören schien.

Weltvergessenheit. Waren nur Tiere dazu fähig, oder gab es auch

Menschen, die vergaßen, dass die Welt – das Leben – eine Grenze hatte, an der sich offenbar nicht rütteln ließ?

Jene Nacht im Dezember, zwischen Weihnachten und der Jahreswende, lag mehr als fünf Jahre zurück. Michael war am Nachmittag nach Netternheim gefahren, um seinen Vater zu besuchen. Zuvor hatte er sich mit Ingeborg und mit seiner Mutter gestritten, eine der ständigen Streitigkeiten, bei denen er sich nicht länger als Teilnehmer, sondern als eine Art Boxring erlebte, in der die zwei Frauen ihren Kampf austrugen. Sie kamen miteinander nicht aus, eine Tatsache, von der beide ihm vorwarfen, er würde sich ihr nicht stellen. Darin zumindest waren sie sich einig: Gemeinsam in einer Wohnung konnten sie nicht bleiben, und es war an ihm, etwas dagegen zu tun.

Er hatte den Kopf voller Sorgen. Seit er Ingeborg im Sommer 1964 auf dem Kapitol, über den Dächern Roms, geheiratet hatte, teilten sie sich die Räume in der Ainmillerstraße, in die er nicht lange nach der Verleihung des Jugendbuchpreises für *Jim Knopf* mit seiner Mutter gezogen war. Die Wohnung war größer als jede, die er in seinem Leben bisher bewohnt hatte, doch sie verengte sich zum Verlies, seit darin zwei Frauen umherliefen, die einander nicht ertrugen. Unter der ständigen Spannung war es ihm schier unmöglich zu arbeiten. Beide – seine Mutter wie Ingeborg – bemühten sich, ihm den Rücken freizuhalten, trugen ihre Versuche, die andere darin auszustechen, jedoch auf ebendiesem Rücken aus.

Michael war erleichtert, sooft er auf Lesereise gehen konnte, sich in eine wartende Menge von Kindern setzen und aus seinem *Jim Knopf* vorlesen, manchmal eine Stunde lang, ohne dass sich etwas regte. Sein Zuhause war ein Kriegsschauplatz, trotz des Hundes, des Katers, der griechischen Landschildkröte, die er hinzugeholt hatte, weil er sich seit Mucki, dem Dackel, danach sehnte, wieder ein Tier zum Gefährten zu haben. Der Zustand war für keinen von ihnen länger tragbar. Woher aber sollte er eine Lösung nehmen, wie eine Änderung herbeiführen, wenn vor jedem Weg eine Mauer aus dem Boden schoss und sich schier unüberwindlich vor ihm auftürmte?

Seine Mutter sich selbst zu überlassen, wagte er auch jetzt noch nicht. Zudem hätte er zwei Haushalte nicht auf Dauer finanzieren können. *Jim Knopf* und der Jugendbuchpreis hatten ihm finanzielle Unabhängigkeit geschenkt, die Möglichkeit, sich mit ganzer Kraft seinem Schreiben hinzugeben, statt Aufträgen nachzujagen, die ihn ablenkten. Um die Verwaltung seines Einkommens kümmerte sich sein getreuer Ritter, *Don Karl-Ludwig de las Finanzas*, sodass er dem verfügbaren Betrag zumindest nicht beim Schmelzen zusehen musste, doch so weltfremd, wie die Kritik es ihm vorwarf, war nicht einmal er. Wenn weiterhin die Ausgaben stiegen, die Einnahmen aber sanken, musste sein Geldvorrat irgendwann den Stand von null erreicht haben, davor konnte selbst er nicht die Augen verschließen.

Lotte Weitbrecht, seine Verlegerin, hätte liebend gern weitere Kinderbücher von ihm veröffentlicht. Zu einem Treffen brachte sie ihren Neffen Hansjörg mit, einen Lehramtsstudenten, der, ganz anders als sein Vater Richard, etwas Behutsames, Intuitives an sich hatte und an seinen Fähigkeiten zweifelte wie Michael selbst. »Ich denke, ich bin im Schuldienst gut aufgehoben«, sagte der junge Mann. »Ich bin mir nicht sicher, ob ich über das verfüge, was man als Verleger braucht.«

Vielleicht mochte Michael ihn von genau diesem Augenblick an, obwohl Menschen, die Lehrer werden wollten, ihn grundsätzlich mit Skepsis erfüllten. Vielleicht hatte er ihn aber auch schon gemocht, als er ein wenig zögerlich den Raum betreten und ihn mit einem stillen, verhaltenen Feuer nach seinen Ideen gefragt hatte. Der Student, der noch nicht wusste, ob er nicht doch besser Lehrer werden sollte, besaß ein eigentümliches Gespür für die Geheimkammern von Michaels Kreativität. Mit seinen Fragen kitzelte er ein Volk von Ameisen wach, das Michael tags darauf durch Kopf, Brust und Arme bis in seine Fingerspitzen wimmelte und ihn zum Schreiben zwingen wollte.

Dennoch war er entschlossen gewesen, zuerst seine Tragikomödie – *Die Spielverderber* – zu beenden, ehe er sich noch einmal an ein Kinderbuch machte. Sonderbarerweise konnte er diesen Gedankengang nie verfolgen, ohne zu stocken und an der Frage hängen zu bleiben, ob *Jim Knopf* überhaupt zwingend ein Buch für Kinder war. Gab es Bücher für Kinder, musste es welche geben? Er selbst hatte als Kind darüber nie nachgedacht, sondern die Bücher, die er geschenkt bekam, ebenso begeistert mit seinen Eltern geteilt wie die, die Vater und Mutter ins Haus brachten.

Novalis neben *Pu der Bär*. Griechische Götter- und Heldensagen zwischen *Tausendundeiner Nacht* und der *Philosophie der Freiheit.*

Kinder gehörten schließlich keiner fremdartigen Spezies an, bildeten keine Menschheits-Vorstufe, die sich irgendwann im Zug einer pädagogisch geförderten Evolution zu echten *Homines sapientes* auswachsen würden, wonach ihnen als Belohnung der Zugang zu echter Literatur gewährt wurde. Die Literaturen der Antike – von Gilgamesch bis zu Aesops Fabeln – hatten an solche Trennungen nicht gedacht, denen des Mittelalters – von Wolframs *Parzival* über Dantes *Göttliche Komödie* bis zum *Narrenschiff* von Brant – hätte man den Gedankengang nicht einmal vermitteln können. Brauchten Kinder einen abgetrennten Winkel, einen Schonraum, wenn die Erwachsenen eine Welt um sie errichteten, in der ihr Wesen nicht gedeihen konnte, seelenlos, geistlos, gottverlassen?

Nicht weil die Welt grausamer gewesen wäre als Welten vor ihr. Kinder mit ihrer Mischung aus Urangst und Furchtlosigkeit kamen mit Hexen, die Menschen in Backöfen schoben, und Stiefmüttern, die sich in glühenden Schuhen zu Tode tanzten, von jeher zurecht. Es war eine Welt, die ihre Verzauberung verloren hatte, ihre Götter und Dämonen, ihre Mythen und Weissagungen, ihre Wassergeister im Schilf, ihre Feen in sich öffnenden Knospen. In einer Welt, in der es nichts wunderbar Wirkliches zu erleben gab, war ein Kind zum innerlichen Verhungern verdammt, seine Neugier zum Absterben, seine Lust zum Verkümmern. Vielleicht war das Reservat der Kinderliteratur erfunden worden, weil die Erwachsenen längst scharenweise verhungerte Seelen hinter Wohlstandsbäuchen wegsperrten.

Die Überlegung war müßig. Die Literaturwissenschaft hatte ihn in die Kinderecke abgeschoben, und wenn er sich dort herauskämpfen wollte, musste er mit etwas an die Öffentlichkeit treten, das den Herren in den grauen Maßanzügen Respekt abnötigte.

Das Bewusstsein hemmte, ja lähmte ihn beim Schreiben. *Jim Knopf* hatte ihm gezeigt, wie er geschrieben werden wollte, hatte ihn manchmal an den Schimmel Atreus erinnert, der sich bockbeinig gestellt hatte, wenn sein Reiter ihn in sumpfiges Gelände oder von Disteln überwucherte Felder hatte lenken wollen. Auf dieselbe Art war sein Roman stocksteif stehen geblieben, sobald Michael sich als Autor gebärdet und versucht hatte, ihn in die falsche Richtung zu zwingen. Geregt hatte er sich erst wieder, wenn Michael ihm die Zügel schießen und seinen Weg selbst wählen ließ.

Sein Theaterstück hingegen, die Geschichte der zehn zerstrittenen Erben, die eine Einigung erzielen und die Fetzen eines Testaments zusammenfügen mussten oder alle leer ausgehen würden, erlaubte ihm nicht einmal, sich in den Sattel zu hieven. Er hatte es mit viel mehr Sorgfalt – und Brechts *Organon* auf dem Schreibtisch – geplant, hatte Überlegungen zu seiner Aussage und der Symbolik, die sie transportieren sollte, angestellt, doch nichts davon hatte die Geschichte in Bewegung versetzt. Er musste sie von hinten anschieben, und mit jeder Szene, die er mühsam hinzufügte, schien es schwerer zu werden, ihr Gewicht voranzuwälzen.

Solange aber das Stück nicht fertig war, lebten sie zu dritt von Einkünften aus dem *Jim Knopf*. Die waren durch den Jugendbuchpreis und mehr noch durch die Verfilmung mit den Marionetten der *Augsburger Puppenkiste* in die Höhe geschossen und weiterhin höher, als er es sich je hätte träumen lassen. Aber sie schrumpften zwangsläufig, und ein zweiter Haushalt hätte ihnen recht bald den Garaus gemacht. Ingeborg hätte Engagements unter Intendanten annehmen müssen, die ihr Talent, ihren Einsatz und ihr kompromissloses Kunstverständnis nicht zu würdigen wussten. Ohnehin waren ihre Nerven strapaziert, ihre Gesundheit angeschlagen, und zudem schien sie Tag und Nacht mit Dingen beschäftigt, die sie um seinetwillen tat: Ideen diskutieren, Entwürfe lesen und wieder diskutieren, Fragen aufwerfen und die nächste Fassung lesen, bis sie sie Zeile für Zeile auswendig konnte. Sein Gewissen sträubte sich. Dafür, dass er sie dermaßen in Anspruch nahm, hätte er ihr zumindest ein friedvolles Heim bieten müssen.

Erschöpft und rastlos zugleich war er an jenem Abend zu seinem Vater gefahren. Lotte Schlegel hatte ihnen Freiraum gelassen, Wein und Gebäck ins Atelier gestellt und sich zurückgezogen. Unverhofft schien die Anspannung von Michael abzufallen. Es roch nach Leinöl, Terpentin und dem dunklen Pfeifentabak, den sein Vater rauchte, wie in den Tagen, als Lieflam mit den gläsernen Herzohren über die Gänge geschlurft war. Sein Vater war gealtert, aber auf eine gute, souveräne Weise. Er verkörperte eine Rolle, in der Michael sich selbst sehen konnte: Zurückgelehnt saß er in seinem Stuhl, die Pfeife im Mund und die weiße Mähne aus der Stirn gestrichen, ein Künstler, der innere Einkehr und Autorität ausstrahlte, ja beinahe so etwas wie Zufriedenheit.

Sie sprachen über das Gemälde *Aurora*, das der Vater fertiggestellt hatte, über Michaels Schwierigkeiten mit dem Stück und über *Jim Knopf*. »Ich weiß nicht, ob ich dir überhaupt schon erzählt habe, wie oft ich einen der beiden Bände zur Hand nehme, um darin zu blättern«, sagte der Vater. »Und wie viel Freude ich jedes Mal damit habe. Wie viele Erinnerungen. Mir scheint, du hast das ganze Kabinett der Kuriositäten, das sich bei uns im Lauf der Jahre unter Tisch und Bänken, auf Küchenkredenzen und in staubigen Winkeln eingenistet hatte, in dieser erstaunlichen Geschichte verewigt. Uns selbst nicht ausgenommen.« Sein Vater lächelte.

Nein, dachte Michael, *uns selbst nicht ausgenommen*, und sah den Scheinriesen Tur Tur vor sich. »*Meine Eltern*«, hatte dieser Jim Knopf und Lukas erklärt, »*waren die einzigen Menschen, die keine Angst vor mir empfanden. Es waren überhaupt sehr liebe Eltern.*«

Sein Vater füllte ihm das Glas nach, fragte ihn nach seiner Meinung zum erweiterten Kunstbegriff des Joseph Beuys und zur Verleihung des Büchner-Preises an Günter Grass, und Michael begriff, dass die Stürme, in denen sein Vater und er voneinander weggetrieben waren, sich gelegt hatten. Übrig geblieben, durch die Gischt an der Oberfläche aufgetaucht, war die erstaunliche Liebe, die dieser einzigartige, brillante Mann für ihn empfand.

Er spürte eine Ruhe in sich, wie er sie seit Monaten nicht hatte finden können. Ruhe, aus der er Kraft zum Schreiben schöpfen würde.

»Klammere dich an Brechts Theorien nicht so fest«, riet ihm sein Vater. »Manches daran mag interessant sein, es ist ja erst einmal alles interessant, wenn wir uns in unsere Arbeit wie ins Meer hineinkämpfen und dabei nach jedem Rettungsring greifen. Aber du hast ein schillerndes, hintersinniges, höchst magisches Buch geschrieben, ohne Herrn Brechts Gebrauchsanweisung zu benötigen. Du darfst den Ring jetzt loslassen, hast ja erlebt, dass du in den Welten unter Wasser atmen kannst.«

»Kann ich?« Michael atmete tief ein und aus, und sie lachten beide.

»Und unter uns«, fuhr sein Vater fort. »Wer weiß denn, ob der Herr Brecht sich an sein heiliges Gesetzwerk überhaupt selbst gehalten hat? Der war ja auch einer, der das größte Vergnügen daran hatte, sich neu zu erfinden. Vielleicht gefiel er sich im Talar des Theaterpredigers einfach zu gut, um ihn sich nicht eine Zeitlang anzuziehen, und so eine Tafel mit Geboten, die lässt sich mit ein bisschen Chuzpe ja aus den Fingern saugen.«

Ihre Blicke trafen sich. Michael bemerkte, dass er seine Pfeife, an der er seit Minuten nicht gezogen hatte, im selben Winkel hielt wie sein Vater, und wieder mussten beide lachen. Sie waren ja selbst zwei, die sich erfanden und in Szene setzen, der Sohn sicher mehr als der Vater, aber in der Rolle des armen, unverstandenen Künstlers brillierte der eine wie der andere. Brecht war schon jahrelang tot. Welche Rolle er noch zu spielen bekam, bestimmten jetzt andere, nicht mehr er selbst.

»Weißt du, was Brecht gern auf seinen Grabstein hätte einmeißeln lassen?«, fragte der Vater.

»Nein, was denn?«

»*Er hat Vorschläge gemacht. Wir haben sie angenommen.*«

»Und was steht tatsächlich auf dem Grabstein?«

»Bertolt Brecht.«

»Armer Bertolt.«

»Er hieß eigentlich Eugen.«

»Mein Gott, er kann einem wirklich leidtun.«

Sie grinsten sich an wie Verschwörer.

»Nimm seine Vorschläge nicht mehr an«, sagte der Vater. »Ich bin sicher, der arme alte Eugen würde dir unter vier Augen dasselbe raten.«

Anschließend sahen sie sich unter der Lampe, die so niedrig hing wie damals die über dem Küchentisch ihrer Familie, *Magna Graecia* an, das herrliche Buch, das Gustav René Hocke über den Süden Italiens geschrieben hatte, und lasen sich Zeilen daraus vor. Als die Weinflasche leer war, blickte sein Vater auf, und seine Stimme klang so wohlig müde, wie Michael sich fühlte. »Wir sollten zusammen da hinfahren. Endlich.«

Michael dachte an ein Amphitheater in den Wäldern und nickte.

»Wir könnten versuchen, uns mit dem Manierismus-Hocke zu treffen. Vorgenommen habe ich mir das schon etliche Male, ich habe bisher nur nie die Zeit gefunden.«

Wenn Michael und Ingeborg nach Italien fuhren, wohnten sie bei Luise Rinser, die inzwischen ein Haus in Rocca di Papa besaß. Seiner Sehnsucht tat das wenig Abbruch, doch die Aufenthalte verleidete es ihm. Die Aussicht, den Verfasser von *Die Welt als La-*

byrinth persönlich kennenzulernen, kam ihm hingegen vor, als verabrede er sich mit einem der antiken Götter, die seit dem Einmarsch des Christentums in Italiens Wäldern ein Eremitendasein führten.

»Und du meinst, er würde uns beide empfangen?«, fragte er.

Sein Vater lachte. »Er ist ein manieristischer Mensch. Ein heiliges Ungeheuer. Ich denke nicht, dass er die Leute, die in seinem Haus herumlaufen, durchzählt.«

»Klingt zu gut, um wahr zu sein.«

»Wenn es gut ist, ist das ja auch eine Wahrheit. Also, im neuen Jahr?«

»Im neuen Jahr.«

Schwerfällig hatte sich Michael erhoben. Wenn er den letzten Zug in die Stadt noch erwischen wollte, musste er sich beeilen.

»Warum bleibst du nicht über Nacht?«, hatte sein Vater gefragt. »Lotte kann dir das Hinterzimmer richten.«

Die Versuchung war süß gewesen, hatte sich schwer auf seine Glieder gelegt. Im letzten Augenblick hatte ihn der Gedanke an Ingeborg zur Vernunft gerufen. Sie hasste es, allein mit seiner Mutter die Nacht zu verbringen, und er mochte es ihr nicht zumuten, wenn es nicht zwingend notwendig war. »Ich muss gehen«, sagte er zu seinem Vater.

»Ist es nicht schade, dass man immerzu muss?«

Sie hatten ein bisschen bedauernd gelacht, hatten einander daran erinnert, dass sie im nächsten Jahr zusammen zu Gustav René Hocke nach Italien fahren würden, und im Gehen hatte sich Michael noch einmal umgedreht und dem Vater, der in der Tür stand, über das Dunkel der Dorfstraße hinweg zugewinkt. Das letzte Mal hatte sein Vater in der Tür gestanden und ihm nachgesehen, als er mit einer grünen Schiebermütze auf dem Kopf zur Volksschule gegangen war.

Michaels Hand vergrub sich in Fell und lose Haut an Ali Babas Hals. Der Hund war eingeschlafen, störte sich nicht an der Erregung seines Menschenfreundes. Seit jener Nacht waren mehr als fünf Jahre vergangen, und er und Ingeborg saßen nun hier, um sich mit Gustav René Hocke zu treffen. Der hatte darauf bestanden, sie auf der Piazza von Genzano abzuholen, da sich der Weg zu seinem Haus unmöglich am Telefon beschreiben ließe. Sie würden das heilige Ungeheuer kennenlernen, den Mann, der Michael durch sein Schreiben aufgezeigt hatte, wo er als Künstler stand, wer er als Künstler war.

Auch wenn er vielleicht überhaupt kein Künstler mehr war. Sein Stück, *Die Spielverderber*, war mit Pauken und Trompeten durchgefallen, einmal aufgeführt und dann nie wieder. Die Kritiker hatten es mit Häme beworfen, als hätten sie in ihren Startlöchern gewartet, um herauszuschießen und den eskapistischen Kinderkasper, der sich anmaßte, ein Drama schreiben zu wollen, endgültig zu vernichten. Die gefeierten Helden des modernen absurden Theaters stellten den Ernst des Lebens auf die Bühne und hatten dafür nicht einmal eine Handlung nötig. Michael Ende aber erzählte nur wie ein betulicher Großpapa Geschichten. Lotte Weitbrecht hatte kurz darauf sein *Schnurpsenbuch* herausgebracht, eine illustrierte Sammlung von Gedichten, Rätseln und Textschnipseln. Für Kinder, verstand sich. Wie um den Kritikern noch einen weiteren Beweis zu bescheren, dass man Ende als ernsthaften Autor vergessen konnte.

Hansjörg Weitbrecht, dem Michael brieflich zum Abschluss seines Studiums gratuliert hatte, hatte ihm in seinem Antwortbrief versichert, dass er das *Schnurpsenbuch* großartig fand. Er war vierzehn Jahre jünger als Michael, und doch kam es diesem flüchtig so vor, als könne aus Hansjörg ein Freund werden wie einst Hartmut, der ihm ins Abenteuer voranging und die Spur Angst, die ihn zurückhielt, in Lust verwandelte. Sein Vater Richard Weitbrecht drängte hingegen weniger lustvoll als gereizt auf einen neuen Roman. Den konnte Michael nicht schreiben, obwohl eine Idee in ihm gärte und ihn nicht schlafen ließ. Sobald er sich an den Schreibtisch setzte, verstummten die Stimmen der Geschichte, die ihm zuvor die Ohren vollgesummt hatten, auf einen Schlag.

Stattdessen hörte er mit tausendfachem Echo aus dem Tal der Dämmerung die Stimmen der Kritik.

Würde die Begegnung mit Gustav René Hocke daran etwas ändern? Besaß der Autor von *Die Welt als Labyrinth* den Schlüssel zu den verrammelten Toren, hinter denen seine schöpferische Kraft vor sich hin starb?

»Michael? *Vuoi un'altro caffè?*« Ingeborg fragte ihn auf Italienisch, weil sie sich gern einen Spaß daraus machten, dass kein Mensch sie hier als Deutsche erkannte. Sie hatte die Zauberteppich-Sprache längst so gut wie fließend gelernt, und auch ihm erschlossen sich mit jeder Reise mehr von ihren Kammern und Winkeln. Ein Kellner war an ihren Tisch getreten, und Ingeborg hatte sich zu ihrem Espresso eine Schachtel MS bestellt.

»*Un amaro*«, entschied sich Michael. Er hatte keinen Alkohol trinken, sondern den beinahe heiligen Augenblick der Begegnung bei ungetrübtem Bewusstsein auskosten wollen, doch jetzt schien seine Stimmung zu kippen und einer Stütze zu bedürfen.

Wir hätten zusammen hier sitzen sollen.

Wir werden es niemals tun.

An dem Morgen im Dezember vor mehr als fünf Jahren hatte Lotte Schlegel ihn angerufen, um ihm zu sagen, dass sein Vater in der Nacht gestorben war. Er hatte einen Herzanfall erlitten, halb im Schlaf, hatte kein Wort mehr gesagt.

In der Folgezeit hatte Michael um ein Erbteil für seine Mutter zu kämpfen, nicht um Geld, denn es war keines vorhanden, wohl aber um Bilder, Gouachen und Zeichnungen, die die eine vor der Vernichtung bewahrt hatte und der anderen nicht überlassen wollte. Die letzten Pfützen bösen Blutes trockneten ein, ehe man sie hätte aufwischen können. Zum Begräbnis erschienen die Scharen von Berühmtheiten, die Edgar Ende im Leben gekannt hatten, und versicherten dessen Sohn, welch herben, unersetzlichen Verlust die Welt erlitten habe.

Michael brauchte dafür keine Versicherung. Sein Vater war nicht mehr da, und über die Welt senkte sich ein bedrohlicher

Nicht-Glanz, ein hungriges Grau. Er machte sich Sorgen um die geringe Größe des Sarges. Lieflam, der Schafgeist, passte nicht mit hinein. Die Geschöpfe aus der Vorwelt, die im Kopf seines Vaters gewohnt hatten, waren fortan obdachlos. Wenige Wochen darauf erklärte seine Mutter, sie habe sich entschlossen, in die Elisabethstraße, in die Wohnung eines Bekannten aus der Christengemeinschaft umzuziehen. Pawlinin hatte einige Jahre lang als Tanzmeister triumphiert, war aus Dresden gebürtig und schien hocherfreut, Luise Ende in seinen Haushalt aufzunehmen.

Er war ein Freund, kein später Geliebter. Luise Ende würde nie wieder lieben. Aber sie würde auch nicht länger so allein sein, dass ihr Sohn nicht ohne Schmerzen an sie denken konnte. Michael und Ingeborg blieben noch eine Weile in der Wohnung, kamen über das seltsame Gefühl, auf einem Verschiebebahnhof zu leben, jedoch nicht hinaus. Im Versuch, endlich sesshaft zu werden, kauften sie eine baufällige Vogtei im Mangfalltal, deren Renovierung sich dahinschleppte und ihre finanziellen Reserven verschlang. Immerhin bot der einstige Gerichtshof Platz für den Straßenhund Ali Baba, den Kater Mao und die Schildkröte Kassiopeia, die mit ihnen in die Einöde zogen. Vor allem in Kassiopeia verliebte sich Michael rettungslos. Die Schildkröte war ein Tier, das kein anderes zum Feind hatte und auch keinem anderen von Nutzen war, das sichtlich auf der Welt keinen Zweck erfüllte, sondern sich damit begnügte, salatfressend auf ihr vorhanden zu sein.

Der Tod seines Vaters lag fünf Jahre zurück. Mit einer Schnittwunde, über der sich fünf Jahre lang kein Schorf, geschweige denn neue Haut bildete, ging man zum Arzt, doch für die Sehnsucht nach einem, der nicht wiederkam, für die Trauer um verpasste Gelegenheiten, bot einem niemand Genesung an. Michael hatte sich entschieden, statt des vergeblichen Arztbesuchs Gustav René Hocke einen Brief zu schreiben. Der hatte nicht lange gefackelt: »Aber ja, gewiss doch, wenn Sie in der Gegend sind, müssen Sie uns besuchen.«

Seine Weltläufigkeit, die Aussprache, die in jeder Silbe von Verfeinerung und Kultur kündete, schüchterten Michael noch mehr ein, als seine Hochachtung es ohnehin getan hatte. Dass er es gewagt hatte, sich mit diesem Mann zu verabreden, kam ihm vermessen vor. Wer war er denn? Der Sohn eines Ausnahmekünstlers, der nicht mehr als ein paar dem Zeitgeist zuwiderlaufende Kinderbücher zustande gebracht hatte und mit gerade vierzig Jahren geistig ausgetrocknet war. Und dennoch saß er hier und wartete auf Hocke. Ihre Getränke wurden gebracht, und er bat Ingeborg um eine Zigarette.

»Siehst du den da drüben?«, fragte sie. »Hundert Lire, dass das ein Deutscher ist.«

Der Mann, der mit zwei prallgefüllten Einkaufstaschen die Gasse herunterspazierte, trug eine kanariengelbe Fliegerjacke zu scharfen Bügelfalten und nicht minder scharf gezogenem Scheitel. Es war sonst nicht Ingeborgs Art, das Schwere durch Leichtigkeit vom Tisch zu wischen, aber Michael war ihr dankbar, dass sie es heute versuchte. »Für die Wette ist mir mein Geld zu schade«, erwiderte er. »Der Mensch könnte einem Bildwörterbuch für italienische Kinder Modell stehen. Stichwort: *Der deutsche Tourist.*«

Sie tauschten einen Blick, der so gut war wie ein Lachen.

Der Mann in der Fliegerjacke blieb stehen, stellte die Taschen ab und beschirmte die Augen gegen die Sonne, um sich umzusehen. Als er Michael und Ingeborg entdeckte, hob er kurz grüßend die Hand, dann nahm er die Taschen wieder auf und überquerte in schnurgerader Linie den Platz.

»Bitte entschuldigen Sie.« Vor ihrem Tisch ließ er die Taschen mit einem kleinen Laut erneut auf das sonnenwarme Pflaster plumpsen. »Sie sind Herr und Frau Ende, richtig?«

»Die sind wir«, antwortete Ingeborg.

»Habe ich es mir doch gedacht.« Sein Lächeln schien eine Spur süffisant. »Deutsche erkennt man eben auf den ersten Blick. Sie gestatten? Mein Name ist Hocke.«

22

AUS DIESEM HAUS WILL ich mit den Füßen zuerst raus oder gar nicht«, sagte Ingeborg.

Michael drehte sich um. Solche Phrasen gab sonst ihre durch die Räume schleichende Mutter von sich, und Ingeborg ärgerte sich darüber. Sie war keine Phrasendrescherin, sondern eine, der es darauf ankam, im Leben Haltung zu zeigen.

Immer.

»Warum sagst du so was?«, fragte er.

»Was soll ich denn sonst sagen?«, fragte sie zurück. »Dass ich in der Tür des Hauses stehen und meine Enkelkinder empfangen will? Du und ich, denke ich, sind für Enkelkinder nicht der richtige Schlag.«

Er hätte sie fragen wollen, warum sie überhaupt etwas sagen musste, aber die Frage erübrigte sich. Er brauchte ihr nur zuzusehen, wie sie in dem Haus umherging, alle Räume inspizierte, die die dicken Steinmauern kühl und dunkel hielten, die Küche, in der sie besonders lange stehen blieb, obwohl sie nicht gern kochte, und die eigentümliche Art von Vorderzimmer, die für italienische Landhäuser typisch zu sein schien, obwohl oder gerade weil man kaum etwas anderes damit tun konnte, als einen Bauerntisch hineinzustellen und abends daran Rotwein zu trinken.

Und die Ölbäume anzuschauen. Ingeborg tat das jetzt. Sie blieb an einem der schmalen Fenster stehen und sah auf die Bäume hinaus, die das gesamte Haus umstanden und deren wuchernde Zweige in einem Wind tanzten, der gar nicht blies. Geschöpfe wohnten darin, die schwangen wie auf Schaukeln, Dryaden, Baumnymphen, von denen keine lange von ihrem Baum getrennt sein durfte, weil sonst der Baum zugrunde ging und die Nymphe auch.

Ingeborg sah die Ölbäume an, in deren Silberlaub die Dryaden in ihr Spiel versanken, und Michael sah Ingeborg an, die schon lange nicht mehr gespielt hatte, die oft kurzatmig war, nicht nur wenn sie in der Stadt treppauf und treppab rannte, immer in Eile, weil es so viel zu tun gab. Nicht nur auf der Lunge kurzatmig, sondern im Herzen und im Kopf. Auf der Stirn sogar, weil sie sich an zu vielen Mauern den Kopf einrannte. Ingeborg, atemlos von der ewigen Jagd nach Gerechtigkeit. Und jetzt stand sie hier in einem italienischen Landhaus hinter Ölbäumen, stützte die Arme auf das Sims vor dem Fenster und sagte vollkommen ruhig, fast im Tonfall ihrer Mutter, sie wolle dieses Haus nur mit den Füßen zuerst verlassen.

»Mit den Füßen zuerst oder gar nicht.«

Michael verstand.

Vor einer knappen Stunde hatten sie noch nicht einmal gewusst, dass das Haus existierte. Aber das Haus – Michael war sicher, dass Ingeborg darauf geschworen hätte – hatte gewusst, dass sie existierten. Es stand zum Verkauf, jemand wollte es nicht mehr, oder das Haus wollte jemanden nicht mehr. Es hatte verborgen hinter seinem Wald aus Ölbäumen abgewartet, bis durch das Spätsommerflimmern drei Menschen den Weg heraufkamen, die das ungeschnittene verbrannte Gras an den Knien kitzelte. Grillen zirpten. Wenn sie an einem der kommenden Tage damit aufhörten, würden Michael und Ingeborg wissen, dass wieder ein Sommer vorbei war und dass sie aus dem zirpenden, tanzenden, Geheimnisse bergenden Zauberland fortmussten.

Zurück nach Deutschland, in die Ruine im Mangfalltal, von der sie beide sich nicht eingestehen mochten, dass die Restaurierung ihre Kräfte überstieg, dass sie längst mürbe waren, die Hoffnung, bald irgendwo zu Hause zu sein, an ewigen Hindernissen zerschellt. Zurück in ihr Leben, das zu einem Slalom mit immer engeren Kurven wurde, in eine Hetzjagd, bei der Michael nicht schreiben konnte, in ein Gemenge aus Furcht und Zweifel und Demütigung, das Gift für Ingeborgs Lunge und für ihrer beider Liebe war.

Es war nicht leicht, füreinander zu brennen, wenn sich selbst mit sechstausend Mark Heizkostenrechnung kein Raum des Hauses in annehmbarer Temperatur halten ließ. Es war nicht leicht, füreinander zu brennen, wenn vor der Tür des eisigen Hauses noch harschere Kälte lauerte. Ingeborg stritt mit Intendanten um ein Recht, das sie beruflich den Kopf kostete. Michael las die Schmähungen der Kritiker und hielt den Kopf hin, weil er keinen Streit ertrug.

Die Frau, die mit ihnen ging, war Traude Hocke, verheiratet mit Gustav René. Sichtlich verlegen hatte sie angeboten, den Gästen das leerstehende Haus zu zeigen, nachdem ihr Mann sich abrupt verabschiedet hatte und von der Bildfläche verschwunden war. »Sie müssen ihn verstehen. Er ist erschöpft, nach Gesprächen braucht er immer etwas Zeit für sich. Für Ruhe und Besinnung.«

Ein Gespräch haben wir eigentlich gar nicht geführt, hatte Michael gedacht und gegen die Enttäuschung angekämpft, die ihn zu überrollen drohte. Er kannte solche Lawinen aus Enttäuschung. Sie bildeten sich immer dann, wenn er ein Ereignis mit allzu hoher Erwartung überlastet hatte, und auf diesem Ereignis – der Begegnung mit Gustav René Hocke – hatte womöglich eine Erwartung gelastet, die das gesamte Gewicht seiner Zukunft trug.

Die Erwartung, wieder schreiben zu können, wenn das heilige Ungeheuer ihm den Impuls dazu gab. Die Erwartung, sich über die Stimmen der Spötter und Schmäher mit ihrer selbst verliehenen Deutungshoheit hinwegzusetzen, wenn der Verfasser der *Welt als Labyrinth* ihm dabei voranging. Die Erwartung, sich noch einmal in einem kühnen Sprung zu befreien wie vor Jahren bei *Jim Knopf*, wenn der Genius, den sein Vater bewundert hatte, ihm bestätigte, dass er das Talent dazu besaß.

Die Erwartung auf Rettung. Wie hätte der Mann in der kanariengelben Jacke, der Lauchzwiebeln und Rotweinessig in Einkaufstaschen nach Hause trug, die erfüllen sollen? Er hatte die Besucher aus Deutschland in sein Auto geladen und auf dem Weg über kurvenreiche Straßen mit ihnen geplaudert wie ein mit Charme und Geist gesegneter Fremdenführer. Ob das Wetter nicht erfreulich sei, immer eine Freude, wenn ein Sommer eine derart fulminante Abschiedsvorstellung lieferte, ob sie die Anreise genossen hätten und wie denn der *caffè* gewesen sei, das *Nazionale* bereite ihn ja neuerdings in dieser lärmenden Maschine zu.

Zum Rhythmus solchen Geplänkels waren sie Kurve um Kurve tiefer hineingefahren in die Talketten zwischen den Albaner Bergen. Via Monte Giove hieß die Straße, in die sie schließlich unter überhängende Bäumen tauchten – Weg über Jupiters Berg. Über dem dampfenden Pflaster kristallisierten sich aus Staubpartikeln Gestalten, zerteilten sich wieder und erfanden sich neu. Hockes Haus lag umringt von einem Paradiesgarten. Palmen, Oliven, Granatapfelbäume, dazwischen Säulen, Brunnen, ein Wasserbecken für Luftgeister. Auf der Terrasse ein gekachelter Tisch, an dem man milde Nächte hätte durchwachen können, um auf Geschöpfe zu warten, die die Klarheit des Tages scheuten.

Das Haus selbst hatte etwas von einem Labyrinth. Verwirrende Gänge, ineinanderlaufende Räume, deckenhohe Bücherwände, halb von Gemälden, Stichen, Zeichnungen verhängt. Hinter einer Ecke lauerte ein sardonisch grinsender Pan, hinter der nächsten das steinerne Haupt einer Kreuzung aus Medusa und Sirene. Das Herz des Ganzen hingegen, der *salotto,* in dem die Hockes sich zum Essen setzten, zum Glas Wein nach Feierabend, vielleicht zum Kartenspielen, wirkte erstaunlich harmlos und bürgerlich. Surrealistentempel mit Polstermöbeln im Stil der sechziger Jahre Schlossmuseum mit Kaffeestübchen, wo man auf einen schlurfenden Kastellan, bei dem an der Kette die Schlüssel rasselten, wartete. Mit dem weißgetünchten mittelitalienischen Landhaus, von dem die Münchner Edelboheme träumte, hatte dieses Refugium in jedem Fall nichts zu tun. Es war eine Ansammlung von Rätseln. So wie der Mann, der darin wohnte.

Der ließ von seiner Frau, die im Gegensatz zu ihm handfest und geradeheraus war, einen guten Kaffee und hausgebackenen Kuchen auftischen und plauderte noch eine Weile weiter über die Annehmlichkeiten des Landlebens sowie die Schwierigkeiten, Handwerker zu finden. Michael sah aus dem Fenster auf einen rundrückigen, bewaldeten Berg, der sich erhob, als schliefe ins Patchwork der Felder gebettet eine Riesenschildkröte, eine, die alles Kommen und Gehen überlebt hatte. Er hätte sie bitten wollen, ihm zu sagen, wie er Gustav René Hocke zum Reden bringen konnte, zum richtigen Reden, nicht als jovialer, seiner Gastfreundschaft frönender Grandseigneur, sondern als heiliges Ungeheuer, als Verfasser der *Welt als Labyrinth*.

Fast glaubte er, ihre Antwort zu hören: *Was soll mich das kümmern, ihr kleinen Leute? Was soll einer Frau, die so viel gesehen hat, denn an so etwas wichtig sein?*

Gustav René Hocke sprach jetzt von den Nachbarn. Zur Linken, gar nicht weit, wohne Bruno Romagnoli, Mitglied des Gemeinderats, das sei praktisch. »Wenn es Probleme gibt, sei's mit dem Müll, mit dem Abwasser oder mit irgendwelchen Bauvorschriften, lädt man sich am besten den Bruno ein. Einen Roten trinkt er gern, aber richtig schweren. Er kennt Gott und die Welt und weiß Rat in sämtlichen Lagen. Zwar muss man sich vorher eine politische Ansprache anhören, denn sein Kommunismus ist ihm heilig, aber daran gewöhnt man sich.«

Zwischen *dem Bruno* und dem Besitz der Hockes, von dem aus man ein Stück vor dem Schildkrötenpanzer das Meer sehen konnte, stünde ein Haus zum Verkauf, und weiter hinten, noch hinter der Familie Caiola, die eine blühende Landwirtschaft betrieben, wohne ein Filmregisseur, Giulio Macchi, der ließe sich gerade seine *piscina* vergrößern und käme, wenn er vor Ort war, auch gern herüber zur *cena*.

»Und wenn Sie in Genzano mal richtig gut essen wollen, dann gehen Sie zum *Cacciatore*. Oder ins *Bracconiere*. Die frittierten Steinpilze müssen Sie probieren, auf einem hübschen Bett aus *fettuccine*.

Aber nur nach Regentagen, wenn sie ganz frisch aus der Erde geschossen kommen.«

Damit erhob er sich und reichte erst Ingeborg und dann Michael die Hand wie zu einem Vertragsschluss. »Hat mich gefreut, Sie kennenzulernen. Haben Sie Dank für Ihren Besuch.«

Traude Hocke wirkte zwar leicht peinlich berührt, aber keineswegs, als fände sie sich in so einer Situation zum ersten Mal wieder. Sie warb für die Erschöpfung ihres Mannes um Verständnis, dann schlug sie vor, das zum Verkauf stehende Haus zu besichtigen. »Ein ganz typisches Anwesen. Da bekommen Sie einen Eindruck, wie es sich so im Allgemeinen hier lebt.«

Habe ich den bekommen?, fragte sich Michael, der hinter Ingeborg herging und zusah, wie sie die Decken aus schweren, dunklen Holzbalken betrachtete, und ihren Schritten auf den emaillierten Bodenfliesen lauschte. *Habe ich einen Eindruck gewonnen, wie es sich hier lebt, kann ich mir ein solches Leben vorstellen?* Ingeborg trat vom *salotto* durch einen kurzen Gang in ein kleines Zimmer, das auf den hinteren Garten hinausging. Das Fenster war nur angelehnt und ließ die Geräusche herein, mit denen der Sommer sich zum Sterben legte. Die Zweige eines Ölbaums streiften das Glas mit jedem Schwung, den seine Dryade beim Schaukeln holte. Ali Baba lief voraus, sprang am Sims in die Höhe und streckte die Nase hinaus in die Weltvergessenheit.

»Hier stellen wir deinen Schreibtisch hin«, sagte Ingeborg. »Du hast hier Frieden zum Schreiben, Michael. »

Das war deutlicher als ihre Erklärung, sie wolle das Haus mit den Füßen zuerst verlassen oder gar nicht. Deutlicher als die Beschwörung nicht existenter Enkelkinder. »Das, was du da sagst, ist dir ernst, oder nicht?«, fragte Michael.

Es war eine überflüssige Frage. Wenn Ingeborg etwas nicht ernst war, machte sie sich nicht die Mühe, es zu sagen. Was nicht bedeutete, dass sie keinen Humor hatte. Nur Leichtigkeit – davon hatte sie nicht viel.

Vor dem Fenster, zwischen den Bäumen, tauchte ein Mann mit

einem Werkzeugkasten auf. Statt einer ebenso überflüssigen Antwort drehte sich Ingeborg nach Traude Hocke um. »Wer ist das? Der Mann da draußen?«

»Der? Das ist Nello«, erwiderte Hockes Frau. »Der sieht ab und an nach dem Rechten, und wenn was Schaden genommen hat, repariert er's. Das, was der nicht in Ordnung bringen kann, das gibt es nicht.«

»Er soll warten!«, rief Ingeborg, die den Mann sich entfernen sah. »Bitte rufen Sie ihn, wir brauchen seine Adresse. Jemand, der alles reparieren kann, ist ja nicht mit Gold aufzuwiegen. Meinen Sie, er könnte uns auch ein Bett mauern, oder kennt er vielleicht jemanden, der so etwas kann? In das Schlafzimmer vorne gehört ein gemauertes Bett hinein, finde ich, und mein Mann hat Kacheln, die sein Vater bemalt hat, die würden wir ringsum anbringen.«

Traude Hocke stieß eine Seitentür auf und eilte dem Mann, der Nello hieß und alles in Ordnung bringen konnte, hinterher. »Ingeborg, wir haben nicht genug Geld«, sagte Michael, sobald sie alleine waren. Es widerstrebte ihm. Es war im Grunde nicht weniger überflüssig als die zuvor gestellte Frage, weil es nie Geld sein durfte, das sie abhielt, das Richtige zu tun. In gewisser Weise fühlte er sich jedoch verpflichtet, es auszusprechen.

»Wir verkaufen die Vogtei«, sagte Ingeborg. »Und demnächst ist deine Abrechnung fällig.«

»Nicht vor Ende des Monats«, erwiderte Michael, der wie üblich nicht die mindeste Ahnung hatte, wie hoch die zu erwartende Summe sein mochte. Er würde *Don Karl-Ludwig de las Finanzas* anrufen müssen und konnte dessen fröhliche Beflissenheit durch die Leitung förmlich schon hören: *Mach dir darum doch keine Sorgen, Maik, dafür hast du schließlich mich. Ich regle das für dich, betrachte es als erledigt.*

Das Haus ist sehr schön‹, hörte er sich antworten. *›Vor allem der Garten. Wenn wir eingezogen sind, müsst ihr mit den Mädchen herkommen.*

Don Karl-Ludwig hatte zwei kleine Töchter, die stolz gewesen waren, Michael auf einer Lesereise begleiten und in einer Emma-Lokomotive aus Pappmaché thronen zu dürfen.

»Am besten rufst du Karl-Ludwig an«, sagte Ingeborg. »Vielleicht kann er sich beim Verlag erkundigen, wann das Geld denn verfügbar wäre. Das Haus ist für uns gemacht. Für deine Arbeit.«

»Und was wird mit deiner Arbeit?«

»*Cinecittà* liegt ja praktisch um die Ecke. Das wird sich schon finden. Es darf uns nur keiner das Haus vor der Nase wegschnappen.«

Traude Hocke kam zurück und schwenkte einen Zettel. Die Adresse von Nello, dem Alles-in-Ordnung-Bringer.

»Dürfen wir Ihr Telefon benutzen?«, fragte Ingeborg. Es schien die einzige Frage zu sein, die nicht überflüssig war, sondern eine Entscheidung herbeiführen würde.

»Jederzeit«, sagte Traude Hocke. »Wenn Sie die Nummer des Maklers brauchen, kann ich Sie Ihnen geben.«

23

MICHAEL TRANK NUR WEISSWEIN. Der Weinhändler, dessen Produkt er sich zur Hausmarke erkoren hatte, hieß Silvestri und lieferte kistenweise aus Genzano. »Wein«, so hatte Michael erklärt, »muss bei uns immer frei fließen, darf nie ausgehen, egal, wer kommt und wie lange wir beim Trinken sitzen.«

Er erfand sich neu, inszenierte Michael Ende, den italienischen Landhausbesitzer, der das Leben liebte und sich wenig Sorgen machte. Ihren Wein und das Olivenöl, das man sich über die Haut laufen lassen wollte, weil es golden schimmerte und wie Balsam war, kauften sie von Ezio und Elide Caiola, ihren Nachbarn, die ihnen das Bestellte auf einem Karren herüberschaffften. Sie brachten ihre fast erwachsenen Kinder mit, den wortkargen Franco und die dunkelschöne Liliana, und Ingeborg lud sie zum Abendessen ein.

Sie hatte gar kein Abendessen vorbereitet, aber Elide stellte sich mit ihr in ihre große, altmodische Küche und zeigte ihr, wie man rasch eines zauberte. Salatblätter und junge Zwiebeln aus dem Garten mit diesem goldenen Öl übergossen, dazu Pasta, auch nur mit frisch in Öl geröstetem Knoblauch, grob gemahlenem Pfeffer und noch gröber geriebenem *parmigiano* serviert. Zu allem reichlich Wein aus tönernen Krügen.

Für Ingeborg war das Kochen nie mehr als eine lästige Pflicht gewesen: Ihr Sohn brauchte eine warme Mahlzeit auf dem Tisch, er brauchte ein kräftiges Frühstück, ein Kind war eine Raupe, die ständig irgendetwas brauchte. Also hatte sie sich an den Herd gestellt und zusammengerührt, was ihr vage gesund oder nahrhaft erschienen war, gehetzt von Gedanken an all das Wichtigere, das sie gerade jetzt hätte tun sollen. Sie selbst hatte ja so gut wie keinen Appetit, und das, was da vor ihr auf dem Herd zu Brei verkochte, verdarb ihr auch noch den letzten Rest davon. Dass sie etwas so Köstliches, Verlockendes wie diese *spaghetti olio e aglio* zustande gebracht haben sollte, schien ihr unglaublich. Und obendrein war die Zeit am Herd nicht verloren, sondern in angenehmem Gespräch mit Elide verstrichen, von der sie den genzanesischen Dialekt, Kniffe beim Gemüseanbau und das ungeschriebene Gesetzwerk der Nachbarschaft lernte.

Sie waren im Januar hergezogen, und kaum acht Wochen später hatten sie begonnen, im Freien zu essen. Auf ihrer Terrasse, wo es nach Rosmarin und Zitronen roch und Ingeborg glaubte, wieder atmen zu können. Im September zuvor hatte Karl-Ludwig veranlasst, dass der Thienemann Verlag die achtzehntausend Mark Guthaben, die Michael zustanden, direkt an den Makler in Genzano überwies. Als Anzahlung genügte das, auf das Geld aus der komplizierten Verkaufsabwicklung der Vogtei würden die Vorbesitzer warten. Innerhalb von Minuten waren Michael und Ingeborg Besitzer eines italienischen Hauses geworden, umgeben von dreitausend Quadratmetern Grund, nur über eine schmale Straße, die *Jupiterberg* hieß, erreichbar.

Das Tal hieß *Valle degli spiriti beati*. *Tal der Seligen*, übersetzte Ingeborgs Reiseführer, aber da hatte sie selbst längst *Tal der glücklichen Geister* übersetzt und begriffen, dass sie das Haus würde haben müssen, dass dieses verwunschene Haus in den Hügeln ihre Rettung war.

Ihre Lunge quälte sie wie eine ständig nässende Wunde. Ihr Herz quälte sie noch mehr. Filz und Klüngel und Zynismus in der Münchner Theaterwelt brachten sie um den Verstand. Ein Übriges taten Kritiker, die Michaels Texte abtaten, weil sie Kindern kein kritisches Bewusstsein beibrachten. Deren Selbstgerechtigkeit zu hinterfragen, war sinnlos, aber Ingeborg fragte trotzdem: Musste man ein Menschlein nicht erst einmal füttern, ehe man ihm den Appetit verdarb?

Ihr selbst hatte ja ihr Vater den Appetit verdorben, sie hatte ihm dafür den Tod gewünscht, und die ungleiche Rechnung hing ihr bis heute als Mühlstein um den Hals. Sooft ein Mensch sie geliebt hatte, hatte sie sich gefragt: Was stimmt nicht mit dem, dass der nicht spürt, mit wem er es zu tun hat? Mit einer Art weiblichem Ödipus, einer, die sich den eigenen Vater aus der Welt wünscht. Hier draußen, zwischen Dianas heiligen Wäldern und dem Tor zur Unterwelt, das sich im Krater von Nemi auftat, herrschten andere Gesetze. Archaische, von der Zivilisation noch unverfälschte, die in der Leidenschaft nichts ausschlossen, auch keinen Mord. Etwas in Ingeborg beruhigte sich. Hier draußen war es an manchen Tagen genug, mit Nellos Hilfe die Kläranlage zum Laufen zu bringen und von Elide zu lernen, wie man Spaghetti mit Knoblauch kochte und junge Tomatenstauden hochband. Das Überleben zu sichern. Von einem Tag zum nächsten.

Hier draußen, das war manchmal das Paradies. Wenn zu Elide und Ezio noch Gino und Anna kamen, die Bauern von der anderen Seite, die auf das Anwesen des Filmregisseurs achteten, dazu ihre Töchter Nadia und Catia, die mit Bruno, dem Gemeinderat, verheiratet war, und Dada, die Witwe eines Kritikers, nicht selten das Ehepaar Hocke und wer immer gerade aus Deutschland zu Besuch war, wenn sie zusammen auf der Terrasse saßen und Michaels Gitarre herumreichten, um einander ihre Traumlieder vorzuspielen, war es Edens Garten ohne Schlange und eifernden Gott. Ein junges Mädchen, Ginos Nichte aus Neapel, spielte auf einer sehr kleinen Flöte, und Gino erklärte: »Das neapolitanische Lied kennt nur zwei Themen. Die Liebe und Neapel. Sonst nichts. Und beides ist dasselbe.«

Sie tranken Wein, der frei floss und nie ausging, rauchten, bis alle Schalen und Untertassen von Kippen überquollen, und redeten die ganze Nacht, Dryaden auf den Schultern, Laub von den Reben im Haar. Hätte man mit Reden die Welt wieder verzaubern können, hätten sie aus der ganzen Erde einen Garten bei Genzano di Roma gemacht.

Michael kaufte ein Boccia-Spiel, schaffte sich einen Sonnenhut und einen Spaten an. Manchmal spielte er, manchmal buddelte er in einem Beet herum, als hoffe er, einen Schatz zu entdecken. Zumeist aber genoss er den Garten, während Ingeborg ihn sich zu eigen machte. Sie legte Stufen frei, die ins Nichts führten, Gliedmaßen von Skulpturen, in denen Michael versteinerte Helden erkannte, ließ die hohen Gräser, über denen Elfen auf Schmetterlingen ritten, einfach wachsen, und sicherte das Ufer des Teichs, damit sich keine von den Schildkröten hineinverirrte. Sie trug Kaffee nach draußen oder ins Arbeitszimmer, wenn Michael schrieb. War er erschöpft und hörte auf zu schreiben, nahm sie die Blätter, las sich Zeile für Zeile das Geschriebene vor und notierte alles, was falsch war.

»Es bleibt mein Text«, hatte er sich vor Jahren empört. »Daran ist nichts falsch, nur weil es dir nicht gefällt.«

Inzwischen aber hatte er erkannt, dass sie das Falsche spürte, dass ihre Verbindung zu seinem Schreiben stärker war als seine eigene, die etwas Luftiges, Fragiles hatte, dass ihr nichts entgangen wäre, nicht einmal wenn sie es gewollt hätte. Michaels schöpferische Kräfte waren überbordend, aber sie waren auch zart und ließen sich allzu leicht blockieren. Seit *Jim Knopf* hatte er keinen Roman mehr beendet. Sein Verlag, vor allem Richard Weitbrecht, dem die diplomatische Sanftheit seiner Schwester Lotte fehlte, drängte auf schwäbische Art, es müsse besser heute als morgen ein neues Buch von ihm geben. In Michael selbst drängte es auch. Ohne Ingeborgs Strenge und Aufsicht auf der einen und ihre beständige Ermutigung auf der anderen Seite hätte er jedoch womöglich nie wieder etwas fertiggestellt, sondern immer nur Splitter von Preziosen auf Zettel notiert und in einem Schuhkarton verstaut.

Inzwischen wusste er es zu schätzen, dass sie die Zügel hielt, an denen er sich in den Galopp werfen konnte, und sie wusste zu schätzen, dass er sie brauchte.

Um Arbeit für sich selbst hatte sie sich seit dem Umzug nicht mehr bemüht. Nach ihrer Ankunft, als noch kaum eine Kiste ausgepackt, weder Heizung, Strom noch Wasser in Betrieb war und Michael ständig drüben bei Hockes weilte, um seine Mutter in München anzurufen, hatte sie erkennen müssen, wie müde sie war. Müde von den Kämpfen um faire Bezahlung für Statisten und respektvollen Umgang mit Urhebern, von den Schlachten um streunende Hunde und vietnamesische Waisen, von den Demütigungen, über die man kein Wort verlieren durfte.

Sie stürzte in die Müdigkeit wie in den Krater von Nemi und brauchte jeden Tag länger, um sich an dessen Rand wieder hoch- und in den Alltag zurückzukämpfen. Mehr Kraft als alles andere aber hatte sie der Kampf um Michael gekostet, um eine Ehe, von der ihr vom ersten Tag an geschwant hatte, dass sie ihr mit dem, was von ihrer Energie, ihrem Leben, ihrer Gesundheit übrig war, nicht gewachsen sein würde. Und in die sie sich dennoch geworfen hatte, weil sie das ihr bestimmte Schicksal war. Auf ihrer Hochzeit hatte sie ein weißes Kostüm mit knielangem Rock getragen, und Walther, ihr Trauzeuge, der sie auf jede erdenkliche Art liebte, nur nicht auf die erotische, hatte zu Michael gesagt: »Egal wie viele blutjunge Anbeterinnen um dich herumscharwenzeln – die Frau mit den hübschesten Beinen ist deine eigene.«

Und Nina Adler, die Michael auf jede Art liebte, hatte ihr einen Blütenkranz für ihr nun kurz geschnittenes Haar geschenkt: »Wenn zwei es schaffen müssen, miteinander ein gutes Leben zu führen, dann seid es ihr beide. Ihr geht mit derselben Haltung durchs Leben, nehmt dieselben Dinge wichtig, habt dieselben Ziele vor Augen.«

Das war richtig. Darauf war Ingeborg stolz. Nur änderte es nichts daran, dass Michael acht Jahre später geboren war als sie und dass in ihm noch immer mit ungeminderter Hitze das Feuer brannte, das sie vor bald zwanzig Jahren in dem jungen Mann erlebt hatte. Wenn er daran nicht verglühen wollte, musste er etwas finden, auf das er es richten konnte, und wenn das nicht länger Ingeborg Hoffmann war und auch keine Welt, die er aus sich selbst heraus schöpfte, dann wurde er rastlos, begann zu streunen, verlor sich auf der Suche nach etwas, das er auf Fragen nicht benennen konnte.

Aber Ingeborg konnte es benennen. Seit den Schlägen, mit denen ihr Vater sie zu Boden geworfen, seit den Tritten, mit denen er ihre Würde zertrampelt hatte, konnte sie sich an nichts erinnern, das sie so sehr verletzt hatte wie die Entdeckung, dass Michael sie betrog. Es machte alles nichtig. Riss das, was sie zusammen hatten, das Land im Geiste, das sie teilten, ihren beständigen Austausch, das Bemühen umeinander, ins Lächerliche. Als sie es ihm sagte, verstand er sie nicht: »Ich bin doch wiedergekommen. Ich komme immer wieder.«

Michael war ein ehrlicher Mensch, was bedeutete, dass er nur lügen konnte, wenn er es selbst nicht bemerkte. Er versprach ihr nicht, dass es nicht wieder vorkommen würde. »Mit dir lebe ich. Dich habe ich geheiratet. Ich habe mich von meiner Mutter regelrecht losgerissen, um mit dir zu gehen.«

Das traf zu. Die ungeheure, besitzergreifende Liebe seiner Mutter hatte Tentakeln, die ihm im Herzen gesessen hatten, und er hatte sie sich herausreißen müssen oder hätte für eine andere Frau – für Ingeborg – keinen Platz gehabt. Die Mutter wohnte inzwischen wieder allein in der Ainmillerstraße und richtete neuerlich all ihr Fühlen und Denken auf Michael. Er aber war mit Ingeborg hier, in den Albaner Bergen, meilenweit von der verschlingenden Liebe der Mutter entfernt.

»Ich hätte das für keine andere getan. Nur für dich. Weil ich so sehr mit dir leben wollte.«

Und wenn ich, dachte Ingeborg, *damit, dass du mich betrügst, nicht leben kann? Wenn ich mich dabei alt und krank und wertlos fühle, hässlich, weggeworfen, nicht länger gebraucht?*

Sie hatte ihm die Frage nicht gestellt. Wie immer seine Antwort auch gelautet hätte, eines ließ sich ja nicht wegreden: Er wollte für Menschen brennen, und sie war an den Menschen verbrannt. Er hatte noch einmal versucht, sie zu beruhigen: »Wenn ich erst wieder schreiben kann – *richtig* schreiben –, komme ich auch zur Ruhe. Nur dieses Blockiertsein quält mich, dieses Sitzen und Sitzen vor der weißen Seite, als würde ich kein einziges Wort in irgendeiner Sprache kennen.«

Sie waren beide müde, als sie im Tal der glücklichen Geister angekommen waren. *Nur noch einen Kampf,* hatte Ingeborg gedacht und in *Cinecittà* nicht einmal angerufen, obwohl irgendein Kollege, der jemanden kannte, sie einem anderen Kollegen, der jemanden kannte, empfohlen hatte. Den Kampf um Michaels Schreiben, um seine Kunst, den wollte sie noch führen, für einen weiteren genügten ihre Ressourcen nicht mehr. Wenn er schrieb, ging es ihr gut. Solange er sein Feuer für nichts anderes verschoss als für seine Geschichte, sich nach keinem anderen Abenteuer sehnte, fühlte sie sich sicher.

Oft, wenn keine Gäste kamen, saßen sie nächtelang zu zweit wach und redeten über die Geschichte, die in seinem Kopf eine noch viel zu zerbrechliche Gestalt annahm, versuchten in Gesprächen, ihre Substanz zu festigen. Es war keine neue Idee, sondern eine, über die er in Deutschland bereits gesprochen hatte. Dort aber hatte er sie nicht anpacken können. »Über diese braunen oder grauen Herren, die unter unserem Fenster entlangmarschieren, über diese Schwadronen, die einem das Leben stehlen, ohne dass man begreift, wie sie das eigentlich anfangen, möchte ich einmal eine Geschichte erzählen. Aber erst, wenn ich sie los bin. Solange sie mir im Nacken sitzen, kann ich nicht.«

Wen er mit den Schwadronen brauner oder grauer Herren meinte, brauchte sie ihn nicht zu fragen. Sie kannte sie selbst. Damals, nach Kriegsende, als inmitten von Hunger, von Mangel am Nötigsten gejubelt worden war, jetzt beginne alles neu und werde besser, heller, menschlicher und wahrhaftiger, hatte sie vielleicht einen Augenblick lang geglaubt, sie wären vertrieben worden, aber sie kamen immer wieder. Sie nahmen nur neue Gestalten an und benutzten geschicktere Tarnungen.

Keine braunen Uniformen mehr, sondern eisengraue Maßanzüge.

Michael war so weit gekommen, sich ein Kind vorzustellen, das dieses gestohlene Leben – die gestohlene Lebenszeit – retten und den Menschen zurückbringen würde. Er hatte den Weitbrechts – Lotte, Richard und dessen Sohn Hansjörg, der ein Referendariat für das Schulamt durchlaufen hatte und noch immer nicht wusste, ob er als Verleger taugte – von der Idee erzählt. Er hatte ihnen das Buch schon so gut wie zugesagt, doch sooft er sich ans Schreiben setzte, hatte er wieder aufspringen müssen. Es gab zahlreiche Vorstufen, Skizzen, sogar ein Filmtreatment, in das er den Stoff zu verwandeln versucht hatte, doch die zündende Idee, die all die Steine des Mosaiks zusammenbrachte, wollte sich nicht einstellen.

Jetzt, in seinem Zimmer hinter dem Olivenbaum, harrte er lange aus und machte sich eine Menge Notizen. An Richard Weitbrecht, der Druck ausübte und demnächst zu einem Arbeitstreffen kommen wollte, schrieb er jedoch, er sei sich nicht sicher, ob es wirklich diese Geschichte war, die er zu erzählen hatte, oder doch eine andere.

»Ich habe nämlich noch eine Idee«, gestand er Ingeborg. »Ich stelle mir einen Jungen vor, der es in seinem Leben nicht gut hat. Gut hat er es nur, wenn er liest, wenn er sich in Geschichten verliert, deshalb liest er, was das Zeug hält, und ist kaum von seinen Büchern wegzubekommen. Bis er eines Tages ganz in einem Buch verschwindet und nicht weiß, wie er daraus wieder zurückkehren soll.«

»Wenn das Buch zu Ende ist, wird er ja zurückmüssen«, sagte Ingeborg, der als Schauspielerin solche Erlebnisse nicht fremd waren.

»Das eben ist die Crux«, sagte Michael. »Dieses Buch hat nämlich kein Ende. Man kann es nie auslesen, es geht für immer weiter.«

»Schreib eine Skizze davon nieder, leg sie in deinen Schuhkarton«, riet ihm Ingeborg. So hatte es sein Vater gemacht: Flüchtige

Bilder in rasch hingeworfenen Skizzen eingefangen, damit sie ihn nicht verfolgten, sondern ihm erlaubten, an seine laufende Arbeit zurückzukehren.

»Es wird vielleicht keine sehr lange Geschichte«, sagte Michael.

»Warte ab, was es wird«, riet Ingeborg. »Du solltest erst die von dem Kind, das die gestohlene Zeit zurückbringt, auf den Weg schicken.«

Sie fuhr mit ihm nach Tusculum, weil Liliana Caiola ihr erzählt hatte, dort in den Pinienwäldern gäbe es ein verlassenes Amphitheater. Sie verfuhren sich, entdeckten die nordwärts führende *Via Magica,* auf der es keine Schwerkraft gab, sondern Autos, gar ganze Reisebusse und Lastwagen ohne Antrieb bergauf rollten. Touristen knieten am Straßenrand und ließen Wasserflaschen in die falsche Richtung entschwinden, begeistert wie Kinder, die in ihnen unbekannter Wildnis Experimente durchführten. Ingeborg nahm den Fuß vom Gas, sie lehnten sich beide in ihren Sitzen zurück, ließen sich die Straße hochtreiben und lachten vor verblüffter Freude.

»Ich glaube, das gehört auch in meine Geschichte«, sagte Michael. »Eine Straße, in der alles rückwärts läuft, in der sich das Verstreichen der Zeit in sein Gegenteil verkehrt. Wo die Straße zu Ende geht, wohnt Meister Hora.«

»Wer ist das?«

»Der Hüter der Zeit, denke ich. Vielleicht noch mehr. Ich denke, ich weiß es, aber ich warte noch.«

Das Amphitheater erreichten sie erst am frühen Abend, der sein letztes Licht großzügig zwischen Pinienkronen verschüttete. Verlassen, wie Liliana gesagt hatte, war das Theater nicht, aber es war auf eine unverwechselbar italienische Art nicht verlassen: An den tausendjährigen Mauern lehnten Vespas, zwischen denen Ziegen junges Gras rupften. Auf den gemauerten Bänken versanken Liebespaare ineinander, und auf der Bühnenfläche, wo einst Tragödien ihren Lauf genommen hatten, spielten ein paar Jungen Fußball.

Es war kein großes, geschweige denn ein spektakuläres Theater. Aber es war das Theater, das Michael brauchte, das in dem

Mahlwerk seiner Fantasie einen Impuls auslöste. Er strich eine Weile innen und außen herum, betrachtete Kräuter, die zwischen Mauerfugen hervorwucherten, und Einkerbungen im Stein, deren Bedeutung sich nicht mehr enträtseln ließ. »Sie wohnt hier«, sagte er dann.

»Wer?«

»Momo. Das Mädchen, das den Menschen die gestohlene Zeit zurückbringt.«

An jenem Abend wanderte die Geschichte von dem Jungen im Buch in den Schuhkarton. Am folgenden Tag schlief Michael gut und lange, genoss den Morgen und setzte sich im Nachmittagslicht an den Schreibtisch, um an *Momo* zu schreiben. Fortan schrieb er täglich oder saß auf der Terrasse unter dem Zitronenbaum, um darauf zu warten, dass die Geschichte ihm ihren Fortgang offenbarte. Die Seiten des linierten Hefts, das er in einer dunkel verstaubten, schlauchlangen Schreibwarenhandlung in Nemi gekauft hatte, füllten sich langsam, aber stetig. Michaels Feuer brannte seine Zweifel nieder, und Ingeborg, die das Feuer schürte, bemerkte, dass sie glücklich war.

So glücklich, wie ein Mensch eben sein konnte, wenn er seinen Vater auf dem Gewissen hatte und nicht mit verschlossenen Augen an der Not der Welt vorbeiging. Sooft Ingeborg auf den Markt fuhr, wo Elide und Ezio ihr Gemüse verkauften, sammelte sie die Abfälle ein, die die Bauern von ihren bunt schimmernden Waren wegschnitten und fallen ließen, um damit in ihrem Garten einen Komposthaufen anzulegen. Als sie das dritte oder vierte Mal hinfuhr und bei einem ihrer bevorzugten Händler Knoblauchketten einkaufte, strahlte der ihr entgegen und rief: *»Siete la signora tedesca che prende tutti i nostri rifiuti, eh?«*

Sie sind doch die deutsche Dame, die all unseren Müll mitnimmt.

Das passt besser als jede Faust aufs Auge, dachte Ingeborg und fühlte sich angekommen. Nach fünfzig Jahren des Suchens und Getriebenseins schien es einen Ort zu geben, an dem sie, wenn auch schwach vor Müdigkeit, zu Hause war.

24

WÄHREND ER SCHRIEB, MUSSTE er manchmal innehalten, weil er seinen Vater am Fenster stehen und hinaus auf die Straße starren sah, auf der die braunen Horden entlangmarschierten. Er sah den Unglauben des Vaters. Sein Unverständnis. Die grauen Herren in der Geschichte, die sein Sohn erzählte oder besser: die sich ihm erzählte, trampelten nicht, sondern näherten sich mit federnden Schritten. Sie brüllten und geiferten nicht, sondern gaben sich gönnerhaft freundlich wie die Zeitungskritiker, die lächelnd, mit säuselnden Stimmen vernichtende Hiebe austeilten.

Ein außergewöhnliches, ein metaphysisches Erlebnis hatte er sich gewünscht, ein Zeichen von der anderen Seite, am liebsten eines, das ihn erfassen ließ, welche Substanz das, was von seinem Vater übrig war, jetzt angenommen hatte, und Ingeborg hatte ihn darin unterstützt. So sehr sie sich jedoch bemühten – Michael kam keinem solchen Erlebnis nahe. »Es gibt solche Menschen«, hatte Ingeborg mit Bedauern gesagt. »Solche, die zur Metaphysik keine Eignung haben.«

Michael würde damit leben müssen. Während er aber schrieb, sah er manchmal seinen Vater und spürte einen Rest der Nähe, die zwischen ihnen gewesen war.

Er sah den Vater sich an der Tür noch einmal nach ihm umdrehen, ehe er in sein Dunkel tauchte, um auf Visionen zu warten, und es kam ihm vor, als hätte sich der Vater auch am Abend vor seinem Tod noch einmal nach ihm umgedreht. Danach war er endgültig in jener Ungewissheit verschwunden, und die Bilder, die sich jetzt aus der Schwärze formten, um sich ihm zu offenbaren, würde er nicht mehr mit seinem Sohn teilen. Mit niemandem mehr. Michael fragte sich, ob sich eine solche Einsamkeit ertragen ließ, und schrieb etwas darüber in sein Heft: Über eine Einsamkeit, die so allumfassend war, dass man seine Schätze in die Welt hinaus singen, rufen, zeichnen, erzählen konnte, doch in der Welt hörte niemand mehr zu. Höchstens Vögel in den Wipfeln und der schweigende Stein der Stufen in einem alten Amphitheater.

Michaels eigene Einsamkeit fand eine Unterbrechung, wenn am Abend die Freunde kamen. Bunt gemischt. Weinbauern, Literaten, Filmleute. Wenn Ingeborg eiligst ihr Pastagericht zusammenrührte und in einer flachen, bunt emaillierten Schüssel auf den Tisch trug, wenn der Wein frei floss und die Gespräche noch freier. An manchen Tagen hatte er die Einsamkeit, die Antwortlosigkeit vor der weißen Seite dann schon so lange ertragen, dass er jetzt wie ein Wasserfall Worte hervorsprudeln musste, in seiner eigenen Stimme baden, Monologe von einer halben Stunde und mehr halten, ohne merkbar Luft zu holen.

Von der atmenden, trinkenden, auf Stühlen rutschenden Lebendigkeit der Freunde fühlte er sich eingehüllt und behütet. Vor den Feinden, den grau-braunen Herren und Damen, vor der Bedrohung, die ihn aus seinem Land vertrieben hatte, schützten ihn die weißen Mauern um seinen Garten. *Casa Liocorno* hatten er und Ingeborg ihr Haus in einem Anflug von Trotz genannt. *Einhorn-Haus.* Das altpersische Wort *pairi daeza* bedeutete umzäunte Fläche, und sein Paradies war in der Tat umzäunt, damit fantastische Geschöpfe dahinter unbehelligt leben konnten, ohne sich dafür rechtfertigen zu müssen, dass es sie in der erstickend engen Wirklichkeit der anderen nicht gab. Fantastische Geschöpfe von den Dryaden im Silber der Olivenblätter bis zu den Schildkröten, die durchs Gras strichen und Welträtsel überleben würden, von den schlafenden Göttern vergessener Religionen bis zu den zusammengewürfelten Menschen am Tisch, die aus der Hektik ihrer Zeit ausgebrochen waren und sich unter einem Zitronenbaum zusammenfanden.

Die Erleichterung war immens. Und dennoch vertrieb nichts – keine Nähe, kein Wein, kein Gespräch – die Einsamkeit ganz. So wie die Visionen seines Vaters von ihm verlangt hatten, dass er sich allein zu ihnen begab, so verlangte es von Michael die Geschichte, an der er schrieb. Sie trennte ihn von den übrigen, selbst dann, wenn er mit ihnen ins engagierteste Gespräch vertieft war, selbst dann, wenn er ihnen in Einzelheiten davon erzählte. Den Fragen, die seine Geschichte ihm stellte, musste er einsam begegnen, und wenn er die Antwort nicht wusste, gab es keinen Banknachbarn, der sie ihm wie in der Schule zuflüstern konnte, nur die Geschichte selbst, auf die er warten musste.

Sogar von Ingeborg trennte ihn dies, obwohl sie jede Seite las, kaum dass er sie niedergeschrieben hatte, und jede Biegung, die die Geschichte nahm, so gut kannte wie er selbst. Oder sogar besser. Bisweilen ulkten die anderen: »Wer schreibt eigentlich dieses Buch, Ingeborg oder du?«

Das war, wenn Ingeborg mit Papierstapeln unter dem Arm durch das Haus und den Garten zog, wenn sie ihren hinters Ohr gesteckten Bleistift zückte und in Schreibmaschinenseiten herumstrich. Sie hatte für ihn alle Bestrebungen, ihre eigene Laufbahn betreffend, aufgegeben. Er brauchte sie: Sie konnte zaubern, aus Händen, Sternen und Karten die Zukunft lesen und ihn wieder stark machen, sooft ihn Schwäche packte. Während sie sein Geschriebenes mit ihrer klar artikulierten Stimme, die immer dunkler wurde, vorlas und ihm aufzeigte, wo ein Satz gehaltlos war, aus einer Beschreibung kein Bild entstand oder ein Bild aus der Gesamtwelt herausfiel, verlieh sie seiner Geschichte ihren Zauber.

Die angeheiterten Spötter hatten nicht unrecht. Und doch war es nicht Ingeborg, die warten musste, bis die Geschichte aus einer Sackgasse, in die sie ihn geführt hatte, einen Ausweg zeigte, sondern Michael allein. Manchmal wochenlang. Manchmal noch länger. Richard Weitbrecht kündigte sich an, als der vereinbarte Abgabetermin überschritten war: »Sie bereiten mir schlaflose Nächte, Ende. Ich würde gern zu Ihnen kommen und mich vor

Ort überzeugen, wie die Dinge stehen, ehe mir vor Sorge um mein Herbstprogramm graue Haare wachsen.«

Könnten Sie nicht lieber Ihren Sohn schicken?, hätte ihn Michael gern gefragt. Er würde dem Mann, der eigens anreiste, um idealerweise mit dem Manuskript im Koffer wieder nach Hause zu fahren, so gut wie nichts vorlegen können. Zwar sah er sämtliche Figuren leibhaftig, wie seine Nachbarn, die zum Wein kamen, vor sich und hatte sich auch schon an zahlreichen Szenen und Kapiteln versucht, doch ihm fehlte die Achse, an der all diese Bruchstücke hätten befestigt werden sollen, um sich zu einem Ganzen zu fügen. Etwas in ihm schien überzeugt, er hätte Hansjörg, der sich noch immer zaudernd auf das spiegelglatte Eis der Verlegerbranche wagte, erklären können, dass es an einem Problem lag, dessen Lösung ihm die Geschichte noch nicht offenbart hatte, und dass es keine andere Möglichkeit gab, als auf diese Lösung zu warten.

Ein Schriftsteller war ein wenig wie ein Angler, fand Michael, oder wie ein Konditor, der Kandiszucker herstellte: Letzterer musste dazu einen Faden in erwärmte Zuckerlösung hängen und geduldig ausharren, bis der Zucker abgekühlt war und sich am Faden auskristallisiert hatte. Michaels Faden hing seit Wochen in seiner Geschichte. Würde Richard Weitbrecht verstehen, dass er darin bleiben musste, bis die Kristallisierung sich vollzogen hatte, dass sich mit keinem noch so hektischen Gezappel dieser Vorgang beschleunigen ließe?

Michael bezweifelte es. *Stellen Sie das Zeug in den Kühlschrank*, hätte der Verleger vermutlich gesagt, weil er inzwischen schon vergessen hatte, dass sie in Wirklichkeit gar nicht von der Kandiszuckerherstellung sprachen, sondern von Fantasie, die im Kühlschrank höchstens steif gefror, aber keine Fäden spann.

Vielleicht wäre es aussichtsreicher gewesen, Richard Weitbrecht ohne Umweg über ein Bild darzulegen, worin das konkrete Problem bestand: *Die Grauen Herren*, hätte Michael ihm erklären können, *stehlen ja den Menschen die Zeit. Sie stehlen die Zeit von Herrn Fusi, der nun nicht mehr bei seiner alten Mutter sitzen oder seinem Wellen-*

sittich Futter hinstellen kann. Sie stehlen die Zeit von Beppo, dem Straßenkehrer, der vergisst, dass man beim Straßenkehren immer nur an den nächsten Schritt denken darf, an den nächsten Atemzug, den nächsten Besenstrich, und von Gigi, dem Fremdenführer, der seine Geschichten verliert. Sie stehlen die Zeit von Momos sämtlichen Freunden, bis sie völlig allein ist, sie stehlen sie nur nicht von Momo selbst. Verstehen Sie? Darin besteht das Problem. Wenn die Grauen Herren allen Menschen die Zeit stehlen können, warum stehlen sie sie dann nicht auch von Momo, die ihnen auf diese Weise schließlich nicht mehr gefährlich wäre?

Was soll denn daran ein Problem sein?, hätte der Verleger womöglich zurückgefragt. *Erfinden Sie einfach so eine Art Schutzhaut, einen goldenen Panzer oder von mir aus eine Zauberformel, wie es die fantastischen Autoren doch ständig machen. Damit wappnet sie sich gegen diese Grauen Herren, und voilà, die Sache ist geritzt.*

Gewiss hätte Michael sich auf diese Weise aus der Zwickmühle befreien können, und Richard Weitbrecht wäre beileibe nicht der Erste gewesen, der ihm so etwas geraten hatte. Michael aber konnte sich bei allem Vergnügen an Gaukelei nicht dazu durchringen, sich mit einem solchen Taschenspielertrick zufriedenzugeben, weil er nicht aus der Geschichte selbst kam. Seine Lösung durfte keine von außen zugeführte Erfindung sein, keine Wunderwaffe, die weder mit dem System des Zeitdiebstahls noch mit dem Charakter des Mädchens Momo etwas zu tun hatte, kein *Deus ex Machina*, auf den das Theater der Antike wie auf einen Rettungsanker zurückgegriffen hatte, wenn sich ein tragischer Konflikt, weil er eben tragisch war, nicht anders lösen ließ.

Er erklärte es Ingeborg: »Ich will etwas, das nur so und nicht anders sein kann, etwas, das man augenblicklich begreift, wenn man das Wesen der Geschichte begreift, weil es ihm innewohnt.«

»Schreib weiter«, riet ihm Ingeborg, »und lass uns weiter darüber reden. Je näher du dich an dieses Wesen der Geschichte herankämpfst, desto deutlicher wirst du ja wohl erkennen, welche Lösung in ihm steckt.«

Der Rat war klug. Ingeborg war klug. Sie erkannte das Wesentliche, kam auf den Punkt, ertappte ihn auf der Stelle, wenn er sich in Seitenwege verirrte. Er konnte von Glück sagen, dass er sie in sämtlichen künstlerischen Fragen an seiner Seite hatte, dass sie darüber hinaus das Haus einrichtete, den Garten pflegte, sich um Vorräte kümmerte, während er um Momos Geschichte kämpfte. Zwischen die Olivenbäume knüpfte sie ihm eine Hängematte, damit er seinen Rücken entspannen konnte. Es lag sich wunderbar darin, und er war Ingeborg dankbar. Nur musste er dabei von Zeit zu Zeit an seine Mutter denken, die ihm Lampenschirme mit bunten Tieren genäht und in sein Kinderzimmer gehängt hatte.

Er hatte die Lampenschirme und die Fürsorge geliebt, aber er war inzwischen vierzig Jahre älter und nicht Ingeborgs Kind. Ihr Sohn war erwachsen, und eine Mutter, die Lampenschirme nähte, war sie nie gewesen. Er versuchte, nicht mehr daran zu denken, aber etwas missbehagte ihm. Genauso missbehagte ihm, dass er sich Ingeborg gegenüber manchmal wie sein Vater fühlte, dem seine Frau den Rücken freigehalten hatte, bis er sie nicht mehr brauchte und verließ.

Das war falsch. Er hatte Ingeborg nicht verlassen und würde es nicht tun. Dass sie ihm vorwarf, ihr nicht treu zu sein, erschien ihm nicht völlig gerecht. Sie hatte gesagt, sie wolle das Haus, ihre *Casa Liocorno,* nur mit den Füßen voran wieder verlassen, also war er mit ihr hierhergezogen und würde nun selbst bleiben, bis man sie beide als Tote hinaustrug. Darin bestand seine Treue. Der gelegentliche Drang, auszubrechen, sich auf einer Lesereise, einem Messebesuch in eine andere Welt zu stürzen, konnte daran nicht rütteln, und er hatte keinen Grund, sich für das Leben, das seine Eltern geführt hatten, schuldig zu fühlen.

Eines Tages fiel sie ihm ein. Die Lösung um das Rätsel von Momo und der Zeit, die niemand ihr stehlen konnte. Er hatte die Nacht durchgearbeitet, sich im Morgengrauen schlafen gelegt, und als er am Nachmittag erwachte, fühlte er sich frisch und ausgeruht. Er setzte sich mit einem Kaffee, *biscotti* zum Eintunken und einer Frühstückszigarette unter den Zitronenbaum, und seine

Geschichte öffnete sich wie eine von Ingeborgs Frühlingsblumen, um ihm zu zeigen, was sie im Schutz der Blütenblätter verborgen hatte.

Ingeborg gesellte sich zu ihm. Das, was geschehen war, sah sie ihm an. »Ist der Knoten geplatzt?«

Michael nickte. »Und weißt du was? Ich habe schon jetzt nicht mehr die geringste Ahnung, warum ich mich damit so schwergetan habe.«

Es war die Karwoche, vier Tage vor Ostern, *Don Karl-Ludwig de las Finanzas* war mit seiner Familie auf Besuch, und Michael sah dessen beiden kleinen Töchtern zu, die bäuchlings im Gras lagen und mit einer der Schildkröten spielten. »Zeit kann nur dem gestohlen werden, der versucht, sie zu horten und zu sparen«, sagte er. »Bei einem Menschen wie Momo, der nicht versucht, sie festzuhalten, sondern einfach lebt und die Zeit durch sich hindurchfließen lässt, gibt es gar nichts, das jemand stehlen könnte.«

Ingeborg hob den Blick. Sie war mit ihrem schönen piemontesischen Satz Tarot-Karten beschäftigt gewesen, was sie nie ohne Grund tat, nie absichtslos und nur zum Spaß. »Fantasie und Präzision«, sagte sie. »Wie bei einem Jongleur. Das macht deine Geschichten besonders. Du lässt den Ideen ihren Raum, aber du verlangst dir auch Wahrhaftigkeit ab. Lass dich davon nicht abbringen. Es ist dein Weg.«

Abends gingen sie hinüber zu Hockes, um zu feiern. Hatte sich Michael bisher von Scheu erfüllt zurückgehalten, so kam es ihm jetzt vor, als hätte die Befreiung seiner Momo auch ihn befreit. Er sehnte sich nach Menschen, war begierig auf Gespräche, auf Leben, auf Lärm.

Sie nahmen ihren edelsten Wein mit – ein Geschenk des Verlags zum unterschriebenen Vertrag – und tranken auf Momo und ihre Fähigkeit, die vergängliche Zeit im Umarmen schon loszulassen. Luise Rinser war auch da, stritt sich mit so gut wie jeder anwesenden Frau und profilierte sich dabei als intellektuell wie moralisch überlegen. Michael hielt sie einen Vortrag darüber, dass man das real vorhandene Böse auf gefährliche Weise verharmloste, wenn man es als kleine Männchen darstellte, die abstruserweise die Zeit klauten.

Die Rinser gehörte zu den Leuten, die Michael in seinem Paradies nicht ertragen mochte. Wenn sie Ingeborg oder die Hockes besuchte, verdrückte er sich für gewöhnlich, aber heute war er zu glücklich und erwiderte großmütig: »Bestimmt hast du recht, Luise. Ich werde meine abstrusen Männchen ein bisschen größer machten.«

Gustav René Hocke grinste seit Längerem schweigend in sich hinein. Michael war es nie gelungen, herauszufinden, ob er die Rinser eigentlich mochte. Zuweilen – so wie jetzt – kam er Michael vor wie ein Raubtierdompteur, der seine Tigerinnen in die Manege schickte, sich genüsslich an den Rand lehnte und zusah, wie sie sich in die Haare gerieten.

»Das Buch mit den vergrößerten Männchen wird dann ja wohl nächstes Jahr herauskommen«, bemerkte er jetzt. »Wie sieht es denn aus, Luischen? Dürfen wir uns da nicht auch auf einen neuen Roman von dir freuen?«

Sie warf ihm einen Blick hin, der weder bejahte noch verneinte, sondern sich höchstens darüber empörte, mit dem Männchen erfindenden Möchtegern-Autor, der ihr gegenübersaß, in einem Atemzug genannt zu werden.

»Ich bin gespannt«, bekannte Gustav René Hocke zufrieden mit sich und der Welt.

»Worauf bist du gespannt?«

»Darauf, wer von euch beiden auf der Bestsellerliste weiter vorn stehen wird.«

»Ist das neuerdings ein Kriterium für die Bewertung von Literatur?«, fauchte Luise.

»Nicht doch. Höchstens für die Einschätzung des Kontostandes.«

Die Rinser schnaufte, als hätte er sich einer Majestätsbeleidigung schuldig gemacht. Jeden anderen hätte sie zornbebend abgestraft, aber Hocke ließ sie offenbar davonkommen. Die Bekanntschaft der beiden reichte in den Nebel der dunklen tausend Jahre zurück, in Verstrickungen, nach denen man besser nicht fragte. »Jetzt gib schon Frieden«, sagte Hocke und klopfte der Rinser den Arm. »Im Grunde geht es Michael um dasselbe Anliegen, das du proklamierst, auch wenn du dich lieber häuten lassen würdest, als das zuzugeben: um den Menschen in seiner Not und um die Möglichkeiten der Kunst, dieser Not eine Stimme zu geben.«

Gustav René Hocke streckte die Beine unter den Tisch und schien mit sich und seiner Welt zufrieden. Und recht hatte er. Das Leben – die Zeit – zog viel zu schnell vorbei, um nicht dankbar und liebevoll mit ihm umzugehen.

Michael wusste nicht, wann er sich zuletzt so dankbar und liebevoll gefühlt hatte wie in dieser Nacht. Er hatte einen Ort gefunden, an dem er sein Buch schreiben konnte, und Menschen, die ihn dabei begleiten würden. Er war Hass und Häme entkommen und würde in der Wärme und dem Wohlwollen seines italienischen Idylls eine Welt wachsen lassen. Wie die handtellergroßen Pilze und die stecknadelkopfwinzigen Erdbeeren. Er würde wieder ein *Cantastorie* sein. Die Not der Menschen dort aufgreifen, wo er selbst sie spürte, und ihr nicht nur eine Stimme verschaffen, sondern ein geflügeltes Pferd, auf dessen Rücken sie sich darüber erheben konnten. Nicht um der Not zu entfliehen. Sondern um sie von oben, aus neuer Perspektive zu betrachten.

Traude Hocke verteilte Decken und stellte Platten mit in Würfel geschnittenem Käse auf den Tisch, schenkte die Weingläser bis kurz vorm Überlaufen voll. »*Wir waren noch sehr jung*«, zitierte die zarte Witwe Dada den am Leben zerbrochenen Cesare Pavese, »und was hat dieser ärmste Teufel nicht noch alles geschrieben, was man so, wie es ist, nehmen und sich auf seine Visitenkarte drucken lassen möchte!«

»Wer lebt, ohne zu rauchen, hält den Qualm aus und versagt sich den Braten«, erwiderte Ingeborg, hustete und griff nach ihren Zigaretten.

Dada lachte. »Sie mögen Pavese, *Signora tedesca,* die auf dem Markt von Genzano schon eine Berühmtheit ist? Ich auch. So sehr. *La Spiaggia,* was für ein herrliches kleines Werk. *Das ganze Problem des Lebens besteht ja in der Frage,* schreibt dieser bedauernswerte Mensch: *Wie aus der eigenen Einsamkeit ausbrechen, wie sich mit anderen verständigen?*«

»Probieren Sie es mit sehr gutem Wein und schreiben Sie täglich ein Gedicht«, riet ein junger Mensch, der aus dem dörflichen Sizilien eingetroffen war, um bei einer der römischen Zeitungen zu arbeiten, und den Hocke unter seine Fittiche genommen hatte. »Für den Anfang genügen vier Zeilen, später können Sie sich steigern.«

»Pavese hat das nicht geholfen«, erwiderte Dada höflich. »Sosehr wir uns an der Schönheit seiner Zeilen berauschen – wenn Sie mich fragen, verstehen wir sie gar nicht. Ihm fehlte das Spielerische seines Schülers Calvino, der sich nicht scheut, sämtliche Literaturgattungen der Weltgeschichte wie Lumpenbälle in des Lesers Spielhälfte zu kicken. Der arme Pavese war so verhalten. Ein Zauberer, ohne Frage, aber gefangen in tödlichem Ernst.«

Das ist mein Italien, dachte Michael, der Dada bitten würde, seinen neuen Roman ins Italienische zu übersetzen. Nicht der knallig bunte Vergnügungspark, der auf den Plakaten deutscher Reisebüros ewige Sonne, ewigen Müßiggang und ewig gute Laune suggerierte. Das Italien, das er erlebte, war alles andere als das – es war rastlos und leidenschaftlich, melancholisch und auffahrend, oft selbstherrlich und mit einem Hang zur Gewalt. Aber es war auch das Land, in dem Poesie so selbstverständlich auf den Abendbrottisch geschoben wurde wie Wein und gewürfelter Käse. Das Land, in dem er sein Buch würde schreiben können.

Noch zirpten die Grillen nicht, aber schon bald würde es in seinem Tal der seligen Geister wieder Sommer sein.

25

DER MANN LAS KINDERN vor, und sie war eingeladen worden, in den kurzen Pausen dazu Musik zu machen. Ein Lied zu spielen, zu dem Puppen tanzen – ein rundköpfiger, lächelnder Lokomotivführer und ein schwarzer Bub mit zerrissener Hose:

Eine Insel mit zwei Bergen
Und dem tiefen, weiten Meer.
Mit viel Tunnels und Geleisen
Und dem Eisenbahnverkehr.

Ihr Kontrabass mochte das Lied. Der Bogen vollführte Sprünge auf den Saiten wie die Puppen. Das Kontrabassspiel war nicht ihr Beruf geworden, sooft ihr Lehrer, der sterbende *Maestro*, sie bekniet, ja den Tränen nahe angefleht hatte, sie müsse – *biiitte, biiitte, biiitte, bestes Fräulein* – einen Beruf daraus machen, sie habe Talent und sei verpflichtet, es ernst zu nehmen. *Und wenn man nicht sesshaft wird?*, hatte sie sich gefragt, *wenn auf die erste Flucht immer neue Fluchten folgen, wenn man sich nach dem Haus am Kopf der Himmelstreppe in keinem anderen mehr heimisch fühlt?*

Ein Kontrabass eignete sich nicht, um ihn als Quelle des Lebensunterhalts um die Welt zu schleppen. Man musste ihn zurücklassen können, wenn es nötig wurde, konnte nicht mit Kontrabass vorm Bauch durch ein Minenfeld laufen oder sich in einem Schlammloch verbergen. Ihren Beruf wünschte sie sich handlich, mit zwei Griffen verpackbar und transportfähig, notfalls in einem Kohlenkeller auszuüben, mit nicht viel mehr als einem versierten

Verstand. Ihre Entscheidung hatte sie nie bereut. Es war schön, dass die Musik von sogenannten Sachzwängen frei blieb, dass sie sie nicht ernst zu nehmen brauchte, sondern mit ihr spielen durfte. W., der sie zu sich genommen hatte wie ein aus dem Nest gefallenes Küken, hätte sie das nicht erklären können, also ließ sie es bleiben, übte ihren Beruf aus und spielte auf Lesungen Kontrabass mit ihrem Ensemble, das *Shangri-La* hieß und zu dem, was sie wollte, passte.

Der Autor, der die Lesung bestritt, war nicht mehr jung. So wenig wie sie. Er hatte aber etwas an sich, das zart und verletzlich geblieben war und sich der letzten Bändigung verweigerte. Unter den Kindern, denen er vorlas und die sich in Scharen um ihn drängten, wirkte er nicht wie ein Lehrer oder ein freundlicher Onkel, sondern wie einer von ihnen, der sich gern kurze, zerrissene Hosen angezogen hätte, um nach draußen zu laufen und sich die Knie aufzuschlagen. Brille, Bart und Pfeife waren Teil einer Inszenierung. Einer gut gemachten Inszenierung, ohne Zweifel, aber keiner, die er nicht morgen hätte wechseln können.

Wenn er die Kraft dazu besaß. Er las seine wilde, vor Leben sprühende Abenteuergeschichte, ließ die Worte tanzen wie die Puppen und gab hellwach Antwort, wenn die Zuhörer, die ihm fast auf den Schoß rutschten, Fragen stellten. Dem ganzen Feuerwerk zum Trotz kam er ihr todmüde vor. Wie jemand, der etwas verloren hatte, das ebenso unwiederbringlich wie unverzichtbar war. Sie kannte sich damit aus. Ihre gesamte Generation kannte sich vermutlich damit aus.

Während sie auf die nächste Pause und ihren Einsatz wartete, bemerkte sie, dass sie ihn nicht aus den Augen ließ. Kurz darauf, während sie spielte, spürte sie, dass er sie ebenfalls nicht aus den Augen ließ. Nach Lesungen aus Kinderbüchern gab es hinterher weder warmen Sekt noch Häppchen. Die Kinder erhielten beim Verlassen des Saals ein Stück einer lokomotivförmigen Torte in die Hand gedrückt, die nach dem Aufschneiden trocken wirkte, und damit war die Veranstaltung beendet.

Für Erwachsene war ein zügiger Aufbruch ohne Torte vorgesehen, und zu einem solchen war sie entschlossen gewesen. Sie hatte zugesagt, W. im *Bellini* zu treffen, einem in Silber und Weiß gehaltenen sardischen Geheimtipp. Nick würde ihn bringen, er hatte sich zuvor noch einen Kunden hinbestellt. Für W. deckte man im *Bellini* auch zu Zeiten einen Tisch, in denen das Restaurant für gewöhnliche Sterbliche geschlossen war. Sie aß gern dort, schätzte die Wahrung des freien Raumes, den sie um sich brauchte, und die unprätentiöse Raffinesse der Speisen, stellte aber fest, dass der Gedanke, zu gehen, ihr nicht behagte, ja dass sie sich nicht dazu durchringen konnte.

»Bist du festgewachsen?«, fragte Ingrid, die Gitarristin, die eine Singstimme wie ein Eiszapfen hatte – klar und kalt und unirdisch schön. »Aussehen tust du so.«

»Ich schließe es nicht aus«, erwiderte sie. »Geht ohne mich.«

»Wir wollten noch einen trinken. Dieser Komponist, der was für uns machen will, kommt auch.«

»Trinken könnt ihr auch ohne mich. Sogar mit Komponisten.«

»Dich soll verstehen, wer will. Gib auf dich acht, Geheimniskrämerin.«

Sobald Ingrid und Guntram, der seine Trommeln trug, fort waren, kam er zu ihr. Der Autor. Torte hatte auch er nicht bekommen, war jedoch bis eben von einem kleinen Heer aus Presseleuten fotografiert und mit unsäglichen Fragen überhäuft worden:

Ihr Vater war Kunstmaler – wie kommt es, dass Sie stattdessen Kinderbücher schreiben?

Im Herbst erscheint ja Ihr neues Buch – Ihr Verlag hält sich noch bedeckt, können vielleicht Sie unsere Neugier schon ein wenig befriedigen?

Hieß es nicht, Sie würden sich diesmal an einem ambitionierten Projekt für erwachsene Leser versuchen? Unserer Quelle zufolge handelt es sich bei der Neuerscheinung jedoch wieder um ein Märchen.

Er tat ihr leid. Sie hätte ihn gern befreit, wie jeder halbwegs empathische Mensch eine Gazelle aus den Mäulern von Hyänen befreit hätte. Er hielt jedoch durch, nicht zäh, sondern tapfer, bat irgendwann alle, ihn zu entschuldigen, stand auf und kam – noch mit dem aufgeschlagenen Buch in der Hand – zu ihr.

»Ich hatte Angst, dass Sie gehen«, sagte er. Seine Stirn war trocken, dennoch wischte er sich mehrmals mit dem Handrücken darüber.

Er hieß Michael Ende. Das Buch, das er zuschlug, hieß *Jim Knopf und Lukas der Lokomotivführer.* Andruscha hatte ein Exemplar davon mit sich herumgetragen, bis sämtliche Seiten zerfleddert waren.

»Weshalb hatten Sie Angst, dass ich gehe?«

»Weil ich Ihnen etwas sagen muss.«

Sie hätte den Kontrabass einpacken können, was einige Konzentration erforderte, aber sie weigerte sich, wie ein Schulmädchen zu plänkeln und vorzugeben, etwas anderes beschäftige sie mehr als der Mensch, der vor ihr stand. »Was müssen Sie mir sagen?«

»Man sagt so etwas ja nicht«, erwiderte er. »Aber ich muss es trotzdem tun. Ich glaube, ich habe noch nie etwas gesehen, das so innig, so sinnlich, so bis ins Tiefste erotisch war wie Sie, wenn Sie den Leib dieses Instruments umarmen. Und es dazu bringen, mit dieser dunklen Stimme für Sie zu singen.«

Sie waren beide kurz still, und das war ein eigentümliches Zeichen: Eine Art von Gespräch brachte man mit den allermeisten Menschen zustande, selbst in Sprachen, die man bestenfalls bruchstückhaft beherrschte. Schweigen hingegen war ein heikles Unterfangen, sorgte für Verlegenheit, die Menschen ungern aushielten, und warf Fragen auf, die sie noch weniger gern aushielten. Den Mann namens Michael focht das nicht an. Er ließ die Fragen zwischen ihnen schwimmen, ohne eine aufzugreifen.

Sind Sie mir böse, wie heißen Sie, was machen Sie beruflich, hat Ihnen meine Lesung gefallen?

Nichts davon war jetzt wichtig. Ihr Schweigen hüllte sie ein. Was sie wissen wollten, konnten sie durch Blicke in Erfahrung bringen. Sie wünschte sich all das Haar in seinem Gesicht weg und erschrak nicht einmal vor ihren Wünschen. Ihrer Begegnung wohnte die eigentümliche Gewissheit inne, dass es so hatte kommen müssen. Vielleicht würde sie später das Datum nachschlagen. Sie konnte sich Daten nicht merken, hatte für Zahlenfolgen, die lebendige Tage bezeichnen sollten, keinen Sinn. W. war es, der an jedem ihrer Hochzeitstage ihr Boudoir mit Rosen schmücken ließ. Ihr *Boudoir.* Darauf bestand W. »Eine Frau wie du hat kein Zimmer, sondern ein Boudoir.«

Für die Rosen sorgte Nick, der auch den Umschlag mit der Tischreservierung und den Theaterkarten auf den Kaminsims legte – immer irgendetwas, das sie zuvor erwähnt hatte, eine Vorstellung, die sie für keinen ihrer Zeitungskunden besprach, aber trotzdem gern sehen wollte. W. buchte Wochen im Voraus eine komplette Loge. Manchmal hatte sie in aller Eile einen Termin absagen müssen, wenn schon der Babysitter in der Tür stand, weil sie sich das Datum wieder einmal nicht gemerkt hatte. W. hatte ihr einen in Wildseide gebundenen Kalender gekauft und den Hochzeitstag vorsorglich schon darin notiert. Es nützte nichts. Sie vergaß ihn trotzdem.

»Seltsam«, sagte der Mann, der Michael Ende hieß. »Meine Frau und ich reden immer. In einem fort.«

Dass er das Bedürfnis hatte, seine Frau zu erwähnen, konnte sie ihm nachfühlen. Es kam einer Bitte um Vergebung gleich. Wie ihre Erinnerung an vergessene Hochzeitstage und W.s Geschenke.

»Wir werden auch noch viel reden«, sagte sie. »Wir schreiben ja. Leute, die schreiben, müssen immer irgendwann wie gebrochene Dämme reden, oder? Aber nicht jetzt.«

»Nein. Nicht jetzt.«

Angestellte der Bibliothek oder was immer dieser Saal für gewöhnlich beherbergte, gingen herum, schoben Stühle und Tische zusammen, löschten schirmlose Wandlampen.

»Sie umarmen ihn noch immer.« Unverhofft lächelte er, und sie spürte, dass sie sich mit dem Kontrabass wiegte, nicht um zu tanzen, sondern weil sein Gewicht schwer auf ihren Armen lastete. Als sie damals beim sterbenden *Maestro* vorstellig geworden war, um Kontrabassspielen zu lernen, hatte ein Meisterschüler, der im Begriff war zu gehen, zu Cello geraten: »Es ist ein Instrument für Männer. Das Mädchen ist zu klein.«

»Das hat nichts zu sagen«, hatte der sterbende *Maestro* widersprochen. »Größe hat nie etwas zu sagen, nur Kühnheit und Kraft.«

Die Angestellten – wie Saaldiener, wenn der Ball zu Ende getanzt war – trafen nach erledigter Arbeit zusammen und warfen ratlose Blicke auf die beiden, die als Störfaktor im Raum standen und sich weigerten, sich den Spielregeln gemäß zu verhalten.

»Gleich werfen sie uns raus«, sagte Michael Ende.

»Sehr behaglich ist es hier sowieso nicht.«

»Nein. Aber ich will noch mit Ihnen zusammen sein. Allein. In einem Hotel. Bitte denken Sie nichts.«

Sie lachte. »Das geht nicht.«

»Das Hotel? Ich weiß. Ich will es trotzdem.«

»Nein«, sagte sie. »Nichts zu denken.«

Er half ihr, den Kontrabass einzupacken. *Als wäre ich eine Kurtisane,* durchfuhr es sie. *Der Liebhaber, der ankommt, hilft dem, der aufbricht, beim Anziehen.* Wieder musste sie lachen. Als er aufblickte, sah sie in seine Augen, sah durch die Reste der Inszenierung hindurch auf den Grund.

»Finden Sie mich komisch?«, fragte er.

»Ich finde Sie traurig«, sagte sie.

Sie nahm den Kontrabass auf, wie sie ihn immer trug. W.s Angebot, ihr Nick oder einen anderen Helfer zu schicken, hatte sie so lange abgelehnt, bis er aufgab. Michael Ende streckte kurz und höflich beide Hände aus, um ihr zu helfen, ließ sie dann aber sinken, weil er erkannte, dass das Instrument ihr alleiniger Besitz war. Für gewöhnlich verschaffte es ihr den Abstand, den sie brauchte, jetzt aber war alles zwischen ihnen zu viel. Mit dem Kontrabass traten sie hinaus auf die Straße, die noch taghell war, gefüllt mit Menschen, die ihnen zu nahe rückten, deren Blicke an ihnen hängen blieben.

»Ich habe ein Buch über ein Mädchen geschrieben, das den Menschen die gestohlene Zeit zurückbringt«, sagte Michael Ende. »Ich habe es so geschrieben, wie es sein musste, ich habe auf jeden Satz gewartet, damit jeder Satz der einzig richtige war. Als ich fertig war, schrieb mir mein Verleger, er wolle das Buch so nicht haben. Ich müsse es ändern. Dass ich ihm zurückschrieb, das sei nicht möglich, hat er nicht verstanden.«

»Aber Sie haben es trotzdem nicht geändert?«

»Nein.«

»Was hat Ihr Verleger getan?«

»Sein Sohn ist dazugekommen und hat zwischen uns vermittelt. Sein Sohn ist ein Mensch, der jedes Wort in einem Text sich sträuben hört, wenn ihm Unrecht geschieht. Er hat eine kluge, glasklare Frau geheiratet, eine Richterin, und mit ihr an der Seite wird er Deutschlands klügster Verleger werden. Er hat seinem Vater erklärt, dass ich keine Wahl habe. Dass die Wahl also bei seinem Vater liegt – das Buch herausbringen, wie es ist, oder es nicht herausbringen.«

»Also bringt er es heraus?«

Michael Ende nickte.

»Sie haben für Ihr Mädchen, das den Menschen die gestohlene Zeit zurückbringt, gekämpft und gewonnen«, sagte sie. »Sie sind nicht deshalb traurig.«

»Nein«, sagte er. »Ich bin traurig, wenn ich hierherkomme und diese Leute sehe, die Kritiker, die mein Buch, wenn es erscheint, verreißen werden wie das letzte, Spielerei für Kinder, pädagogisch wertlos, keine Zeit und ganz bestimmt keinen Kampf wert. Ich aber habe meinem Buch jahrelang meine Zeit geschenkt, ich habe um es gekämpft, sodass ich im letzten Jahr für kaum etwas anderes Kraft hatte. Schon gar nicht für Menschen. Ich habe das getan, was man mit Zeit nicht tun darf: sie aufgeschoben, *später, später* gesagt, sie auf die hohe Kante gelegt, die es nicht gibt. Vielleicht dachte ich, Momo bringt sie mir wieder, aber das hat sie nicht getan.«

Sie verstand und schwieg. Als er im Gehen zu ihr herübersah, nickte sie ihm zu.

»Meine Mutter ist gestorben«, sagte er. »Sie hat meine allererste Zeile gelesen, hingekrakelt auf Butterbrotpapier, und jede einzelne Zeile danach. Aber das Buch, das mir die letzte Zeit mit ihr gestohlen hat, wird sie nicht mehr lesen. Ich bin hier in Deutschland, aber ich kann meine Mutter nicht mehr besuchen. Ich kann sie nicht gleich anrufen, um ihr zu sagen, dass die Lesung nicht allzu schlecht gelaufen ist und dass mein Zug Verspätung hat, dass ich frische Pasta mitbringe, *trionfe*, und Steinpilze. Sie machte sich nicht viel aus Essen, war in den letzten Jahren dünn wie ein Strich geworden, aber diese Pasta mit Steinpilzen mochte sie gern.«

Sie waren einfach die Straße entlanggegangen, ziellos, aber sicher, dass es in diesem Viertel ein Hotel geben musste, dass ihnen gleichgültig war, wie es beschaffen sein würde, und dass sie so lange gehen würden, bis sie es gefunden hatten.

»Ich begreife es nicht«, sagte er. »Bei mir ist es noch nicht angekommen, alles in mir weigert sich, zu glauben, dass es noch dasselbe Deutschland ist, dasselbe blasse Licht, das sich gegen Abend unverhofft verdichtet, dieselben Kritiker, die sich wie Geier auf mich stürzen, dieselben kleinteilig gemusterten Stores vor den Fenstern, dahinter Alpenveilchen, auf den Bahnhöfen Fahndungsplakate, aber meine Mutter ist nicht mehr da.«

Sie stellte den Kontrabass auf die Straße und umarmte Michael. Atem an Atem, Bauch an Bauch, nasse Wange an trockener standen sie still. Als sie sich voneinander lösten, entdeckten sie: Auf dem Schild hinter ihnen blinkte das Wort *Hotel*.

Es war eines von denen, wo keine Fragen gestellt wurden, aber auch eines, das Gästen keine Speisen und Getränke auf dem Zimmer servierte und keinen eigenen Telefonanschluss zur Verfügung stellte. An einer Rezeptionstheke telefonieren, zwischen Wänden, die Ohren hatten, das wollte sie nicht.

»Buchen Sie ein Zimmer«, sagte sie zu Michael Ende. »Ich besorge uns schnell ein paar Sachen und sage meine Verabredung ab.«

Sie fand einen Eckladen, dessen Inhaber Kartoffelkisten nach innen rollte, sich aber bereit erklärte, ihr noch etwas zu verkaufen. »Wenn Sie sich ein bisschen sputen, soll's mir recht sein.« Fast wahllos griff sie nach Waren aus den eng stehenden Regalen und warf sie in einen verbogenen Drahtkorb. Abgepacktes Brot, abgepackten Käse, Dauerwurst in Scheiben, eine Tube Zahnpasta, ein Stück Seife, eine Flasche Wein. Noch eine zweite. Obst und Zahnbürsten gab es nicht, aber dass Finger zur Not als Ersatz taugten, hatte sie hinreichend ausprobiert. Hunger verspürte sie ohnehin nicht, nur ein vages Verlangen nach einer süßen, zerplatzenden Frucht.

Mit der Tüte lief sie die Straße hinunter, auf der Suche nach einer Telefonzelle. Panik erfasste sie: Was, wenn sie den Weg zurück nicht fand? Ihr blieb jede Stadt fremd, ein Irrgarten, sogar diese, in der sie seit mehr als zehn Jahren lebte. Wie sollte sie ihn wiederfinden? Die Polizei verständigen, eine Vermisstenmeldung aufgeben? *Gesucht wird Michael Ende, Alter: 44, schwarz-braun-graue Haarmähne, ein wenig abgerissen, verstört, tief verletzte Augen.* Woher wollte sie wissen, dass er vierundvierzig Jahre alt war? Aber sie wusste es. Vierundvierzig war sie selbst.

Sie rief Nick auf dem Autotelefon an. »Sagen Sie W., ich bin aufgehalten worden. Ich komme erst morgen früh nach Hause.«

Das genügte. Befragungen auf Herz und Nieren hatte sie sich verbeten, hatte W. dargelegt, dass das unter ihrer beider Würde war. Zum Ausgleich verließ er sich darauf, dass sie nichts tat, das ihn erniedrigte.

Ich tue es nur heute. Nur dieses eine Mal und weil es nicht anders geht.

Sie kannte sich selbst als verlässlich und würde es auch bleiben.

Nick war W.'s persönlicher Assistent, sein Chauffeur, sein Butler. Seit die Symptome seiner schubweise verlaufenden Krankheit sich zwischen den Schüben nicht mehr zurückbildeten, war er auch W.'s Beine und seine Augen, und wenn W. eines Tages nicht mehr schlucken und nicht mehr sprechen konnte, würde Nick sein Sprachrohr und seine Kehle sein. Wenn er starb, dessen war sie sicher, würde Nick für ihn leben. Sie ging davon aus, dass Nick ihr vertraute. »Bitte grüßen Sie Andruscha«, sagte sie. »Erzählen Sie ihm, ich gehe morgen mit ihm ins Museum, und ich habe bald ein neues Buch für ihn.«

Den Weg zurück zum Hotel rannte sie und nahm kein einziges Mal eine falsche Abzweigung. Das Zimmer, das Michael gebucht hatte, lag unter dem Dach, drei Stockwerke ausgetretener Stufen hinauf, und mit jeder entfernte sie sich weiter von der wirklichen Welt. Michael lag auf dem Bett. Einen Stuhl zum Sitzen gab es nicht, dafür aber ein Waschbecken, in dem sie den Wein kühlen konnten. Den zwischen Becken und Bett verfügbaren Platz nahm der Kontrabass ein. Da kein Stück Geschirr vorhanden war, mussten sie aus der Flasche trinken, aus den Packungen essen. Das Licht vor der Dachluke schwand jetzt im Nu, und sie schalteten nur eine kleine Lampe auf dem Nachttisch ein. Sie hatten alles, was sie brauchten.

»Ich habe so etwas noch nie gemacht«, sagte er.

»Ich auch nicht.«

»Schade eigentlich.«

Sie sahen sich an.

»Mir kommt es vor, als wäre Michael ihnen allen davongerannt«, sagte er. »Mir selbst zuerst. So als hätte ich schon lange nicht mehr auf ihn geachtet und am Ende vergessen, dass er überhaupt noch existierte. Du hast ihn mir wiedergebracht. Wie die gestohlene Zeit.«

»So ähnlich kommt es mir auch vor«, sagte sie. »Ich habe einmal in einer Stadt am Meer gewohnt, am Kopf einer Treppe in den Himmel, und ich habe immer gedacht, ich hätte mich dort zurückgelassen. Ohne mich gelebt. Ohne Halt. Ohne Grund. Jetzt bin ich auf einmal wieder da, aber ich weiß nicht, was ich hier mit mir anfangen soll.«

Wieder sahen sie sich an. Sie begann, das Priamel aufzusagen, das ihr Vater sie gelehrt hatte und das seither mit ihr durchs Leben gezogen war:

Ich leb und weiß nit, wie lang
Ich stirb und weiß nit wann.
Ich fahr und weiß nit wohin.
Mich wundert, dass ich so fröhlich bin.

Er nahm sie in die Arme, wie sie es vorhin auf der Straße bei ihm getan hatte. »Ich kenne das, was du meinst«, sagte er an ihrem Ohr. »Manchmal bin ich vor Heimweh krank, aber ich weiß nicht mehr, wohin ich heimkehren will. Ich erinnere mich nicht. Am Ende weiß ich nicht einmal mehr, wer mir die Frage gestellt hat und wer auf eine Antwort wartet.«

Als sie sich liebten, war ihr kurz nach Weinen, aber sie weinte nicht. Danach aßen sie Dauerwurst, tranken Wein, und er rauchte seine Zigaretten nur zur Hälfte und schob die andere Hälfte in die Schachtel zurück, damit sie bis zum Morgen reichten.

»Du rauchst nicht?«

»Nein. Ich habe zu viel Feuer gesehen.«

»Ich auch. Ein Land, das verkohlt ist und sich nicht davon erholt. Ich glaube, deshalb rauche ich.«

Sie tasteten einer nach des anderen Hand.

Der Morgen kam zu schnell, weil es noch nicht ganz Herbst war. So war W.: Hatte für alles eine vollkommen schlüssige, kausallogische Erklärung. *Wenn man sich an die Kausallogik hält, braucht man nicht um Dinge zu weinen, die es nicht wert sind,* pflegte er zu sagen.

»Ich halte mich nicht an die Kausallogik«, sagte sie zu Michael und weinte. Er war es wert. Der Morgen, der schnell kam, weil es noch nicht Herbst war, war nicht mehr warm. Er war grau. Sie fror.

»Ich bin eine Schildkröte«, sagte er. »Das sieht nur keiner. Ich kenne keine Antwort auf die Frage: Warum?«

»Ich seh's.« Sie küsste ihn auf die Lippen, die für eine Schildkröte zu weich waren. Schildkröten sahen aus, als könnten sie mit den Lippen Nüsse knacken. »Das hier darf nicht wieder passieren«, sagte sie. »Nur dieses eine Mal. Ich habe einen kranken Mann.«

»Ich habe eine kranke Frau.« Seine Stimme klang so verzweifelt, wie sie sich fühlte.

»Er heißt W. Er hat mich gerettet.«

»Sie rettet mich Tag für Tag. Sie ist Schauspielerin, aber sie ist echter als ich.«

Ihr Schweigen war Ratlosigkeit.

»Wenn ich dich wieder verliere, verliere ich auch mich«, sagte er. »Auch Michael.«

Sie überlegte. Natürlich hatten sie etliche gemeinsame Bekannte, was die Sache nicht leichter machte, und natürlich waren sie beide keine Menschen, die zur Heimlichtuerei taugten. Er würde aber Michael brauchen, um den Stürmen gewachsen zu sein, die ihm entgegenschlagen würden, wenn sein Buch erschien. Und wenn das nächste Buch erschien. Wenn die Welt, für die er sich inszeniert hatte, von ihm erbarmungslos verlangte, dass er nächtelang auf Eiern tanzte.

»Ich hebe Michael für dich auf«, sagte sie. »Du weißt dann, er ist bei mir. Nicht aus der Welt.«

»Ja, das weiß ich«, sagte er. »Aber wenn ich dich nicht wiedersehe ...«

Sie unterbrach ihn: »Wir können uns schreiben. Uns seitenlang alles erzählen. Wenn dein Buch erscheint, schick mir ein signiertes Exemplar für meinen kleinen Sohn, und ich schreibe dir eine Antwort.«

»Du hast ein Kind?«

Sie nickte.

»Wie heißt dein Sohn? Und wie alt ist er?«

»Andruscha. Zehn Jahre alt.«

»Andruscha«, wiederholte er. »Das gefällt mir sehr. Für mich ist es, als wenn es dein Name wäre. Darf ich dich so nennen – Andí?«

»Die andere«, sagte sie, und ihr gefiel es auch.

»Du bist anders als die anderen«, sagte er. »Ich werde Andí für dich aufheben.«

26

DER STREIT MIT RICHARD Weitbrecht hätte um ein Haar zur Auflösung des Vertrags geführt. Michael hatte ihm *Momo* geschickt, diese mit Schmerzen und Fanfaren geborene *Momo,* und der Brief, den Richard Weitbrecht ihm als Antwort geschrieben hatte, begann mit den Zeilen:

> *Sehr geehrter Herr Ende,*
> *den Eingang Ihres Manuskripts mit dem Arbeitstitel* Momo oder die seltsame Geschichte von den Zeitdieben usw. *möchten wir Ihnen hiermit bestätigen und uns für Ihr Vertrauen bedanken. Unser Lektorat hat das Manuskript bereits geprüft und dabei die Notwendigkeit zu verschiedenen umfassenden Änderungen festgestellt.*

Vielleicht lebte er schon zu lange in Italien, er war solche Briefe nicht mehr gewohnt. Beim Versuch, sie zu verdauen, verkrampfte sich sein Magen. Er kam sich vor wie ein Verräter. Wie konnte er seine Momo, seinen Beppo, den getriebenen Gigi, den einem Bild seines Vaters entsprungenen Meister Hora und die Schildkröte Kassiopeia – wie konnte er sie alle einem Menschen anvertrauen, der Briefe schrieb, wie die Grauen Herren sie geschrieben hätten? Er hatte den Brief zwischen zwei Fingern gehalten wie einen Strafbefehl oder die Diagnose einer mindestens ekelerregenden Krankheit. Ingeborg war zu ihm getreten und hatte ihm die säuberlich betippten Bögen fortgenommen.

»Thienemann ist nicht der einzige Verlag, der in Deutschland gute Bücher macht«, sagte sie, nachdem sie mit ihren raubvogelscharfen Augen Richard Weitbrechts Zeilen überflogen hatte.

»Meine Sache ist das nicht, das weißt du, ich bin froh, wenn ich mich hier hinter meinen sieben Bergen verkriechen kann. Aber du solltest nach Deutschland fahren und dich in anderen Häusern vorstellen.«

Er hatte zu ihr aufgeblickt, und es war ihm vorgekommen, als hätte über der Landschaft ihres Gesichts ein Sturm getobt, den er versäumt hatte. Wo hatte er seine Augen gehabt? Sie war keine alte Frau, sie war *seine* Frau, war bis eben noch die feurige, schlankbeinige Ingeborg Hoffmann gewesen, um deren Liebe ganz München ihn beneidet hatte, auf ihrer Hochzeit sein fröhliches Königskind in Weiß, das wie eine Imperatorin über der Stadt Rom gestanden hatte. Jetzt sah er in ein Gesicht, das ihm um etliches älter schien, als er sich fühlte.

In ihrer Beziehung war immer sie die bessere Autofahrerin gewesen, hatte sich mit regelrechtem Rennfahrerehrgeiz hinter das Steuer gesetzt und war umso schneller gefahren, je mehr sich die Nadel auf der Tankanzeige neigte, um anzukommen, ehe das Benzin ausging. Er selbst ging nach einem zum Glück folgenlosen Unfall lieber stundenlang zu Fuß. Auf den ersten Reisen nach Deutschland – zu Besuchen bei seiner Mutter und beruflichen Terminen – war Ingeborg die gesamte Strecke ohne Pause durchgebrettert, beide Hände am Steuerrad, so entschlossen, wie sie ihre Rollen gespielt hatte.

Dass sie ihn schon seit Längerem nicht mehr nach Deutschland begleitet hatte, war ihm natürlich aufgefallen. Es hatte ihm nichts ausgemacht. Er nahm, wenn es schnell gehen musste, das Flugzeug, fuhr ansonsten gern Zug und hatte dabei nicht selten den Eindruck, in seinem Abteil wie in einem winzigen Theater zu sitzen, in dem die Mitreisenden zwischen Wurstsemmeln und Tee aus Thermoskannen ein eigens für ihn erdachtes Stück gaben. Sein Vater war nicht gern Zug gefahren. Er hatte gesagt: »Ich fühle mich immer, als wäre das Stück zwischen Thermoskannen und Wurstsemmeln ich.«

Über Ingeborgs Beweggründe, in der *Casa Liocorno* zu bleiben, hatte Michael sich keine Gedanken gemacht. Sie kam ihm emsig und beschäftigt vor, hegte und pflegte, was im Garten hauste, von den Tomatenstauden bis zu den Dryaden, gestaltete das Haus, besprach mit Nello Reparaturen, verköstigte Freunde, sorgte für Sciuscia und Tinka, die Straßenhunde, die sie aufgelesen hatte und die sich vor lauter Menschenscheu im Gehölz verkrochen, sowie für den Rest der Ende'schen Menagerie. Allein das Wässern der Pflanzen nahm an heißen Tagen Stunden in Anspruch.

Auf die Idee, sie könne sich hier vor etwas verkriechen oder gar sich für eine Reise nicht gesund genug fühlen, war er nicht gekommen.

Ich mache mir zu wenig Gedanken um sie, dachte er und wusste doch, dass sich nichts daran ändern würde. Sein Kopf war zum Platzen gefüllt, bis vor Kurzem noch mit seiner Geschichte und jetzt mit dem Streit mit Richard Weitbrecht. Er hasste Streit, der leiseste Anflug davon erfüllte ihn mit einer Art Panik. Er war dann wieder nicht älter als zehn, nicht älter als Andís Junge Andruscha, lag im Dunkeln unter seiner Decke und hörte seine Eltern sich zischend Kränkungen zuflüstern, unfähig, sie zu besänftigen, unfähig, die Bärenhöhle zu bewahren, die ihn schützte und die sein Zuhause war.

»Ich würde lieber keinen neuen Verleger suchen«, hatte er zu Ingeborg gesagt. »Ich stehe bei den Weitbrechts im Wort.«

»Bei deiner Geschichte stehst du auch im Wort, oder nicht?«, hatte sie ihn erinnert und natürlich damit recht gehabt. Seine Geschichte konnte er nicht verraten. Er hatte gerade die Teile, die Richard Weitbrecht herausgekürzt haben wollte, mit einem selten gekannten Gefühl von Erfüllung geschrieben – jene Teile, mit denen der Gaukler, der Zirkusartist in ihm sein Publikum zu einem Spiel auffordern wollte, um ihnen nahe zu kommen, mit ihnen in Verbindung zu treten.

Während er Szenen aufs Papier gebracht hatte, in denen Momo mit ihren Freunden ihr ganzes Leben in ein Spiel verwandelte, war ihm klargeworden, dass Kunst ohne Spiel an niemanden gerichtet und letzten Endes leer war, einerlei mit welchen brillanten Gedanken sie auch ausgestopft sein mochte. Ein blitzender Geist ohne Sprache, in die er sich einem wartenden Publikum übersetzen konnte, blieb ungehört. Indem Menschen aber mit Menschen spielten, wie Momos Freunde es in dem alten Amphitheater taten, gestalteten sie sich von alters her eine Welt, die ihnen einladend und dem Zorn der Elemente, Naturgewalten und eifersüchtigen Gottheiten zum Trotz bewohnbar schien.

Zugleich hatte er sich beim Schreiben von *Momo* stärker denn je als Magier probiert, hatte Neues aus Nichts geschaffen und seine Geschöpfe in Zusammenhänge gestellt, in denen sie sich auf ungekannte Weise entdeckten. Bisher hatte er als den Magier in ihrer Beziehung einzig Ingeborg betrachtet, die zaubern konnte und damit aus einer dem Göttlichen nahen Warte auf das Menschenleben blickte. Bei *Momo* aber erlebte er sich selbst in dieser Rolle, erlebte, wie er sich zwischen den beiden Elementen – dem des spielenden Gauklers und dem des schöpferischen Magiers – zurechtfand und sich seinen Weg durch das Labyrinth seines Romans bahnte.

Als er eines Abends Ingeborg davon erzählt hatte, hatte sie ihm die oberste Karte ihres Tarot-Satzes hingeschoben, den Pagat, *Bagatto,* der beides in sich vereinte – flirtendes Gauklerspiel und über die Schöpfung gebietenden Zauber. Michael hatte sie in die Arme genommen. »Danke, dass du mich dazu gebracht hast, hier zu leben. Ich hätte mein Buch in Deutschland nicht schreiben können.«

Von alledem vermochte er Richard Weitbrecht nichts zu erzählen, weil das Vertrauen bereits zerstört war, die Überzeugung, durch Worte im Gesprächspartner etwas bewegen zu können. Erschwerend kam hinzu, dass der Verleger seinen Vorschlag für die Illustrationen rundheraus abgelehnt hatte. Michael hatte sich Maurice Sendak gewünscht, hatte dessen archaisch wilde, vor nichts zurückschreckende Zeichnungen bereits vor sich gesehen. »Uns zu teuer«, war alles, was Weitbrecht dazu angemerkt hatte.

Die Illustratoren, die er ersatzweise aufbot, zeichneten niedliche Bilder von lächelnden Mädchen im Waldidyll und dickbäuchige Männchen, die vor Bosheit die Backen aufbliesen.

Michael konnte sich Luise Rinsers Kommentar dazu wortwörtlich vorstellen, und dieses Mal hätte er sich auf ihre Seite geschlagen.

Die Illustrationen waren inakzeptabel, die Änderungen waren inakzeptabel, aber mit Richard Weitbrecht war über das eine wie über das andere nicht zu reden.

»Wenn Sie überhaupt keine Kompromissbereitschaft zeigen und mir keinen Schritt entgegenkommen, sehe ich mich nicht in der Lage, es meinerseits zu tun, sosehr wir alle Sie schätzen, lieber Herr Ende«, hatte er zu Michael gesagt. Die Anrede zum Schluss schmerzte besonders. So sprach ein modern-gewaltloser Pädagoge mit einem Kind, bei dem Hopfen und Malz verloren war.

Die Fronten waren festgefahren. In Michaels Kopf herrschte Krieg und übertönte jeden zarteren Gedanken mit Kanonendonner. Letzten Endes schien es eine andere Lösung als die von Ingeborg vorgeschlagene nicht zu geben, wenn er nicht Momo zum Verstummen verdammen wollte, eine tote Geschichte aus ihr machen, deren Leichnam unter seinem Schreibtisch lag. Er erwog, bei einem Stuttgarter Verlag, der sich schon mehrmals an ihn gewandt hatte, zumindest brieflich anzufragen.

Und dann war Hansjörg zwischen die mit Stacheldraht bewehrten Schützengräben getreten, dieser erst kürzlich dem Schutzraum der Universität entwachsene Hansjörg, von dem die Götter wissen mochten, woher er seine Besonnenheit nahm. »Ich komme zu Ihnen«, hatte er Michael kurz und bündig am Telefon eröffnet. »Sie erklären mir, worum es Ihnen geht, und ich erkläre es meinem Vater, einverstanden? Meine Devise ist: Wenn es keinen Ausweg gibt, gibt es womöglich auch gar keinen Käfig. Treffen wir uns im *Café Nazionale?«*

»Ist Ihnen klar, dass Sie mir wie ein Engel vorkommen?«, begrüßte ihn Michael, der ihn statt an den Tisch mit der wackelnden Resopalplatte in sein Haus gebeten hatte.

Hansjörg lachte, strich sich über den Bart und errötete. Michael hatte noch nie einen Mann erröten sehen. Anschließend duzten sie sich. Als Michael den anderen das erste Mal mit seinem Vornamen ansprach, rutschte ihm statt ›Hansjörg‹ der Name ›Hartmut‹ heraus.

Das Gespräch unter dem Zitronenbaum, über zahlreichen Tassen Espresso, dauerte fünf Stunden, und schon nach den ersten fünfzehn Minuten wusste Michael, dass eine weiße Fahne gehisst, dass das Schlachtfeld verlassen und der Weg für *Momo* geebnet werden würde. Hansjörg würde dafür sorgen. Hansjörg verstand, dass Michael nicht etwa starrsinnig auf seiner Meinung beharrte, sondern sich den Anforderungen seiner Geschichte beugte.

»Ich bin ihr Anwalt«, erklärte er. »Wenn ich mich nicht vor sie stelle, ist sie ohne Schutz.«

»Meine Frau ist Richterin«, erwiderte Hansjörg. »Die scheut sich nicht, Anwälte zusammenzustauchen, wenn die vergessen, dass sie ihren Mandanten verpflichtet sind.«

Hansjörg sagte ihm in die Hand zu, dass an Momos Integrität nicht gerüttelt werden, sondern dass sie so erscheinen würde, wie Michael sie entdeckt und auf Buchseiten nacherzählt hat. »Ein *Cantastorie* wandelt seine Geschichte jedes Mal ab, häufig so, dass seine Zuhörer sie nicht wiedererkennen. Aber er verändert ihre Essenz nicht. Jene rätselhafte Substanz, die ihren Zauber ausmacht. Verstehst du das?«

Hansjörg nickte. »Für meinen Vater muss ich das alles ein bisschen übersetzen«, sagte er. »Aber darum mach dir keine Sorgen, dafür bin ich ja da. Wichtig war mir, dass ich selbst bis ins Detail begreife, worauf die Konflikte beruhen. Das ist auch ein bisschen wie bei Sabine im Gerichtssaal: Um zwischen den Parteien abzuwägen, muss sie glasklar erfassen, woher eine jede kommt.«

»Ich glaube, ich nehme das mit dem Engel zurück«, sagte Michael. »Du bist kein Engel, sondern Momo.«

»Oh, welche Ehre.« Hansjörg hatte nach all dem Kaffee um ein Bier gebeten, was in Italien keine gute Idee war. »Warum denn das?«

»Du kannst zuhören«, erwiderte Michael. »Und jetzt lass diese Brühe stehen und lass uns mindestens einen *Silvestri* köpfen. Du übernachtest bei uns.«

Hansjörg ließ sich nicht lange bitten, sondern rief in Rom an und stornierte sein Hotelzimmer. Er blieb drei Tage, dann zwangen ihn Termine nach Deutschland zurück, doch er würde wiederkommen. Sie waren von jetzt an Autor und Verleger und würden in Zukunft Projekte miteinander entwickeln, über sie sprechen, während sie entstanden. So wie Michael mit Ingeborg sprach. Sie waren von jetzt an Freund und Freund.

»Diesen Schuhkarton von dir, den will ich mir das nächste Mal ansehen«, hatte Hansjörg zum Abschied gesagt. »Da rufe ich dann *Sesam, öffne dich* und suche mir in deiner Schatzkammer aus, was mir am besten gefällt.«

Michael freute sich darauf.

Das Problem mit den Illustrationen hatte Hansjörg wie im Vorbeigehen ebenfalls gelöst: Da an der Entscheidung des Verlags gegen Maurice Sendak nicht zu rütteln war, von den vorgeschlagenen Illustratoren jedoch keiner Michaels Vorstellung nahekam, hatte er kurzerhand beschlossen, Michael solle *Momo* selbst illustrieren. Ein paar Skizzen, die er für den eigenen Bedarf von Figuren und Schauplätzen angefertigt hatte, hatte Hansjörg sich zeigen lassen und befunden: »Die sind allemal besser als alles, was uns vorliegt.« Er hatte gegrinst. »Und billiger kommst du uns auch.«

»Was daran liegt, dass ich kein sonderliches Talent zum Zeichnen habe«, hatte Michael erwidert.

»Ist das jetzt Koketterie oder eine Folge der Tatsache, dass du mit einem Genie aufgewachsen bist? Komm schon, zier dich nicht. Derjenige, der die Bilder im Kopf hat, bist du. Du hast sie in Worten schon aufs Papier gebracht, also wirst du es auch mit ein paar Strichen fertigbringen.«

Michael war längst überzeugt gewesen und fand an der künstlerischen Ausgestaltung seines Romans ein unerwartetes Vergnügen. Richard Weitbrechts Einwände durfte er getrost dessen Sohn überlassen. Als er anmerkte, seine Zeichnungen erschienen ihm in schwarz-weißem Druck zu hart, zu wenig poetisch, setzte Hansjörg sich dafür ein, dass das gesamte Buch in Sepia-Farbe gedruckt wurde, was es in der Verlagsgeschichte nie zuvor gegeben hatte. Zum ersten Mal in seiner Laufbahn als Autor fühlte sich Michael leicht, geradezu unbesorgt.

Dann aber war seine Mutter gestorben, ehe *Momo* erschien. Er hatte ihr versprochen, sie trotz ihrer schweren Krankheit noch einmal nach Genzano zu holen und unter dem Zitronenbaum, dessen Duft sie an ihre kurze, ferne Zeit in Palästina erinnerte, mit ihr zu sitzen. Das würde er nun nie mehr tun können.

Magenkrebs. »Der Tod hat Ihrer Mutter das Schlimmste erspart«, hatte ein beflissener Oberarzt ihm versichert, als wisse er aus eigener Erfahrung, dass es Schlimmeres als den Tod gab. »Diese Krankheit ist eine elende Schinderei, man kann froh sein, wenn es nicht lange dauert, und fünfundachtzig ist ja auch ein gesegnetes Alter.«

Das war es vermutlich. Aber es änderte nichts an der Tatsache, dass Michael jetzt niemandes Sohn mehr war. Niemand würde ihn je wieder fragen, ob er sich in der Morgenkälte keinen Schal umbinden wolle, und niemand würde ihm Weihnachtsgeschenke in mit lächelnden Sternen bedrucktes Papier wickeln. Von dem Schafgeist Lieflam würde niemand mehr wissen außer ihm, und in die Richtung, in die sie zu dritt, aneinandergelehnt, einst geblickt hatten, blickte nur noch er. Es war ja keine zärtliche Zeit gewesen, in der sie als Familie gelebt hatten, sondern eine brutale, die äußerste Härte verlangte, und doch gab es von ihnen dreien kein Bild, auf dem sie nicht aneinander festhielten. Jetzt hielt an ihm niemand mehr fest, und auf den Bildern waren zwei leere Flecken.

Die Spur Gewissheit, die seinem Schreiben innegewohnt hatte, war in Zweifel gezogen, denn der Mensch, für den er lange vor dem ersten Wort unvergleichlich gewesen war, war nicht mehr da. Niemand würde mehr jeden Strich, den er auf einen Bogen Papier gezogen hatte, in einer Schmuckschatulle horten, nur weil die Hand mit dem Bleistift seine gewesen war. Wenn die Kritiker *Momo* als dümmliches Kinderbuch abtaten, hätte seine Mutter – seine kluge, belesene, weitgereiste Mutter – mit einem vor dem Verbrennen geretteten Zettel in den Händen am Fenster gesessen und sein Gedicht

Libe Mutti, von deinem Son
Ich hab dich liber als Kuchen mit Mon

gelesen, als blättere sie in Dantes *Vita nova*.

Es würden nie wieder für einen Menschen die Sonne und alle anderen Sterne aus seinen Augen scheinen.

Als er sich von seiner Mutter verabschiedete, hatte er ihre fragilen, nach vorn gekrümmten Schultern erschrocken in seinen Händen gehalten und nicht fassen können, dass sie wirklich ihr gehörten. Vielleicht hatte er in diesen Minuten erst begriffen, wie stark sie gewesen war und dass sie ihn noch immer getragen hatte wie auf den ersten Bildern, die er von ihnen beiden besaß.

Momo erschien, und wie erwartet hatten sich Kritiker, deren verächtlich gelupfte Brauen man beim Lesen förmlich vor sich sah, über das *am Kitsch vorbeischrammende Eskapisten-Märchen für narzisstische Jugendliche* erhoben und seinem Schöpfer vorgeworfen, er weigere sich, erwachsen zu werden.

Was aber hätte ihm eine solche Weigerung genützt? Einer, der keine Eltern mehr hatte, konnte bei allem Trotzen und Trampeln kein Kind mehr sein.

Weit mehr als die Häme fremder Kritiker schmerzte, dass Freunde sich auf ihre Seite stellten. Inge Heinrichs zum Beispiel, die ihn einst umsorgt und behütet hatte, wie um mit seiner Mutter in einen Wettstreit zu treten. ›*Das ist pures Gift*‹, schrieb sie ihm in einem Brief, dem sie drei der ätzendsten Verrisse beilegte. *Deine unausgegorenen Fantasien, die du skrupellos an Kinder verfütterst, sind nichts als Gift, rauben ihnen die Kraft, um die Zukunft dieses Landes zu kämpfen, und sollten verboten werden.*

Er hatte geglaubt, er wäre durch seine Geschichte den Grauen Herren entronnen, hätte sich schreibend von ihnen befreit. Stattdessen bemächtigten sie sich seiner Freunde, wie es Momo geschehen war, und wie jener blieb ihm nichts übrig, als ohnmächtig zuzusehen.

Ingeborg konnte vor Zorn drei Tage lang nicht essen. Ihr Magen verknotete sich, und sie lebte von wenig mehr als Zigaretten. Die Trauer um seine Mutter konnte sie nicht mit Michael teilen, doch was seine Arbeit betraf, war sie sein Ritter, der sich mit gezückter Lanze in Galopp warf und ein Heer von Feinden für ihn niedermähen wollte. Michael nahm ihr die Zeitungen mit den Kritiken weg, damit sie sich nicht länger daran aufrieb. Dass sich unter den Verrissen auch Besprechungen befanden, die das Buch lobten, es *von eindringlicher Kraft* und *bedeutend* nannten, spielte keine Rolle, denn man glaubte, sosehr man sich auch wehrte, immer denen, die schmähten. Die, die lobten, hielt man – jedem besseren Wissen zum Trotz – für verirrte Menschenfreunde oder für vom Verlag gekauft.

Eine einzige Kritik aber schob er ihr fast verlegen neben den leeren Teller. Es war die erste, die zu *Momo* gedruckt worden war. Ingeborg las sie, bis sie sie Zeile für Zeile auswendig konnte, schnitt sie aus der Zeitung aus und rezitierte sie an geselligen Abenden wie einen Shakespeare-Monolog.

Die Kritik stammte von Gustav René Hocke, war in der *Welt* erschienen und enthielt folgende Zeilen:

Wir zögern nicht, zu sagen, dass Michael Endes neuer Märchenroman Momo *gleichsam die Quintessenz einer neuen Gattung darstellt, die sich aus jeder Art stur-einseitigem Engagement befreit hat. (…) Michael Ende ist also das Kunststück gelungen, einen Märchenroman für Kinder und Erwachsene zu schreiben.*

Ein wenig war es, als hätte sein Vater seinen Roman gelesen und ihm dafür ein Gütesiegel erteilt, ihn sacht an der Schulter berührt. Nur ein wenig. Aber das Wenige war Stärkung und Trost.

Michael signierte zwei Exemplare der vollständig in Sepia gedruckten und mit seinem selbst gezeichneten Titelbild geschmückten *Momo*, schob sie in einen Umschlag, in den er einen belaubten Zweig von seinem Dryadenbaum gesteckt hatte, und schickte sie Andí.

Eines für Deinen Jungen, schrieb er, *und eines für Dich. Weißt Du, dass ich in manchen Nächten glaube, ich wäre an jenem Tag im Labyrinth der Stadt verlorengegangen, wenn ich Dir nicht begegnet wäre? Findest Du mich nicht lächerlich, Andí? Ich bin ein erwachsener Mann von Mitte vierzig, ich wohne auf einem Landsitz wie ein behäbiger Greis, und doch war ich sicher, ich sei ohne meine alte, schwerkranke Mutter nicht imstande zu leben.*

Als mein Vater getötet wurde, schrieb sie ihm zurück, *war der Himmel über meiner Stadt grau, wie zugefroren. Statt mit meinem Vater Mitleid zu haben oder seine Mörder zu hassen, stand ich oben an der Treppe und schrie in diesen gefrorenen Himmel: Und wer zum Teufel liebt jetzt mich?*

Ich liebe Dich, Andí. Es ist mir egal, ob das verrückt ist, denn ich werde ohnehin verrückt daran, dass ich Dich nicht sehen darf. Bitte schreibe mir als Antwort nicht: Du weißt, dass das nicht geht.

Ich schreibe Dir nichts dergleichen, denn Du bist Michael, kein dummer Junge, der Belehrung nötig hat. Ich schreibe Dir: Tu, was Du willst.

Und wenn ich nicht anders kann, als Dich zu wollen? Wenn ich Dir Welten zu Füßen legen will, von denen ich keine besitze?

Mich hast Du ja. Und ich habe Dich. Dafür musst Du Dir nichts aus dem Herzen reißen, denn den Platz, den ich brauche, den schaffe ich mir. Wie ein Schmetterling. Wer stößt den schon beiseite? Und Welten baust Du selbst.

Tu, was Du willst. Ob Du mich liebst, entscheidest immer Du, und auch, was Du daraus machst. Gib gut auf Dich acht. Ich liebe Dich, weil ich es will.

Tu, was Du willst. Michael begriff: Die Entscheidung lag immer bei ihm und musste mit allem, was ihn ausmachte, getroffen werden. Sosehr er sich zu Andí flüchten, sich ihrem Schutz überlassen und zugleich sie beschützen wollte, so wenig wollte er Verrat an Ingeborg begehen. Oder Andí zwingen, Verrat an ihrem Mann zu begehen. Das gehörte sich nicht. Es passte nicht zu den liebevollen, um ein Leben in Anstand ringenden Menschen, die sie beide waren. Nur schreiben durften sie sich, und die Briefe, die sie sich schrieben, wuchsen zu Stapeln. Einmal schickte sie ihm *Briefe an Felice*, eine gerade im S. Fischer Verlag herausgegebene, an die achthundert Seiten umfassende Sammlung, die Franz Kafka im Laufe von fünf Jahren an Felice Bauer geschrieben hatte. Michael musste lachen. Er glaubte, Andí mit ihm zusammen lachen zu hören.

Warte es ab, schrieb er ihr, *der Herr Kafka war ja ein Mensch, der sich kurzfassen konnte, aber über mich klagt mein Verleger, meine Bücher geraten immer zu dick. In fünf Jahren habe ich Dir einen Turm geschrieben, den Du in deinen Garten stellen und dann wie die Pariser Eintritt von den Touristen kassieren kannst.*

Und Regenschirme damit bedrucken?, schrieb sie ihm zurück. *Andruscha hat mir von seiner Klassenreise einen mit dem Eiffelturm bedruckten Schirm mitgebracht. Ach, wie würde mir das gefallen, einen mit Dir bedruckten Schirm zu haben! Ich würde mir immerfort wünschen, dass es regnet, es dürfte gar nicht mehr aufhören.*

Sein Geist brauchte Neues, brauchte etwas, in das er sich verbeißen konnte, oder er würde über kurz oder lang tun, was sie beide nicht wollten: Zu ihr fahren. Vor ihrer Tür stehen. Der Versuchung erliegen.

Japan. Fremde. Aus gebührender Entfernung hatte er bereits als Kind mit dem Land, dessen Name *Wurzel der Sonne* bedeutete, geliebäugelt und war in das vage Gespinst jener Träume gelegentlich zurückgekehrt. Jetzt bat er Vera Hacken, mit der er verstärkt in Kontakt stand, weil er sich dabei Andí nahe fühlte, ihm Material zu schicken. Fasziniert las er Texte über japanisches Theater, über das Nō, das aus dem vierzehnten Jahrhundert stammte. Die Tanzgebärden, in denen es gespielt wurde, hießen *Kata* und beschrieben das Rieseln von Kirschblüten von ihren Zweigen und den Einfall des Mondlichts durch nächtliche Wolken. Die Masken des Nō wurden aus dem Holz der japanischen Zypresse geschnitzt, das leicht und stabil zugleich war, und die Miene der Maske veränderte sich mit dem Winkel, in dem der Schauspieler den Kopf neigte. Die *Tsuzumi*, Trommeln in der Form von Stundengläsern, begleiteten die Stücke, und darüber hinweg eine quer gespielte Flöte, die aus Bambus gefertigt war.

Michael hätte gern Bambus in seinen Garten gepflanzt, hätte gern die japanische Sprache erlernt und wäre noch lieber nach Japan gefahren. Flüchtig hatte er diesen Traum schon als Junge gehegt, als er in den Geistergeschichten Lafcadio Hearns versunken war, dem halb irischen, halb griechischen Erzähler, der aus Liebe in dem geheimnisvollen Land geblieben war und einen japanischen Namen angenommen hatte. Die Stücke des Nō waren Dramen um Sehnsucht und unerfüllte Liebe und Legenden von Helden, Göttern und Ungeheuern. Befasste sich ein Stück hingegen mit aktuellen Ereignissen aus Politik und Gesellschaft, so wurde es *Drama vom Wahnsinn* genannt.

Selbst das Nō, die Reise in die Ferne, die er sich zur Rettung verordnet hatte, brachte ihn jedoch zu Andí zurück. Eine Variante gab es nämlich, die *Fukushiki Mugen Nō* hieß, das Nō der Doppelfantasie. Darin wurden in zwei Akten Fantasie und Wirklichkeit gemischt wie Farben auf einer Palette, bis man von beiden keine mehr erkannte und etwas Neues entstand:

Ein Reisender gelangt an einen Ort, an den er nie zuvor einen

Fuß gesetzt hat und der auf keiner Karte verzeichnet ist. Er trifft auf einen Fremden, der ihm eine Legende erzählt, doch mit dem letzten Wort der Erzählung ist der Fremde verschwunden. Verstört muss der Reisende begreifen, dass er in Wahrheit einem Geist – der Hauptfigur jener Legende – gegenüberstand.

So steht es mit Dir und mir, schrieb Michael an Andí. *Du bist die Hauptfigur meiner Legende, Fantasie und Wirklichkeit zu einer neuen Farbe vermischt. Nur spielen wir das Ende nicht wie beim Nō, sondern umgekehrt: Nicht Du, der Geist, sondern ich, der Reisende, vertraue Dir meine Gefühle an und bitte Dich um ein Gebet zu meiner Erlösung.*

Ich habe das Gebet nicht gesprochen, sondern geschrien und auf dem Kontrabass gespielt, schrieb sie ihm zurück. *Die laschen Gebete, mit denen unsere westlichen Götter sich dieser Tage bescheiden müssen, erschienen mir für Dich nicht ausreichend. Ich schreie es jederzeit wieder, wenn Du willst.*

Der Postwagen, der ins Tal der seligen Geister kam, fuhr selbst in besten Zeiten nicht regelmäßig. Manchmal traf tagelang keine Sendung ein und dann wieder ganze Säcke voll, die der Postbote über die Gartenmauer warf und die vor allem Leserpost für Michael enthielten. Traude Hocke half ihm, die Schreiben durchzusehen und zu beantworten, und des Öfteren sortierte Ingeborg sie vor und stapelte sie für Traudes nächsten Besuch. Eines Morgens kam sie in Michaels Schreibzimmer und warf ihm drei Briefe auf den Tisch. Sie war müde, sie hustete zwischen den Sätzen, aber sie war noch immer ein Vulkan.

»Darf ich erfahren, warum diese Frau es für nötig hält, dir drei Briefe auf einmal zu schreiben? Soweit ich weiß, sind wir nicht näher mit ihr bekannt.«

»Ihre Mutter war eine Freundin von Vera«, erwiderte Michael spontan. »Vera Hacken. Sie waren Nachbarn.«

Er nannte ihr Andís Namen. Den, unter dem der Rest der Welt sie hätte kennen können.

»Und weil ihre Mutter vor ungefähr zwei Weltkriegen Vera Hackens Nachbarin war, schreibt sie dir drei Briefe pro Tag?«

»Herrgott, du kennst doch die Post. Die Briefe werden eben liegen geblieben sein und kommen jetzt alle auf einmal.« Er wand sich innerlich. Er wollte dieses Gespräch nicht führen, wollte keine Figur aus einer *commedia dell'arte* sein und nicht miterleben, wie Ingeborg sie beide dazu machte.

»Es ist nicht das erste Mal. Das weißt du selbst.«

Er nahm sich zusammen. »Ich habe sie auf einer meiner Lesereisen kennengelernt, und wir beide wollten das Gespräch, in das wir geraten sind, gern fortsetzen. Sie ist Theaterkritikerin. Kosmopolitin. Eine interessante Frau. Ihr Mann leidet an Multipler Sklerose, er stirbt seit Jahren vor sich hin, und sie sorgt für ihren kleinen Sohn.«

Wir sollten nicht lügen müssen, dachte Michael. Er hatte Ingeborg, was andere Frauen betraf, nie belogen, und wenn man die Worte bei ihrem Buchstabenwert nahm, war auch das, was er ihr gerade erklärt hatte, nicht gelogen. Höchstens ein wenig zurechtgebogen, um Andís Spuren zu verwischen. Solche Versuche, sich selbst zu betrügen, waren jedoch vergeblich. Für Ingeborg bildeten *wahr* und *falsch* zwei strikt getrennte Welten, und würde sie ihm jetzt, in diesem einen Fall, eine konkrete Frage stellen, so wusste er, er würde ihr eine Falschheit, eine Lüge als Antwort servieren.

Nicht um sie zu schonen.

Sondern weil jene Nacht mit Andí ihm allein gehörte.

»Ingeborg«, sagte er, um Wärme bemüht. »Ich möchte nicht, dass du meinen Briefverkehr kontrollierst, und ich kontrolliere auch nicht deinen. Ich käme nicht auf den Gedanken, mich daran zu stören, dass du seit Jahren Briefe mit Walther wechselst, und genauso wenig weiß ich, was dich an meinem Briefwechsel mit einer befreundeten Theaterwissenschaftlerin stören sollte. Ich hoffe, die Gesundheit ihres Mannes lässt es noch einmal zu, dass sie uns mit ihrer Familie besuchen kommt. Du würdest sie mögen.«

»Würde ich?«

Trotz der letzten Spitze las er in ihrem Gesicht, dass das Thema abgehandelt war. Sie mochte nicht restlos glücklich sein, sie war auch über seine Freundschaft mit Nina Adler nicht glücklich, doch sie respektierte sein Recht darauf. Davon, dass nichts anderes hineinspielte, hatte sie sich überzeugen lassen, weil sie Lügen von ihm nicht gewohnt war. War es aber nicht illusorisch, einen solchen Grenzzaun überhaupt zu ziehen, spielten da, wo Menschen zusammenkamen, nicht immer alle erdenklichen Möglichkeiten hinein?

Die Überlegung war müßig. Er hatte Ingeborg getäuscht, und die Scham, die damit einherging, fühlte sich an, als müsste er sich am ganzen Körper kratzen. An der Sehnsucht nach Andí aber änderte auch der Juckreiz nichts. Er würde ein neues Buch schreiben müssen, sich eine Welt schaffen, auf die er seine Feuer lenken konnte, oder von der Hitze in ihm würde seine Willenskraft schmelzen.

Ein Jahr später begegnete er auf der Jugendbuchmesse in Bologna Mariko Sato, einer aus Tokio stammenden Übersetzerin, die seit Kurzem in der Internationalen Jugendbibliothek in München arbeitete. Seine Versuche, Japanisch zu lernen, waren in den Kinderschuhen stecken geblieben, aber Mariko erklärte sich nur zu gern bereit, ihn in die Zeremonienkultur Japans einzuführen, ihm die Welt der Künste und das Alltagsleben näherzubringen. »Wir könnten uns Schritt für Schritt herantasten, wenn Sie möchten«, schlug sie mit einer Scheu vor, als wäre etwas Anmaßendes daran, ihm einen solchen Vorschlag zu unterbreiten.

Und mehr noch. Sie kannte jeden Text, den er veröffentlicht hatte, und hegte seit Langem den Wunsch, seine Bücher ins Japanische zu übersetzen. *Momo*, die wie *Jim Knopf* den Jugendbuchpreis gewonnen hatte, sich aber deutlich langsamer verkaufte, sollte zuerst ins Japanische übertragen werden. Sie war sicher, dass das japanische Publikum, das aus Furcht vor Zeitdiebstahl jede Minute des Tages und der Nacht durchplante, seine Geschichte willkommen heißen würde. Und sie war bereit, mit ihm nach Japan zu reisen. Unter ihrer Führung würde er Einlass in eine Kultur finden, die so fremd, so andersartig, so weit entfernt von seiner eigenen war, dass er sich durch die Begegnung mit ihr einen neuen Blick auf seine Lebenswelt erhoffte, in der er sich zunehmend eingeengt fühlte und mühsamer Luft bekam.

»Wenn Japan sich als ein Land erweist, das zu Ihnen spricht, würde ich gern eines Tages mit Ihnen gemeinsam übersetzen«, sagte Mariko wiederum mit einer Scheu, die aus der vierzigjährigen Akademikerin eine *Miko* machte, ein Schreinmädchen der Shinto, Tochter eines Priesters, die in Trance die Botschaft der Götter verlautbarte, mit den Menschen des profanen Alltagslebens jedoch gänzlich unvertraut war. Ihm war klar, dass er in die Falle eines Klischees tappte. Er las in die zierliche Japanerin hinein, was ihm die paar Fetzen Literatur, die er kannte, an Versatzstücken anbot, weil er in einen Menschen, dessen gesamte Geschichte ihm ein Wald voller Rätsel war, sonst überhaupt nichts hätte hineinlesen können.

Aber das würde sich ja ändern. Mit jedem Schritt, den er sich auf Japan zubewegte, mochten sich Schleier lüften und Türen öffnen, die ihm von Marikos Geheimnissen einen Teil erschlossen. Für den Augenblick genügte ihm, dass Mariko alles zu sein schien, was Ingeborg nicht war: Es freute sie, mit ihm Zeit zu verbringen, sie wünschte sich, mit ihm zu arbeiten, aber sie stellte keine Forderungen. Und er war ihr nichts schuldig.

»Sie würden gern mit mir übersetzen?«, fragte er sie. »Haben Sie dabei an einen bestimmten Autor gedacht?«

Sie nickte erregt, verhuscht, wiederum wie ein Mädchen aus dem Tempel, das mit dem nächsten Atemzug verschwinden würde. »An Miyazawa Kenji. Er hing dem *Sutra* der Lotusblume vom wunderbaren Gesetz an, und ein wenig scheint mir sein Schreiben dem Ihren im Geiste verwandt, wenn es erlaubt ist, das zu sagen. Vorwiegend Märchen schrieb er. Gedichte. Geschichten für Kinder, die man Erwachsenen hinlegen möchte. Eine über eine Nachtschwalbe, die ein bitteres Leben führt, weil der Habicht und all die anderen Vögel sie für ihre Hässlichkeit verachten. Sie will in den Himmel fliegen, um die Sterne um Rat zu fragen, die Kälte färbt ihren Atem blau, und ihr schwacher Körper erfriert. Als sie zu sich kommt, findet sie sich jedoch am gewölbten Firmament wieder, neben dem Sternbild Kassiopeia, mit dem sie gemeinsam erstrahlt. Wenn das etwas wäre, das zu Ihnen spricht ...«

Sie war viel kleiner als er. Wie eine Nachtschwalbe vor einem Habicht. Er lächelte zu ihr hinab und unterbrach sie: »Ja, das ist etwas, das zu mir spricht. Ich würde die Geschichte gern lesen, ich würde gern viel mehr von diesem Dichter und der Lotusblume vom wunderbaren Gesetz lesen. Und ich wäre Ihnen sehr dankbar, wenn Sie mir helfen würden, sowohl meine kaum vorhandenen Kenntnisse als auch mein kümmerliches Japanisch aufzufüttern.«

Im folgenden Jahr erschien *Momo* in japanischer Übersetzung, und Michael fuhr mit Mariko nach Tokio und Kyoto, um seinen Roman vorzustellen. Sie half ihm aus, wo ihm die Worte fehlten, sie ging mit ihm ins Theater, und sie besorgte jemanden, der ihn in das jahrhundertealte Zeremoniell einführte, auf japanische Weise mit einem Bogen zu schießen. Darüber hinaus trieb sie einen Verwandten auf, der ihm die Begegnung mit einem *Roshi* vermittelte, einem Meister des Zen, der eine *Sangha*-Gemeinschaft in ihren spirituellen Wegen unterwies.

Sie zeigte ihm Märchenbücher von Miyazawa Kenji und eine Abbildung des schwarzen Notizbuchs, in das der jung verstorbene Dichter sein letztes Gedicht geschrieben hatte. Abends ging sie mit ihm in *Ishiyaki*-Restaurants, wo er zusehen konnte, wie auf der glühenden Steinplatte am Tisch die vielfarbigen Zutaten seines Essens zubereitet und zu einem kleinen Kunstwerk angerichtet wurden. Sie spazierte mit ihm durch die glitzernden Lichter der

Riesenstadt zum Hotel, und nachts schlief sie mit ihm, in seine Arme geschmiegt.

Sie war auch alles, was Andí nicht war: Nicht verheiratet mit einem Mann, den nur ein Unmensch hätte kränken wollen. Nicht unerreichbar. Nicht gesegnet mit einem Kind, das nicht seines war und von dem er nicht gewusst hatte, dass er es sich wünschte.

27

VON KLEIN AUF HATTE Michael den Zwang verspürt, die Worte *endlos* und *unendlich* zu meiden. So wie Kinder es vermieden, auf die Furchen zwischen Pflastersteinen zu treten, um keinen orakelnden Dämon zu wecken. Die Furcht, die ihm die beiden Worte einjagten, rührte daher, dass sie von ihm selbst zu sprechen schienen. *Endlos, unendlich,* das bedeutete *ohne Ende,* und wenn er eines davon aussprach, nahm der Dämon womöglich an, er wolle sich selbst ins Abseits stellen.

Seit er Andí kannte, verspürte er hingegen ständig den Drang, die beiden Worte zu benutzen. In jeden Brief, den er an sie begann, wollte er unendlich viele Male *unendlich* schreiben.

Als er ihr davon erzählte, erinnerte sie ihn daran, dass das hebräische *Eyn Sof,* das *Es hat kein Ende* bedeutete, in der Kabbala einer der Namen Gottes war.

Es gab Zeiten, in denen von Andí über Monate kein Brief kam und Michael auch keinen brauchte. Sie hatten sich dann beide in ihre eigene Lebenswelt zurückgezogen und wussten: Der andere kam zurecht, war dort, wo er hingehörte, aufgehoben und würde sich melden, wenn sich daran etwas änderte.

An *unendlich* und *endlos* rüttelte das nicht. Im Gegenteil. Was ihn an Andí band, war nicht wie eine Pflanze, die er ständig wässern und düngen musste, nicht einmal wie eine, die wuchs oder blühte, sondern wie eine, die so, wie sie verwurzelt war, für immer stand.

Stattdessen wechselte er zahlreiche lebhafte Briefe mit Mariko und geriet deswegen mit Ingeborg in Streit. Wie geplant übersetzten sie gemeinsam ein Märchen Miyazawa Kenjis. Michael genoss Marikos ebenso kundige wie völlig unaufdringliche Führung und ihren Wissensschatz, von dem er bei jeder Begegnung eine neue Facette auffächerte. Sie schrieben über japanisches Theater und Literatur, über Mythologie, die geistige Welt voller Himmelsgötter und achtköpfiger Ungeheuer, die, anders als in Europa, tief mit dem Alltagsleben der Menschen verwoben war, und über die japanische Art, jede Handlung dieses Alltags zu zelebrieren, die Michael fesselte, weil sie in völligem Gegensatz zu der Regellosigkeit seines eigenen Aufwachsens stand.

Er hatte jedoch Ingeborg nicht vorgelogen, es ginge in ihrer Beziehung einzig um Geistiges. Es ging um alles, um eine Frau, die er als ganzen Menschen begehrte, unfähig, sie in Territorien – Geist, Körper, Seele – einzuteilen, von denen eines für Unbefugte verboten, ein anderes hingegen zulässig war. Was Mariko betraf, ließ er sich zu keiner Lüge hinreißen, sosehr Streit ihm verhasst war und an seinen Kräften zehrte. »Ich bin zu dir zurückgekommen. Ich komme immer zu dir zurück«, erinnerte er Ingeborg. Die Worte glichen einer Beschwörungsformel, die er allzu oft wirkungslos wiederholt hatte.

»Es verletzt mich.« Die Sprache ihres Gesichts bot ihm ein eindringliches Echo. Die Lider geschwollen, die Wangen eingefallen und nass. Sie weinte so selten wie seine Mutter. Als die es einmal seines Vaters wegen getan hatte, hatte sich Michael gefühlt, als zerbreche in seiner Brust ein Stück Glas. Unerträglich war ihm erschienen, dass in ihrer Familie einer den anderen zum Weinen brachte und dass der eine mit hängenden Armen dabeistand und dem, den er liebte, nicht half. Jetzt stand er hier, in seinem italienischen Traumhaus, ließ die Arme hängen und half nicht, während die Frau, die er liebte, seinetwegen weinte.

Die Strickjacke, die sie seit Jahren an kalten Tagen im Haus trug, war verfilzt, zerschlissen und viel zu groß. Michael war kein Krösus, aber es mangelte ihm nicht an Geld. Der italienische Haushalt war nicht teuer, und *Don Karl-Ludwig de las Finanzas* überwies zuverlässig, was sie zum komfortablen Leben brauchten. Warum war er keiner von den Männern, die ihren Frauen neue hübsche Kleider kauften, lange ehe ihnen die alten in Fetzen vom Leib fielen? Er hob die hängenden Arme und umfasste Ingeborgs Schultern. Eine Schrecksekunde lang fühlten sie sich in seinen Armen fragil und knochig wie die seiner Mutter an. »Mich verletzt es, dass wir nicht als freie Menschen miteinander leben können«, sagte er. »Dass zwischen uns so wenig Vertrauen herrscht. Ist das, was uns verbindet, was wir seit zwanzig Jahren Tag für Tag leben, für solche kleinlichen Eifersüchteleien nicht zu viel wert, Ingeborg?«

Sie löste sich von ihm. Nahm den Topf mit dem Futter, das sie für die magenkranke Hündin Sciuscia kochte, vom Herd und schwenkte ihn, um die Masse darin abzukühlen. »Ich denke, ich habe bewiesen, was es mir wert ist«, sagte sie. »Und deine Freiheit habe ich noch nie versucht einzuschränken. Das ändert nichts daran, dass es mich verletzt, wenn du, um zufrieden zu sein, eine Frau nötig hast, die weder klüger noch begabter oder vor Charme sprühender, sondern einzig zwanzig Jahre jünger ist als ich.«

Es tat weh. Ihnen beiden. Sie hatten einander die Sonne sein wollen und schienen sich jetzt, in diesem trüben Februar, nur noch im spärlichen Licht zu stehen. Grauer Nebel und Kälte ballten sich um die Mauern des Hauses, zwangen das Leben ins Innere, und Michael fühlte sich in seinen eigenen vier Wänden eingesperrt. Für die letzten Tage des Winters hatte sich jedoch Besuch angesagt, und über Nacht schlug das Wetter um. Mit den Hunden und Katzen, die sich vor dem Kamin zusammengerollt hatten, zogen auch die Menschen wieder ins Freie, und die Erstarrung wich.

Im Gefolge der Gäste kam frischer Wind. Für drei Tage reiste Ingeborgs Sohn an, der den Weg in die Regie gegangen war und Termine in *Cinecittà* vereinbart hatte. Michael, der für den Jungen als Kind, während der ersten verliebten und steinigen Jahre mit Ingeborg, zu wenig Zeit gehabt hatte, genoss jetzt seine Gesellschaft. Sie sprachen über Entwicklungen in Film und Theater, über Micha Hoffmanns Pläne und über ein Stück um einen Zirkus, das in Michaels Kopf vage Form annahm, und viel zu schnell war die gemeinsame Zeit vorbei. Als Nächstes kam *Karl-Ludwig de las Finanzas* ohne Frau, jedoch mit beiden Töchtern auf ein paar Ferientage mit dem Flugzeug.

»Das ist wahres Reisen, sag ich dir, Maik – schwupp eingestiegen, und schwupp schon da. Wenn du das mal ausprobiert hast, willst du nichts anderes mehr.« Wenn irgendwer für eine Brise sorgen konnte, die winterlichen Trübsinn austrieb, dann war es der kleine, unverwüstlich fröhliche Mann. »So ist das, wenn Engel verreisen«, kommentierte er das herrliche Wetter, das ihn empfing, und vor dem Panorama mit dem Schildkrötenberg und dem silbrigen Meeresstreifen breitete er die Arme aus und rief: »Hier bin ich Mensch. Hier darf ich's sein.«

Karl-Ludwig war eine wandelnde Sammlung von Plattitüden, die Ingeborg an den Nerven zerrte. Michael hingegen, den der Ritter von der Finanz vom ersten Tag an berührt hatte, amüsierte sie, zumal Karl-Ludwig verblüffend häufig mit seinen Phrasen ins Schwarze traf.

»Mit der *Momo* sind wir nicht unzufrieden, die Adaptionen bringen ja auch tüchtig Holz vor die Hütte, obwohl da natürlich noch Luft nach oben ist«, erläuterte er und breitete Papiere auf den emaillierten Kacheln des Terrassentisches aus. »Das läppert sich Monat für Monat schon zusammen, da gibt's also keinen Grund zur Sorge, auch wenn die Tendenz deutlich abwärts geht. Das ist normal und schlägt dann schon wieder um, sobald du was Neues herausbringst.«

Es war der erste Tag, an dem um die Mittagszeit die Wärme ausreichte, um – in Decken gewickelt – im Freien zu essen. Karl-Ludwigs Töchter, die sich schon ihrer Weiblichkeit und Schönheit bewusst waren, saßen im Gras und flochten sich Halme ins Haar, und im Blassgold des Weins brach sich das Funkeln der noch vagen Sonne. »Pack das wieder ein, ich bitte dich«, sagte

Michael. »Das Letzte, woran ich an so einem Tag denken möchte, ist Geld.«

»Musst du ja auch nicht«, erwiderte Karl-Ludwig pfiffig. »Das ist schließlich das Schöne daran, Geld zu haben: dass es uns erlaubt, nicht an Geld zu denken.«

»Und außerdem habe ich dafür ja dich.«

»Du sagst es.« *Don Karl-Ludwig de las Finanzas* strahlte und hob sein Glas. »Und außerdem hast du dafür ja mich.«

Es kamen auch noch Wilfried Hiller, ein Komponist, Stipendiat der Villa Massimo, dem Michael kürzlich in Rom begegnet war, und seine Frau Elisabet Woska, die Theater spielte, mit ihrem kleinen Sohn Amadeus, und am Ende der Woche kam Hansjörg mit seiner klugen Frau Sabine. Das Haus war zum Platzen voll, und Ingeborg bezog fortwährend Betten. Dennoch sorgte sie dafür, dass Michael und Hansjörg Zeit für sich allein fanden. Nello hatte das Dach der Laube repariert, die am Ende des Gartens zwischen hohen, frisch austreibenden Oleandersträuchern stand. Dorthin konnten die beiden Männer sich zurückziehen, um an einem steinernen Tisch lange Gespräche zu führen. Wurde es zu kalt, zogen sie in den großen Wohnraum um und tranken ihren Wein mit Blick auf die Dryaden, die in den Zweigen ihrer Ölbäume die Hüften wiegten.

Hansjörg blieb zwei Wochen, und Michael genoss jeden Tag. Sie sprachen von der sozialen Dreigliederungstheorie von Steiner, von der Kraft des Spiels und von der schöpferischen Kraft und Macht von Fantasie, vom Sinn des Lebens und davon, dass Gott es sich ja wohl leisten konnte, in mehr als nur ein bis drei Erscheinungsformen über seiner Welt und durch deren Zeiten zu tanzen.

Hansjörg erzählte Michael von seinen Plänen für den Verlag, von Impulsen zur Erneuerung, für die das Buch Vermittler werden könne, von der Kraft des Geistigen und seiner Herrschaft über die Materie. »Allerdings nicht, wenn es um gutes Essen geht«, sagte Hansjörg und lachte. »Wenn ihr so verwegen seid, mich weiterhin zu beherbergen, müsst ihr mir erlauben, für euch zu kochen.«

Michael lachte. »Wenn du Ingeborg dazu bewegen kannst. Seit wir hier wohnen, hat sie es sich nicht nehmen lassen, unsere Gäste persönlich zu bewirten.«

»Ich weiß«, erwiderte Hansjörg. »Und sie tut es auf ganz wunderbare Weise, verwöhnt und beschämt uns mit all ihrer Mühe. Es ist nicht so, dass wir das nicht genießen, aber ein einziges Mal müsst ihr mir erlauben, mich zu revanchieren. Meiner Philosophie nach ist Essen Magie, und wie es Magie eben an sich hat, braucht es eine Zeremonie. Ihr sitzt hier im Schlaraffenland der Zutaten, die arme Made im Speck ist eine Kirchenmaus dagegen, aber das Zeremonielle, das, was den Zutaten Respekt verschafft, das geht euch ab.«

Michael hob sein Glas. »Ich esse für mein Leben gern. Aber ich kann auf den Tod nicht kochen. Wir passen zusammen, mein Freund.«

»Dacht' ich's mir doch.« Hansjörg bleckte die Zähne. »Also geht es morgen auf den Markt, und eins sage ich dir: Sobald du ein einziges Mal mein *vitello tonnato* mit deiner Zunge zerteilt hast, bereust du jeden Abend deines Lebens, an dem du etwas anderes gegessen hast.«

Michael bereute es jetzt schon. Nach dem nächsten Glas Rotwein bereute er jeden Abend, den er ohne Hansjörg verbracht hatte. Fast jeden. Er fing an, ihm von Hartmut zu erzählen, dem Abenteurer, der trotz aller Angst voranstürmte, von Willi, dem früh Verstorbenen, von Fanti und sogar von Mucki, dem Dackel. Hansjörg wiederum erzählte ihm von einem aus den Augen verlorenen Freund, der einst in der Mathematikklausur des Abiturs sämtliche Ergebnisse auf ein Blatt Papier geschrieben, es zum Ball geknüllt und zu Boden geworfen hatte, damit Hansjörg danach fischen und die Lösungen abschreiben konnte.

Sie tranken auf verlorene Freunde und spürten, wie ihre eigene Freundschaft sich stärkte, wie gar nichts verloren, sondern alles lebendig und im Wachsen war. Gewiss gab es Freundespaare, die miteinander Bäume ausreißen konnten. Michael und Hansjörg aber würden welche pflanzen.

Bücherbäume.

Tag- und Nachtwälder.

»Es ist mir jetzt regelrecht peinlich, es auszusprechen«, begann Hansjörg am letzten Abend, nachdem er ihnen nicht nur das versprochene *vitello tonnato* – zubereitet mit der Poesie eines bukolischen Liedes und angerichtet wie ein Stillleben Florys van Dycks – serviert, sondern das Fest ihres Abendessens mit einer *crostata con le visciole*, einer Kirschtorte, gekrönt hatte, die Lazios Zutatenreichtum mit bayrischer Chuzpe vereinte. »Ich würde mich bei euch glatt als Küchenchef engagieren lassen und meine Frau überreden, sich in italienisches Recht einzuarbeiten. Ursprünglich hatte ich allerdings geplant, diesmal weder als dein Koch noch als dein Freund, sondern als dein Verleger herzukommen.«

Sie hatten sich einen Platz am Kamin eingerichtet, weil der Nachtwind ungewöhnlich kalt war, und tranken einen Lieblingswein von Ezio und Elide, der schwerer und süffiger war als der gewohnte *Silvestri*.

»Musst du das denn trennen?«, fragte Michael.

Hansjörg grinste schief, als stecke er sich, wie die Engländer sagten, die Zunge in die Wange. »Wenn ich über das Spesenkonto des Verlages abrechne, eigentlich schon. Allzu kleinlich müsste ich allerdings nicht sein. Nur dass wir dem Verleger bisher nicht einmal einen winzigen Schemel an unserem Freundestisch eingeräumt haben, setzt meinem Gewissen zu.«

»Unbequem, so ein Gewissen.«

»In der Tat. Als hätte man einen Stein im Schuh, der permanent drückt. Zerstört die ganze Behaglichkeit.«

»Und wie bekommen wir den Stein nun da raus?«

Hansjörg rückte die Brille zurecht. »Mach mir nicht vor, du wüsstest das nicht, alter Schwede. Du musst wieder ein Buch schreiben.«

Michael beugte sich zum Kaminfeuer und zündete seine Zigarette daran an. »Ich wünschte, ich müsste das nicht mehr.«

»Und ich dachte, den Michael ohne Schreiben, den gäbe es gar nicht.«

Flüchtig dachte Michael an Andí, dann erwiderte er: »Es gibt einen, der ganz gut Boccia spielt, einen, der Salat an seine Schildkröten verfüttert, und einen, der sich schrecklich gern mit seinen Freunden die Nächte um die Ohren schlägt. Aber du hast schon recht. Über kurz oder lang zerrt an all diesen immer der Michael, der schreibt. Es wäre gegen das Schreiben ja auch nichts zu sagen, wenn es nicht stets mit dieser quälenden Überzeugung einherginge, dass ich in Wirklichkeit gar nicht schreiben kann. Dass mich demnächst jemand als Scharlatan entlarven wird. Und wie du weißt, entlarvt mich das Heer der Kritiker auch prompt jedes Mal. Das macht es nicht leichter.«

»Was willst du?«, fragte Hansjörg. »Honig um den Bart? Du bist der einzige Autor, der je den Deutschen Jugendbuchpreis zweimal gewonnen hat.«

»Bei *Momo* nur mit einer einzigen Stimme Mehrheit, wie die Herren Feuilletonisten nicht müde werden, mir vorzurechnen.«

Hansjörg trank Wein. »Die Herren Feuilletonisten kaufen keine Bücher«, sagte er. »Sesam, öffne dich. Geh und hol deinen Schuhkarton. Dieses *arcanum* will ich mir jetzt endlich aus der Nähe anschauen.«

Arcanum bedeutete Geheimnis, weil *arca* Kiste bedeutete, und das, was in Kisten verborgen lag, von alters her geheim gehalten wurde. Michaels Schuhkarton aber war der Geheimhaltung kaum wert. Er hatte ihn bereits seit einer kleinen Ewigkeit nur noch geöffnet, um hastig etwas hineinzustopfen, um es aus dem Kopf zu bekommen, wo es, bis es aufs Papier gebannt war, wie eine Schmeißfliege summte. Hineinzusehen hatte er tunlichst vermieden. Als er jetzt den Deckel hob, weil Hansjörg ihn anders nicht davonkommen ließ, war ihm das Durcheinander von zerknitterten Notizzetteln geradezu peinlich.

Hansjörg aber griff ungeniert hinein und hielt ihm einen der Schnipsel entgegen. »Wir spielen Lotterie«, sagte er. »Ich ziehe, du liest, und zum Schluss entscheiden wir zusammen, welches das Gewinnlos sein soll.«

Widerstrebend begann Michael zu lesen: »Ein Zirkus soll für einen Chemiekonzern werben, obwohl einer ihrer Artisten durch dessen Produkte krank geworden ist.« Er unterbrach sich. »Das geht nicht, der Zettel muss weg. Daraus habe ich schon mal ein Theaterstück gemacht, aus dem aber nicht viel geworden ist.«

»In Ordnung. Weiter.« Hansjörg hielt ihm einen neuen Zettel hin, der nicht mehr war als ein von einer Seite abgerissener Streifen.

»Ein Junge gerät beim Lesen eines Buches buchstäblich in die Geschichte hinein und findet nur schwer wieder heraus«, las Michael und ließ den Papierstreifen zurück in den Karton fallen. Es war Jahre her, dass er dieses Projekt Hansjörgs Vater vorgeschlagen hatte. Der hatte es in seinem Antwortschreiben nicht einmal erwähnt, sondern ihn gedrängt, sich auf *Momo* zu konzentrieren. In diesem Fall hatte Richard Weitbrecht recht gehabt, stellte er fest. Die Idee gehörte zu jenen Einfällen, die anfangs faszinierend klangen, bei näherer Betrachtung aber wenig hergaben, keine Tiefe, keine Sphären, die sich auftaten, keine zusätzliche Dimension.

»Das ist gut.« Hansjörg fischte den Zettel wieder heraus. »Das nehmen wir.«

»Nicht dein Ernst.« Michael füllte ihre Gläser nach, stellte fest, dass die Flasche leer war, und zog den Korken aus einer neuen. »Was soll ich daraus machen? Mehr als ein Geschichtchen von hundert Seiten steckt da nicht darin.«

»Umso besser.« Hansjörg prostete ihm zu. »Bekommen deine Leser eben zur Abwechslung mal keinen dicken Wälzer von dir. Und deine Verleger ein Manuskript, bei dem der Abgabetermin nicht um ein halbes Jahr überzogen wird. Was meinst du? Schaffst du das bis Weihnachten? Dann würde ich einen Erscheinungstermin für Herbst 1978 einplanen.«

»Allmählich glaube ich, du meinst es tatsächlich ernst.«

»Als du es vorgelesen hast, habe ich an die Geschichten von unseren Jugendfreunden gedacht«, sagte Hansjörg. »Daran, dass solche wie wir ja auch immer noch andere Freunde hatten: Tom Sawyer, Lederstrumpf, Emil Tischbein, den Detektiv – all die Helden aus unseren Lieblingsbüchern. Ich habe mich gefragt, was das wohl für ein Junge sein muss, der in einer Buchwelt so tief verschwindet, dass er den Ausgang nicht mehr findet, und ich habe gedacht: Das ist ein Junge, der all seine Freunde in Büchern hat.«

Es berührte Michael, dass ein einzelner hingekritzelter Satz von ihm in Hansjörg ein solches Feuerwerk von Gedanken auslöste. Mit ihm zu arbeiten fühlte sich nicht wie Arbeit an. Sie spielten sich ein paar Bälle zu, spannen Fäden, erlaubten ihren Ideen, immer verstiegener zu wuchern. Scheinbar zusammenhanglos begann Michael von Japan zu erzählen, von den Zeremonien, die in dem Land schon Kindern bei jeder Alltagshandlung in Fleisch und Blut übergingen. Im Reden sah er ein solches Kind vor sich, eines wie Antoku, den kindlichen Kaiser, von dem ihm Mariko erzählt hatte, Sohn der Samurai, der im Alter von zwei Jahren seines Namens beraubt einen Thron bestiegen hatte. Mit dem heiligen Staatsschatz in den Armen hatte der Kindkaiser fliehen müssen und war – sieben Jahre alt – im reißenden Meer ertrunken.

Mariko, das heimliche Schreinmädchen, hatte ihm den Akama-Schrein gezeigt, wo dem kindlichen Kaiser als *Mizu-no-kami* – Gott des Wassers – gehuldigt wurde. Im Innern befand sich eine Halle für Hoichi, den Ohrlosen, einen Geist, der auch durch die Geschichten Lafcadio Hearns gespukt war und Michael damals schon als exotischer Verwandter Lieflams, des Glasohrigen, erschienen war.

Er erzählte es Hansjörg, alles so, wie es ihm einfiel, ohne Bezüge zwischen den Teilen und der Idee von dem Jungen im Buch herzustellen.

»Du hast die Geschichte ja schon bevölkert«, sagte Hansjörg.

»So kommt es mir auch vor«, erwiderte Michael. »Nur habe ich keinen Schimmer, wo diese Gestalten hingehören.«

»In Nepal, in Katmandu soll es eine lebende Göttin geben«, sinnierte Hansjörg vor sich hin. »Kumari Devi. An die hat mich dein kindlicher Kaiser erinnert. Sie wird unter den zartesten Mädchen des Landes ausgewählt, wenn sie nicht älter als zwei Jahre ist, wird in einen Palast eingeschlossen, in dem sie stumm ihren Segen austeilt, bis ihr Götterstatus erlischt, wenn sie mit der ersten Blutung zur Frau geworden ist.«

»Ja, ich denke, ich hätte lieber ein Mädchen«, sagte Michael. »Eine kindliche Kaiserin, die ihren Namen ablegen muss, ehe sie in einen Palast geschlossen wird. In einen Elfenbeinturm.«

Das Feuer brannte herunter und wurde neu angefacht, und der Wein schmeckte mit jedem Glas besser. Am nächsten Vormittag erwachten er und Hansjörg mit brummenden Schädeln und pelzigen Zungen und witzelten über die auf dem Kaminsims aufgereihten leeren Flaschen. Nach einem schnellen Frühstück setzten sich Hansjörg und Sabine ins Auto, um die lange Rückfahrt anzutreten.

»Ruf mich jederzeit an, wenn du Schwierigkeiten hast«, sagte Hansjörg, als er Michael zum Abschied umarmte. »Ich komme wieder, wenn du mich brauchst.«

»Wiederkommen kannst du von mir aus gleich nächste Woche. Aber womit soll ich denn Schwierigkeiten haben?«

»Mit unserem Freundschaftsbuch«, erwiderte Hansjörg. »Viel Vergnügen beim Schreiben.«

Es wird leicht und es wird schnell gehen, schwor sich Michael. *Setz dich an den Schreibtisch, und du bist nicht Weihnachten, sondern schon Ostern damit fertig.* Sein Ritter von der Finanz würde sich freuen, weil der Pegel des Kontostands anstieg, und er selbst brauchte wieder eine Weile lang nicht an Geld zu denken. An den Schreibtisch setzte er sich trotzdem nicht, sondern zog tagelang durch den zum Leben erwachenden Garten und dachte über die Frage nach, die

Hansjörg aufgeworfen hatte: Was für ein Junge war das, der in einem Buch verschwand und nicht mehr zurückfand?

Ein zorniger, einsamer Junge, einer, der nie den richtigen Ton fand, um sich mit seinen Altersgenossen zu verständigen, der es schließlich aufgab und sich verletzt und trotzig in sich selbst vergrub. Damit konnte er es versuchen. Seltsam war nur, dass sich für den Jungen kein Name einstellte, wie er es von seinen anderen Figuren kannte. Sie stellten sich ihm vor. Dieser nicht. Vielleicht war er zu widerborstig dafür, traute nicht einmal seinem Autor über den Weg. Michael beschloss, fürs Erste einen Platzhalter zu verwenden, setzte sich endlich hin und versuchte sich am Schreiben.

Ein Bild des Jungen erstand in ihm so wenig wie dessen Name. *Ich bin eigentlich gar kein Schriftsteller,* stellte er fest, *ich bin ein Maler mit Buchstaben, der, wenn er kein Bild im Kopf hat, auch keines aufs Papier bekommt.* Wie ein Maler fing er jedoch in einer Ecke an und entdeckte, dass es trotzdem irgendwie voranging. Kaum hatte er eine Szene aus dem noch unbekannten Herzen der Geschichte geschrieben, tauchten weitere Bilder auf – das eines langen, schmalen, im Dämmerlicht liegenden Raums voller Bücher, über der Tür ein Windspiel, an dem Glöckchen aus Messing bimmelten, wenn die Tür aufschwang. Gleich darauf eines von den Jungen um Heinz, den Sohn des Amtsvorstehers, die Spottverse johlten und Schimpfnamen grölten, bis Willi Nägele, Michaels dicker, treuer, an den Tod verlorener Freund Willi, in Tränen ausbrach.

Dann das Bild von Willi, der die Straße entlangrannte, leichter Regen, Pfützenwasser, das unter fliegenden Sohlen hochspritzte. Willi, der an der erstbesten Ladentür die Klinke packte und ins Innere flüchtete. Auf einem Tisch, unter einer niedrig hängenden Lampe lag ein großes Buch, die Gestaltung prächtig, Buchstaben zu verschlungenen Kunstwerken ausgemalt.

Der Schildkrötenberg war das erste Bild gewesen. Das älteste Tier der Welt, das zu viele hatte kommen und gehen sehen, um sich um Tod oder Leben eines Einzelnen zu scheren. Dem folgte das weiße Pferd Atreus, sein furchtloser Freund aus der Kriegszeit, der für ihn gestorben wäre und der vielleicht hätte fliegen können. Ein kleines Mädchen, keine Prinzessin, sondern eine Kaiserin, die in den Schlund der Hölle bei Nemi hinabstieg. Das Land Gu. Die Vorwelt, durch die Gestalten seines Vaters schwebten, vereint mit solchen, wie sie Fanti an die Mauern des Buchner-Hauses gemalt hatte, und auf einmal die Wolke schwarzen Qualms, durch die es heulte, zischte und pfiff. Die Wolke, die alles verschlang, die die Lebenden tötete und die Toten namenlos machte. *Zu Nichts machte.* Im Nichts gab es keinen Wert, keinen Halt und keinen Sinn, das Universum war leer und hatte keine Stimme, nicht einmal um seine Geschöpfe zu verlachen.

Die Bilder vermischten sich. In einigen erkannte er Vertrautes – die himmelwärts gerichteten Gesichter Matthias Grünewalds und die aus dem Schlaf geborenen Ungeheuer Francisco Goyas –, während er von anderen nicht ahnte, woher sie ihm kamen. An manchen Tagen kam er mit dem Schreiben nicht schnell genug nach, ehe sie wieder untertauchten. An anderen saß er stundenlang vor der weißen Seite, weil sich die Bilder jedem Zugriff durch ein Wort entzogen.

Es ist kein Freundschaftsbuch, wie Hansjörg es genannt hat, schrieb er an Andí. *Es ist ein Zauberbuch. Wenn ich nur eine Bleistiftspitze aufs Papier setze, beginnt es, sich selbst zu schreiben, aber oft wage ich es tagelang nicht, weil das, was da entfesselt wird, mir viel zu groß erscheint.*

Ich denke, es ist Dein Sefer ha-Bahir, schrieb ihm Andí zurück, *Dein Buch des Glanzes. Wenn Du von der schwarzen Wolke schreibst, denke ich an dessen ersten Satz:* Und jetzt sieht man das Licht nicht, welches leuchtet am Himmel.

Sie hatte ihm nie erzählt, dass sie jüdische Mystik las, aber er hätte es sich denken sollen, und es wunderte ihn nicht. Andí liebte es, sich in Schleier zu hüllen, ins Symbol des Verborgenen, das es mit

Behutsamkeit zu lüften galt. Wenn er an sie dachte, sah er sie mit ihrem Kontrabass in den Armen, einen zart gewirkten Schleier über Haar und Schulter und einer Hälfte des Gesichts. Seine Mutter hatte solche Schleier aus Palästina kommen lassen und im Garmischer Laden verkauft, und sooft sie selbst einen davon getragen hatte, hatte sie darin ausgesehen wie eine Fremde, die sich selbst nicht fremd war.

Ingeborg hingegen war klar wie das Glas aus Murano, das sie liebte, und von radikaler Offenheit, schonungslos gegen andere und vor allem gegen sich selbst.

Seine Mutter hatte das *Sefer ha-Bahir* auch gelesen und ihm erzählt, dass es von Isaak dem Blinden stammte, dem Begründer der Kabbala. Dass das nicht erwiesen war, hatte Michael nie gestört. Die Vorstellung, ein Blinder habe ein solches Buch geschrieben, war ihm wuchtig und stimmig zugleich erschienen, unbegreiflich und wahr, tödlich ernst und mit einem zwinkernden Auge, wie es Mythen eben sind.

Es ist ein Mythos, an dem Du schreibst, oder nicht?, stand in Andís Brief. *Oder nein. An einem Mythos kann man wohl kaum schreiben, nur sich ihm stellen, sich auf ihn einlassen. Hab keine Angst, mein Lieber. Das sagen sie uns immer, wenn sie wissen, dass wir allen Grund haben, uns vor Angst in die Hose zu scheißen, nicht wahr? Aber vermutlich brauchen wir es dann am meisten. Hab keine Angst, Michael.* Eyn Sof. *Es hat kein Ende.*

Er hatte hundert Seiten geschrieben, so viel, wie er Hansjörg für das gesamte Manuskript angekündigt hatte, als er begriff, dass das Zauberbuch den namenlosen Jungen, von dem er sich kein Bild machen konnte, nicht wollte. Es verlangte nach einem anderen Jungen, dessen Bild Michael Tag für Tag vor sich sah. Der Junge war Willi Nägele, Sohn des Tabakhändlers aus der Münchner Kaulbachstraße. Nur dessen Name gefiel ihm nicht. Sein Junge hieß Bastian Balthasar Bux, und er hatte in der wirklichen Welt keinen Freund. Michael stopfte seine hundert eng beschriebenen Seiten in den Korb mit Feuerholz, verabschiedete sich von Ingeborg, die sich mit einer Erkältung früh schlafen legen wollte, und ging hinüber zu Hockes.

Dort herrschte die Enge um den Terrassentisch, die Michael jetzt brauchte. Die in Deutschland studierenden Kinder – die Tochter Angelika, der Sohn Roman, dem Michael sich nahe fühlte, und dessen nymphenhaft schöne, frisch angetraute Frau Andrea – waren zu Besuch und hatten einen Haufen Freunde auf Motorrädern mitgebracht. Giulio Macchi war ebenfalls zu Gast, begleitet von einer Schar Schauspieler, die zum Teil noch in ihren Kostümen steckten. Dazwischen saß ein blutjunger bärtiger Maler, der auf seine Serviette etwas zeichnete, das einer kambodschanischen Tempelanlage glich.

Der Wein floss frei, von blassgolden bis schwarzrot. Als die Schüsseln, die Traude Hocke auftrug, leer waren, gab es den allseits geliebten gewürfelten Käse, zerbröckelte Schokolade aus dem Proviant der jungen Leute und in Knoblauch geröstetes Brot. Roman Hocke sprach über die Essenz einer Shakespeare-Tragödie und die Qualitätskriterien für Tomatensauce. Er besaß ein Gespür für die Poesie in beidem.

Gegessen wurde ohnehin nur noch wenig. Getrunken umso mehr und geredet am meisten.

Haben wir es nicht beneidenswert schön?, dachte Michael, *hier auf unserem Jupiterberg, in unserem Tal der seligen Geister? Verrückt sind wir alle. Und einsam auch. Aber weil das auf seine Art jeder von uns kennt, dass er ein kleines Geschichtchen anpackt und auf einmal ein Zauberbuch in den Händen hat, sind wir mit dem Wahnsinn und der Einsamkeit nicht allein.* Er schenkte sich ein Glas Wein nach, und weil es eine solche Nacht war, in der die Grillen zirpten, noch ein zweites. Als er sich das dritte Mal Wein nachschenken wollte, war ihm die schöne Andrea mit der Karaffe behilflich. Den Namen seiner Hauptfigur bekam er nicht mehr über die Zunge, aber Hocke sprach ihn ihm vor: »Vorhin hast du Stein und Bein geschworen, er hieße Bastian Balthasar Bux.«

Die jungen Leute verkrochen sich in ihre Zelte. Als Nächstes brach die Truppe vom Film auf, bis auf einen alternden Charakterchargen, der Michael gegenübersaß und abwechselnd schnarchte und Monologe hielt. »Warum schläfst du nicht hier?«, fragte Traude Hocke. »Eine freie Ecke finden wir schon irgendwo.«

Michael aber war bereits aufgestanden. Seine Beine schienen nicht gerade glücklich darüber, aber gewillt, sich in ihr Schicksal zu fügen. »Es war wieder so schön bei euch«, versuchte er sich zu bedanken. »Es ist immer so schön. Das hier ist unser schönes Asyl für Fantasten und Traumtänzer.« Das Wort Fantasten wollte nicht recht heraus, es blieb mit seinem Zischlaut immer wieder hängen, doch er hatte deutlich gemacht, was er meinte, nur darauf kam es an.

»Ich finde trotzdem, du solltest hierbleiben«, sagte Traude noch einmal, und Andrea, nach der schon gerufen wurde, pflichtete ihr bei. Die Männer aber ließen ihn ziehen, die Männer wussten, dass man manchen Gang bestehen musste, ohne Schwäche zu zeigen. Beherzt machte Michael sich auf den Weg in die Nacht.

Es war nicht hart, sondern zauberhaft, das schwarze Dunkel war erfüllt von Sternen, Leuchtkäfern, tausendfachem Funkeln. Das flirrende Licht machte ihn schwindlig, doch schon im Taumeln von einer Straßenseite zur anderen schrieb er gedanklich das Zauberbuch fort, sah plötzlich in aller Klarheit, wie es weitergeführt werden musste. Als er das Tor seiner *Casa Liocorno* erreichte, hatte er sich völlig verausgabt, und sein Atem ging keuchend. Mit letzter Kraft versuchte er, das Tor aufzustoßen, fand es aber verschlossen. Wer zum Teufel verschloss hier draußen bei Genzano di Roma seine Tür?

Mit beiden Händen rüttelte er an dem Gitter, rief Ingeborgs Namen, dann die Namen der Hunde, doch im Grunde wusste er, dass seine Stimme nicht bis zum Haus trug, geschweige denn die Mauer durchdrang. Er trat einen Schritt zurück und betrachtete im Mondlicht das Gartentor. Sonderlich hoch war es nicht. Wenn er noch einmal alle Kräfte zusammennahm, müsste er es schaffen, nach drüben zu klettern. In den Jahren mit Hartmut hatte das zu ihren leichtesten Übungen gehört. Michael zögerte nicht, packte die obersten Streben und hievte sein Gewicht in die Höhe.

Das Tor war offenbar niedriger, als er geschätzt hatte, er war es mit zu viel Schwung angegangen und stürzte auf der anderen Seite zu Boden. Zu seinem Glück war die Erde weich, frisch aufgelockert, um für das Wohlbefinden der Pflanzen zu sorgen. Michael streckte die Hände aus und ertastete Weinlaub, offenbar Neupflanzungen von Ingeborg, von denen er – gefangen im Zauberbuch – nichts bemerkt hatte. Er liebte Weinlaub, seinen Duft, der schon etwas von Reife und Gärung versprach und jetzt, bei Nacht, intensiver war als je. *Tu, was du willst,* hörte er Andí durch das raschelnde Laub in sein Ohr flüstern und wusste nicht, wann er sich zuletzt so glücklich gefühlt hatte.

Er würde sich hier ein wenig ausruhen, neue Kräfte sammeln, ehe er sich zum Haus aufmachte und Ingeborg aus dem Schlaf riss. Die Nacht war zärtlich wie eine Umarmung. Er legte sich auf die Erde. Schloss die Augen. Glaubte, die Sterne noch immer funkeln zu sehen und dahinter das Land Phantásien, das Bastian Balthasar Bux in sich hineinzog, damit er es vor dem Versinken ins Nichts bewahrte. Ein erleuchtetes Firmament schenkte Menschen Trost wie ein Haus, aus dessen Fenstern Licht fiel, weil es ihnen versprach, dass dort oben nicht Leere und Schweigen, sondern offene Arme und Antworten warteten. Es barg einen Mythos von ihrer Erschaffung. Von ihrer Unendlichkeit.

Anderntags rief Ingeborg in heller Panik bei Hockes an, und als sie erfuhr, dass Michael dort nicht übernachtet hatte, machte sie sich noch im Morgenmantel mit den Hunden auf die Suche. Weit brauchte sie nicht zu gehen. Michael lag auf dem Grundstück des Nachbarn, gleich hinter dem Tor, selig schlafend zwischen den Weinreben. Von einem ausgewachsenen Kater und etlichen Kratzern abgesehen, hatte er keinen Schaden davongetragen.

Das Zauberbuch war ebenfalls ohne Schäden davongekommen.

Er fing ganz neu an, und es explodierte ihm unter den Händen. Im Herbst kam er nicht umhin, Hansjörg anzurufen. »Ich fürchte, ich brauche nun doch ein wenig länger als geplant«, begann er. »Zum Ausgleich bekommt das Buch aber auch mehr Seiten.«

»Wie viele?«, fragte Hansjörg knapp.

»Das lässt sich so genau nicht einschätzen. Allzu viele aber nicht.«

»Wie viele?«

»Nicht mehr als fünfhundert.«

»Aha.« Hansjörgs nüchterne Unerschrockenheit hatte Michael bereits bewundert, als dieser noch zur Schule gegangen war. »Und wie viel länger dauert es nun, bis du uns den Wälzer zustellst?«

»Es ist kein Wälzer, Hansjörg. Es ist ein Zauberbuch. Ingeborg sagt das auch, sie hat natürlich ihre Kritik, aber im Kern ist sie richtiggehend begeistert davon … «

»Wie lange?«, unterbrach ihn Hansjörg. »Ich zweifle nicht an der Qualität deines Buches, Michael, sondern an der Machbarkeit meines Erscheinungstermins.«

»Du musst dir keine Sorgen machen«, erwiderte Michael. »Mit dem nächsten Jahr wird es eher knapp, aber im Herbst 1979 kann das Buch ganz sicher erscheinen.«

Hansjörg war nicht nur ein großer, sondern auch ein tapferer Verleger. Er ließ sich weder Bedenken noch Unmut anmerken, sondern hielt Michael den Rücken frei. Leichte Spuren von Nervosität zeigte er erst, als Michael ihn ein Jahr später noch einmal anrief und ihm erklärte, das Buch sei noch immer nicht fertig und könne auch nicht fertig werden, weil Bastian sich standhaft weigere, aus Phantásien zurückzukehren.

Zu diesem Zeitpunkt hatte auch von Michael bereits Panik Besitz ergriffen. Was sollte er tun, wenn er keinen Weg fand, Bastian zur Rückkehr zu bewegen? Weshalb um alles in der Welt hätte der Junge denn zurückkehren sollen? Seine Mutter war tot, im Leben seines Vaters war er überflüssig, er wurde geschmäht und verspottet und hatte keinen Freund. In Phantásien hingegen trug er

Auryn, den Glanz, um den Hals, und er hatte Atréju, den besten Freund, den ein Junge sich wünschen konnte.

Atréju blieb Bastians Freund auch dann noch, als dieser sich gegen ihn wandte und sein Leben bedrohte, er behielt Bastians Namen im Gedächtnis, als dieser ihn vergaß, weil Namen – Michael, Andí, Atréju, Bastian Balthasar Bux – Geschöpfe wirklich machten. Als Bastian nicht in der Lage ist, den Wassern des Lebens Rede und Antwort zu stehen, tut Atréju es an seiner Stelle, und die Wasser erkennen sein Zeugnis an, weil eine solche Freundschaft jede menschliche Schwäche aufwiegt.

Weshalb hätte Bastian das Reich, in dem ein solcher Freund ihm zur Seite stand, verlassen sollen? Es war wie bei *Momo*, nur um ein Vielfaches verschärft: schlichter Hokuspokus, eine Zauberformel oder ein aus der Maschine schießender Gott würden ihm nichts nützen. Er brauchte eine Lösung, die der Geschichte innewohnte: Die Geschichte hatte ihn nach Phantásien getragen, und die Geschichte musste ihn von dort zurückholen, oder der Titel, den er ihr gegeben hatte, würde sich als Fluch erweisen.

Sie würde kein Ende haben.

Fünfhundert Seiten, in denen alles lag, was er zu geben hatte, würden ungelesen bleiben, weil sie nicht vollständig waren, weil es nicht möglich war, sie zu vervollständigen.

Es wurde Winter, der kälteste, den Michael in Italien erlebt hatte. Ein Rohr platzte, Eiswasser überschwemmte sein Haus. An den Wänden wuchs Schimmel, Ingeborg kämpfte gegen Windmühlenflügel, und vom Chaos umtobt, gehüllt in klamme Decken saß Michael an seinem Arbeitstisch und versuchte vergeblich, seine künstlerische Existenz festzuhalten, die ihm durch die kältesteifen Finger glitt. Er schrieb an Andí:

Ich diskutiere nächtelang mit Ingeborg, mit Hansjörg am Telefon, am Ende mit Nello, dem Repariermann, aber keiner von uns kann einen Ausweg entdecken.

Ich schicke Dir für eine kleine Weile Michael, schrieb ihm Andí zurück. *Zu treuen Händen. Diskutiere eine Nacht lang mit ihm, aber sende ihn mir unversehrt zurück.*

Er saß eine weitere eiskalte Nacht lang wach. Am Morgen fühlte er sich so wirr und überdreht, dass er meinte, selbst das Amulett Auryn, den Glanz, an einem Band um den Hals zu tragen. *Tu, was du willst,* stand darauf. Michael glaubte, das Kleinod in seiner Hand zu spüren, betrachtete es und begriff, wie seine Geschichte fortgeführt werden musste. Auryn, der Glanz, hatte erst Atréju, dann Bastian den Weg durch Phantásien geebnet, er würde Bastian auch den Weg zurück in seine Welt ebnen. Nein, mehr noch: Auryn würde selbst der Ausgang sein.

Bastian, der durch seine Wünsche Phantásien gestaltet und zum Preis dafür seine Erinnerungen verloren hatte, musste neue Wünsche nutzen, um zu erforschen, was er wirklich wollte. Dann würde er durch Auryn, den Glanz, hindurch seinen Weg nach Hause finden.

Hansjörg kam ein weiteres Mal nach Genzano, diesmal nicht um seinen säumigen Autor anzutreiben, sondern um im endlich vom Eis befreiten Garten auf *Die unendliche Geschichte* anzustoßen. Und um Michael begreiflich zu machen, dass bei aller Liebe der Verlag keine Verzierung des Bucheinbands mit Schildpatt bezahlen könne. Michael fand noch immer, dass sein Zauberbuch eine besondere Ausstattung verdient hatte, doch erschöpft und erlöst, wie er sich fühlte, wollte er auf keinen Fall Streit.

Sie einigten sich auf einen Kompromiss: *Die unendliche Geschichte* würde zweifarbig gedruckt werden, rot für Bastians Wirklichkeit, grün für die Teile in Phantásien. Die Ausgabe würde gestaltet sein wie das Buch, das Bastian nach Phantásien entführt – Bild im Bild, Spiegel im Spiegel –, und die Zeichnungen für die Initialen am Anfang der Kapitel würde die junge Illustratorin Roswitha Quadflieg künstlerisch gestalten, eine Schauspielertochter, in deren Arbeit Michael wiederfand, was er selbst vor Augen gehabt hatte.

Einem Erscheinen im Herbst 1979, kurz vor Michaels fünfzigstem Geburtstag, stand nichts mehr im Weg. Der Thienemann Verlag plante eine Erstauflage von zwanzigtausend Exemplaren und hoffte auf ein günstig verlaufendes Weihnachtsgeschäft.

Ehe das Weihnachtsgeschäft aber anlief, war die Erstauflage schon verkauft. Noch vor Ablauf des Jahres wurde Michael für sein Buch mit einem Preis ausgezeichnet, dem eine Reihe weiterer Auszeichnungen folgte. Der Roman wurde zum Buch des Monats Dezember gekürt, und auf Hansjörgs Schreibtisch stapelten sich die Anfragen nach Übersetzungsrechten. Mehrmals geriet der Verlag in Lieferschwierigkeiten, obwohl die Zahl der nachgedruckten Exemplare mit jeder Auflage größer wurde.

Die Kritiker schrieben, was sie zu Michaels Büchern immer schrieben: *Gefährliche Aufforderung zur Weltflucht* und *Eskapistischer Placebo, der das Bewusstsein der Jugend vergiftet.* Diesmal aber glichen die Kritikerstimmen den Rufern in einem Wüstentheater, die nicht bemerkten, dass die Zuhörer die Ränge längst verlassen hatten und ihr Geschrei nur noch den Sand bewegte.

Die unendliche Geschichte stand monatelang auf der Bestsellerliste, zog *Momo* mit sich und erhielt auch Besprechungen, die geradezu ekstatisch klangen. Wann zum ersten Mal das Wort *Kultbuch* fiel, wusste Michael nicht, doch dass es so schnell nicht verschwinden würde, wurde ihm klar, als eine Horde junger Leute vor dem Tor der *Casa Liocorno* stand und Einlass begehrte: »Wir müssen bei dir im Garten zelten, Michael. Wir *müssen* das machen. Du bist unser Gott!«

Michael zeigte sich unbarmherzig. Sein Haus war sein Rückzugsort und sollte es bleiben. Seine pilgernden Jünger schickte er wieder auf Wanderschaft, doch keine Woche später folgten neue, ein Strom, der nicht abriss.

Vielleicht hatte er trotzdem noch immer nicht erfasst, dass das Zauberbuch, das sich unter seinen Händen selbst geschrieben hatte, sein Leben unwiderruflich verändert hatte. Was ihm schließlich die Augen öffnete, waren weder die mehr als tausend Lesungsanfragen, die in prallen Postsäcken eintrafen, noch die mehrseitige Besprechung im *Spiegel*, die das Phänomen seines Erfolgs zu analysieren versuchte. Es war vielmehr ein Anruf seines getreuen Ritters der Finanzen, der ihn zu Beginn jenes Sommers erreichte.

»Michael? Bist du's selbst?« Viele Anrufer stellten solche Fragen, seit Ingeborgs Stimme vom ständigen Husten so tief geworden war, dass man sie mit seiner verwechseln konnte. Die Stimme Karl-Ludwigs hingegen klang atemlos und vor Erregung schrill.

»Lass mich raten«, sagte Michael. »Du stehst samt Familie in Rom auf dem Flughafen, und Ingeborg soll euch abholen.«

»Ich wünschte, es wäre so! Italienische Sonne, italienischer Weißwein und dazu ein saftig-zartes *saltimbocca* – hach, das würde ich mir jetzt schmecken lassen. Aber unsereins muss ja hinter regengrauen Scheiben hocken und malochen. Mein heißgeliebter Hauptklient, der künftig mein einziger Klient sein wird, überhäuft mich mit Arbeit. Und damit bin ich schon fast beim Grund meines Anrufs ...«

»Ja, was ist das denn nun, dieser mysteriöse Grund deines Anrufs?«

»Ich weiß, über Geld spricht man nicht«, antwortete Karl-Ludwig. »Schon gar nicht im Hause Ende, haha, aber diese unbedeutende Kleinigkeit wollte ich denn doch ganz gern loswerden.«

»Spuck's schon aus.«

»Du bist Millionär, bester Maik«, sagte *Don Karl-Ludwig de las Finanzas*. »Millionär. Lass dir das Wort auf der Zunge zergehen. Falls du also noch immer keine Lust hast, an Geld zu denken, brauchst du es für den Rest deines Lebens nicht zu tun.«

28

UND DU WIRST SEHEN«, hatte Karl-Ludwig zum Abschluss jenes Telefongesprächs gesagt, »als Nächstes wird deine *Unendliche Geschichte* verfilmt.«

Kaum zwei Wochen später war es so weit: Dieter Geissler, ein noch junger, für seine Arbeit brennender Produzent, tauchte mit einem jungen Anwalt namens Klaus Kähler in Genzano auf und unterbreitete ein Angebot für die Filmrechte. Michael konnte nicht verhehlen, dass der Gedanke ihn in Erregung versetzte. In seinen Jahren als Filmkritiker hatte er sich in das Medium verliebt, ohne den Blick für die Gefahren zu verlieren: Film konnte alles vereinen, wenn er wollte – Musik, Malerei, Poesie –, er konnte die Stärken der Kunstgattungen verschmelzen und über sich hinauswachsen lassen. Dass dies selten der Fall war, war in Michaels Augen kein Argument. Es sprach sich auch niemand gegen die Zubereitung von Herzoginkartoffeln aus, nur weil die meisten Leute sie zu Brei zerstampften.

Die Gespräche mit Dieter Geissler und Klaus Kähler überzeugten ihn davon, dass sein Film in guten Händen sein würde. »Mir geht es darum, den Zauber Ihres Romans in Filmbilder zu übersetzen«, erklärte der Produzent. »Dazu braucht es kein Getöse, kaum Spezialeffekte, es ist ja alles in Ihrem Buch schon angelegt. Das, was mir vorschwebt, ist ein leiser, poetischer, durch und durch europäischer Film.«

Michael hätte den Vertragsentwurf am liebsten auf der Stelle unterschrieben, aber Hansjörg, der selbst Feuer und Flamme schien, gebot Einhalt. »Ich denke, wir sollten das Mitspracherecht, das Sie dem Autor und dem Verlag bei Drehbuch und Regie einräumen wollen, schriftlich festhalten«, forderte er.

»Da Sie das Drehbuch erwähnen – ich habe einen ausgezeichneten Mann an der Hand«, sagte Geissler. »Christian Schneider wird für uns schreiben, Sie kennen ihn sicher, er wird bei Taurus verlegt, so wie Friedrich Weinreb, den er ebenso wie Sie verehrt.«

Michael kannte Schneider in der Tat. Gut genug, um zu wissen, dass seine Geschichte bei ihm in den besten vorstellbaren Händen war.

»Schneider will ausdrücklich das herausarbeiten, was Ihnen wichtig ist«, fuhr Geissler fort. »Den berührenden Kern der Geschichte. Auf pompöse Bildwerke können wir verzichten, denn an den Bildern, die Ihre Leser im Kopf haben, soll ja nicht gerüttelt werden.«

Ehe Michael etwas hätte vorbringen können, meldete sich noch einmal Hansjörg zu Wort: »Ich denke, wir alle sind von Ihren Ausführungen sehr angetan, Herr Geissler. Lassen Sie uns diese Klausel dennoch ausdrücklich in den Vertrag aufnehmen. Meine Frau ist Richterin, ich bin da familär vorbelastet, und wir wissen doch alle: Was man schwarz auf weiß hat, braucht man nicht im Kopf zu haben.«

Dieter Geissler hatte nichts dagegen, und der Vertrag wurde entsprechend aufgesetzt. Ein verwegener Traum machte sich auf den Weg zur Verwirklichung: Aus dem Zauberbuch würde ein Zauberfilm werden.

Das Drehbuch, das Michael im frühen Herbst zugestellt bekam, war nicht von Christian Schneider verfasst, sondern von einem Autor namens Hans W. Geißendörfer, dessen Name Michael schon gehört hatte, mit dessen Arbeit er jedoch nicht vertraut war. Er las das Buch gemeinsam mit Ingeborg. Anfangs sprachen sie während der Lektüre noch über diese oder jene Dialogzeile, doch mit jeder Seite, die sie umblätterten, wurden sie stiller, und zum Schluss verstummten sie ganz.

»Ich finde es nicht gut«, zog Michael einigermaßen erschlagen sein Fazit, als sie am Ende angelangt waren. In seinem Magen ballte sich etwas, das sich wie Scham anfühlte – als wäre er für die flachen Dialoge, die effekthascherischen Bilder, die man aus seinem Roman gemacht hatte, verantwortlich.

»Nicht gut?« Ingeborg blies Zigarettenrauch in die Luft. »Wir schicken es auf der Stelle zurück, Gott sei Dank hat Hansjörg uns ja abgesichert. Dieses Machwerk ist inakzeptabel.«

Sie steckte das Drehbuch zurück in den Umschlag, in dem es angekommen war, überklebte die Adresse und fuhr das Paket zur Post nach Genzano. Zwei Wochen später erfolgte der Anruf einer Dame, deren Namen Michael nicht richtig verstand und deren Funktion nie genannt wurde.

»Es tut uns von Herzen leid, dass Sie sich mit Herrn Geißendörfers Version nicht richtig anfreunden konnten«, beteuerte sie mit einer Stimme, die die Titelrolle in Mozarts *Zauberflöte* hätte bestreiten können. »Wir hier waren alle höchst angetan.«

»Das kann ich mir kaum vorstellen«, erwiderte Michael. »Von dem, was wir vor Vertragsschluss besprochen haben, ist nämlich nichts mehr darin zu finden. Außerdem frage ich mich, weshalb der Autor des Drehbuchs ausgewechselt worden ist, ohne dass jemand sich mit mir abgesprochen hat.«

»Er ist in dem Sinne nicht ausgewechselt worden«, erwiderte die Flötenfrau. »Ganz im Gegenteil, wir waren nicht weniger überrumpelt als Sie, als Herr Schneider aus heiterem Himmel das Handtuch warf und uns erklärte, er sehe sich mit der Aufgabe überfordert. Umso erfreuter waren wir, dass wir Herrn Geißendörfer gewinnen konnten. Und da wir einmal dabei sind – es wäre da noch etwas, das wir Sie wissen lassen müssten.«

Die Beklommenheit in Michaels Magen ballte sich zur Faust.

»Bedauerlicherweise sind wir zu der Erkenntnis gelangt, dass die filmische Umsetzung Phantásiens Gelder erfordern wird, über die wir leider nicht verfügen«, flötete die Dame weiter. »Um ein Haar hätten wir deswegen das gesamte Projekt als undurchführbar absagen müssen.«

Es ist kein Projekt, wollte Michael sagen, *es ist ein Zauberbuch und muss eines bleiben.* Er schwieg, wusste aber in dem Moment bereits, dass er damit seine Geschichte verriet.

»Wir hatten jedoch Glück.« Der Tonfall der Dame hielt einen gleichbleibenden Rhythmus, ein paar Triller auf einer Flöte, die sich in regelmäßigen Wellen auf und ab bewegten. »Bernd Eichinger von der Neuen Constantin hat Interesse angemeldet. Er würde mit einer nicht unbeträchtlichen Summe einsteigen und Helmut Dietl als Regisseur aufbieten. Wir sind überzeugt, über die herausragenden Qualitäten von Herrn Dietl brauchen wir Ihnen nichts zu erzählen. Darüber hinaus würde Herr Eichinger Sie selbst gern als künstlerischen Berater verpflichten. Was meinen Sie, wäre das in Ihrem Sinn?«

Michael war verwirrt. Er hätte gern den Telefonhörer beiseitegelegt und sich mit Ingeborg beraten. Das Angebot klang, als hätte es keine Haken. Warum also sollte er davon ausgehen, dass sich welche darin verbargen? Er war nie ein misstrauischer Mensch gewesen und hatte nicht vor, ausgerechnet jetzt einer zu werden. Wichtig war doch erst einmal, dass das inakzeptable Drehbuch vom Tisch war, und für seine vertragliche Absicherung hatte Hansjörg ja gesorgt. »Ich bin einverstanden.« Während er sich sprechen hörte, beschleunigte sich sein Herzschlag. »Könnte Helmut Dietl herkommen, um mit mir an dem Drehbuch zu arbeiten?«

»Wunderbare Idee.« In die monotonen Wellen der Flötenstimme geriet ein wenig Leben. »Wir sind sicher, Herr Dietl wird hocherfreut sein und sich sehr gern mit Ihnen in Ihrer idyllischen Umgebung an die Arbeit machen.«

Helmut Dietl kam tatsächlich, und an der Zusammenarbeit mit ihm war nichts auszusetzen. Wie Michael kämpfte er um die Umsetzung eines Romanstoffs, der sich dagegen zu sträuben schien, der sich verflüssigte und ihnen aus den Händen glitt, sobald sie ihn greifen und in Szenen und Bilder bannen wollten. Nur hatte Michael inzwischen erfahren, dass zum Zeitpunkt seines Gesprächs mit der Flötenfrau sein Filmprojekt längst an die Neue Constantin verkauft worden war. Das Telefonat war eine Farce gewesen, während anderswo Geschäfte abgeschlossen wurden, deren Grundlagen sich ihm entzogen.

Sein Vertrauen war erschüttert, und das erschwerte den Fortgang. Es fiel ihm schwer, sich auf Vorschläge einzulassen, und noch schwerer, sich für etwas zu begeistern. Als Dietl nach zwei Wochen abreiste, konnte er nicht mehr als eine rohe Arbeitsgrundlage mitnehmen. Kurz darauf aber lud Bernd Eichinger Michael zu einer Reise nach Los Angeles ein. »Ich möchte mit Ihnen zu George Lucas«, sagte er. »Ins Tricklabor. Ihnen zeigen, was technisch möglich ist, wenn wir aus den Geschöpfen Ihrer Fantasie eine Wirklichkeit zum Anfassen machen. Ihnen wird der Atem stocken.«

Eichinger war erst dreißig Jahre alt, trat aber auf, als hätte er seit mindestens fünfzehn davon die Welt in der Tasche. Michael stockte tatsächlich der Atem. Die Leute in George Lucas' Studio, auf das wahrhaftig die Bezeichnung *Traumfabrik* zutraf, hatten damit begonnen, die Rennschnecke des Winzlings Ückück nachzubauen. Als Nächstes würden sie Fuchur zum Leben erwecken, den perlmuttfarben schimmernden Glücksdrachen, dem Atréju das Leben rettet und der ihm zum Dank sein Pferd Atrax ersetzt, das er in den Sümpfen der Traurigkeit verloren hat.

»Vielleicht ist das alles zu viel«, sagte Michael zu Bernd Eichinger.

»Wollen Sie damit sagen, es gefällt Ihnen nicht?« Der Produzent hatte den Mund aufgesperrt wie ein enttäuschtes Kind.

»Ich finde es großartig«, sagte Michael. »Ich habe nur Angst, dass wir uns dabei verzetteln und das Herz der Geschichte aus den Augen verlieren.«

»Machen Sie sich darum bitte keine Gedanken.« Bernd Eichinger umfasste seinen Arm. »Das wird ein Fantasy-Film, ganz richtig, und Fantasy ist ein typisch amerikanisches Genre, da kann ich Ihre Sorge schon verstehen. Doch das, was ich vorhabe, ist etwas ganz anderes: Ich möchte die genialen technischen Mittel der Amerikaner nutzen und einen europäischen Film damit machen. Europäische Fantasy. Ich will der Welt einmal zeigen, wie wir Europäer so was anpacken.«

Michael flog nach Hause. Das beklommene Gefühl legte sich nicht, trotz der Begeisterung, die er zweifellos auch empfand. Ingeborg teilte es. »Wenn ich gesundheitlich stabiler wäre, würde ich nach Deutschland fahren und der Constantin bei jedem Schritt auf die Finger sehen«, sagte sie. »Aber das war nie meine Sache. Ich hoffe, vor Ort sind andere, die es tun.«

Drehbuchversionen, die auf Michaels Entwurf mit Helmut Dietl basierten, wurden hin- und hergeschickt, bis im Grunde niemand mehr richtig zufrieden damit war, aber auch niemand mehr einen schwerwiegenden Einwand fand.

Du beißt die Zähne zusammen, nicht wahr?, schrieb ihm Andí, der er erklärt hatte, dass das neue Drehbuch so schlecht nicht sein könne, dass er sich nach all dem Hin und Her wohl etwas einbilden müsse. *Wenn Du mich fragst, dann klingt ein kleinster gemeinsamer Nenner nach allem Erdenklichen, aber nicht nach Deinem Buch. Nicht nach Dir.*

Dennoch begannen im Juli 1982 in den Studios der Bavaria schließlich die Dreharbeiten. Michael versuchte sich abzulenken. Er schrieb ein paar kürzere Texte nach Bildern seines Vaters, die ihn ungewöhnlich zufriedenstellten und an denen sich Roman Hocke erstmalig als Lektor versuchte. Noch während der Arbeit an seiner Promotion hatte Hansjörg ihn eingestellt, und Michael freute sich auf die kommenden Jahre, in denen sie miteinander arbeiten würden.

»Ich habe lediglich zwei Kommata ergänzt«, erklärte Hockes Sohn ihm nach einer Textübergabe. »Ansonsten habe ich nichts zu tun gefunden. Vielleicht bin ich für den Lektorenberuf ja doch nicht gemacht.«

»Ich denke, du bist dafür gemacht wie kein zweiter«, erwiderte Michael. »Gegen einen Lektor, der zugeben kann, dass ein Autor manchmal drei Seiten lang ohne ihn zurechtkommt, ist die Stecknadel im Heuhaufen ein Waisenknabe.«

Gleichzeitig hatte sich mit Wilfried Hiller, dem Komponisten aus der Villa Massimo, eine schöne Zusammenarbeit ergeben, die in eine Freundschaft mündete und zu hochfliegenden Plänen führte.

Die Arbeit mit Mariko hingegen kam zum Erliegen. Sie hatte ihn inspiriert, er hatte das Gefühl gehabt, sein Bewusstsein strecke und dehne sich in die Weite, doch von einem Tag zum andern hatte sie aufgehört, ihm zu schreiben. Ihr Schweigen verletzte ihn. Sie hatte seine *Unendliche Geschichte* ins Japanische übersetzt, sein Zauberbuch, das doch ein wenig auch das ihre war, weil sie ihm so viele Bilder, so viele in das Gespinst verwobene Zuckerfäden dafür geschenkt hatte, und er hatte sich in einem langen Brief dafür bedankt:

Ich wünsche, mein Japanisch wäre besser, denn dann wäre ich imstande, Deine wunderbare Arbeit bis in ihre Tiefe zu würdigen. So bleibt sie ein Liebeslied, von dem ich zwar nicht jede Zeile des Textes verstehe, von dem ich aber weiß, es ist das Lied, das ich hätte singen wollen, wäre ich in keinem bayrischen Garmisch, sondern in einer japanischen Stadt auf die Welt gekommen. Für Dich, Mariko.

Wenn ein solcher Brief ohne Antwort blieb, wurden die Zeilen zur Peinlichkeit, an die man nicht mehr denken mochte. Eine Zeitlang hatte Marikos Schweigen ihn noch beschäftigt, dann schob sich anderes davor: Die Probleme mit dem Film zehrten an ihm, hinzu kamen Sorgen um Gustav René Hocke, der seit längerer Zeit nicht gesund war.

»Kreislaufstörungen«, hatte Dr. Pellegrino, sein langjähriger Hausarzt diagnostiziert, »in Ihrem Alter keine Seltenheit. Und ein bisschen schwach, was die Nerven angeht, waren Sie ja immer. Ich verschreibe Ihnen etwas, und wenn Sie das brav einnehmen, sind Sie im Handumdrehen wieder der Alte.«

Gustav René Hocke aber wurde nicht wieder der Alte. Er bekam Spannungen im Mundbereich, konnte nur unter Schmerzen schlucken, schluckte dem zum Trotz aber unaufhörlich, ohne es zu wollen. Einmal erlitt er am Tisch, mitten in einem Gespräch, einen Erstickungsanfall, und Michael fürchtete, er könnte vor seinen Augen sterben.

Was war Gustav René Hocke für ihn? Ein Freund, kein Ersatz, doch so etwas wie ein Stellvertreter seines Vaters? In jedem Fall war er der Mittelpunkt der Gemeinschaft in Genzano, die Lichtquelle, um die sie alle kreisten. Der Gedanke, ihn zu verlieren, erfüllte ihn mit geradezu kindlicher Furcht. Er sah ein Mobile vor sich, aus dem ein Element herausgeschnitten wurde und das nun so viel schaukeln und schwingen konnte, wie es wollte, und doch nicht wieder in sein Gleichgewicht finden würde.

Hocke erholte sich, unterzog sich einer zahnmedizinischen Behandlung und schien sich körperlich vorübergehend besser zu fühlen. Bedrückender war jedoch sein seelischer Zustand. Er litt unter Angstzuständen, die er hinter all seiner weltgewandten Nonchalance nicht verbergen konnte. Bilder von Verfolgung, qualvolle Träume und Visionen hinterließen Spuren an seinem Wesen. Der Charmeur, der tanzende Gott, wie der scharfsinnige Kunstexperte von guten Freunden gerne genannt wurde, waren einem in sich selbst versunkenen Melancholiker gewichen, der auf ein lichtloses, furchteinflößendes Leben zu blicken schien.

Ein paar Wochen verstrichen, und Hoffnung erwachte, mit dem Zirpen der Grillen werde das Leben auf dem *Monte Giove* in seinen vertrauten sommerlichen Rhythmus finden. Dann traf die Nachricht vom Abbruch der Dreharbeiten ein. Helmut Dietl hatte das Handtuch geworfen. In einem Nebensatz erfuhr Michael, dass Eichingers Neue Constantin ihre gesamten Reserven in den Film investiert hatte und jetzt auf ein Angebot der Warner Communications angewiesen war. Die Amerikaner würden mit elf Millionen Dollar einsteigen, und eventuell konnte ein weiterer Investor gewonnen werden. Michael wurde von den Zahlenkolonnen schwindlig. Über Geld hatte er schließlich sein Leben lang nie nachgedacht, und es hätte *Don Karl-Ludwig de las Finanzas* gebraucht, um ihm begreiflich zu machen, dass *Die unendliche Geschichte* der teuerste Film werden sollte, der in Deutschland bis dato produziert worden war.

Der Teufel, dachte Michael, *steckt in der großen Zahl.* Unter den Summen, die inzwischen genannt wurden, konnte sich unmöglich ein Mensch etwas vorstellen. Ob sechs oder sechzig Millionen, beides war ohne Bedeutung, war womöglich Geld, das überhaupt nicht existierte, wie die Zeit, die die Grauen Herren angeblich auf Sparkonten deponierten. Unter der Last der Riesenzahlen aber kämpfte seine Geschichte um ihr Leben, und er, ihr Autor, wusste nicht, wie er sie befreien sollte.

Im Herbst wurde ihm ein neues Drehbuch zugestellt, das ein Autor namens Herman Weigel verfasst hatte. Ingeborg und Michael lasen es wiederum Seite um Seite, aber dieses Mal hielt nur Ingeborg bis zum Ende durch. »Micky-Maus-Version. Indiskutabel«, lautete ihr Urteil, das Michael der Neuen Constantin übermittelte. Sie waren zurück an den Anfang geworfen und hatten nicht einmal einen Ansatz, auf dem sich aufbauen ließ.

Ich weiß nicht, was Du tust, schrieb ihm Andí, *aber ich wünschte, du würdest damit aufhören. Der Michael, den ich kenne, kommt mir gerade so dünn vor wie ein abgegriffener Knauf am Geländer unserer Himmelstreppe, an den jeder hinlangte und vor den ich als Kind ein Schild aufstellen wollte:* Bitte nicht mehr berühren! *Ich hatte Angst, er wäre sonst eines Tages einfach nicht mehr da.*

Nach ein paar schlaflosen Nächten fuhr Michael nach Deutschland, um den Vertrag aufzukündigen. Es tat weh. Aber es war ein Schmerz, als ob man sich eine vereiterte Wunde aufschneiden ließ, weil man sich davon Heilung erhoffte. Es würde keinen Film geben, aber es würde noch immer sein Zauberbuch geben, und er bekäme sein Leben mit Dryaden, Schildkröten, Boccia-Kugeln, gutem Wein und guten Gefährten zurück.

In den Studios der Bavaria erwartete ihn jedoch ein Menschenaufgebot, das eigens zusammengekommen schien, um ihn mit Menschen- und Engelszungen umzustimmen: Bernd Eichinger, der Autor Weigel, Hansjörg und Sabine und obendrein ein bis dato Unbekannter, der sich als Wolfgang Petersen vorstellte: »Wenn wir Sie zum Einlenken bewegen können, wäre ich der neue Mann am Regiepult.«

Der Regisseur, der *Das Boot* verfilmt hatte. Gerade für Literaturverfilmungen vermutlich der renommierteste Name, der derzeit zu bekommen war.

Noch schwerer wog die Beschwörung Hansjörgs: »Es ist nicht nur für dich die ganz große Chance, sondern auch für den Verlag. Mit dem Geld, das der Film uns einbringt, können wir verwirklichen, was wir zusammen anpacken wollten: Unseren Verlag für Erwachsene weiter ausbauen. Das Buch, das du für deinen Vater schreibst, käme nächstes Jahr als Schwerpunkttitel.«

Der Weitbrecht Verlag, der sich auf fantasievolle Literatur für Erwachsene konzentrierte, war 1982 gegründet worden. Entstanden war er in einer Folge von weinseligen Gesprächen am Ende des Gartens, und er war Michaels geistiges Kind kaum weniger als das von Hansjörg.

»Und wenn ich es nicht aushielte?«, fragte Michael. »Würdest du es dann trotzdem wollen?«

»Sei nicht albern«, versetzte Hansjörg. »Sind wir Freunde, oder was? Ich bin aber sicher, dass du es aushältst. Mit Petersen in der Regie hältst du es aus, und überleg doch mal, was für eine Verbreitung dein Buch durch den Film erhält. Am Ende wirst du froh sein, dass du es noch einmal probiert hast.«

Michael probierte es noch einmal. Mit Petersen fuhr er zurück nach Genzano, und wiederum begann ein Gespann aus zwei Männern mit der Arbeit an einem Drehbuch. Die gestaltete sich schwierig, nicht nur weil Petersen es ablehnte, sich die entstandenen Szenen von Ingeborg vorlesen zu lassen, sondern weil er überdies eine Liste von Auflagen im Gepäck hatte, die Eichinger zufolge zu erfüllen waren. »Ich weiß nicht, wo all das so schnell hin ist«, gestand ihm Michael. »Die Zeit, das Vertrauen, die Freude auf den Film. Gestern haben wir noch dort hinten beim Oleander auf den Vertrag angestoßen, und heute will ich nur noch, dass das alles ein Ende hat.«

»Es ist haarig«, stimmte Petersen zu, »aber das liegt daran, dass ein Autor es gewohnt ist, an seinem Tisch, vor seinem Papier und in seinen Gedanken frei zu sein. Beim Film dagegen haben alle möglichen Leute ihre Hände im Spiel, und unzählige Faktoren müssen berücksichtigt werden, von denen die meisten wenig mit Kunst zu tun haben. Es ist ein anderes Arbeiten. Aber das heißt nicht, dass das Ergebnis nicht berauschend sein kann.«

Michael erwärmte sich für Wolfgang Petersen, mochte dessen Art, alle Seiten zu betrachten, ohne sich deshalb lasch oder lau zu geben. Nach dem zweiten Arbeitswochenende duzten sie sich, und nach dem sechsten stand eine Version, die einen schmerzhaften Kompromiss darstellte, mit der sich Petersen zufolge jedoch arbeiten ließ. »Du wirst den Film wiedererkennen«, versprach er Michael. »Er wird noch deine Geschichte sein, und ich wage zu hoffen, er wird dir sogar gefallen.«

Sie verabschiedeten sich mit einem Lachen, das Michael noch Tage oder vielleicht sogar Jahre später in den Ohren gellte. Was hinterher geschah, vollzog sich so rasch und auf so verworrene Weise, dass er es im Kopf nicht mehr geordnet bekam, so wie die Opfer der Grauen Herren hinterher nicht zu sagen vermochten, an welcher Stelle sie eigentlich betrogen worden waren. Es war Ingeborg, die Petersen misstraute, die ihnen allen misstraute, die sich in den Kampf um diesen Film verbiss wie ihr Straßenhund Sciuscia in einen Stock, von dem sie Schläge fürchtete. Als Michael die Verträge für die Filmversicherung erhielt, deren Unterzeichnung eilte, flehte sie ihn an: »Du darfst das nicht unterschreiben, wir müssen uns erst beraten lassen. Warum rufst du nicht Dieter Wechtenbruch an? Ihm kannst du doch vertrauen.«

Dieter Wechtenbruch war Anwalt und hatte sie bei dem unerfreulichen Nachspiel vertreten, das auf den Verkauf der Vogtei gefolgt war. Vertraut hätte Michael ihm blindlings. Er sah nur nicht ein, wozu er einen Anwalt brauchen sollte.

»Wir haben doch Sabine, die wir in rechtlichen Dingen fragen können.«

Den Einwand ließ Ingeborg unkommentiert.

Michael unterschrieb die Dokumente. Sie durchzulesen, war ihm schier unmöglich, weil das Amtsdeutsch ihm Kopfschmerzen bereitete. Die zwei Zeilen, auf die Ingeborg ihn hinwies, weckten in ihm keinen Verdacht: *Unwesentliche Änderungen sind unabhängig von der getroffenen Einigung zu klären.* »Was soll denn daran faul sein? Es ist doch nur sinnvoll, dass wir uns diese Hintertür offenhalten, dass wir also ändern können, falls einem von uns noch etwas Besseres einfällt.«

Ingeborgs Einwänden zum Trotz schickte er die Verträge ab, holte tief Atem und nahm sich vor, die Angelegenheit Film fürs Erste zu vergessen. Sich um sein Leben zu kümmern. Sein Buch für seinen Vater zu schreiben. Mit Ingeborg im *Bracconiere* essen zu gehen: *fettucine ai funghi porcini*. Der Winter verlief ruhig. Hinterher war es leicht, zu behaupten, man habe die Ruhe vor dem Sturm gespürt.

Der Drehbuchfassung, die im Februar 1983 bei Michael in Genzano eintraf, lag ein Brief von Wolfgang Petersen bei. Er umfasste fünf Seiten mit Rechtfertigungen. Der Regisseur berief sich auf Sachzwänge:

Wie Du ja weißt und auch abgesegnet hast, haben wir uns bestimmte Änderungen vorbehalten müssen. Mir war selbst nicht bewusst, wie viele Rücksichten auf das US-Publikum zu nehmen sind, nun wo wir Warner im Boot haben. Nachdem mich Bernd darauf aufmerksam machte, habe ich mich auch in Deinem Namen einverstanden erklärt, unser Drehbuch einem von Bernd gewählten Autor zur Bearbeitung zu übergeben, und denke, Du wirst die Notwendigkeit einsehen, selbst wenn das eine oder andere vielleicht schmerzt.

Der Schmerz machte taub. Das Drehbuch war ein Debakel. Aus Bastian und Atréju waren Comic-Superhelden geworden, die in Phantásien ein- und ausflattern konnten wie in einem Jugendzentrum. Von der Odyssee im Innern war nichts mehr übrig. Das Zauberbuch war entweiht, beschmutzt, nicht mehr seines. Wäre Ingeborg nicht gewesen, hätte sich Michael womöglich seiner Ohnmacht hingegeben, hätte Türen und Fenster verrammelt und sich die Decke über das Gesicht gezogen. Sie aber richtete ihn noch einmal auf und feuerte ihn zum Kampf an. Gemeinsam setzten sie ein vierseitiges Papier auf, in dem sie ihre Kritik an Petersens Buch in Einzelpunkten auflisteten. Anschließend verfassten sie eine Presseerklärung. Darin distanzierte sich Michael von dem Film und legte dar, dieser habe mit seinem Buch nichts mehr gemein. »Für mich steht mit diesem Film meine moralische und künstlerische Existenz auf dem Spiel«, schrieb er als Schlusssatz. Ingeborg übernahm es, die Erklärung abzuschicken.

Michael rief Hansjörg an. »Es ist jetzt so weit«, sagte er. »Nichts geht mehr. Ich muss dich bitten, den Vertrag über die Filmrechte mit sofortiger Wirkung zu kündigen.«

Mehrere Sekunden lang sagte Hansjörg nichts. »Ich verstehe dich«, sagte er dann.

»Du weißt nicht, wie dankbar ich dir dafür bin«, erwiderte Michael. »Wenn es an diesem Sumpf aus Katastrophen überhaupt etwas Gutes gibt, dann ist es die Tatsache, dass Ingeborg und ich nicht allein darin feststecken. Danke, Hansjörg.«

»Nichts zu danken.« Hansjörgs Stimme klang gepresst. »Ich hoffe nur, die Constantin lässt uns halbwegs ungeschoren davonkommen.«

»Es tut mir leid. Mir bleibt keine Wahl.«

»Darf ich dich trotzdem um etwas bitten? Komm noch einmal nach Stuttgart, setz dich noch einmal mit Eichinger und seinen Leuten an einen Tisch. Ich bestelle unseren Anwalt ein, wir hören uns einfach ein letztes Mal an, was die Constantin vorzubringen hat. Wenigstens kann uns dann niemand vorwerfen, wir hätten nicht alles versucht.«

Bei der Vorstellung wurde Michael so schwach in den Knien, dass er gezwungen war, sich am Telefontisch aufzustützen. Sein Magen rebellierte. Er wollte von alldem nichts mehr hören und sehen, hätte jede Erinnerung daran am liebsten abgewürgt. »Ist gut, ich komme«, sagte er schließlich. Er war es Hansjörg schuldig. In welchem Zustand er die Begegnung überstehen würde, wollte er sich nicht fragen.

»Ich sollte mit dir kommen«, sagte Ingeborg.

Er sah sie an und wünschte sich einen Atemzug lang, sie könnte an seiner Stelle fahren. Aber der zermürbende Kampf hatte ihr zugesetzt und der feuchte Winter ein Übriges getan. Sie wirkte elend. Zerbrechlich. Er würde es hinter sich bringen und danach dafür sorgen, dass sie beide sich wiederfanden.

Zu Kräften kamen.

Die Zusammenkunft fand in dem großen Büroraum der Verlagswerbung statt. »Ich dachte, Sie kämen ebenfalls mit einem Rechtsbeistand«, sagte Bernd Eichinger, der umgeben von einer Schar von Anwälten mit prallen Aktentaschen gekommen war. Einer von ihnen galt als Koryphäe des Urheberrechts, unterschied sich aber nicht sichtlich von den anderen. *Graue Herren,* durchfuhr es Michael. Auch wenn in der Anzugmode gerade Nachtblau und Milchkaffeefarben angesagt schienen.

Er selbst wusste noch immer nicht, wozu er einen Anwalt hätte brauchen sollen. Er hatte nichts Unrechtes getan und hatte auch nicht vor, etwas Unrechtes zu tun. Das Dokument, das Eichingers Anwälte vorbereitet hatten und das Verlag und Autor verpflichten sollte, die Arbeit an der Verfilmung nicht länger zu behindern, würde er nicht unterschreiben. Es würde ja keine Verfilmung geben. Mit der Qual dieser Begegnung, die nicht länger als ein paar Stunden dauern konnte, würde der Alptraum zu Ende sein.

An den zum Hufeisen geordneten Tischen nahmen sie Platz,

in Parteien getrennt wie Armeen in Schützengräben. Einzig der Ton blieb zivilisiert. Die Anwälte Eichingers legten die Argumente dar, aufgrund derer sie eine Schadenersatzklage für berechtigt hielten. Das Bild einer Rennschnecke wurde an die Wand gestrahlt, die bereits zu Kosten in Millionenhöhe gebaut worden war. *Millionen.* Für ein technisches Spielzeug aus buntem Plastik, das auf Luftkissen über das Areal flitzen konnte. Als Nächstes erschien der Kopf von einer Art Plüschdackel mit weißen Pudellocken und Clownsgrinsen. »Fuchur, der Glücksdrache. Ebenfalls bereits fertiggestellt, ein liebenswerter Geselle, der seine Wirkung vor allem auf kindliche Zuschauer nicht verfehlen wird.«

Michael hörte nicht länger zu. Die Geschichte gehörte ihm und durfte ihm nicht gestohlen werden. Sein Verleger, der die Rechte mit seinem Einverständnis vergeben hatte, würde die Rechtevergabe zurückziehen, sobald dieses unsägliche Gerede verstummte.

Endlich entstand eine Pause, in der man zu hören glaubte, wie nicht nur die Anwesenden, sondern selbst die Wände Atem holten. Eichingers Anwälte hatten ihre Ausführungen beendet. Hansjörg tippte Michael auf den Arm. »Entschuldigst du mich? Ich muss mich mit Gunter und meinem Vater kurz absprechen.« Mit einer Kopfbewegung wies er auf Gunter Ehni, seinen Ko-Geschäftsführer, der an der offenen Zimmertür bereits wartete. »Wir gehen für ein paar Minuten hinunter in Gunters Büro.« Richard Weitbrecht erhob sich ebenfalls.

Michael hätte selbst die Versammlung von *Grauen Herren* gern verlassen, er hätte auch gern mit Hansjörg geredet, spürte aber, dass er bei dieser Besprechung nicht erwünscht war. Er stand auf, um eine Zigarette zu rauchen, und ging den Gang hinunter zum Büro von Roman Hocke.

Roman überließ ihm ohne Umschweife sein Telefon. Wie sie es vereinbart hatten, wählte Michael Ingeborgs Nummer, wenn er auch keine Ahnung hatte, was er ihr sagen sollte. Sie jedoch schien auch ohne viele Worte zu begreifen, was geschehen war.

»Michael, hörst du mich?« Ingeborg schrie in den Hörer. »Lass dich zu nichts überreden, versprichst du mir das? Unterschreib auf gar keinen Fall irgendein Papier, ehe wir mit einem Anwalt gesprochen haben. Wir bekommen einen. Luise und Walther kümmern sich darum.«

Als er in den Besprechungssaal zürückkehrte, saßen Hansjörg samt Gunter Ehni und sein Vater schon am Platz.

Sein Gesicht war grau. *Er sieht aus, als wäre jemand gestorben*, erschrak Michael. In den paar Minuten in Ehnis Büro würde er ja aber kaum eine Schreckensnachricht erhalten haben.

Ehe Michael ihn fragen konnte, was los war, setzte Hansjörg sich wieder neben ihn und beugte sich zu ihm herüber. »Wir müssen dieses Papier unterschreiben«, sprach er leise. »Bitte versteh das, es geht nicht anders. Der Verlag ist seit 1916 im Besitz meiner Familie. Ich kann das alles nicht einfach vor die Hunde gehen lassen, ich trage Verantwortung für die Leute, die hier arbeiten, die samt ihrer Familien davon leben. Ganz zu schweigen von den Autoren, besonders von denen, die mit ihren versponnenen, querköpfigen, nicht zeitgemäßen Zauberwerken anderswo nicht unterkommen würden.«

Eine Sekretärin schob den Kopf in den Türspalt und meldete, Ingeborg Hofmann-Ende sei am Telefon und verlange dringend, ihren Mann zu sprechen. Michael stand auf wie in Trance und taumelte die kurze Treppe hinunter. In seinen Ohren rauschte das Blut, jedoch nicht laut genug, um das Dröhnen der Worte zu übertönen. *Wir müssen dieses Papier unterschreiben.* Hansjörg hatte sich für seinen Verlag und gegen seinen Freund entschieden, hatte Michael im Stich gelassen wie er selbst einst einen zahnlosen Dackel unter dem Wohnzimmertisch.

Damals, im Fall von Mucki, hatte man Michael kaum einen Vorwurf machen können, und heute konnte man Hansjörg keinen machen. Es gab in der wirklichen Welt, da wo Menschen im Spiel waren – Familienväter, Werkstudenten, Autoren, deren Bücher unterzugehen drohten –, eben mehr zu bedenken als Dackel.

Hansjörg war kein Unmensch. Er war nur ein Mensch, der abzuwägen hatte.

Michael machte es kurz, unterschrieb das Papier. *Stuttgarter Dokument* wurde diese Vereinbarung später in der Presse genannt. Michael wusste kaum noch, was darin gestanden hatte.

In den Monaten, die folgten, kämpfte Ingeborg unbeirrt weiter, aber er selbst hatte keine Kraft mehr dazu. Er konnte nicht weitermachen, und sie konnte nicht aufhören. Es trennte sie, errichtete Schranken: Ihn quälte sein Gewissen, weil er sie mit seinem Kampf allein ließ, und sie schlich herum wie ein lebender Vorwurf. Erreicht wurde als einziges Zugeständnis, dass Michaels Name im Zusammenhang mit dem Film nicht genannt werden durfte. Sein Zauberbuch hatten ihm die Grauen Herren gestohlen, er hatte es zugelassen, und für seine Schwäche hasste er sich.

Wenn Du durch Kämpfen nichts mehr erreichen kannst, musst Du Dir doch erlauben, loszulassen, schrieb ihm Andí. *Dir mehr wert sein als Deine Geschichte.*

Aber wer bin ich denn ohne meine Geschichte?, schrieb er zurück.

Statt eines Briefes als Antwort kam ein Telegramm: *Michael.*

Es war, als hätten die Grauen Herren nicht nur seinem Buch den schützenden Glanz und den Zauber gestohlen, sondern auch seinem Paradies. Als im folgenden April der Film in Deutschland anlief, musste sich Ingeborg geschlagen geben. Es drehte Michael das Herz um, seine stolze Kaiserin zu erleben, wie sie unter der Wucht der Niederlage in die Knie brach. Sie hegte auch weiterhin den Garten und umsorgte alles, was darin kreuchte und fleuchte, hätte kein Geschöpf, das in ihren Augen unschuldig war, darunter leiden lassen, dass sie selbst litt. Aber ihr Sinn für Gerechtigkeit, ihr blankes, geschliffenes Schwert, war zerbrochen und ihre schimmernde Rüstung verbeult.

Sie schlief viel, aber schlecht. Sie zwang sich zu essen, aber ohne Genuss. Wohl schleppte sie sich noch auf den Markt in Genzano, aber nur wenn es unvermeidlich war. Michael liebte sie sehr. Aber das nützte ihr nichts.

Zwei Monate später versuchte Gustav René Hocke, sich das Leben zu nehmen. Er wurde im letzten Augenblick gefunden. Seine Kinder samt dem frisch gebackenen Schwiegersohn jagten quer durch Europa an sein Krankenbett, und dort hockten sie, diese lebenstüchtigen, souveränen Menschen, wie verschreckte Vögel, wie aus dem Nest geworfen. Ihr Vater würde überleben, aber er würde nie wieder gesund werden. Das Mobile war zerbrochen. Der leuchtende, umschwärmte Mittelpunkt des kleinen Kosmos von Genzano würde er nicht mehr sein.

Wenn ich eine Grille wäre, dachte Michael, *ich würde in diesem Sommer nicht zirpen.*

Sein Vater-Buch, *Der Spiegel im Spiegel,* erschien in Hansjörgs neuer Edition Weitbrecht und wurde ein Scheinerfolg: Die Leute strömten in die Buchhandlungen, um eine Art Fortsetzung der *Unendlichen Geschichte* zu kaufen, und bedachten die seltsamen, an keinem gängigen Anker zu vertäuenden Geschichten, die sie vorfanden, mit zornigen Leserbriefen. Die Kritik verriss das Buch. Den Sprung auf die Bestsellerliste schaffte es zwar, hielt sich dort aber nicht lange.

Der Erfolg von Wolfgang Petersens Film war hingegen echt, und das Buch, das denselben Titel trug, wurde nicht länger in Stapeln, sondern in Wagenladungen verkauft. In der Nacht glaubte Michael manchmal, den steten Strom von Münzen klimpern zu hören, der auf sein Konto niederrauschte und *Don Karl-Ludwig de las Finanzas* erfreute. Judaslohn. Dafür würden Millionen von Kinozuschauern fortan Phantásien für eine Kreuzung aus Miami Beach und Disneyland halten, einen von Kuscheltieren bevölkerten Spielplatz der unbegrenzten Möglichkeiten.

Der Sommer ging vorüber wie alle Sommer. »Wenn im nächsten Jahr der Film nach Italien kommt, werde ich ihn sehen müssen«, sagte Ingeborg.

»Warum solltest du dir das antun?«, fragte Michael.

»Weil ich es muss. Das weißt du. Und du musst es auch.«

»Tu, was du willst«, sagte Michael. »Ich habe mich einmal wie ein Kind darauf gefreut, diesen Film zu sehen, aber das ist Jahre her. Die Durchsicht nach dem Schnitt war schlimm genug, noch einmal tue ich mir das nicht an.«

Sein Haus kam ihm eng vor. Er hoffte im Frühjahr auf eine längere Lesereise und sehnte sich nach Andí.

Im März kam der Film in das kleine Kino von Genzano. Wie stets nach dem Winter klang Ingeborgs Husten dunkel und bellend wie das Kläffen der Hunde. Nur quälender. »Geh mit mir in den Film«, sagte sie.

»Wir haben doch darüber gesprochen. Ich gehe nicht, und du solltest dir das auch ersparen.«

»Wenn du nicht mitkommst, gehe ich mit Traude«, sagte Ingeborg, und dabei blieb es. Sie rief bei Hockes an, und nicht lange darauf hörte Michael, der sich an den Schreibtisch gesetzt hatte, das Auto davonfahren. Er beschloss, am Abend mit ihr zu feiern. Ganz egal was. Dass sie noch lebten, dass dieser Film sie nicht kleinkriegen würde, dass die Welt, mit der sie sich umgeben hatten, noch immer voller Charme und Poesie und Zauber war. Ezios kräftigster Wein, die bittere Schönheit ihrer latinischen Volksmusikplatten und was immer die Speisekammer hergab. Michael konnte nicht kochen, aber sie beide liebten Oliven und Käse.

Als es klopfte, wusste er, dass sein Fest nicht stattfinden würde. Es war kein Klopfen, sondern Donnerschlag, und außerdem hätte ja Ingeborg nicht zu klopfen brauchen. Draußen stand Traude, das Haar zerrauft. »Du musst mir helfen, Michael. Ingeborg ist im Kino zusammengebrochen.«

Sie trugen sie aus dem Auto ins Haus, Michael, der ihr den Kopf hielt, ging voran. Kurz darauf war der Arzt da, Dr. Pellegrino, der bekannte, er zöge es vor, sie in ein Krankenhaus zu bringen. »Dieses Rasseln in der Lunge gefällt mir nicht. Das sollte sich ein Spezialist ansehen.«

Ingeborg, der das Sprechen schwerfiel, krächzte, sie wolle ihr Haus auf keinen Fall verlassen. Sie würde sich drei Tage lang ins Bett legen, dann wäre die Sache wie üblich ausgestanden.

»Ich kann Sie nicht zwingen«, sagte Dr. Pellegrino.

»Nein, das können Sie nicht.«

Am Abend bekam sie keine Luft mehr und wurde mit Blaulicht und heulenden Sirenen nach Rom ins Krankenhaus gefahren. Mit *den Füßen zuerst,* wollte Michael den Sanitätern, die sie aus dem Haus trugen, zurufen, doch ihm versagte die Stimme.

Ingeborg kehrte nicht mehr in ihr Haus zurück.

Vierter Akt

Heimkehren wohin?
Ich weiß es nicht mehr.
Wer – ich?
Ich bin krank vor Heimweh.
Erinnere dich!
Dorthin, woher ich einst gekommen bin. Heim.
Hast du eine Heimat? Bist du ihr Sohn?
Wer fragt?
Wer antwortet?

— MICHAEL ENDE: *DER SPIEGEL IM SPIEGEL. EIN LABYRINTH*

München,
auf neuer Bühne
1985–1988

29

SO ETWAS GEHÖRTE SICH nicht. W. war ein guter Mensch, und auf den Tod eines guten Menschen konnte man nicht warten. Andí konnte es nicht, und Michael konnte es auch nicht, weil sie ebenfalls gute Menschen waren.

Auch wenn wir nicht immer gut waren. Nicht immer tapfer. Falls man ein Buch über uns schreiben wollte, müsste man uns ein bisschen besser und tapferer machen, als wir waren. Ein, zwei Szenen früher abblenden. Oder auch nicht. Letztendlich kommt es darauf nicht an, sondern darauf, entschlossen zu sein.

Andí, die in einem überladenen Hotelzimmer vor einem trüben Spiegel stand und todtraurig war, musste lachen. Das hätte sie gern Andruscha gesagt, der in die Welt hinauszog, der seinen eigenen Weg ging: *Falls es einmal, im letzten Drittel des Lebens, dein größtes Unglück gewesen sein wird, dass alle Beteiligten an deiner Tragödie gute Menschen waren, dann kannst du dich einen gottverdammt glücklichen Narren preisen.*

So wie wir, Michael. Wir waren gottverdammt glückliche Narren.

Zum Begräbnis von Ingeborg Hoffmann-Ende war Andí nach Rom gefahren. Natürlich war sie gefahren, sie schuldete es ihrer Freundschaft mit Michael ebenso wie ihrem Respekt vor der Verstorbenen. Ihrer Liebe schuldete sie etwas anderes, das sie weder geben noch sich nehmen durfte. Michaels Frau war gestorben. Hätte sich einer von ihnen gewünscht, W. solle ebenfalls sterben, dann wäre er nicht mehr der Mensch gewesen, den der andere liebte.

Sich eine Nacht zu stehlen, Eros, um Thanatos zu ertragen, wäre für keinen von ihnen in Frage gekommen. Aber sehen musste sie ihn. Nicht auf Prinzipien beharren, während er litt, wie sie es bei keinem Menschen bisher erlebt hatte. Sie hatte ein Zimmer in einem kaum auffindbaren Hotel in Testaccio gemietet und Michael wissen lassen, dass sie auf ihn warten würde.

Nicht als Geliebte. Sondern als der Teil von dir, der jetzt noch Kraft hat.

Die Trauerfeier fand am Hang des Aventin statt, auf dem *Cimitero acattolico per gli stranieri*, wo John Keats begraben lag und sein Freund, der schwärmerisch in Europas Süden verliebte Percy Shelley, die kleinen Kinder Wilhelm von Humboldts und der erwachsene Sohn Goethes, Letzterer unter der Grabinschrift: *Goethe, der Sohn, dem Vater vorausgehend, starb hier mit 40 Jahren.*

Es war ein schöner Friedhof, die Zweige von Pinien und Zypressen hingen tief und hüllten die Steine in Schatten, und über die Mauer hinweg blickte man auf eine halb marmorne, bald vierzig Meter hohe Pyramide, das Grabmal des Gaius Cestius, der Priester des Jupiter gewesen war. Zwischen den Grabmälern strichen Katzen umher, die beide Endes geliebt hatten, obwohl sie ihrer Hunde wegen keine eigene hatten halten können. Und doch schien es Andí nicht ganz gerecht, dass Ingeborg Hoffmann-Ende hier liegen würde. *Cimitero per gli stranieri*, Friedhof für die Fremden, hieß das Gräberfeld, und seine Ingeborg, so hatte es Michael erzählt, hatte sich doch einzig in Italien, in ihren Bergen um Rom, nicht fremd gefühlt.

Wir, die wir als Fremde einziehen, dachte Andí, *wir ziehen als Fremde auch wieder aus, es lässt uns die Beschaffenheit der Welt oder unsere eigene nie wieder etwas anderes sein als fremd.*

Die kleine Friedhofskapelle war mit Ingeborgs Freunden und Verwandten gefüllt, die in Trauer erstarrt schienen. Offenbar herrschte im Menschen das Gefühl vor, dass er sich alles, selbst seinen Tod verdienen müsse, und wie konnte ein so guter Mensch wie Ingeborg Hoffmann-Ende irgendetwas getan haben, das mit dem Tod bestraft wurde? Sie hätte das ewige Leben verdient gehabt, zumindest aber ein biblisches Alter. Eine Kapelle voller Menschen schwieg fassungslos vor so viel Ungerechtigkeit.

»Sie war die Beste«, sagte eine ihr unbekannte Frau, der man die Deutsche auf zehn Schritte Entfernung ansah, zu Andí. »Der nobelste Mensch, den ich je gekannt habe. Ihre eigene Karriere hat sie drangegeben, hat sich aufgerieben in der Hingabe an ihren Mann. Er stünde nicht einmal annähernd dort, wo er jetzt steht, hätte er diese Frau nicht gehabt.«

Andí, die eine große Frau war und sich nicht gesetzt hatte, blickte über die Menschenmenge hinweg zu der Stelle, an der Michael stand. Die Hände ineinander verkrampft, Kopf und Schultern so weit vornübergebeugt, als werde er gleich auf den Sarg fallen, der in keinem Schritt Abstand aufgebahrt war. Der Mann, der rechts neben ihm stand und ihn zu stützen versuchte, war sein Onkel Helmuth, trotz seines Alters von dreiundachtzig Jahren ein Bild blühenden Lebens. Auf der anderen Seite, Rücken und Schultern gestrafft, stand der heitere Gummiballmann, der Michaels Finanzen verwaltete.

Michael, sein Onkel Helmuth und Ingeborg Hoffmanns Sohn Micha fuhren dem langen Autokonvoi voran nach Genzano, wo er in dem Haus, das er mit seiner Frau geteilt hatte, vermutlich die Trauergesellschaft mit *caffé* und *dolci* zu bewirten hatte. Oder war das in Italien nicht üblich? Selbst der Tod war nicht international und bedurfte kundiger Übersetzung. Andí blieb in Rom. Das Haus in Genzano zu betreten, sich unter Ingeborg Hoffmanns Trauergäste zu mischen, wäre ihr wie die Entweihung eines Heiligtums erschienen. In das Hotelzimmer in Testaccio, vor dessen schmalem Fenster ein Haufen Jungen auf dem Vorplatz einer Kirche Fußball spielte, kam Michael drei Tage später, am Ende seiner Kräfte.

Dass sie sich einmal geliebt, sich in den Armen gelegen hatten, schien beinahe undenkbar. In zwei zerbrechlichen Stühlen saßen sie einander gegenüber. Die ganze Nacht lang. *Wer Michael Untreue vorwirft*, dachte Andí, *versteht entweder nichts von Treue oder nichts von Michael.*

»Ich weiß nicht, wie ich leben soll«, sagte Michael. »Alles, was ich bin, verdanke ich dieser Frau.«

Andí widersprach ihm nicht. Es war eine schöne und ehrerbietige Verneigung vor der Toten, es auf diese Weise zu betrachten.

Am Morgen musste sie ihn ziehen lassen, wohl wissend, dass sie künftig wieder nichts als Briefe haben würde, um mit ihm zu teilen, was er kaum ertrug.

Sie konnte es nicht teilen. Die Trauer um Ingeborg gehörte ihm allein.

»Ich kann in dem Haus nicht bleiben«, sagte er. »Ich packe das Nötigste zusammen und sehe zu, dass ich es vermietet bekomme. Möglichst an jemanden, der bereit ist, die Tiere bei sich zu behalten. So alte, verwurzelte und schreckhafte Tiere, die verpflanzt man ja nicht. Dryaden auch nicht, und was soll aus unseren Dryaden werden, aus den Feen und Gnomen und Trollen in den Gräsern, wo Ingeborg ihnen nicht mehr täglich schmeichelt und sie hofiert?«

Andí nahm sich kurz Zeit, die Information, die sie nicht erwartet hatte, zu verdauen. »Ich dachte, du liebst das Haus«, sagte sie dann.

»Ich habe unser Leben in dem Haus geliebt«, sagte er. »Aber dieses Leben ist vorbei, es hängt in einem Haus nicht fest. Als Kind habe ich sehr geweint, wenn wir aus Wohnungen, in denen ich mich heimisch und glücklich fühlte, in andere gezogen sind, bis ich begriffen hatte: Dieses Heimische, Glückliche, das waren wir drei und unser Zusammenhalt, nicht die Wände, zwischen denen wir wohnten. Geht es dir nicht ähnlich? Wenn du dich nach deiner Geburtsstadt sehnst, sehnst du dich nach Häusern, nach Orten oder nach Menschen?«

»Nach einer Treppe«, sagte Andí. »Ich denke darüber nicht nach, dazu bin ich zu feige.« Sie war auch zu feige, ihm zu sagen, dass sie sich jahrelang nach den Spuren krank gesehnt hatte, die ihre Menschen, ihr Leben, sie selbst in Häusern hinterlassen hatten, dass sie ihren gesamten irdischen Besitz hergegeben hätte für einen Gegenstand – seine Leselupe, seine Schnupftabaksdose –, den ihr Vater berührt hatte. Aber fragen musste sie ihn: »Bist du dir sicher? Werden dir die Spuren deines Lebens nicht fehlen, die du mit deinem Haus zurücklässt?«

»Es ist so schwer, das einzugestehen, wo wir doch Ingeborg gerade erst begraben haben«, erwiderte er.

»Gesteh's ein. Du weißt es ohnehin, und mich schreckt es nicht.«

»In den letzten Jahren habe ich das Leben in dem Haus nicht mehr geliebt«, sagte er. »Es war mir zu eng. Ich fand es oft schwierig, darin zu atmen, und war zum Schluss sogar froh, wenn der Verlag mir wieder eine Lesereise aufbrummte. Und jetzt streife ich durch das Haus und finde keine Spuren von mir. Meine Schreibhefte natürlich und die Sammlung von Stiften, aber selbst die hat meist Ingeborg für mich in Genzano gekauft. Ich kann in diesen Räumen nichts von mir entdecken. Es ist alles Ingeborg in dem Haus, und es will mich nicht haben. Es stößt mich aus sich heraus.«

Andí wartete eine Weile, weil sie wusste, dass noch etwas fehlte, dass er sich von etwas befreien musste, ehe sie ihn allein lassen konnte. Zum Alleinsein war er so wenig gemacht wie sie. Kein einsamer Mensch war dazu gemacht.

»Weißt du, was ich gefunden habe?« Die Worte kamen zögernd, leise.

»Was?«

»In Ingeborgs Schreibtischschublade«, sagte er. »Ich habe nach Papieren gesucht. Karl-Ludwig meinte, es könnte eine Sterbeversicherung geben, aber wir hatten wohl keine abgeschlossen.«

Kann man sich gegen das Sterben versichern?, fragte sich Andí, *oder stellt man mit solchen Policen sicher, dass man vom Sterben etwas abbekommt?*

»Unter den Mappen mit ihren Dokumenten lag ein Stapel Briefe«, fuhr Michael fort. »Von Mariko Sato. Weißt du noch, wie ich dir erzählt habe, sie hätte einfach aufgehört mir zu schreiben?

Ich habe gedacht, sie hätte wohl jemanden kennengelernt und sich verlobt. Tatsächlich muss sie mir noch gut ein Jahr lang alle paar Wochen einen Brief geschrieben haben, ohne dass sie je eine Antwort bekam.«

»Ingeborg hat die Briefe an sich genommen, damit du sie nicht liest?«

Michael nickte. »Es tut mir so weh. Für sie, nicht für mich. Sie war eine so außergewöhnliche Frau, so geistreich, begabt, erfüllt und getrieben von echter Größe – wie konnte sie sich zu etwas so Kleinlichem hinreißen lassen, sich so erniedrigen und dann die Briefe nicht einmal wegwerfen, sondern im Schreibtisch sammeln, sodass ich gar nicht anders konnte, als darauf zu stoßen?«

»Sie war ohne jeden Zweifel all das, was du aufgezählt hast, und noch etliches mehr«, sagte Andí. »Aber sie war eben auch eine Frau, die einen Mann geliebt hat, und die Angst, den, den wir lieben, zu verlieren, frisst sehr oft alle helleren, nobleren Gefühle auf.«

»Bei dir auch, Andí?«

Sie überlegte. Zuckte mit den Schultern. »Ich habe das vielleicht zu früh gelernt, dass Angst vor Verlust nicht schützt. Und dass Eifersucht das, was der Eifer sucht, nicht findet.«

»Ist das Spaß am Wortspiel? Oder deine Erkenntnis?«

»Beides. Wir müssen gehen, mein Herz.«

»Ich schäme mich vor Mariko«, sagte er. »Was muss sie von mir gedacht haben?«

»Vielleicht, dass du ein Mann bist, der sich entschieden hat, seiner Frau treu zu bleiben.«

»Das ganz sicher nicht. Sie weiß, dass ich Ingeborg auf meine Weise treu war, dass ich ihr immer noch treu bin, dass sich Treue für mich an anderem festmacht. Sie muss gedacht haben, ich hätte sie benutzt, hätte ein Spiel mit ihr getrieben.«

»Schreib ihr jetzt«, sagte Andí.

»Jetzt? Nach über zwei Jahren? Was hätte denn das für einen Sinn?«

»Ach, Michael. Seit wann stellen wir solche Fragen?« Sie hätte ihn küssen wollen, hielt sich aber zurück. »Nimm dir doch Zeit, lass über die Wunde Schorf wachsen, und wenn du dann Mariko Sato schreiben willst, dann tu's.«

Sie putzten sich den schalen Geschmack von den Zähnen, kämmten sich die durchwachte Nacht aus den Haaren und zogen sich ordentlich an. Schon an der Tür, mit ihrem bisschen Gepäck in den Händen, fragte Andí: »Wohin gehst du?«

Matt hob er den Kopf. Sie sprachen es beide zusammen:

Ich leb und weiß nit, wie lang.
Ich sterb und weiß nit wann.
Ich fahr und weiß nit wohin.
Mich wundert, dass ich so fröhlich bin.

30

EIN DEUTSCHER NAMENS DAUER mietete das Haus in Genzano. »Zu einem Spottpreis«, schimpften die Nachbarn, aber das war Michael gleichgültig. Er war zufrieden, dass Dauer sich bereit erklärte, das gesamte Inventar zu übernehmen, einen Vertrag über zwei Jahre abzuschließen und sich um die Tiere – Katzen, Hunde und Schildkröten, die ihr Zuhause behalten sollten – zu kümmern, wie sie es gewohnt waren.

Von den Dryaden, den Trollen, den Elfen und Wassergeistern sagte Michael ihm nichts. Sie würden für sich allein sorgen müssen, aber das waren sie ja gewohnt, seit die Menschen sie aus ihrer Realität verbannt und zu einem Schattendasein verurteilt hatten. Sie würden irgendwie zurechtkommen.

Aus dem Haus, in dem er fünfzehn Jahre gelebt hatte, nahm er außer den Büchern und den Bildern seines Vaters kaum etwas mit. Von den Möbeln ließ er nur ein einziges Stück nach Deutschland transportieren, das Stück, das bereits mit ihm aus Deutschland hergekommen war: den Schrank, den sein Vater für ihn bemalt hatte, als er ein Kind gewesen war, und den seine Mutter im Krieg vor dem Verbrennen gerettet hatte. Den Schrank, in dem das Kind Michael auch jetzt noch verborgen saß, selbst wenn es sich nicht mehr zeigte.

Ehe Michael ging, starb auch Gustav René Hocke. Eine Epoche war zu Ende. Über einem Akt hatte sich der Vorhang gesenkt.

Wohin er gehen würde, schien ihm wenig zu bedeuten, aber in München hatte er zumindest Bekannte, Freunde aus lang vergangener Zeit. Zudem verspürte er den eher absonderlichen Wunsch, in seine Muttersprache einzutauchen, in der er Kinderlieder und Trostworte gehört hatte, als er nackt ins Leben gestoßen worden war. Und er besaß dort fürs Erste noch einen Unterschlupf. Auf Dauer in der alten Wohnung bleiben wollte er nicht, aber es war eine Erleichterung, sich mit der Suche Zeit lassen zu können.

Die Stadt hatte wenig Vertrautes, kaum etwas, an dem er sich hätte orientieren können, und zudem wusste er nicht, was er wollte. Das Alte nicht mehr. Aber wie sollte das Neue aussehen? Mit dem Schlüssel, den er schon benutzt hatte, als er hier mit seiner Mutter und Ingeborg gewohnt hatte, öffnete er die Wohnungstür. Es roch noch nach seiner Mutter, den Gewürzen, die sie gemocht hatte, dem Aroma ihrer Kräuterseife, und in der Luft hing eine Spur von kaltem Rauch. Dazu kam der unverwechselbare Mief alter Menschen, vertrocknender Haut und verfallender Körper. Und der Geruch von Leere. Von Staub, an dem niemand sich störte, von zu Ende erzählten Geschichten, deren Reste wie tote Fliegen an den Wänden klebten.

Er hatte den Hausmeister gebeten, die Heizung einzuschalten, wie er es des Öfteren getan hatte, wenn er seit dem Tod seiner Mutter hier übernachtet hatte.

»Aber dazu ist es doch jetzt viel zu warm, Herr Ende«, hatte der Mann protestiert. Bei dreißig Grad erwarteter Höchsttemperatur heizte kein vernünftiger Mensch, auch nicht einer, der sich vor der Unbewohntheit seiner Wohnung fürchtete.

Der Hausmeister war selbst kürzlich verwitwet. Bis zum Tod seiner Frau hatte diese zuweilen für Michael eingekauft. Nur das Nötigste, Kaffee, Zigaretten, eine Flasche Wein, ein wenig Brot und Wurst, doch immer hübsch hergerichtet, sodass die Illusion entstand, die leere Wohnung hieße ihren Gast willkommen. Jetzt hatte ihr Mann es getan. Die Weinflasche stand zwischen Zigarettenschachtel und eingeschweißtem Bierschinken auf der Arbeitsfläche in der Küche, als hätte der Hausmeister sie dort vergessen.

Auch das Brot war abgepackt, maschinell in identische Scheiben geschnitten. Michael sah das Brett aus Olivenholz vor sich, auf dem in der *Casa Liocorno* ihr Brot gelegen hatte, und hörte das Krachen, wenn sie sich Stücke davon abgebrochen hatten. Er hob die Brotpackung hoch und legte sie gleich wieder zurück. In der Stille hallte jedes Geräusch. Kurzerhand drehte er sich um und verließ wie gejagt die Wohnung. Er würde in ein Restaurant gehen.

Es war nicht mehr so heiß, das Flimmern der Luft hatte sich gelegt, und aus den Hauseingängen strömten Menschen, die den milden Abend genießen wollten. Seine Wahl fiel auf das Weinhaus *Neuner*, der weite Weg störte ihn nicht. Immerhin würde er in dem Lokal nicht fremd sein, da er bei seinen Besuchen in München häufig dort eingekehrt war. Die Küche war ehrlich und deftig, wie er sie in Italien geliebt hatte, sie passte zum Ambiente des Renaissance-Stadthauses, und durch die Gaststube plärrte keine Musik, bei der man auch nach der zwölften Wiederholung keine Melodie ausmachen konnte. Das *Neuner* entsprach nicht der Preisklasse, die er sich damals, als München seine Heimatstadt gewesen war, hatte leisten können, aber wenigstens darum brauchte er sich keine Gedanken mehr zu machen.

Michael bestellte eine Fleischsuppe und zum Hauptgang eine Rindsroulade, trank einen Weißburgunder dazu und kam sich vor wie ein Tourist, der sich als Münchner verkleidet hatte. Er wünschte, er hätte nicht in die Wohnung zurückkehren müssen, sondern hätte sich bereits um eine neue Bleibe bemüht, ein modernes Appartement, auch unpersönlich, wenn es sein musste, solange es nur neu gebaut war und nach Farbe roch, nicht nach Geschichten, die vorbei waren, nach Figuren, die es nicht mehr gab.

Er war allein. In der Ainmillerstraße wartete kein Mensch auf ihn. Er hätte vor dem halb geleerten Rouladenteller sitzen bleiben können, solange er wollte, Wein nachbestellen, bis er unter den Tisch rutschte, und vielleicht hätten erst die Reinigungskräfte, die am Morgen mit Schrubber und Wischeimer anrückten, ihn bemerkt. Fehlen würde er niemandem, keinem Elternteil, das besorgt am Fenster Ausschau hielt, keiner Frau, die zur Tür eilte, sobald sie seine Schritte auf dem Gartenpfad hörte. Nicht einmal einem Verleger, der händeringend auf ein Manuskript wartete. Er war eine Berühmtheit, ein Kultautor, aber wenn er spurlos im Gasthaus unter einem Tisch verschwunden wäre, hätte niemand eine Vermisstenanzeige aufgegeben.

Er ließ den Rest der Roulade stehen und stand auf.

»Aber Herr Ende!«, rief der junge Kellner, der ihm diskret und aufmerksam Wein nachgeschenkt hatte. »Hat es Ihnen heute bei uns nicht geschmeckt? Das kennen wir von Ihnen ja gar nicht, dass Sie von Ihrem Essen etwas übrig lassen.«

Eine Sekunde lang fürchtete Michael, er werde vor dem jungen Mann in Tränen ausbrechen. Stattdessen straffte er sich und gab ihm ein völlig überzogenes Trinkgeld. »Das Fleisch war zart und köstlich wie immer. Aber ganz so gut schmeckt es eben doch nicht, wenn man allein isst. Man muss sich erst daran gewöhnen. Keine Sorge, an der Küche Ihres Hauses gibt es nicht das Geringste auszusetzen.«

Er wandte sich zur Tür.

»Mein Beileid, Herr Ende«, murmelte der Junge hinter ihm her.

Wie seltsam das war, dass einer das Alleinsein so lastend empfand, der doch auf der anderen Seite so viel Zeit für sich selbst benötigte und gern stundenlang allein beschäftigt war. *Ich bin ein geselliger Eremit*, dachte er und ging die Straße entlang, deren Sommerabendleben ihn ausschloss. Über den Komponisten Giacomo Puccini hatte ihm in Italien jemand erzählt, er habe sich nur dann in sein Musikzimmer zurückziehen und tüchtig arbeiten können, wenn sich in den übrigen Räumen seine Freunde sammelten und tranken und lärmten. *So bin ich auch*, erkannte er. Vielleicht würde er jetzt lange nichts schreiben und für nichts und niemanden brennen als für eine Frau, die weit weg war und es bleiben würde.

Im Flur, bei den Blechbriefkästen, schloss der Hausmeister ein verrostetes Fahrrad an. »Sie haben Besuch«, sagte er zu Michael. »Eine Dame. Ich hab ihr gesagt, Sie sind ausgegangen, aber sie hat auf Teufel komm raus warten wollen. Eine mit einem dicken Kopf. Na dann, schönen Abend, Herr Ende.«

Andí, dachte er, aber nur eine Sekunde lang. Was hätte es ihnen beiden geholfen, selbst wenn sie sich über alle Moral hinweggesetzt hätte und zu ihm gekommen wäre? Hätte er etwa zu ihr sagen wollen: *Geh nicht mehr zurück, verrate deinen kranken Mann und lass ihn daran verrecken?*

Das war nicht er, das war nicht sie, es gehörte in eine billige, sensationslüsterne Schmierentragödie, in der er nicht mitspielen wollte. Er begann die Treppe hinaufzusteigen, sah im Zwielicht die schmale Gestalt, die reglos vor der Tür seiner Wohnung verharrte. Es war Mariko. Das Schreinmädchen.

Im Schritt verharrte er, hielt sich am Geländer fest und blickte zu ihr auf. Er hatte Andís Vorschlag erwogen, hatte überlegt, ob er ihr nach allem noch schreiben sollte. Er hätte jedoch Ingeborg nicht vor ihr bloßstellen wollen, und bei ihr anzuklopfen, als wäre nichts gewesen, hätte ihm widerstrebt. Dass sie noch immer in München lebte, war ihm nicht in den Sinn gekommen.

Und jetzt stand sie hier. Verneigte sich, sah durch die Gläser ihrer großen, schwarz gerahmten Brille zu ihm hinunter. »Ich habe früher schon kommen wollen, um dir mein Beileid auszusprechen, Michael. Aber ich wollte mich nicht in deine Trauer drängen. Nicht – wie ihr sagt – mit der Tür in das Haus fallen.«

»Mariko.« Er hörte, wie er ihren Namen aussprach, und kam sich vor wie ein Schauspieler und Kinozuschauer zugleich, in einem Schmachtfetzen aus den fünfziger Jahren. Er hatte sich häufig gefragt, was den Reiz dieser Filme ausmachte, in denen es keine Abenteuer gab, sondern der Zuschauer spätestens in Momenten wie diesem genau wusste, was als Nächstes passieren würde: *Mariko,* hauchte der reuige Held und beteuerte, er könne nicht begreifen, wie die Heldin nach allem, was er ihr angetan habe, noch zu ihm habe kommen wollen. Sie hingegen würde ihm tief in die Augen blicken und zurückhauchen, es sei alles vergeben und vergessen.

Jetzt erkannte er, worin der Reiz jener Filme bestand: Wer sich von Abenteuern bis auf die Knochen erschöpft, von Leidenschaft,

Betrug, Triumph, Verrat, Ekstase und Entsetzen aufgerieben in seine Höhle zurückschleppte, der mochte über einen solchen Ausgang froh sein. Mochte zu schätzen wissen, dass ihn das, was als Nächstes passierte, nicht überraschen würde.

Nur die weibliche Hauptdarstellerin passte nicht ins Bild. Sie war zu zierlich, zu durchscheinend, ihr Haar zu rabenschwarz, und sie hätte nicht Mariko heißen dürfen. Hilde oder Uschi kämen eher in Frage. Eine Hannelore hatte er in den fünfziger Jahren auch gekannt.

Das Schreinmädchen, das Mariko hieß, kam die letzten drei Stufen zu ihm herunter, vornehm, jeden Schritt bewusst setzend wie in einem Ritual. »Du bist hier«, brachte er endlich heraus. »Und ich brauche so sehr einen Menschen.«

Gleich darauf hätte er die Worte zurücknehmen wollen. Sie entstammte einer Kultur, in der Direktheit, die von keinem Zeremoniell abgefedert wurde, einem Affront gleichkam, einer Verletzung des Respekts.

»Wenn ich dir von Nutzen sein könnte, würde es mich sehr freuen«, sagte sie.

»Hast du denn Zeit?« Er dachte an die leere Wohnung, den Geruch nach zu Ende erzählten Geschichten und hätte sie anflehen wollen, nicht zu gehen. »Ich bin gerade erst angekommen und fühle mich ein bisschen wie bestellt und nicht abgeholt. Dabei hat mich nicht einmal jemand bestellt. Können wir vielleicht irgendwo in ein Café gehen, Tee trinken, reden, darf ich dich einladen?«

Der Kinozuschauer hätte schon wieder gewusst, wie die Antwort lauten würde, aber die steile Treppe des Hausflurs taugte nicht zum Kino, und die Hauptdarstellerin hieß weder Gabi noch Hannelore.

»Ich habe Zeit, solange du willst«, sagte Mariko. »Und ich würde sehr gern mit dir Tee trinken.« Von Briefen, die ins Leere geschrieben worden waren, von Antworten, auf die sie über viele Wochen vergeblich gewartet hatte, erwähnte sie nicht ein Wort.

31

SIE BLIEBEN ZUSAMMEN. ES gab keinen Grund, es nicht zu tun. Anders als alle Frauen seines Lebens, seine Mutter und Andí eingeschlossen, stellte Mariko ihm keine Fragen. Weder brauchte er Ingeborg vor ihr bloßzustellen, noch verlangte sie Zusicherungen, die ihre Zukunft betrafen. Was sie sich wünschte, hatte sie ihm in ihrer stillen, zeremoniellen Weise dargelegt, ohne es je in Worten auszusprechen: Sie wollte bei ihm sein. Bedingungslos.

Er war dem Abgrund des Alleinseins, der sich vor ihm aufgetan hatte, entronnen. Jetzt wollte er, dass sie es gut miteinander hatten, ein gutes Leben führten, wie er und Ingeborg viele Jahre lang ein gutes Leben geführt hatten. Mariko war eine feinsinnige Frau, der an Stil und Lebenskunst lag. Sie würde ihn weiter auf seinem Weg in die japanische Rätselwelt begleiten, in eine der neuen Wirklichkeiten, nach denen er zeitlebens gehungert hatte, und sie war selbst ein Rätsel, ein Kaleidoskop von Rätselfacetten, die er eine nach der anderen erforschen, aber nie ganz auflösen würde: kindliche Kaiserin, Schreinmädchen, legendäre Herrscherin Jingu Kogo, die seit hundert Jahren lebte.

Darüber hinaus war sie eine glänzende Übersetzerin und brachte seiner Arbeit ein waches, ja sogar bewunderndes Interesse entgegen. Nichts sprach dagegen, dass sie sich zusammen ein Glück zimmern konnten. Eine Flamme im Herd schüren, die womöglich nicht lichterloh brennen, sondern still und beständig flackern würde. Etwas anderes wollte er nicht. Er war ausgebrannt. Verlangte nach Wärme, nach Glut, nicht mehr nach loderndem Feuer.

Unter die Gespenster der alten Behausung konnte er Mariko unmöglich einladen. Für den Übergang mietete er eine Wohnung im Arabellapark, die sein Onkel ihm vermittelt hatte. Sie war jedoch zu klein, um sie beide zu beherbergen, bot nicht die Räumlichkeiten, in denen Mariko ihre Lust an Gestaltung hätte ausleben können. Ihr gemeinsames Zuhause würden sie erst noch entdecken müssen, und die Suche gestaltete sich schwieriger als erwartet.

Einfach und sogar erfreulich war es hingegen, die Ausstattung zusammenzustellen. Zu Michaels Verblüffung machte es ihm Spaß, mit Mariko von einem Innenausstatter zum nächsten zu ziehen und zu erleben, wie sie zielsicher aussuchte, was ihr für ihre künftige gemeinsame Wohnung passend erschien. Weitläufig und repräsentativ sollte es werden, luftig, die Räume in klaren Farben und Formen eingerichtet. *Eine neue Bühne,* dachte Michael. Und folgerichtig bedurfte es eines neuen Kostüms.

Ingeborg hatte auf Kleidung nie Wert gelegt. Anfangs hatte Michael das insgeheim bedauert, weil sie eine Frau gewesen war, die über ein natürliches Gespür dafür verfügte, wie man Kleider zu tragen hatte, über eine nicht erlernbare Eleganz. Andererseits hatte auch er selbst höchst selten auf das, was er auf dem Leib trug, einen Gedanken verschwendet. Als er sich einmal auf der Piazza di Spagna eine sündhaft teure Jacke des Modehauses Missoni gekauft hatte, weil ihn die Farbigkeit der Wolle verlockt hatte, hatte ihn hinterher sein Gewissen geplagt. Ingeborg hätte ihm zwar nicht ausdrücklich vorgerechnet, welchen Segen man mit dem Geld für die Jacke in den Hungerregionen Afrikas hätte bewirken können, aber er hatte sie gut genug gekannt, um zu wissen, dass sie daran dachte.

In ihren Jahren in Genzano waren sie schließlich beide in den Kleidern herumgelaufen, die ihnen gerade in die Hände fielen, hatten sich Hemden an Marktständen im Mehrfachpack gekauft, den langen Sommer über an den Füßen Flip-Flops getragen und sich beim billigsten *barbiere* das Haar schneiden lassen.

Mariko war das genaue Gegenteil. Jedes Stück, das sie am Leib tragen wollte, wählte sie mit äußerster Sorgfalt und ging lieber mit leeren Händen nach Hause, als sich zu einem Kauf durchzuringen, der sie nicht vollends überzeugte. Was ihr stand, wusste sie mit schlafwandlerischer Sicherheit. Obwohl sie nie viel Geld zur Verfügung gehabt hatte, war ihre Kleidung gediegen, die Materialien von derselben erlesenen Qualität wie die Zutaten, die ein italienischer Koch noch an das einfachste Gericht gab. Lieber besaß sie nur ein einziges Seidenkleid für den Nachmittag und nur einen Pullover aus langhaarigem Kaschmir als eine Vielzahl aus minderwertigen Fasern. Es machte ihr nichts aus, dieselbe Hose und Bluse zu fünf Terminen in der Woche zu tragen, solange sie sie zwischendurch gründlich waschen konnte. Hingegen hätte sie sich nicht durchringen können, in billiger Kleidung zu einem Termin zu gehen, als wäre ihr Gegenüber keinen Aufwand wert.

Michael, der doch über Geld nie hatte nachdenken wollen, entwickelte plötzlich Vergnügen daran, es auszugeben. Mariko führte ihn in die Modewelt Münchens ein und stattete auf ihre japanisch zeremonielle, ernsthafte und festliche Weise nicht nur sich selbst, sondern vordringlich den Mann an ihrer Seite neu aus. Ein wenig kam Michael sich vor wie im Kostümfundus des Schleswig-Holsteinischen Landestheaters. Mariko wählte nie auch nur das kleinste Accessoire, wenn es nicht zum Rest der Kleidung passte. Als schließlich alles beisammen war, sah er im Spiegel eine Facette seiner selbst, die er noch nicht kannte, die aber in sich bis ins letzte Detail stimmig war.

Er sagte es ihr: »Du wärst eine glänzende Kostümbildnerin geworden.«

Sie lachte nicht, wie eine Europäerin es tat, wenn sie nicht sicher war, ob sie ein Kompliment bekommen hatte oder nicht. »Ich wäre nicht auf die Idee gekommen«, sagte sie. »Die Kostüme unseres traditionellen Theaters, mit dem ich aufgewachsen bin, sind ja alt und kostbar, in jahrelanger mühsamer Arbeit entstanden, und niemandem fiele es ein, sie zu ersetzen.«

Mariko war glücklich in ihrem Zusammensein, und sie gab es ihm zu verstehen, auch wenn sie kein überschwänglicher Mensch war. Sie gingen an einem Abend japanisch essen und am nächsten bayerisch, sie bereiteten eine Reise nach Japan vor, auf der Michael seinen japanischen Verleger treffen sollte, sie redeten über die gemeinsame Wohnung, nach der sie auf der Suche waren, und dann wieder saßen sie in verschiedenen Winkeln desselben Raums, ein jeder in seine eigene Arbeit vertieft.

Michael war entschlossen gewesen, Mariko nicht zu verstecken, sondern sich mit ihr an der Seite zu zeigen, wann immer er Freunde und Bekannte traf. Zu seiner Überraschung gebärdete sich der Münchner Literatenkreis geradezu entzückt über seine Rückkehr, er wurde in bestehende Zirkel hineingezogen und bedrängt, sich an der Gründung neuer zu beteiligen. Michael hatte vom Austausch mit anderen Künstlern immer profitiert, er war es von Genzano her gewohnt, jederzeit Gelegenheit dazu zu haben. Mariko hingegen schien auf solche Begegnungen wenig Wert zu legen, ja wenn er sich nicht täuschte, war ihr regelrecht bange davor.

»Geh du nur allein, Michael. Es ist ja nicht meinetwegen, dass diese Leute zusammenkommen. Du bist es, mit dem sie ihre Zeit verbringen wollen, und ich werde mich hier schon zu beschäftigen wissen.«

Hin und wieder ging er tatsächlich ohne sie, aber häufiger sagte er die Verabredung ab, weil es ihm nicht richtig erschien, Mariko allein in der wenig behaglichen Wohnung zu lassen. Sie war zu ihm gekommen, hatte für ihn ihre eigene Lebenswelt von einem Tag auf den anderen aufgegeben. In gewisser Weise hatte Ingeborg das Gleiche getan, und in manchen Nächten lag er wach und quälte sich, weil er sie nicht glücklicher gemacht, sie für ihr Opfer nicht großzügiger entlohnt hatte. Mariko glücklich zu machen, war leichter, sie krankte nicht an alten, unheilbaren Wunden, und wenn doch, dann fiel es ihr leicht, sie zu verbergen. Sie war bescheiden, forderte nichts von ihm als seine Nähe, und er würde keiner zweiten Frau schuldig bleiben, was sie von ihm erwarten durfte.

Vielleicht wurde er obendrein selbst gesetzter. Immerhin ging er auf seinen sechzigsten Geburtstag zu, und die Jahre hatten an seinen Kräften gezehrt. »Gib acht, dass du dich nicht isolierst«, riet ihm ein Freund aus alten Münchner Tagen. Michael aber fühlte sich nicht isoliert. Nur ein wenig auf sich selbst und seinen engsten Kreis beschränkt. Er las *Haiku*-Lyrik und Lehrtexte des Zen. Beschäftigte sich wieder intensiver mit den Bildern seines Vaters, da in Japan Interesse an einer Ausstellung bestand. Ging an schönen Herbsttagen mit Mariko im Englischen Garten spazieren und versuchte, die Reporter, die ab und an auftauchten und ungefragt Bilder schossen, zu ignorieren.

Nachdem eines der Bilder auf dem Titelblatt irgendeiner Illustrierten erschienen war, schrieb ihm Andí:

Da gehe ich also heute zum Kiosk, um mir mein Dutzendpack Schreibblöcke zu besorgen, und wer strahlt mir entgegen? Mein schmerzlich entbehrter Freund Michael, frisch frisiert und von Kopf bis Fuß in bayrischem Loden. Somit ist als Part der Saison also ›der Münchner Erfolgsautor‹ angesagt, und ich muss sagen: Chapeau. Was Du machst, machst Du ganz, die Inszenierung ist auch diesmal bis ins Kleinste geglückt.

Bist Du mir böse?, schrieb Michael ihr zurück. *Ich wünschte, Du würdest mich verstehen, denn wenn Du es nicht kannst, bekomme ich Angst, ich könnte es selbst nicht mehr. Ja, ich weiß, ich habe vor Dir um Ingeborg geweint, ich habe nicht aufhören können zu weinen, und mir scheint es, als würde ich nie mehr aufhören. Dennoch siehst Du mich jetzt, nur Monate später, strahlend, bei bester Gesundheit, am Arm einer anderen Frau. Du könntest daraus schließen, ich hätte meine Trauer gespielt, aber die Wahrheit –* meine *Wahrheit – sieht anders aus: Meine Trauer ist eine Landnahme, der ich Einhalt gebieten muss, wenn ich von mir etwas übrig behalten will. So ein Mensch verwandelt sich im Innern zum Friedhof, oder nicht? Je älter er wird, desto dichter stehen die Gräber. Ich habe das Alleinsein zwischen Gräbern nicht ausgehalten, Andí, und Mariko tut mir gut. Ich habe nicht wie Du gelernt, allein durch einen verwüsteten Kontinent zu ziehen, sondern entstamme einer Symbiose dreier Menschen, von denen ich noch immer nicht glauben kann, dass ich der letzte Überlebende sein soll.*

Ich habe das auch nicht gelernt, schrieb ihm Andí zur Antwort. *Niemand lernt es. Es kann ja ein Einsamer nicht auch noch alleine leben, ich habe das nie gekonnt, und dass jetzt mein Kind aus dem Haus geht, bricht mir buchstäblich das Herz. Es hat mich gefreut, das Bild von Dir und Mariko zu sehen, es freut mich, Dich wieder in der Obhut eines Menschen zu wissen und einen Menschen in Deiner. Und ehe Du fragst: Nein, ich empfinde keine Eifersucht. Du fehlst mir nur manchmal, immer dann, wenn Du Dir selbst fehlst, und das wäre auch so ohne Mariko, ohne Ingeborg, ohne alle Frauen der Welt.*

Ihr Brief half ihm, den Frieden zu machen, nach dem er sich sehnte. Umso größer wurde der Wunsch, auch äußerlich Frieden zu finden, wieder sesshaft zu werden, das provisorische Leben aus Koffern und Kisten zu beenden. Die Wohnungssuche intensivierte sich. Auf einem Spaziergang durch Nymphenburg entdeckten Mariko und er ein Ensemble herrschaftlicher Gebäude aus den Anfangsjahren des zwanzigsten Jahrhunderts, die saniert und in luxuriös ausgestattete Wohnungen unterteilt werden sollten. Michael bemerkte Marikos Blick, der sich von der rahmweißen Fassade und den steinernen Balkonen nicht lösen wollte.

»Haben wir gefunden, wonach wir gesucht haben?«, fragte er leise.

Mariko sah noch immer das Haus an. »Wenn es dir auch gefällt«, murmelte sie.

»Es gefällt mir.« *Nur bitte sag nicht,* fügte er stumm hinzu, *du willst mit den Füßen zuerst hinausgetragen werden.* Mariko jedoch sagte nichts dergleichen. Sie sah ein Haus, das ihren Vorstellungen von einem Domizil entsprach, und dachte an Leben, nicht an Sterben.

Der Kaufpreis, der entrichtet werden musste, um eine der Wohnungen zu reservieren, betrug anderthalb Millionen D-Mark. Michael rief Karl-Ludwig an. Der ließ sich das Projekt in drei Sätzen schildern, dann hatte er sein Urteil gefällt. »Feine Sache«, bekundete er. »Noble Adresse, macht was her, genau richtig für einen Mann in deiner Position. Schließe ich für dich ab, wenn du willst. Leisten kannst du's dir allemal, du könntest vier davon kaufen, wenn's dir Spaß macht.«

Michael kaufte nur eines, das obere Apartment eines zweistöckigen früheren Gästehauses. Mariko und er freuten sich auf den Einzug. In der kleinen Wohnung im Arabellapark stapelten sich Kisten mit Einrichtungsgegenständen, die sie auf Einkaufstouren für ihr gemeinsames Zuhause sammelten. Der Tag der Übergabe verschob sich jedoch wieder und wieder. Die Renovierung dauerte viel länger als veranschlagt, es gab Probleme mit dem Denkmalschutz, und der Bauherr schien alle drei Wochen zu wechseln. Wenn Mariko und Michael nach Nymphenburg hinausfuhren, um einen Blick auf ihr neues Wohngebiet zu werfen, fanden sie die Häuser praktisch unverändert und trafen nie Handwerker bei der Arbeit an.

In jenem Sommer starb Onkel Helmuth, der kraftstrotzende Koloss trat aus dem Leben, wie andere aus einer Tür gehen. Michael war jetzt tatsächlich als Einziger übrig, der letzte Überlebende einer Familie, die es nach ihm nicht mehr geben würde. Es wurde Herbst, die Tage kurz und grau. Die Wohnungen in Nymphenburg waren noch immer nicht bezugsfertig, und auf Nachfragen erfolgten ausweichende Antworten. Schnee fiel, und als er wieder schmolz, hatte Michael genug. Er forderte Karl-Ludwig auf, in seinem Namen aus dem Kaufvertrag auszusteigen und stattdessen eine Wohnung in der Sendlinger Straße für ihn zu mieten. Sie lag im fünften Stock eines Mietpalais mit Renaissance-Elementen. Eine Fensterfront ging hinaus auf die belebte Straße, auf die Fassade der barocken Asamkirche, die andere auf einen Innenhof, in dem ein Springbrunnen Wasser aus dem Mund einer Medusa spie.

Vielleicht war es der Blick der Medusa, die versteinerte Wehmut ihrer Augen, die Michael zu der Feststellung bewog, dass sie letzten Endes doch noch eine gute Wahl getroffen hatten. Keine Woche nach Unterzeichnung des Mietvertrags zogen sie ein, und Mariko machte sich mit Feuereifer daran, ihr Refugium einzurichten.

Die Reise nach Japan, die sie später im Jahr unternahmen, bereicherte Michael ebenso wie die Arbeit mit dem Maler Friedrich Hechelmann, mit dem er ein Buch gestaltete: *Ophelias Schattentheater,* die Geschichte einer Souffleuse, die nach der Schließung ihres Theaters Schatten um sich sammelt und mit ihnen die alten Stücke zu spielen beginnt. Es war schön, ein Buch in aller Ruhe erdenken, erträumen und verwirklichen zu können, nicht weil man es nötig hatte, sondern weil man es sich wünschte.

Richard Weitbrecht hatte sich aus dem Verlag zurückgezogen. Das Buch würde unter Hansjörgs Regie erscheinen, doch das schreckte Michael nicht. Ihre Freundschaft war eher still im Sand versickert, als aufwendig begraben zu werden, und ihr Verlust hinderte sie nicht daran, als Verleger und Autor konstruktiv zusammenzuarbeiten.

Um Gelddinge kümmerte Michael sich nach wie vor nicht und hatte auch künftig nicht vor, es zu tun. Marikos Bitte, ein Konto bei der Deutschen Bank zu eröffnen, weil die Filiale fußläufig erreichbar war, kam er allerdings gerne nach. Sie lebten seit fast drei Jahren in wilder Ehe, und nicht ein einziges Mal hatte Mariko von ihm verlangt, sie finanziell abzusichern. Ein gemeinsames Konto, auf das sie nach Belieben zugreifen konnte, war das Mindeste, was er ihr schuldig war.

Er hatte vor, von seinem privaten Girokonto monatlich einen Betrag auf das gemeinsame Konto zu transferieren. Wie man das anstellte, war ihm nicht recht klar, doch da es wenig aufwendig schien, beschloss er, die Sache selbst in die Hand zu nehmen, statt Karl-Ludwig damit zu belästigen. Er würde einfach die Filiale der Dresdner Bank, die sein Konto führte, aufsuchen und einen der Angestellten bitten, ihm behilflich zu sein.

Der junge Mann hinter dem Schalter überschlug sich geradezu vor Arbeitseifer. »Aber gewiss doch, Herr Ende, das ist überhaupt kein Problem, wir erledigen das gern für Sie. An welche Summe hatten Sie gedacht?«

Michael hatte an überhaupt keine Summe gedacht, erwiderte

aber spontan: »Überweisen Sie doch bitte zehntausend Mark als Einlage, danach vielleicht jeweils monatlich die Hälfte.« Wenn es nicht genügte, würde er es später eben noch einmal ändern.

»Sehr gern, Herr Ende. Ich kümmere mich sofort um die Formulare. Dürfte ich Sie wohl bitten, mir anschließend ein Autogramm zu geben? Ich bin ein großer Fan Ihrer Bücher, ich habe alle gelesen, und ich wünschte, ich hätte meine Exemplare hier, um sie mir von Ihnen signieren zu lassen.«

»Ich bringe Ihnen ein signiertes vorbei«, versprach Michael, der sich über den lesenden Zahlenjongleur freute.

Die Bankfiliale gehörte zu jenen, die ihre Kundendaten bereits über ein Computersystem erfasste. Computer faszinierten Michael, er hatte in Japan gesehen, was beispielsweise mit Grafikprogrammen möglich war, und spielte mit dem Gedanken, für Mariko und sich ein Gerät anzuschaffen. Der Bankangestellte, der seine Bücher gelesen hatte, legte ihm ein Formular zum Ausfüllen vor und setzte sich vor den Bildschirm, wohl um Michaels Kontodaten abzurufen.

Eine Weile hämmerte er auf der Tastatur herum. Michael schrieb in der Zwischenzeit Namen, Anschrift und ähnliche ermüdende Details in die Spalten, hielt jedoch bald irritiert inne, weil das Gehämmer immer frenetischer wurde.

»Probleme mit der Technik?«, fragte er endlich. »In mir finden Sie einen Leidensgenossen. Es soll ja Männer geben, die einen Staubsauger reparieren können, ich aber wäre bereits überfordert, wenn ich einen bedienen müsste.«

Das Gesicht des jungen Mannes war rot angelaufen und glänzte. »Es ist mir furchtbar unangenehm, Herr Ende«, sagte er, ohne seine Trommelwirbel auf den Tasten zu unterbrechen. »Da muss irgendein Fehler im System vorliegen. Leider komme … leider komme ich nicht umhin, unseren Filialleiter hinzuzuziehen.«

Michael hätte ihn beruhigen wollen. *Alles halb so wild*, wollte er sagen, *geben wir uns für heute geschlagen, mein Anliegen eilt ja nicht, und vielleicht ist uns die Technik ja ein andermal freundlicher gesonnen.* Anschließend würde er dem jungen Mann ein Autogramm geben und die ganze Sache mit dem Geldtransfer seinem Ritter der Finanzen übertragen, der schließlich der Experte dafür war. Der junge Mann aber war bereits aufgesprungen und in den hinteren Teil der Bank geflüchtet. Erregt mit den Armen fuchtelnd, redete er auf einen älteren Mann ein, der einen grauen Anzug trug.

Wenig später kehrte er im Windschatten des Graugekleideten zurück. Der Filialleiter grüßte Michael lediglich mit einem knappen Nicken, ehe er sich Wange an Wange mit dem jungen Mann dem Bildschirm zuwandte. Über dessen schwarze Oberfläche zogen in ununterbrochener Folge grünliche Zahlen- und Zeichenkolonnen.

»Ich hatte nicht vor, hier bei Ihnen ein solches Tohuwabohu zu verursachen«, versuchte Michael, die Aufmerksamkeit des jungen Mannes zu gewinnen, der wie erstarrt dastand und seinem Vorgesetzten auf den Rücken stierte.

Er zuckte zusammen und fuhr herum. »Machen Sie sich keine Gedanken, Herr Ende. Mein Vorgesetzter ruft kurz im Stammhaus an, die kleine Unstimmigkeit wird sich sicher sofort in Wohlgefallen auflösen.«

Der Filialleiter hatte sein Telefongespräch inzwischen beendet. Um ihn hatte sich ein Knäuel weiterer Herren in ähnlichen Anzügen geballt, die erregt auf ihn einredeten. Schließlich traten die Herren auseinander und ließen den Graugekleideten, der unversehrt, wenn auch leicht echauffiert wirkte, aus ihrem Kreis entweichen.

Er räusperte sich, ehe er mit entschlossenen Schritten zum Schalter marschierte und sich vor Michael aufbaute. Die Formulare, in die Michael seit Entstehen des Aufruhrs keine weiteren Daten mehr eingetragen hatte, raffte er an sich und warf sie auf den Computertisch. »Mein Name ist Schulz. Filialleiter.« Offenbar hatte er das Wort *Filialleiter* seinem Namen einverleibt, um dessen Schlichtheit aufzuhelfen. »Ich bedaure, Ihnen mitteilen zu müssen, dass wir die von Ihnen gewünschte Überweisung nicht vornehmen können. Die erforderliche Deckung ist auf Ihrem Konto nicht verfügbar. Ohnehin hätten wir uns in den nächsten Tagen diesbezüglich an Sie wenden müssen.«

Don Karl-Ludwig de las Finanzas, dachte Michael geradezu sehnsüchtig. Warum hatte er ihn nicht wie gewöhnlich mit diesem vermaledeiten Geldgeschäft beauftragt, statt sich hierherzustellen wie ein Idiot, der in seiner eigenen Sprache kein Wort verstand. »Wären Sie so freundlich, mir das zu übersetzen?«, bat er. »Möglichst in schlichtestes Deutsch. Kindgerecht sozusagen.«

»Jetzt platzt mir aber der Kragen. Meinen Sie etwa, außer Ihnen gibt's hier keinen, der heute noch sein hart verdientes Geld abheben will?«

Michael drehte sich um und entdeckte hinter sich einen kleinen Herrn mit Vollglatze. Er war nicht der Einzige, der hinter ihm stand. Sondern der Erste in einer Schlange.

»Was bei Ihnen Sache ist, hat Ihnen der Mann doch erklärt«, wetterte der kleine Herr. »Sie haben kein Geld auf dem Konto. Das mag für Sie ja ärgerlich sein, aber weshalb sollen eigentlich wir alle leiden, nur weil Sie Ihre Angelegenheiten nicht in Ordnung halten können?«

Wenn Michaels Vater oder seine Mutter sich um Geld gesorgt hatte, hatte der jeweils andere ihn erinnert: *Ist nur Geld.* Michael war so aufgewachsen. Es hatte nicht immer sofort geholfen, aber doch binnen kurzer Zeit: *Ist nur Geld.* Niemand starb daran, Buchstaben verschwanden nicht aus Büchern, Bilder behielten ihre Farbe, niemand blieb in der Nacht allein, und über dem gläsernen Schildkrötenpanzer ihrer Wohnung funkelten weiter die Sterne. *Ist nur Geld.*

Möglich war es trotzdem nicht. Auf sein Girokonto überwies Karl-Ludwig regelmäßig die Summen, die von seinen Tantiemenzahlungen übrig blieben, nachdem er laufende Kosten bestritten und Investitionen in Michaels Portfolio getätigt hatte. Damit ließ sich in etwa die Quintessenz von dem umreißen, was Michael von dieser Seite seines Lebens wusste. Anfangs hatte Karl-Ludwig sich noch alle Mühe gegeben, ihm die Vorgänge im Detail zu erklären, hatte stolzgeschwellt dargelegt, dass in das Portfolio »todsichere Anlagen« gehörten, Immobilien, Edelmetalle, Firmenanteile und Devisen, doch Michaels Ignoranz hatte selbst den unerschrockenen Ritter binnen Kurzem die Waffen strecken lassen.

»Ich dachte, Portfolios haben hoffnungsvolle Nachwuchstalente, die sich auf der Kunsthochschule bewerben«, hatte Michael gesagt. »Schauspielagenten auch. Aber was macht ein tapferes Schreiberlein wie ich mit so einem Gerät?«

»Den seinen gibt's der Herr im Schlaf«, hatte Karl-Ludwig erwidert. »Das besagte Portfolio gehört nicht Maik, dem Schreiberlein, sondern Ende, dem Auflagenmillionär, weil man so etwas als Millionär nun einmal hat. Damit der Geldberg im Schlaf wächst, verstehst du? Nein, natürlich nicht, aber das brauchst du auch nicht.«

»Dafür habe ich ja dich.«

»Genau. Dafür hast du ja mich.«

Es war ihr letztes Gespräch zu dem Thema gewesen, und zum Abschluss hatte Karl-Ludwig ihm noch einmal versichert, dass er über das Portfolio nicht nachzudenken brauche. »Das, was hinterher auf dein Girokonto geht, ist noch immer eine beachtliche Hausnummer. Das könntest du auch dann nicht ausgegeben, wenn du dich mal entscheiden würdest, deinem Lebensstil ein bisschen Pep zu verpassen.«

Dabei hatte er an Michaels Strickjacke gezupft, aus der sich Flusen lösten.

Michaels Gedanken überschlugen sich, während der kleine Mann in seinem Rücken fortfuhr, vor sich hin zu schimpfen, und der große, graugekleidete von der Bank auf eine Reaktion von ihm wartete. Seit er mit Mariko lebte, gab er mehr Geld aus als in den Jahren mit Ingeborg, aber noch immer hätte niemand ihre Lebensweise als extravagant bezeichnet. Zudem versicherte ihm Hansjörg, dass seine Bücher sich weiterhin verkauften »wie geschnitten Brot«. Vermutlich hatte es irgendwo auf diesen unergründlichen Wegen, auf denen Geld, das niemand anfassen konnte, sich bewegte, eine Verstopfung gegeben, die sich aber auflösen ließ, die Karl-Ludwig auflösen konnte.

Er riss sich zusammen, kämpfte um Gelassenheit. »Es tut mir aufrichtig leid«, sagte er in einem Tonfall, den man hoffentlich *aufgeräumt* nennen konnte, zu Schulz-Filialleiter. »Sicher liegt auf meiner Seite ein Versehen vor, ich bin eine Kuh, die Klavier spielt, wenn es um Geldangelegenheiten geht. Aber ich werde sofort meinen Vermögensverwalter anrufen und veranlassen, dass die erforderliche Summe unverzüglich transferiert wird. Möchten Sie, dass ich das gleich von hier aus mache? Damit die Sache erledigt ist?«

»Das erachte ich nicht für nötig«, erwiderte Schulz-Filialleiter mit gespitzten Lippen. »Dankbar wären wir Ihnen allerdings, wenn Sie sicherstellen würden, dass Ihr Konto innerhalb einer Frist von drei Tagen ausgeglichen wird, weil uns das weitere Schritte erspart. Einen Auszug zu Ihrer Kontoinformation haben wir Ihnen bereits ausgefertigt.«

Von seinem belesenen Mitarbeiter ließ er sich einen Stapel aus rosa Papieren aushändigen, die bei der Weiterreichung an Michael knisterten. Der sah nur Zahlenkolonnen, die ihm vor den Augen verliefen. Lediglich die Zahl unter dem fettgedruckten Strich blieb deutlich, weil sie rot war, nicht schwarz. 150 000 DM. Er zählte die Nullen nach.

»Soll das bedeuten, mein Konto steht mit hundertfünfzigtausend Mark im Minus?« Die Größe der Zahl war für ihn unvorstellbar geblieben wie in der Zeit, in der eine solche Summe irrelevant, weil unerreichbar gewesen war.

»Das entspricht dem heutigen Stand«, bestätigte Schulz-Filialleiter. »Informieren Sie Ihren Vermögensverwalter bitte darüber, dass mit jedem Tag, den die Überziehung bestehen bleibt, Gebühren anfallen. Es liegt also in Ihrem Interesse, für einen Ausgleich des Kontos umgehend zu sorgen.«

Fünfter Akt

Einmal noch
Tat sich das Auge des Traumes auf,
Und ich sah
Den Liebestanz der Kraniche
Und lauschte
Nur eine winzige Ewigkeit
Ihrem Lied.

— MICHAEL ENDE: *DAS LIED VOM GLÜCK*

München,
acta es fabula, plaudite
1989–1995

32

A N DIE FREUNDSCHAFT HATTE er immer geglaubt. Daran, dass Freundschaft auf Vertrauen gebaut war: Ein Freund gab dem anderen zu verstehen, was er ertragen konnte und was nicht, und der Freund, weil er ein Freund war, gab darauf acht, die gesetzten Grenzen nicht zu übertreten.

Hansjörg hatte sie übertreten. Er mochte keine Wahl gehabt haben, aber er hatte die Grenze gekannt. In einer Nacht, in der sie an einem Kaminfeuer gesessen und von Freundschaft geredet hatten, hatte Michael ihm zwischen dem Ausgesprochenen vermittelt: *Tu, was du willst, und verlang von mir, was dir nützlich ist, aber verrate mich nicht.*

Nachdem die Grenze niedergerissen worden war, hatte Michael lange Zeit angenommen, sein Glaube an Freundschaft sei ihm dabei abhanden gekommen. Im Rückblick entdeckte er, dass das nicht zutraf: Er war zum Argwohn, zur Vorsicht Menschen gegenüber nicht geboren. So wuchs seine Freundschaft mit Gustav René Hockes Sohn Roman ohne sein Zutun, Vertrauen entstand, während sie Hand in Hand ihre Arbeit voranbrachten, und bildete erneut ein Fundament.

Was zwischen ihm und Hansjörg vorgefallen war, ließ sich nicht heilen oder verschmerzen, aber es hinderte ihn bemerkenswerterweise nicht, sich auf andere Menschen einzulassen. Er vertraute Wilfried Hiller, Friedrich Hechelmann und dem Künstlerpaar Binette Schroeder und Peter Nickl ohne jedes Wenn und Aber.

Und er hatte Karl-Ludwig Peters ohne Wenn und Aber vertraut.

Es gab so vieles an dem patenten kleinen Mann, das er gemocht hatte – wohl am meisten die Leidenschaft, das Feuer, mit dem der Ritter von der Finanz sein nüchternes Metier anging, nicht anders als ein Künstler das Material in seinen Händen. Seine Arbeit war Teil seines Wesens, er gab sich ihr mit fliegenden Fahnen hin und blühte darin auf. Ihre eigenwillige Freundschaft hatte Michael Einblick in eine Welt gewährt, die ihm fremd war und fremd bleiben würde, die über Karl-Ludwigs Schulter hinweg betrachtet jedoch nicht ohne Reiz, nicht ohne Zauber und Geheimnis wirkte.

Nicht zuletzt hatte er die Ferien geliebt, die Karl-Ludwig mit seinen Töchtern bei ihm und Ingeborg in Genzano verbracht hatten. Familienleben auf Zeit. Ein paar Wochen lang hatte sein Haus zwei Kindern Unterschlupf geboten und war dadurch auf schwer erklärliche Weise umso mehr zu einem Heim geworden. Sandspielzeug und Sandalen im Windfang, mit Plastikblumen geschmückte Haarspangen auf dem Rand des Waschbeckens, regelmäßige Frühstückszeiten, in denen Honigbilder auf Brotscheiben gemalt wurden, auf einem der Gästebetten ein Teddybär, der lächelte wie einst Michaels Harlekin.

Er hatte Karl-Ludwig einen Namen verliehen, was ein wenig so war, wie ihn in die eigene Familie aufzunehmen. Karl-Ludwig war stolz darauf gewesen, hatte sich *Caballero de las Finanzas* sogar einmal auf eine Visitenkarte drucken lassen und sie unter seinen Kunden verteilt. Seinen selbstbewussten Humor hatte Michael gemocht, und vertraut hatte er ihm ohne jede Einschränkung. Hätte jemand ihn gefragt, hätte er keinen Grund nennen können, warum er es nicht hätte tun sollen.

Als er an jenem Tag von der Bank nach Hause gegangen war, hatte er sich bereits unterwegs beinahe vollständig beruhigt. Es war nur Geld, und Karl-Ludwig würde alles in Ordnung bringen. Ein Konto um hundertfünfzigtausend Mark zu überziehen, erschien ihm zwar atemberaubend, aber bei einem Vermögen, das sich auf mehrere Millionen belief, war es vermutlich wirklich nichts als ein läppisches Versehen.

Er hatte versucht, Karl-Ludwig in seinem Büro anzurufen, hatte jedoch niemanden erreicht. Das war nie zuvor vorgekommen. In der Vergangenheit hatte Karl-Ludwig sich nicht einmal von seiner Sekretärin durchstellen lassen, sondern Wert darauf gelegt, jeden Anruf von Michael persönlich entgegenzunehmen. Michael wählte noch einmal, wartete auf die fröhliche Fanfarenstimme, die über sämtliche Sorgen hinwegblies, doch zu hören bekam er nichts als den Klingelton.

Er versuchte es auf dem Anschluss der Sekretärin, aber auch dort ging niemand ans Telefon. Ein Betriebsausflug, vermutete Michael. Karl-Ludwig hatte einmal scherzhaft Abende, die er mit seiner attraktiven Sekretärin verbrachte, als Betriebsausflüge bezeichnet.

Er beschloss, sich morgen darum zu kümmern und erst einmal mit Mariko essen zu gehen. Im Weinhaus *Neuner* würde sich niemand daran stören, wenn er seine Zeche ein paar Tage später beglich. Als er am folgenden Vormittag erneut niemanden an den Apparat bekam, rief er Karl-Ludwig unter dessen Privatnummer an. Die ältere Tochter meldete sich, inzwischen längst eine junge Frau. Ihre Stimme klang fremd, abweisend, kein Rest von: *Onkel Michael, darf ich der Schildkröte Himbeereis geben?* Auf die Frage nach ihrem Vater reagierte sie hochfahrend: Nein, sie wisse nicht, wo er zu finden sei, sie sei nur kurz in die Wohnung gekommen, um ein paar Sachen zu holen.

Er probierte es neuerlich im Büro, begann, nervös zu werden, und wusste nicht warum.

»Was ist los?«, fragte Mariko, die ihn für gewöhnlich, wenn sie ihn bei der Arbeit glaubte, nicht störte.

»Ach. Nichts. Irgendein Fehler im System der Bank. Ich mache mir nur ein wenig Sorgen um meinen Vermögensverwalter, aber vermutlich ist er einfach in Urlaub gefahren. Ich denke, ich schreibe ihm eine Karte und bitte ihn, sich zu melden, wenn er wieder da ist.«

Sie stellte noch eine Frage, und er erzählte ihr, was in der Bankfiliale vorgefallen war. Mariko hörte zu, ohne ihn zu unterbrechen.

Erst als er fertig war, sagte sie: »Ich glaube, du musst doch sehr dringend mit diesem Vermögensverwalter sprechen, Michael. Wir können es abwechselnd probieren, wenn du willst. Falls wir ihn bis heute Abend noch immer nicht erreicht haben, fährst du vielleicht besser hin.«

Es klang, als wäre Karl-Ludwig etwas zugestoßen. Aber ihm war nichts zugestoßen, jedenfalls nichts von dem, was Menschen gemeinhin darunter verstanden. Mariko hatte ein zurückgezogenes Leben geführt, sie entstammte einem anderen Kulturkreis, aber sie war nicht weltfremd, sondern hatte schneller begriffen, was geschehen sein musste, als Michael selbst.

Peters' Tochter schien ihrem Vater einen Wink gegeben zu haben. Als Michael es das nächste Mal unter dessen Privatnummer versuchte, ging Karl-Ludwig an den Apparat. Keine flott vorgebrachte Plattitüde folgte, kein atemloser Wasserfall von Worthülsen. Nicht einmal das vertraute: *Womit kann ich dienen?*, oder: *Na, wen haben wir denn da?*, nur eine steif ausgesprochene Frage: »Michael.« Weder *Maik* noch *mein Bester*. »Was gibt es denn?«

Auch während Michaels Schilderung riss Karl-Ludwig keinen einzigen Witz. Zwischendurch hörte Michael ihn heftig atmen, und bei einem Blick zur Seite registrierte er, dass Mariko sich lautlos neben ihn gesetzt hatte. Sie legte ihre Hand auf seine, er jedoch musste sie gleich wieder befreien, weil seine Nerven bis in die Spitzen zu vibrieren schienen und er die Hand nicht stillhalten konnte.

»Bringst du das bitte in Ordnung?«, fragte er, als er zu Ende erzählt hatte. »Am besten, du rufst diesen Schulz gleich an, erkundigst dich, was genau gebraucht wird, und überweist ihm das Geld.«

Schweigen folgte.

»Bist du noch da?«, fragte Michael.

»Ja.«

»Kannst du das bitte möglichst schnell für mich erledigen? Dieser Schulz meinte, es sei furchtbar eilig, und ich hätte es gern aus der Welt. Du weißt ja, an Geld mag ich nicht denken.«

Wiederum folgte Schweigen.

»Karl-Ludwig?«

»Ich fürchte, das kann ich nicht«, sagte er endlich.

»Was kannst du nicht?«

»Es aus der Welt schaffen. Der Dresdner Bank das Geld überweisen.«

»Warum denn nicht?« Jahrelang hatte Karl-Ludwig ihm fasziniert beteuert, der Transfer von Geld sei ein Kinderspiel, man könne mit einem einzigen Anruf jedwede Summe – von Pfennigen bis zu Millionen – von einer Seite der Erde auf die andere befördern.

»Weil kein Geld mehr da ist«, sagte Karl-Ludwig. Dann hängte er ein. Das letzte Geräusch, das Michael hörte, hallte in seinem Ohr wie ein Schluchzen.

33

DIE SCHULDEN, DIE KARL-LUDWIG angehäuft hatte, beliefen sich nach Schätzungen der beauftragten Kanzlei auf mehr als sieben Millionen D-Mark. Nur waren es nicht Karl-Ludwigs Schulden, sondern die von Michael, auch wenn dieser es nicht ganz einfach zu begreifen fand: Es war sein Geld gewesen, mit dem sein Vermögensverwalter sich verspekuliert hatte. Und als von seinem Geld nichts mehr übrig war, gehörte offenbar das Nichts, das Minus, mit dem die Spekulationen fortgesetzt wurden, noch immer ihm.

Der Vermögensverwalter trat gar nicht in Erscheinung. Der Vermögensverwalter war so etwas wie die Telefonleitung, über die ein Attentat geplant wird, die aber natürlich nicht dafür belangt werden kann.

Bei einem Attentat starben allerdings Menschen. In diesem Fall hingegen ging es *nur* um Geld.

Die verlorene Summe belief sich laut Michaels Anwalt auf rund fünfundzwanzig Millionen Mark.

Michael war kein Millionär mehr, sondern ein Mann, der sich in der Tat und mit höchster Dringlichkeit über Geld Gedanken machen musste. Tag und Nacht. Was immer er besessen hatte – Immobilien, Edelmetalle, Firmenanteile, Devisen –, besaßen jetzt die Banken. Und sie besaßen noch weit mehr: Geld, das es gar nicht gab, Geld, von dem er nicht wusste, woher er es jemals nehmen sollte. Der ganze Vorgang gehörte ins Reich der Grauen Herren, die den Mann, der sie entlarvt und ans Tageslicht gezerrt hatte, nicht ungestraft hatten lassen können. Michael saß mit Mariko auf der zierlichen, aus leicht rötlichem Ulmenholz gefertigten und mit einer Tatami-Matte bedeckten Bank in ihrem japanisch eingerichteten Wohnraum und hatte das Gefühl, das Möbelstück schmelze unter ihm weg. Als würde das Geldinstitut, dem es in Wahrheit gehörte, es auf geheimnisvolle Weise verpuffen wie die Grauen Herren ihre Delinquenten.

Mariko hatte aus einem ihrer gemeinsamen Lieblingsrestaurants eine Platte mit Sushi liefern lassen, zweifellos bezahlt von ihrem eigenen Geld, dem Gehalt, das die Internationale Jugendbibliothek ihr zahlte, oder den Tantiemen, die sie für die Übersetzung der *Unendlichen Geschichte* erhielt. Sie war keine mittellose Frau, sondern finanziell unabhängig, doch dass sie ihr Geld für ihn ausgeben musste, tat ihm unerwartet heftig weh.

Sie hatte die Speisen auf der Glasplatte ihres niedrigen Tisches so angerichtet, dass sie sich in verschiedenen Facetten ihrer Farben mehrfach spiegelten. Michael liebte *Sushi*, und er wollte nicht, dass Mariko sich all die Mühe umsonst gemacht hatte. Aber sein Magen schmerzte, dass er sich vornüber krümmen musste. Er hätte nichts essen können. *Nicht für Geld.*

Er sah Marikos ruhigen Bewegungen bei Tisch zu und fragte sich, ob sie künftig – wie seine Mutter – im Dunkeln aufstehen, hinaus in die Kälte laufen und in irgendeinem Gesundheitshaus Kranke massieren würde, um ihn über Wasser zu halten, die Miete für das Dach über seinem Kopf zu bezahlen und Eier und Semmeln für sein Frühstück zu kaufen. Daran, dass sie dazu bereit wäre, hegte er keinen Zweifel, dass sie es täte, ohne es ein einziges Mal zu erwähnen, wie alles, was sie stillschweigend und wie selbstverständlich für ihn tat. Wenn er sie danach fragte, wenn er sie beschwor, es sei zu viel, sie solle an sich denken, an ihre eigenen Wünsche, erklärte sie: »Ich denke doch an mich. Ich habe mir gewünscht, bei dir zu sein, Michael, und mein Wunsch hat sich erfüllt.«

Dieses würde er ihr nicht erlauben. Sie war klug, sie war begabt, sie trug in sich so viele eigene Rätsel, wie seine Mutter. Sie würde ihre Talente nicht auf einem Michael-Ende-Altar opfern, denn er würde ihr nicht einmal erlauben, sich einen zu bauen.

»Das einzige Gute ist, dass ich dich nicht geheiratet habe«, sagte er und berührte ihre Hand. »So bist du wenigstens nicht haftbar.«

»Das ist das einzige Schlechte«, sagte Mariko und hielt ihre Hand unter seiner still.

Der Rechtsanwalt, den er auf eine Empfehlung hin beauftragte, hieß Dr. Wolf-Dieter von Gronau und strahlte eine Kompetenz aus, die den Druck auf Michaels Magen ein wenig linderte. Es war, als hätte er blind auf einem Drahtseil getanzt und wäre beim Sturz zumindest in einem Netz gelandet, das von kundigen Händen gehalten wurde.

Dr. von Gronau war kein Mann, der einem Klienten ein X für ein U vormachte, selbst wenn der sich an sein X verzweifelt klammerte. Aber er war auch keiner, der jeden Keim Hoffnung plattschlug. Michael riet er, Karl-Ludwig Peters anzuzeigen, um deutlich zu machen, dass er von dessen Straftaten nichts gewusst hatte.

»Hilft mir das mit meinen Schulden?«, fragte Michael.

»Das nun gerade nicht«, antwortete Dr. von Gronau. »Aber unsere Verhandlungsposition den Gläubigern gegenüber wäre glaubhafter, und Sie hätten immerhin die Genugtuung.«

»Ich hätte nicht gedacht, dass ich so etwas einmal zu jemandem sagen würde«, murmelte Michael, »aber davon kann ich mir nichts kaufen.«

Konkrete Fakten – Namen oder Zahlen – durfte Dr. von Gronau nicht preisgeben, aber er deutete an, dass Michael als Geschädigter nicht allein dastand. »Ich gehe davon aus, dass es weitere Strafanzeigen geben wird. Wenn Sie sich diesen anschließen, dürfte das auf ein erheblich höheres Strafmaß für den Beschuldigten Peters hinauslaufen. Meinen Sie nicht, man sollte den Mann möglichst lange aus dem Verkehr ziehen, damit er nicht noch mehr Menschen schädigen kann?«

Damit hatte der Anwalt zweifellos recht. Vielleicht reagierte ja

Michael noch immer sträflich naiv, doch er vermochte sich beim besten Willen nicht vorzustellen, dass Karl-Ludwig Peters etwas Vergleichbares noch einmal wagen könnte. Und die Leute, die Michael – ohne dass er etwas davon ahnte – Geld geliehen hatten, würden nichts davon zurückerhalten, indem er dazu beitrug, dass der Schuldige möglichst lange in einer Gefängniszelle eingesperrt saß. Erreichen konnte er damit einzig mehr Scham und Verstörung für die beiden Mädchen, die bäuchlings im Gras seines Gartens gelegen, in ihre Zöpfe Halme geflochten und ihre Süßigkeiten vom Markt in Genzano mit seinen Schildkröten geteilt hatten.

Er schloss die Augen und sah seinen Vater vor sich, der sich mit einem Koffer in der Hand an seiner Mutter vorbeischob, bevor er sie beide verließ. Er war so jung gewesen, hatte erfüllt von Zweifel und Furcht am Eingang des Labyrinths gestanden. Hatte er sich nicht sehnlichst gewünscht, nichts wissen zu müssen, nichts von seinem Vater, der ohne Blick zurück an Bord einer neuen Fregatte davonsegelte, und nichts von seiner Mutter, die sich wie ein leckgeschlagenes Beiboot als nicht länger seetüchtig erwies?

Er wollte nicht, dass Karl-Ludwigs Töchter, die am Anfang ihres Lebens als Erwachsene standen, in vollem Umfang für die Taten ihres Vaters geradestehen mussten. Der Vater würde vor Gericht gestellt und verurteilt werden, er würde seinen Namen und seine Reputation verlieren und seine Kinder nicht länger unterstützen können. Für die zwei jungen Mädchen war das hart genug. Dass ›Onkel Michael‹ zu den Geschädigten gehörte, dass jene verträumten, federleichten Sommer zwischen zirpenden Grillen und langsam durchs Gras wandernden Schildkröten Teil des Verrats waren, brauchte sie nicht noch zusätzlich zu belasten.

Natürlich war das eine Illusion. Die beiden jungen Frauen lebten nicht hinter dem Mond. Sie waren die Töchter eines Finanzmaklers, die zwei und zwei zusammenzählen und sich ihren Reim darauf fraglos selbst machen konnten. Dennoch stand Michaels

Entschluss fest. Er würde in den Kübel mit Dreckwäsche, die nie wieder sauber wurde, nicht noch seine Hände stecken.

»Ich werde nicht als Nebenkläger gegen Herrn Peters auftreten«, erklärte er dem Anwalt. »Meine finanzielle Lage würde sich dadurch nicht verbessern, und an Genugtuung ist mir nicht gelegen.«

»Ganz wie Sie wollen«, erwiderte der Anwalt. »Ich bin lediglich verwundert.«

»Warum?«, fragte Michael aufrichtig. »Bin ich der Einzige, dem das Waschen von Wäsche, die man letztlich ja gemeinsam beschmutzt hat, vor den Augen der halben unbeteiligten Menschheit zuwider ist?«

»Der Einzige sicher nicht«, sagte der Anwalt, »und wenn es das ist, was Sie wollen, werde ich selbstverständlich dementsprechend verfahren. Es überrascht mich nur. Meiner Erfahrung nach ist es für Klienten in Ihrer Lage leichter, einen Abschluss zu finden, wenn ein natürliches Bedürfnis nach Vergeltung zumindest im Ansatz befriedigt wird.«

Vergeltung, dachte Michael und hatte keine Ahnung, was ihm das hätte helfen sollen. Er hatte Karl-Ludwig vertraut, war ein weiteres Mal sicher gewesen, eine Freundschaft sei die Rüstung, die ihn vor Verrat bewahrte. Stattdessen war er den Grauen Herren in die Fänge geraten, die seine Rüstung hatten verpuffen lassen, wie sie es mit nicht länger brauchbaren Mitgliedern taten.

Er sagte Mariko nichts davon, erzählte ihr nichts von den Sommern in Genzano. Sie hatte Schwierigkeiten genug, lebte als Ausländerin in wilder Ehe mit einem Mann, der nicht für sie vorgesorgt hatte und auf einmal über keinen Pfennig mehr verfügte. Sich überdies von ihr trösten zu lassen, weil er sich den Luxus erlaubt hatte, als leichtgläubiger Fantast durchs Leben zu taumeln, ging ihm einen Schritt zu weit.

Stattdessen schrieb er an Andí, der er nichts schuldete, ließ aus sich herausquellen, was tonnenschwer auf seinen Magen drückte: seine Gedanken über Freundschaft, die Vorsätze, die er als Kind gefasst und sein Leben lang befolgt hatte, und das Gefühl, wie ein Dackel mit stinkendem Fell unter einem Tisch vergessen worden zu sein.

Karl-Ludwig hatte also offenbar Spaß daran, mit echtem Geld riskante Spiele zu spielen wie andere mit diesen Plastikmünzen beim Roulette. Das ist an und für sich ja noch nichts Verwerfliches, zumindest nicht in den Augen von einem, für den Geld keinen ideellen Wert hat. Hätte es aber beim Geld nicht bleiben müssen, hätte er mit mir nicht sprechen müssen, statt unsere Freundschaft obendrein auf den Roulettetisch zu schleudern, und dann: rien ne va plus?

Mein Liebster, schrieb ihm Andí zurück, *mir tut das Herz weh um Dich. Weißt Du, was ich aber glaube? Solche ganz reinen, absoluten Freundschaften, wie Du sie im Sinn hast, schließt man nur als Kind, ritzt sich den Namen des Freundes in die Haut und tropft das Blut, das heraustritt, dem Freund in die Wunde. Erwachsene sterben füreinander nur noch höchst selten. Sie stehen nicht einmal allzu häufig füreinander aus dem Sessel auf, sondern bringen in eine Freundschaft wie in alles andere ihre eigenen Unzulänglichkeiten ein.*

Macht das die Freundschaft nicht wertlos?

Das ist nicht Dein Ernst. Wenn Du mich fragst, macht es sie spannend. Und wenn Du mich nicht fragst, frag meinen Freund Michael, der ohne seine Freunde Angst hätte, im Schweigen der Vorwelt, im Labyrinth undurchdringlicher Lebensgefüge verloren zu gehen.

Der Anwalt sprach mit den Gläubigern, ersparte Michael Peinlichkeiten und handelte Zahlungsbedingungen und mehrfach einen Verzicht auf Forderungen aus. In seiner nüchternen, von jedem Heilsversprechen weit entfernten Art versicherte er Michael, dass es sich letztendlich damit leben lassen würde.

Michael war ihm dankbar, hatte keine rechte Vorstellung

davon, wie das vonstatten gehen sollte. Zum Leben brauchte man Geld, so absurd das in seinen Ohren klang. Wenn einer aber sieben Millionen Schulden hatte, konnte er von dem Geld, das ins Haus kam, schließlich unmöglich etwas übrig behalten.

»Das wird nicht ganz so heiß gegessen, wie es gekocht wird«, erklärte ihm der Anwalt. »Würden Ihre Gläubiger Sie am Boden zerstören, hätten sie auch jede Aussicht auf zumindest anteilige Rückzahlung ihres Geldes zerstört. De facto läuft ein nicht unbeträchtlicher Teil der Menschheit mit Schulden herum, die er nie zurückzahlen kann.«

Michaels lebenslanger Verdacht, die gewaltigen Geldmengen, mit denen Eingeweihte argumentierten, wären lediglich ein Phantom, eine schwarze Wolke, die man bei Bedarf bedrohlich einfliegen lassen konnte, erhielt von Neuem Nahrung. Nur konnte er sich damit nicht aus der Affäre ziehen. Dass Geld nicht existierte, ließ sich so wenig beweisen wie das Gegenteil, und Schulden waren ja nicht einmal Geld, das existierte, sondern welches, das laut Gesetz zu existieren hatte. Sie ließen sich auch dann nicht aus der Welt reden, wenn sie gar nicht darin vorhanden waren.

Während sein Anwalt also darum rang, dass »dem beliebten Kultautor Michael Ende« nicht die Lebensgrundlage entzogen wurde, trat von unerwarteter Seite ein Retter auf den Plan.

Hansjörg.

»Wir haben uns deinetwegen Gedanken gemacht.«

»Wer – wir?«

»Mein Vater und ich. Sabine. Die ganze Familie.«

»Das ist nett von euch. Ich bedanke mich.«

»Ich habe konkrete Gedanken gemeint«, sagte Hansjörg. »Gedanken um Geld. Was du für den Verlag bedeutest, ist uns natürlich klar. Dass du unbelastet deiner Arbeit nachgehen kannst, liegt also in unserem Interesse.«

Michael wartete.

Über Hansjörgs Wangen zog eine Spur von Röte. Er war noch immer der einzige Mann, bei dem Michael dergleichen je beobachtet hatte. »Wir haben uns deshalb in Absprache mit deinem Anwalt bereit erklärt, deinen Gläubigern Garantien zu geben«, fuhr Hansjörg fort. »Von den Rückzahlungsraten abgesehen, bieten wir dir bis auf Weiteres ein monatliches Festhonorar von zehntausend Mark. Dass Verlage ihren Autoren solche Vorschusshonorare zahlen, wird ja heutzutage immer üblicher.«

Ich kann das nicht annehmen, durchfuhr es Michael, und er fühlte sich sekundenlang zu beschämt, um nach Worten zu suchen. Im nächsten Augenblick fiel ihm ein, wie unwahrscheinlich es war, dass Hansjörg ihm ein solches Angebot ohne reifliche Überlegung und aus purer Großmut unterbreitete, selbst wenn er es gewollt hätte. Der Verleger war ein paar Jahre lang mit ihm gemeinsam zum Träumer geworden, dem selbst der Himmel keine Grenze zu setzen vermochte, aber er war schon lange auf die Erde zurückgekehrt. Verantwortungsbewusst. Pragmatisch. Bei seinen Angestellten wie seinen Autoren im Wort.

»Du tust das natürlich nicht ohne Gegenleistung«, sagte Michael.

»Natürlich nicht.«

»Du musst ja an den Verlag denken.«

»Sicher.

»Also was?«

Hansjörgs Wangen röteten sich noch ein wenig intensiver. Vielleicht hatte er aber auch nur den Kopf geneigt, und sein Ausdruck hatte sich mit dem Lichteinfall geändert wie bei den Masken des Nō-Theaters. »Wir wollen das Exklusivrecht an der Veröffentlichung deiner Werke«, sagte er.

»Welcher Werke? Das Exklusivrecht habt ihr doch schon.«

»Nicht von allen«, erwiderte Hansjörg.

»Du meinst, nicht von denen, die es noch nicht gibt?«

Hansjörg nickte. »Und die buchnahen Nebenrechte wollen wir auch. Übersetzungen und so weiter.«

Michael brauchte nicht länger zu überlegen. Geld, das es nicht gab, für Bücher, die es nicht gab, ein Kontostand, der es ihm ermöglichen würde, mit Mariko ein angenehmes Leben zu führen und einmal mehr nicht an Geld zu denken. »Dein Angebot nehme ich gerne an«, sagte er zu Hansjörg und stand auf. »Auch wenn der Verlag sich mit meinem Anwalt, Herrn Dr. von Gronau, wird abstimmen müssen. Er ist eine Art Lebensverwalter für mich geworden und wird sich um die rechtliche Seite sicher gern kümmern. Bitte richte auch deiner Familie aus, dass ich mich für das Entgegenkommen bedanke.«

Es war schön mit dir, hätte er gern hinzugefügt, und: *Ich vermisse dich.* Aber so etwas sagte man nicht mit beiden Füßen auf der pragmatischen Erde.

In Hansjörgs Abschiedsblick las er, dass der es auch gern gesagt hätte.

Auf dem Heimweg ging er beim *Neuner* vorbei und bat seinen jungen Freund, der sich ihm längst mit dem klangvollen Namen Frank Rosenboom vorgestellt hatte, um eine Flasche *Bollinger,* die er in der kommenden Woche bezahlen würde. Die Skandalstory um die »Millionenschulden des Erfolgsautors« war mit der gebührenden Häme und Schadenfreude durch die Boulevardpresse gegangen, aber Frank Rosenboom zuckte mit keiner Wimper. »Aber gern, Herr Ende. Darf es sonst noch etwas sein?«

»Wenn Sie mir auch noch eine Platte mit Kanapees zurechtmachen würden ...«

»Selbstverständlich. Eher fleischig, fischig oder gemischt?«

»Bitte entscheiden Sie«, erwiderte Michael. »Ich vertraue Ihnen blind. Sagen Sie, vermieten Sie Ihren kleineren Saal eigentlich für private Veranstaltungen? Und würden Sie diese dann auch ausstatten?«

»Es wäre uns eine Ehre, Herr Ende.« Frank Rosenbooms Augen leuchteten. »Kommen Sie einfach vorbei und erzählen Sie uns, was Ihnen vorschwebt. Ich bin sicher, wir werden ein Arrangement vorschlagen können, das Ihren Vorstellungen bis ins Detail entspricht.«

Michael trug seine Schätze nach Hause. Mariko hatte noch Arbeit für die Bibliothek erledigt, sprang aber vom Schreibtisch auf und lief ihm lautlos entgegen. Als sie den Champagner sah, lächelte sie.

»Wie es aussieht, haben mein findiger Anwalt und mein freundlicher Verleger ihre Kräfte vereint und mich aus dem Schlund des Schuldendämons noch einmal gerettet«, sagte Michael und lächelte auch, obwohl sein Magen schmerzte. Die Kuckucksaufkleber, die ein durch ihre Wohnung streichender Gerichtsvollzieher an den Bildern seines Vaters angebracht hatte, ließen sich so schnell nicht aus dem Gedächtnis streichen. »Kein ehrbarer Mann mehr und erst recht kein Millionär, aber immerhin lebensberechtigt. Das Einzige, was ich zu tun habe, ist, mich hinzusetzen und ein möglichst erfolgreiches Buch zu schreiben. Woran ich mich versuchen werde, sobald wir diese Flasche geleert haben.«

»Das Einzige, was du zu tun hast, Michael?«, fragte Mariko.

»Nun gut, *fast* das Einzige«, erwiderte Michael und schloss die Arme um sie. »Vom Schreiben abgesehen, finde ich es an der Zeit, dass wir beide heiraten.«

34

DAS BUCH, DAS ER schrieb, war ein Roman, der wiederum in die Schublade der Kinderliteratur eingeordnet wurde. Er trug den Titel *Der satanarchäolügenialkohöllische Wunschpunsch*, war von der jungen Regina Kehn illustriert worden und erschien im Sommer 1989.

Keines seiner anderen Bücher hatte Michael in so kurzer Zeit geschrieben, und zudem fühlte es sich noch immer falsch an, ein Buch in Druck zu geben, ohne dass Ingeborg mit ihrer unbestechlichen Strenge es Wort für Wort abgesegnet hatte. Als der Verlag auf die Veröffentlichung drängte, zögerte er es noch eine Zeitlang hinaus, vielleicht um sich zu beweisen, dass eine Freiheit existierte, die einem Autor niemand nehmen konnte. Dann aber gab er das Manuskript frei. Er hatte sich einem Puppenspieler an die Strippen gehängt, und wenn der Spieler an den Strippen zog, dann hatte er zu tanzen. Außerdem mochte er den *Wunschpunsch*. Falls ihn einer von den selbsternannten oder waschechten Kritikern als Scharlatan oder Stümper entlarven sollte, so würde er daran nicht zugrunde gehen.

Sechs Wochen später heirateten Mariko und Michael im Kreis ihrer engsten Freunde und luden anschließend zur Feier ins Weinhaus *Neuner* ein. Um ihre Vermählung anzuzeigen, ließen sie von sich als Brautpaar zwei verschiedene Hochzeitsfotos anfertigen: Eines, das Mariko und Michael frisch getraut in japanischen Kimonos zeigte, und eines, auf dem sie sich in bayrischer Festtagskleidung präsentierten. Karten mit dem ersten Motiv wurden an ihre europäischen Freunde verschickt, solche mit dem zweiten an Verwandte und Freunde in Japan.

Zur Hochzeit schenkten sie sich selbst einen längeren Tisch für ihr Zuhause, an dem Scharen von Freunden Platz finden würden und nächtelange Gespräche geführt werden konnten, wie Michael sie sein Leben lang gekannt hatte. Solche Gespräche kosteten nichts, weil sie unbezahlbar waren, sie endeten manchmal in Streit und manchmal in Verbrüderung, manchmal damit, dass jemand die Nacht unter dem Tisch verbrachte, und manchmal in der Gewissheit, mit nur ein wenig Elan die Welt noch einmal neu verzaubern zu können.

Der *Wunschpunsch* erzielte keinen sensationellen, aber einen durchaus erfreulichen Erfolg. Mit den Honoraren konnte Michael nicht nur verbliebene Schulden, sondern auch von Hansjörg gewährte Vorschüsse zurückzahlen, was wichtiger war, als große Sprünge zu machen.

So passt es jetzt vielleicht zu meinem neuen Leben, schrieb er an Andí, und sie antwortete mit einem an den Rand gezeichneten Strichmännchen:

Und zum tannengrünen Lodenjanker. Was Du machst, das machst Du noch immer ganz, mein Herr Meisterregisseur.

Er reiste zur Hochzeit ihres Sohnes und fand sie entzückend in ihrem bräutigamsmütterlichen Hut mit lose schwingender Krempe.

»Wenn man alt wird und sich noch immer wie ein Kind fühlt, Andí – was ist man dann?«

»Man könnte fröhlich sein.« Ihre Blicke trafen sich. »Man wundert sich nur.«

Statt eines weiteren Romans veröffentlichte er in den folgenden Jahren einen Erzählband, mehrere Bilderbücher, von denen eines Binette Schroeder illustrierte, eine Sammlung von Essays, Gedichten und Gedanken aus seinem Archiv und drei Libretti zur Vertonung durch Wilfried Hiller. Seine Bücher hatten weltweit eine Gesamtauflage von fünfzehn Millionen Exemplaren erreicht, waren verfilmt, für die Bühne, als Hörspiel und Radioprogramm adaptiert und mit zahlreichen Preisen ausgezeichnet worden, sie wurden übersetzt, neu aufgelegt, von den Kritikern zunehmend ignoriert und von den Lesern geliebt.

»Du hast allen Grund, mit dir zufrieden zu sein, Michael«, sagte Mariko.

Gründe hatte man für vieles. Meist jedoch ebenso überzeugende für das Gegenteil. Er schloss Mariko in die Arme, legte seine Wange auf ihr Haar. Es ging ihm gut an ihrer Seite, sie besaß die seltene Fähigkeit, viel zu geben, ohne viel zu verlangen, war noch immer ein lockendes Geheimnis für ihn und ihm zugleich vertraut. Er hatte nur Magenschmerzen. Aber irgendetwas hatte schließlich jeder, der seinen Körper seit mehr als sechs Jahrzehnten durch ein Labyrinth aus Liebe und Krieg, Not und Triumph, Feuer und Kälte, Furcht, Verwegenheit, Wahrheit, Traum, Lüge und Verrat hetzte, ohne sonderlich schonend oder gar wertschätzend mit ihm umzugehen.

Den Schmerzen zum Trotz unternahm er mit Mariko eine weitere erfüllende Reise nach Japan, besuchte eine Vorstellung der japanischen *Momo*-Oper, bereiste Städte, Tempel, Schreine, die er noch nicht kannte, und sprach mit Ausstellungsbesuchern über Bilder seines Vaters. In Japan schien man einen anderen Michael Ende zu kennen als in Deutschland: Während man in seiner Heimat den Olymp der Literaten vor ihm verschlossen hielt und seine Aufnahme in die Akademie der Schönen Künste ablehnte, wurde er in der Fremde als ernsthafter, gar hochpolitischer Autor gefeiert, als einer, der in seinen phantastischen Welten die Ängste, Leiden und Prüfungen von Menschen darlegte und eine Tür zu ihrer Lösung aufhielt. So wie er es sich gewünscht, wie er es vor unzähligen Jahren seinem Vater erklärt hatte.

Die Reise hatte ihn gestärkt, auch wenn er das japanische Essen, dessen Zeremoniell er liebte wie einst das von Hansjörg zum Stillleben arrangierte Festbankett, nicht wie erhofft hatte genießen können. Sein Magen verschloss sich oft schon nach wenigen Bissen und schmerzte, wenn Michael versuchte, ihm einen weiteren aufzuzwingen. Vielleicht würde er sich damit abfinden müssen, dass man mit zunehmendem Alter weniger Nahrung brauchte, und wenn man noch so gern in deren Geschmack schwelgte.

Kurz nach der Rückkehr aus Japan brach er in der Wohnung zusammen und lag wie ein Embryo gekrümmt auf dem Boden, als Mariko aus der Bibliothek kam. Sie rief einen Krankenwagen, und sosehr er sich bisher gegen jeden Arztbesuch gewehrt hatte, verspürte er jetzt Erleichterung. Für ein paar Augenblicke, von einem Schmerz überwältigt, der sich wie eine Flutwelle über ihm türmte, hatte er geglaubt, vor seinem Tod zu stehen.

Nicht zu stehen. Sondern sich zitternd vor Qual zu seinen Füßen zu winden.

»Sie haben ein Magengeschwür«, teilte ihm der junge, vor Effizienz geradezu strotzende Arzt mit, als Michael zu sich kam. Die Untersuchungen hatte er in einem Dämmerschlaf durch Narkose hinter sich gebracht und fühlte sich benommen und schwach.

»Kann ich daran sterben?«, entfuhr es ihm.

»Sie können an einem Schnitt in der Fingerkuppe sterben, wenn er nicht fachgerecht behandelt wird«, erwiderte der effiziente Gastroenterologe, der einer Schwester beim Ausfüllen eines Patientenbogens über die Schulter blickte und mit spitzem Finger auf einen Fehler tippte. »Allerdings liegt es nicht in unserer Absicht, das zuzulassen. Wir werden stationär eine Intensivtherapie durchführen und Sie anschließend für ein paar Wochen auf Kur schicken. Wenn Sie zurückkommen, müssen Sie Ihr Leben ändern. Der Magen ist kein Organ, das leicht verzeiht.«

»Und was muss ich ändern, um seine Verzeihung zu erlangen?«, fragte Michael.

»Nicht mehr rauchen, weder Zigaretten noch Pfeife. Nichts scharf Gewürztes oder Gebratenes essen. Keinen Alkohol. Keinen

Stress«, betete der Arzt herunter wie eine Zisterzienserschwester den Rosenkranz. Damit war Michaels Fall abgehandelt. Auch für Michael selbst. Er beschloss, seinem Magen Behandlung und Kur zu gönnen, sosehr ihm vor den bevorstehenden Wochen auch graute. Sollte das Organ sich hinterher allerdings weiter als ungnädig erweisen, würde Michael ohne seine Verzeihung auskommen müssen.

Das ärgste an der Kur war die Langeweile, die sich schleppenden Stunden, in denen den eigenen Innereien gehuldigt, der Geist hingegen mitleidlos ausgehungert wurde. Aber die wochenlange Plage hatte sich gelohnt. Schmerzfrei und voller Energie kehrte Michael nach München zurück. Zum ersten Mal seit dem Verlust seines Vermögens freute er sich von ganzem Herzen auf seine Arbeit.

Es waren die Kooperationen mit Wilfried Hiller, die ihm unter seinen Projekten die größte Befriedigung bereiteten. Hillers Musik verlieh seinen Worten einmal Leichtigkeit und Flugkraft und dann wieder Gewicht und Weite, sie öffnete zwischen den Zeilen Fenster in eine neue Dimension. Zeitlebens hatte Michael die Verschmelzung von Kunstformen fasziniert, und während *Der Rattenfänger* entstand, den Hiller und er nicht als Oper, sondern als *Hamelner Totentanz* bezeichneten, wünschte er sich mit ungekannter Heftigkeit ein Buch, das er gemeinsam mit seinem Vater geschaffen hätte. Seitenweise Bilder aus Worten und Farben, Gestalten, die aus Satzgefügen hinüber in den bildlichen Raum flüchteten, eine Vorwelt, die über die Grenzen von Darstellungsformen hinwegwucherte und in der Unendlichkeit verschwand.

Er erinnerte sich an die Trauer seines Vaters um die Bilder, die er im Feuer verloren hatte, und fühlte sich ihm in seiner Trauer um ein Buch, das es nicht gab und nie mehr geben konnte, nah. Das Buch, das es nicht gab, hätte etwas festhalten können, das ihm nun in der Erinnerung entglitt: Er sah seinen Schrank an, dessen leuchtende Farben verblichen, und spürte der Liebe nach, die ihn mit seinem Vater, mit seinen beiden Eltern verbunden hatte. Diese überbordende Liebe war das rätselhafteste Gefühl der Menschheitsgeschichte und doch das eine, das niemand hinterfragte. Es war das einzige Gefühl, das sich vollständig von selbst verstand und das deshalb weder der Erklärung bedurfte noch einen Kampf kostete.

Vielleicht wäre ich für ein solches Buch ja nicht gut genug gewesen, dachte er und dann wieder: *Vielleicht wäre es das eine Buch geworden, das mir gut genug ist.*

Im nächsten Jahr – 1995 – würde er fünfundsechzig Jahre alt werden und damit so alt, wie sein Vater bei seinem Tod gewesen war.

Der *Rattenfänger* wurde in Dortmund uraufgeführt, und das Ergebnis ihrer gemeinsamen Arbeit versetzte Wilfried und Michael in eine kreative Euphorie. Es drängte sie, sich sofort in die nächste Aufgabe zu stürzen, und vom Münchner Staatstheater am Gärtnerplatz lag ein Auftrag für eine Oper vor. Im Gespräch mit dem Intendanten einigten sie sich auf die Bearbeitung einer Novelle von Robert Louis Stevenson: *Der Flaschenkobold.* Ein Matrose findet in der Gischt des Strandes von Hawaii eine Flasche, aus der ein Teufelchen zu ihm spricht: Die Flasche werde ihm jeden Wunsch, den er auf Erden nur hegen könne, erfüllen, jedoch dürfe er sie nicht zu lange bei sich behalten. Zerstören lässt sie sich nicht, also muss er sich beizeiten nach einem Käufer umsehen, denn der, der sie bei seinem Tod noch in Besitz hat, fährt ohne Hoffnung auf Erlösung zur Hölle. Sie darf nicht verschenkt werden, sondern nur verkauft, und wer sie weiterverkauft, muss einen geringeren Preis dafür verlangen, als er selbst entrichtet hat.

»Ganz schön düster«, bemerkte Wilfried. »Dabei hatte ich gerade zu Woska gesagt, nach unserem Totentanz sollten wir uns jetzt etwas Lustiges vornehmen.« Elisabet Woska, die jeder beim Nachnamen rief, war seine Frau, seine Muse, die in jedem Moment seines Schaffensprozesses beteiligt war.

Michael erschrak. »Heißt das, du willst den *Flaschenkobold* nicht?«

»Ich *dachte*, ich will ihn nicht«, erwiderte Wilfried. »Aber ich weiß nicht, irgendwie spricht er zu mir, und ich bin sicher, das wird Woska nicht anders gehen.«

»Mir geht es auch nicht anders«, sagte Michael, der sich im Gewebe des Stoffes bereits verfangen hatte und ihn nicht mehr hergeben wollte. »Wir werden etwas Lustiges daraus machen. Diesen Geist in der Flasche, den man nur los wird, wenn man Geld für ihn verlangt, den nennen wir *Mammonella*, und ob er Mann oder Frau ist, das weiß man nicht, weil er nämlich mal das eine und mal das andere ist ...«

»Langsam, langsam, so schnell kann ein alter Mann nicht schnaufen.« Wilfried lachte. »Sag mal, was haben die in diesem Kurheim eigentlich mit dir gemacht? Dich in einen Jungbrunnen getaucht? Meinst du, ich könnte da auch mal hinfahren?« Er zupfte an einer seiner schütteren Haarsträhnen, die je nach Lichteinfall blond oder grau erschienen. Wilfried Hiller war zwanzig Jahre jünger als Michael.

»Der Jungbrunnen bist du«, sagte Michael. »Unsere gemeinsame Arbeit. Mich beflügelt das. Ich komme mir vor wie so ein Gewittersturm, der noch einmal anrollt, nachdem die Leute schon ihre Fenster wieder aufgeklappt hatten und an ihr Picknick zurückgekehrt waren, weil sie meinten, der alte Polterkopf hat sich beruhigt.«

»Ich hoffe, der alte Polterkopf beruhigt sich die nächsten dreißig Jahre kein bisschen.« Wilfried boxte ihn gegen den Arm. »Ich will mit dir noch so viele Opern aus dem Boden oder noch besser: aus dem Himmel stampfen, dass der verblichene Rossini sich im Grabe umdreht.«

»Auf mich kannst du zählen.« Michael boxte zurück. »Aber bevor wir uns an den im Grab rotierenden Rossini machen – *Mammonella*.«

»Und ob. *Viva Mammonella!*«

Am nächsten Abend, als er mit Mariko beim *Neuner* saß, um das Leben zu feiern, kehrten die Schmerzen zurück. Ein wenig Magendrücken und Unwohlsein hatte er schon in den letzten Wochen verspürt, und seine Hosen musste er mit dem Gürtel in der Taille halten, aber er hatte das verdrängt, es auf die Belastung geschoben, die Erregung vor der Premiere des *Rattenfängers*. Jetzt war ihm, als drehten zwei Riesenhände seinen Magen um sich selbst wie einen Strang Teig, aus dem ein Osterzopf werden sollte. Vor seinen Augen begann das Inventar der Gaststube um ihn herumzuwirbeln, und im Festklammern an der Tischkante stieß er sein Weinglas um. Die Roulade blieb unangerührt auf dem Teller liegen. Die so leise, höfliche Mariko, die es hasste, Aufsehen zu erregen, schrie nach Frank Rosenboom. Der wollte einen Krankenwagen rufen, ließ sich von Michael, der Mühe hatte, zu sprechen, jedoch bewegen, es bei einem Taxi zu belassen.

35

DIE KLINIK, IN DIE man Michael geschafft hatte, legte offenbar keinen Wert darauf, ihn zu behalten.

Reichlich abrupt hatte man ihn aufgefordert, seine persönliche Habe wieder einzupacken, noch ehe er Zeit gehabt hatte, sie auszupacken. Er werde ins Klinikum rechts der Isar transportiert, der Wagen stehe schon bereit. Warum man ihn dorthin verlegte, nachdem die gleichen Untersuchungen wie beim letzten Mal und dazu mehrere weitere bereits durchgeführt worden waren, erschloss sich Michael nicht. Er hätte bleiben wollen und mit der Behandlung beginnen, die unvermeidliche Therapie und auch die Kur in Gottes Namen hinter sich bringen. *Mammonella* wartete auf ihn. Die Geduld eines Flaschenkobolds wollte er nicht auf die Probe stellen.

»Sie sind bei uns, weil wir hier auf Ihre Erkrankung spezialisiert sind«, sagte der Arzt, der weit weniger effizient als sein Kollege war, dafür aber umso behaglicher in einem Plastikstuhl gelümmelt und gewartet hatte, bis Michaels Bett in das Einzelzimmer gerollt worden war.

Das Fenster nahm die gesamte Front des Raumes ein, und der Blick ging hinaus auf den Park des Krankenhauses. Das Zimmer musste in einem höheren Stockwerk gelegen sein, denn die Patienten, die an den Armen ihrer Besucher über Kieswege schlurften, und die Schwestern, die Rollstühle an gezirkelten Rabatten entlangschoben, wirkten klein wie Spielzeugmenschen. Einmal, an der Hand seines Vaters in einer Eisenbahnausstellung, hatte Michael eine Anlage mit solchen Spielfiguren gesehen. Einer von ihnen, ein Mann im grünen Anzug, hatte seinen Hund ausgeführt, und Michael, der gerade eingeschult worden war, hatte bemerkt, dass er sich so ähnlich das Geheimnis eines Buches vorstellte: Gefüllt mit Gestalten im Miniaturformat, die herausströmten, sobald man die Seiten aufschlug.

Auch wenn sie unsichtbar blieben.

Die Bäume und Sträucher in dem Park waren ordentlich beschnitten. Sie wirkten ebenfalls wie aus einer Kiste mit Plastikspielzeug, aber in Genzano, auf seinem Jupiterberg, würden jetzt die Ölbäume ausschlagen und die jungen Basilikumpflanzen, die zwischen den Tomatenstauden aufsprossen, zu duften beginnen. Das arme Basilikum blieb nur ein halbes Jahr, nur so lange wie die Grillen zirpten. Sobald sie die erste gehört hatte, hatte Ingeborg sich zu Michael umgedreht und ihren Mund verzogen: »Oh. Wenn mich meine alten Ohren nicht täuschen, ist wieder mal Sommer.«

»Herr Ende?«

Michael erschrak.

»Ich sagte, Sie sind bei uns gelandet, weil wir hier auf Ihre Krankheit spezialisiert sind. Wir haben die Biopsie ausgewertet, die in München durchgeführt worden ist, und in Absprache mit Ihrer Gattin möchten wir, dass Sie die bestmögliche Behandlung erhalten.«

Michael hatte Mühe, den Blick vom Fenster zu wenden. Die Welt war voller Charme, selbst an Orten, die sich mit beträchtlichem Aufwand dagegen wehrten.

»Ehe wir weitersprechen, würde ich gern Ihre Gattin und Ihren Sohn hereinbitten«, sagte der behagliche Arzt im Plastiksessel. »Damit Sie jemanden bei sich haben.«

»Meinen Sohn?«

»Oder ist es Ihr Schwiegersohn? Ich meine den höchst besorgten dunkelhaarigen Herrn, der mit Ihrer Gattin gekommen ist.«

Roman Hocke.

»Mein Lektor«, sagte Michael. Er hörte sein Herz schlagen. Der Beuge seines rechten Arms entsprangen zwei mit Pflastern festgeklebte Schläuche.

»Aha.« Der behagliche Arzt machte sich daran, aufzustehen. Es sah aus, als sammle er die ausgebreiteten Teile seines Körpers einzeln wieder ein. »Sollte dann vielleicht nur Ihre Gemahlin …?«

»Lassen Sie alle beide, wo sie sind«, fuhr ihm Michael ins Wort. »Sagen Sie mir, was mit mir los ist.«

»Ist das Ihr Wunsch?«

»So hätte ich es vielleicht nicht ausgedrückt, aber darauf läuft es hinaus – ja.« Er dachte an Wünsche, und wiederum fiel ihm *Mammonella* ein. *Mammonella*, der zweigeschlechtliche Wunschgeist aus der Flasche, für den er all die tanzenden Ideen niederschreiben musste, ehe sie ihm entglitten.

»Es hat in Ihrer Familie bereits einen solchen Fall gegeben, ist das richtig?«, fragte der Arzt.

»Was für einen Fall?«

»Eine schöne Art, eine solche Nachricht zu überbringen, gibt es ja nicht. Also mache ich es kurz: Magenkrebs. Wir haben im Zuge der Untersuchungen an Ihrem Magenausgang ein Adenokarzinom diagnostiziert.«

Magenkrebs. In Stevensons Novelle war es Lepra, an der Keawe, der Matrose, erkrankte, und er hatte doch die Flasche mit dem Wünsche erfüllenden Kobold schon verkauft! In Stevensons Novelle jagte der Kranke über die gesamte Insel, um die Flasche zurückzukaufen, doch wie sollte er sie – für einen Cent erworben – anschließend noch einmal loswerden? Was war vorzuziehen? An der Krankheit zu sterben oder jeden Tag das Leben auszukosten und zum Schluss mit einer Flasche in der Hand zur Hölle zu fahren?

Magenkrebs. Er dachte an *Mammonella*, deren Leben gerade erst begonnen hatte, an Wilfried Hiller und Rossini, der sich im Grabe umdrehen sollte, an Mariko, an Andrea und Roman, und dann an Andís Brief mit den Bildern ihres Enkelkindes, den er noch nicht beantwortet hatte. Einmal hatte er mit Andí oben an ihrer Himmelstreppe stehen und auf das Meer vor ihrer Stadt hinunterblicken wollen. »Allein gehe ich dorthin nicht zurück«, hatte sie gesagt. »Ich bin feige, das weißt du. Aber wenn du mit mir kämst …«

Ich kaufe die Flasche zurück, dachte Michael. Die Hölle schreckte ihn ohnehin nicht allzu sehr, zumindest nicht, wenn er an den spiegelnden See von Nemi dachte, unter dem ihr Eingang verborgen lag.

Aber die Flasche samt ihrem Geist würde ja nichts bewirken. Nicht gegen Meister Hora, der längst darüber entschieden hatte, wie viel Zeit er der Stundenblume jedes einzelnen Menschen noch zuteilen wollte. Die Kritiker, die Michael als naiv beschimpft hatten, waren eben dies selbst. Sie hielten nicht nur ihn, sondern auch Meister Hora für einen freundlichen Onkel, der an brave Kinder Blumen verschenkte und kleine Geschenktütchen mit Freizeitgutscheinen an ihren Stängeln baumeln ließ. Meister Hora aber war der Tod. Er mochte aussehen wie der in den Sessel gefläzte Arzt, um dessen Glatze sich buttergelbe Löckchen kringelten. Aber das änderte nichts. Meister Hora, kein Grauer Herr und auch kein Geist in der Flasche, war der Gebieter über die Lebenszeit. Er war der Tod in Person.

»Es ist nur natürlich, dass Sie erst einmal verzweifelt sind«, sagte der Arzt.

Bin ich das?, fragte sich Michael.

»Aber Krebs muss heutzutage kein Todesurteil mehr sein. Das habe ich auch Ihrer Gattin gesagt.«

»Sie haben es Mariko gesagt, ehe Sie mit mir gesprochen haben?« Es würde Michael nichts eintragen, sich in Zorn zu steigern. Der Butterlockige hatte keine Schuld. Er versuchte zwar, sich als Herr über Leben und Tod aufzuspielen, aber er war nicht Meister Hora.

»Wegen der Formalitäten war das unumgänglich.« Der Arzt nickte ihm zu. »Es ist von äußerster Wichtigkeit, dass wir so schnell wie möglich operieren und anschließend mit der Therapie beginnen, verstehen Sie? Wenn es um Krebs geht, zählt jede Stunde.«

Wenn es um Leben geht, zählt jede Stunde, dachte Michael und hörte sein Herz, in dem sein Leben wohnte, schlagen. *Das ist ja nicht möglich,* begehrte er flüchtig auf, *mein Herz legt sich ins Zeug wie ein fröhlicher, in Fahrt gebrachter Pumpenschwengel. Das stirbt nicht so leicht, schon gar nicht an irgendetwas im Magen, der tief unter ihm in seiner Höhle steckt.*

Dann fiel ihm Willi ein. Und sein Vater, der ihm versprochen hatte, im kommenden Jahr mit ihm Gustav René Hocke zu besuchen, und eine Stunde später gestorben war. Das Kind, das er mit kaum zwanzig gezeugt hatte, nur ein einziges in einem ganzen Leben, war schon tot gewesen, als es geboren wurde. Wer die Stunden, die Meister Hora ihm zugeteilt hatte, durchlebt hatte, der starb. Einerlei, mit wie viel trotziger Kraft einen Atemzug zuvor noch sein Herz sein Blut durch seinen Körper gepumpt hatte. Einerlei, ob eine Bahnfahrkarte nach Rom schon in seiner Tasche steckte, ob sein Freund am nächsten Morgen vor dem Tabakladen auf ihn wartete, ob in seinem Kopf ein Flaschengeist rumorte, der freigelassen werden wollte, auf seinen Weg geschickt, um die Welt zu erobern.

»Haben Sie das, was ich Ihnen erklärt habe, verstanden, Herr Ende?«

Wurde man, weil man an Magenkrebs erkrankt war, debil?

»Sie müssen sich nicht fürchten. Die Behandlung ist nicht ganz einfach, aber die modernen Methoden sind weitaus schonender, als es Ihnen vermutlich aus der Vergangenheit bekannt ist.«

»Mir ist nichts aus der Vergangenheit bekannt«, sagte Michael. »Es ist mein erster Magenkrebs.«

»Das ist gut, mein lieber Herr Ende, richtig gut. Wenn Sie Ihren Humor behalten, ist das schon die halbe Miete.« Der Butterlockige strahlte. »Sie schreiben ja auch so lustige Bücher. Meinen kleinen Sohn, sieben Jahre alt, kann man immer durchs ganze Haus lachen hören, wenn meine Gattin ihm was von Ihnen vorliest.«

Retten Sie mein Leben, und ich schicke ihm ein signiertes Exemplar. Retten Sie Mammonella, *den Flaschengeist, und ich schicke ihm eine signierte*

Bibliothek. Ich schreibe noch so viele lustige Bücher, dass ihm vor Lachen der Bauch platzt. Den nähen Sie dann wieder zu. Seien Sie selbst Mammonella, der Flaschengeist, weil Sie Meister Hora ja nicht sein können, erfüllen Sie mir einen Wunsch, und ich signiere Ihnen oder von mir aus auch Ihrer Gattin die Welt.

»Na sehen Sie. Das wird doch.«

»Sie meinen also, ich sterbe noch nicht?«

»Aber woher denn! Was meinen Sie denn, wozu wir Ärzte da sind?«

Die Frage ist gut, dachte Michael.

»Wollen wir dann jetzt Ihre liebe Gattin hereinbitten und sie wissen lassen, dass Sie ihr noch recht lange Ärger machen werden? Damit sie sich nicht weiter quält?«

Mariko sollte sich nicht quälen. Nicht seine Mariko. Sein Schreinmädchen, in einem so zierlichen Rahmen ein so kraftvolles Bild von einer Frau.

Michael nickte. »Holen Sie meinen Lektor auch.«

Mariko besaß ein erstaunliches Talent, von niemandem einsehbare Winkel zu finden, in denen sie sich erlaubte, ihre Gefühle zu zeigen. Hätte ein Europäer sie dabei ertappt, so hätte er vermutlich zum Besten gegeben: »Diese Japaner. Hochkultiviert, aber wenn es um Gefühle geht, tun sie sich schwer.«

Mariko tat sich nicht schwer. Sie war lediglich der privateste Mensch, den Michael kannte, ein Mensch, der in der Kunst des Zeremoniells so vollendet erzogen worden war, dass ihm der Gedanke, daraus auszuscheren, körperlichen Schmerz bereitete. Man mochte die Strenge eines solchen Zeremoniells verurteilen oder veralbern, aber wer es wie Mariko beherrschte, der wusste: Solange er sich innerhalb seiner Grenzen bewegte, verletzte er niemandes Empfindungen. Wurde sie aus diesen Grenzen herausgezwungen, wurde sie zum Schwan auf dem Trockenen, der wie blind herumtappte und seine Eleganz verlor. Denn darin bestand ja letztlich Eleganz – in der Sicherheit, sich in vertrautem Element zu befinden und zu wissen, wie man darin schwamm.

Michael liebte sie sehr, wenn sie, ihrer Schwaneneleganz beraubt, auf Gänsefüßen herumtappte, konnte jedoch nicht verhindern, dass sie litt. In einem Krankenhaus gab es keine nicht einsehbaren Winkel, nichts Privates, und das war der erste Schritt in den Verlust der Würde. Michael sah sie ins Zimmer tappen und hilflos um sich blicken, als könnte sich irgendwo ein Schlupfloch auftun. Er öffnete die Arme, weil es das einzige Angebot war, das er ihr machen konnte. Wenn sie überzeugt war, dass er sie umarmen wollte, würde sie sich nicht weigern und wäre in seinen Armen zumindest vor Blicken geschützt.

Er hielt sie umfasst. Strich mit den Fingerspitzen über die Wirbel ihres Rückgrats. »Ich habe es so gut mit dir, Mariko«, sagte er. »Danke dafür.« Warum sprach man das so selten aus? Gleichzeitig dachte er daran, dass er kein Testament zu ihren Gunsten aufgesetzt hatte, dass er weder seinen eigenen Nachlass noch den seines Vaters geregelt hatte, dass womöglich jeder, der Lust dazu hatte, eines seiner Bücher nehmen und es auf die gleiche Art schänden konnte, wie *Die unendliche Geschichte* geschändet worden war.

Über Marikos Rücken hinweg sah er nach Roman Hocke, der in der Tür stehen geblieben und nun im Begriff war, sich gänzlich aus dem Raum zurückzuziehen. Der Arzt redete, aber darauf konnte Michael keine Rücksicht nehmen. »Kannst du Hiller anrufen?«, fragte er. »Er soll herkommen. Wir müssen an diese *Mammonella*, und zwar so schnell wie möglich. Zwar sieht es so aus, als hätte mein letztes Stündlein doch noch nicht geschlagen, aber ich möchte lieber nichts riskieren. Ich würde auch gern noch mit dir über etwas anderes sprechen. Aber das hat etwas mehr Zeit.«

Er war Roman außerordentlich dankbar dafür, dass er weder Fragen stellte noch behauptete, es gäbe jetzt Wichtigeres als Opern über Flaschengeister. Stattdessen tat er, worum Michael ihn gebeten hatte, ging zum Empfang der Station und rief Wilfried Hiller an.

Peter Boccarius, ein Freund aus der Stuttgarter Zeit, der Journalist geworden war, hatte ein Buch über die erste Hälfte seines Lebens geschrieben. *Über zwei Drittel*, durchzuckte es ihn wie ein Blitzlicht in schwarzem Raum. Peters Buch, das *Der Anfang der Geschichte* hieß, endete in Michaels zweiundvierzigstem Lebensjahr. Aber der Arzt hatte ja gesagt, er würde an dem Krebs nicht sterben. Nur fast. Nur ein bisschen. Wäre Peter, den Michael gut leiden konnte, auf die Idee gekommen, ein Buch über die zweite Hälfte – nicht das letzte Drittel – seines Lebens zu schreiben, hätte Michael zu ihm gesagt: »Schreib, über was du willst, aber über zwei Dinge kein Wort. Das eine sage ich dir nicht. Und das zweite ist meine Chemotherapie.«

Man musste das Leben sehr lieben, um mit derartigen Mitteln darum zu kämpfen, und Michael liebte es mit einer Kraft, die ihn selbst verblüffte. Andernfalls hätte er aufgegeben.

Nach der Operation glaubte er zu wissen, wie sich ein Wrack fühlte, das auf den Meeresgrund gesunken war, weil man es aufgehackt und ihm einen Teil der Rudervorrichtung entfernt hatte. Keine Bewegung schien möglich, keine Arbeit, nichts. Michael war zum Warten verdammt. Die Chemotherapie, die sich anschloss, dauerte bis in den Januar des neuen Jahres, aber darüber durfte kein Mensch in einem Buch etwas schreiben.

Unter Vorbehalt wurde er nach Hause entlassen, fand jeden Schritt schwierig und begegnete im Spiegel einem zarten Gerippe, über das Mariko behutsam neue Kleider gehängt hatte. Aber sein Zuhause, die Wohnung in der Sendlinger Straße, war ihm zweifellos nie so paradiesisch erschienen wie jetzt: sein eigenes Badezimmer mit seiner selbst ausgewählten Seife, sein eigenes Bett, in das er sich legen und aus dem er aufstehen konnte, wie es ihm einfiel, Fenster, die sich öffnen, doch vor allem Türen, die sich schließen ließen. Ein Esstisch, auf dem auf ihrem schönen, von Mariko gesammelten Geschirr nur das serviert wurde, wonach er verlangte. Kein Mensch, der ihm wie einem Kind Speisen aufnötigte, vor denen es ihn ekelte. Überhaupt kein Mensch, einzig Mariko mit ihrer wunderbaren Lautlosigkeit. Dazu sein Schreibtisch, an dem zu sitzen er üben würde. Jeden Tag eine Stunde länger.

Nach dem vierten Tag rief er Wilfried an und bestellte ihn zu sich. »Ich komme mit der *Mammonella* gut weiter, ich bin selbst verblüfft. Aber jetzt brauche ich deinen Anteil. Deine Ideen. Musik.«

Wilfried kam. Hätte Michael nicht gewusst, dass er zum Fürchten aussah, hätte ein Blick in das Gesicht des Freundes genügt.

»Ist dir ein Geist begegnet?«

»Wenn ich ehrlich sein soll: Mit Sicherheit abstreiten könnte ich es nicht«, sagte Wilfried.

»Umso besser. Inspiration für unseren Flaschengeist.«

»Wir wollten etwas Lustiges daraus machen.«

Wilfrieds Stimme klang todtraurig. Sie klang wie die Stimme Atréjus, der sein Pferd Artax verlassen musste, während es in den Sümpfen der Traurigkeit versank.

»Wir machen etwas Lustiges daraus«, sagte Michael. »Hier, sieh dir an, was ich schon geschrieben habe, aber pass auf und lach dich nicht tot.«

Der Text half ihnen beiden. Dass er gelungen war, wusste Michael selbst. Nicht lange nach dem Lesen begann Wilfried Tonfolgen zu summen. In den folgenden Wochen arbeiteten sie konzentriert und mit vereinten Kräften. Einmal wöchentlich kamen sie zusammen, verglichen Ergebnisse und sahen zu, wie ihre Oper wuchs. Michael spürte, wie gut ihm die Arbeit tat und wie er sich erholte. Er aß weiche Eier, Hühnerbrühe, freute sich auf den Tag, an dem er sich an einem Glas Wein probieren würde. Zugleich registrierte er mit Staunen, wie kostbar das Leben war, wie sehr er es jetzt, wo es auf wenige zerbrechliche Elemente reduziert war, liebte.

Er sah außer Mariko, Wilfried und den beiden Hockes keinen Menschen. Er war zu schwach zu allem, was über die Arbeit und ein wenig Dasitzen mit Mariko hinausging, musste sich nach ein paar Stunden am Schreibtisch wieder hinlegen und jede Mahlzeit mit äußerster Ruhe und in winzigen Bissen zu sich nehmen. Aber er genoss jeden Tag. Die Welt war voller Charme, sie bot erstaunliche Kräfte auf, um sich ihrer Entzauberung zu widersetzen. »Wenn ich nicht mehr so klapprig bin«, sagte er zu Mariko, »und wenn das Wetter besser wird – ich glaube, ich würde dir gern meine Grillen in Genzano vorstellen.«

An Andí schrieb er nicht. Er würde es tun, sobald er nicht mehr all seine Kraft für *Mammonella* brauchte, sobald er stark genug war, ihr zu schreiben, dass er mit ihr in ihre Stadt fahren würde, dass nichts mehr aufgeschoben werden durfte.

Störend war nur, dass er als Nebenwirkung der Medikamente an Armen und Beinen ein Ekzem zurückbehalten hatte, das abklingen hätte sollen, es aber nicht tat. Es juckte höllisch. Es lenkte ihn von der Arbeit ab. Bei einem Kontrolltermin zeigte er einer Ärztin die vom Kratzen nässenden Wunden an den Handgelenken. Die wies ihn in die Universitätsklinik ein. Nicht in die Onkologie, nur in die dermatologische Abteilung. »Da wird man das schon in den Griff bekommen, notfalls mit Kortison.«

Michael nahm sich Arbeit mit, den zweiten Akt von *Mammonella*. Das Ekzem begann bereits nach zwei Tagen abzuheilen. Die Ärzte nutzten die Gelegenheit, um eine angesetzte Nachuntersuchung vorzuziehen und ihm damit einen weiteren Krankenhausaufenthalt im Frühling zu ersparen. Am dritten Tag, während Roman Hocke zu Besuch war, kam ein noch unbekannter Arzt ins Zimmer: »Ich habe mir Ihnen zu sprechen«, sagte er. »Ob Ihr Sohn dabeibleiben soll oder nicht, liegt bei Ihnen.«

Michael lachte. »Das ist jetzt das zweite Mal«, sagte er zu Roman. »Das erste Mal haben sie im Rechts der Isar gedacht, du wärst mindestens mein Schwiegersohn. Wenn es noch mal passiert, glaube ich es selbst.« Dann wandte er sich an den Arzt. »Mein Lektor bleibt noch. Vor seinem Lektor Geheimnisse zu haben, lohnt sich für einen Autor nicht, denn er findet sie sowieso heraus.«

Der Arzt lachte nicht mit. »Ich muss Ihnen leider mitteilen, dass die Ergebnisse nicht so ausgefallen sind, wie wir es uns gewünscht hätten. Die Behandlung schlägt nicht an. Es tut mir leid.«

Michaels Blick fiel auf seine Arme, an denen die Wunden verschorften. »Aber doch, sie schlägt an. Sehr gut sogar.« Eine Sekunde verstrich, in der sein Verstand seinem Herzen noch das Begreifen ersparte. Nur eine. Dann hatte das Herz keine Wahl mehr.

»Das heißt, ich sterbe.«

Roman als sein Lektor hätte ihm den Satz aus dem Manuskript streichen müssen. Er war gehaltlos. Jeder starb.

Der Arzt nickte.

»Wann?«

»Ich bin sicher, Sie haben noch Zeit genug, letzte Dinge zu regeln.«

Letzte Dinge. Vermutlich nahm der Arzt an, das sei kein Problem, er brauche lediglich Roman den Staffelstab zu übergeben. Sein Herz schlug. Es wollte keine letzten Dinge regeln. Es wollte leben.

»Weißt du, dass ich nie ein Buch geschrieben habe, mit dem ich zufrieden war?«, fragte er Roman, als wäre der Arzt nicht mehr im Raum. »Kein Gedicht. Keine einzige Zeile. Ich hatte immer das Gefühl, ich müsste das eigentliche Buch erst noch schreiben, das, was der Welt und mir selbst beweisen würde, dass ich in ihren Kanon der großen phantastischen Erzähler doch gehöre, und das jeweils nächste könnte es werden. Jetzt *Mammonella*. *Mammonella* besonders. Aber die wird es auch nicht, gar nichts wird es, und bitte erzähl mir nicht, dass ich Deutschlands meistverkaufter lebender Autor bin. Lange stimmt das ja nicht mehr. Und es nützt nichts.«

»Ich komme später noch einmal zu Ihnen«, sagte der Arzt und verschwand.

Die Worte sprudelten. »Ich habe Angst, Roman. Ich habe auf einmal ganz fürchterliche Angst.«

»Die hätte ich auch«, sagte Roman. »Und ich kann mir nicht

anmaßen, dir einen Rat zu geben. Was die Dinge betrifft, die erledigt und verwaltet werden müssen, helfe ich dir allerdings gern.«

»Würdest du das tun?«, fiel ihm Michael ins Wort. »Dich um die Verwaltung der Nachlässe kümmern, mit Hilfe von Dr. von Gronau alles regeln, sodass für Mariko gesorgt ist – und für die Geschichten auch?«

»Natürlich.«

»So wie du es für deinen Vater machst?«

»Warum nicht?«

»Danke«, sagte Michael. »Väter hat sowieso kein Mensch genug, nicht wahr?«

Roman gab keine Antwort, weil keine nötig war.

»Um die Papiere kümmere ich mich. Und jetzt bitte – gib mir diesen Rat, ob es anmaßend ist oder nicht. Was würdest du tun, wenn du an meiner Stelle wärst?«

»Das, was ich könnte«, sagte Roman. »Mich auf die Geschichte konzentrieren.«

»Auf die Geschichte?«

»Das eigentliche Buch kannst du nicht mehr schreiben, aber etwas ist noch übrig. Du hast jeden Abschnitt deines Lebens als Geschichte inszeniert. Warum den Tod also nicht auch?«

»Warum den Tod also nicht auch?«, wiederholte Michael. Ihm war nicht leichter zumute, aber er konnte zielgerichteter denken.

Anderntags rief er Wilfried Hiller an, um ihn wissen zu lassen, dass es *Mammonella* nicht geben würde. Nicht von ihm. Vielleicht würde ein anderer sie vollenden, vielleicht würden etliche andere sich daran versuchen wie an Mozarts Requiem. An *Mammonella* wie an dem neuen Kinderroman, an dem er kürzlich ein paar Kapitel geschrieben hatte. Wenn es so kam, wäre Roman da, um zu prüfen, ob ihm, Michael, die jeweilige Fassung gefallen hätte, sie zu verbieten oder ihr den Weg zu ebnen.

Er hatte versucht, mit Roman darüber zu witzeln: »Du wirst

schizophren werden. Irgendwann glaubst du, du wärst Michael Ende.«

»Wer sagt dir, dass ich es nicht bin?«

Das ist auch Freundschaft, dachte Michael. Zusammen lachen können, wenn nichts komisch ist. Er leitete Schritte ein, bat Dr. von Gronau, der zu Genüge bewiesen hatte, dass er ihm vertrauen konnte, das Amt des Testamentsvollstreckers zu übernehmen und Roman mit weitreichenden Vollmachten auszustatten. Dann atmete er auf und übergab den Staffelstab.

In die Hände, die er nun frei hatte, nahm er stattdessen seine letzte Inszenierung.

Er hatte keine Geschichte, weder die auf Papier noch die gelebten, so erzählt, dass er damit rundum zufrieden war. Aber er hatte sie erzählt, und daran musste er sich halten, ein *Cantastorie*, der Fehler machte, aber bis zum Ende sang.

Bis zum Ende. Seinen Lebenswerken sollte der letzte Band nicht fehlen:

Michael, das Künstlerkind aus dem bunten Haus.

Michael, der Heimatlose in der zertrümmerten Welt.

Michael – auch ich in Arkadien.

Michael, der Münchner Erfolgsautor.

Übrig blieb *Michael, das Ende der Geschichte*, denn das, was danach kam, was immer es war, würde eine andere Geschichte sein und von einem anderen erzählt werden. Daran, dass die Geschichten nicht verloschen, wenn das irdische Leben verlosch, hatte er nie gezweifelt, sondern sich daran aufgerieben, in die Welt zu rufen, dass Geschichten von Menschen zu groß waren für eine einzige Wirklichkeit.

Er sprach mit Mariko und mit den Ärzten. »Ich hatte mein Leben ganz, ich habe kein Abenteuer ausgelassen, und ich will auch meinen Tod ganz. Ich möchte ihn keinem anderen lassen, und ich möchte ihn sehen können, wenn er kommt.«

Er setzte ein Papier auf, in dem er niederlegte, dass er weder künstlich am Leben erhalten noch seiner Sinne beraubt werden wollte, sondern bei Bewusstsein sterben. Der Sommer begann, und er kehrte noch einmal in seine Wohnung zurück, verbrachte zwei zärtliche Wochen mit Mariko. Mit der Zeit wuchs jedoch die Belastung, weil keiner von ihnen sich daran hindern konnte, Tage, schließlich Stunden zu zählen und sich in kleinen Schritten das Herz zu brechen. Zudem schritt der Verfall seines Körpers von Tag zu Tag schneller voran. Er schloss die Zeit in seiner Wohnung ab. Allerdings ließ er sich nicht wieder ins Universitätskrankenhaus, sondern in die Filderklinik für anthroposophische Medizin einweisen.

An seinem zweiten Tag dort besuchte ihn ein alter Mann. Sie sahen sich an und mussten gleichzeitig lächeln, weil sie einer im andern die jungen Männer erkannten, als die sie sich einst begegnet waren.

»Ich bin Johannes Lenz. Ich war Pfarrer der Christengemeinschaft, als du mit Hiltrud zu uns gehört hast, und ich bin es noch. Ich bin hier, um dir die Tröstungen der Gemeinschaft anzubieten.«

»Aber ich war nie Mitglied.«

»Es bestünde kein Hindernis, noch eines zu werden. Gott fragt nicht nach dem Tag des Eintritts.«

Michael überlegte und verspürte eine flüchtige Verlockung. Dann reichte er dem alten Mann die Hand. »Ich bedanke mich. Aber ich denke, ich handle das mit Gott aus, wenn ich auf der anderen Seite bin. Hier bin ich so lange mein eigener Spielleiter gewesen, dass ich mich wohl entschieden habe, es noch ein wenig zu bleiben.«

Es wurde August. In Genzano würden die seligen Geister in der Hitze flimmern. Michael ließ noch ein paar Freunde zum Abschiednehmen kommen, dann blieb er mit Mariko, Roman und Andrea, die abwechselnd bei ihm wachten, allein.

»Etwas gibt es noch«, sagte er zu Roman.

»Und was?«

Michael hatte ihn bitten wollen, Andí zu benachrichtigen, Andí ihre Briefe zurückzusenden, Andí zu sagen, dass er sie – ja, was? Es war nicht möglich. Andí war sein Geheimnis gewesen, seine Michael-Welt, die Nische im Lebenssturm, die ihm allein gehörte. Er konnte sie auch jetzt nicht preisgeben, sondern musste sie bleiben lassen, was sie war. Die eine Geschichte, an der er kein Wort zu ändern hatte.

»In meinem Arbeitszimmer stehen zwei Schuhkartons. In dem einen sind alle möglichen Schnipsel, aus denen vielleicht einmal Bücher geworden wären. Mit denen mach, was du willst. Wenn Hansjörgs Verlag für all seine Hilfe noch ein bisschen Geld daran verdient, soll es mir mehr als recht sein. In dem anderen sind Briefe.« Er stockte.

»Was soll ich mit denen machen?«

Verbrenn sie, wollte er sagen, doch im selben Augenblick fiel ihm ein, dass er nicht Roman in Schwierigkeiten bringen durfte, indem er ihn aufforderte, Teile seines Nachlasses zu vernichten.

»Vergiss es«, sagte er stattdessen. »Vielleicht halluziniere ich ja schon, und solche Briefe hat es nie gegeben. Und wenn doch, denke ich sie mir eben weg. Das hier ist meine Inszenierung, oder? Mit welchen Requisiten gespielt wird, entscheide ich.«

Roman nickte. »Der Regisseur bist du.«

Damit war, was getan werden konnte, getan. Am Abend jenes Tages wurde er so schwach, dass er die Kraft, den Kopf zu heben, nicht mehr fand. Die Sümpfe der Traurigkeit hatten die Reste seines Körpers umfangen und würden nun nichts mehr davon freigeben.

Zum Plan seiner Inszenierung hatte es gehört, die drei, die er liebte – Mariko, Roman und Andrea –, in Liebe ihrer Wege zu schicken. *Wollt ihr mir noch eine letzte Bitte erfüllen?*, hatte er sie fragen wollen. *Dann bitte ich euch, fortzugehen. Ich möchte nicht, dass ihr zuseht, wenn es jetzt mit mir zum Letzten kommt. Lebt wohl – und danke.*

Der Gedanke, mit dem Körper im Sumpf noch so eine Flut von Worten auszustoßen, war jedoch illusorisch, und er konnte das Pferd Artax, das es geschafft hatte, nur dafür bewundern. Was er noch hätte krächzen können, war nicht der Rede wert, also krächzte er nichts und war froh, dass die drei bei ihm blieben.

Kurz hatte er gehofft, Gott werde zu ihm sprechen, jemand von der anderen Seite werde ihm ein Zeichen senden, um es ihm leichter zu machen, doch auf solche Zeichen hatte er lebenslang vergeblich gewartet. Er war einer, der zur Metaphysik keine Eignung hatte, und musste hinüber ins Land Gu, ohne einen Hartmut, der voranschritt.

Aber die, denen er voranschritt, waren bei ihm. Er war selbst der Hartmut, war noch immer der Regisseur, konnte Atréju sein und die Szene spielen, die die Grauen Herren aus dem Film gestrichen hatten. Aus seiner Geschichte würde sie ihm niemand streichen.

Atréju presste die Lippen aufeinander. Er vermochte nichts zu sagen. Er nickte Artax noch einmal zu, dann wandte er sich ab und ging fort.

Bastian schluchzte. Er konnte es nicht unterdrücken. Seine Augen waren voll Tränen, und er konnte nicht weiterlesen.

Nachspiel hinter dem Theater

Denn alle Leute kannten ihn,
Doch niemand hat ihn je erkannt.

— MICHAEL ENDE: BALLADE VON EINEM PRINZEN AUS DEM MORGENLAND

Unterwegs.
1. September 1995

ZÜGE, ZÜGE.

Einmal quer durch das, was sich noch immer Bundesrepublik nennt, weil es ja schlecht wieder Reich heißen könnte. Wenigstens reißt nicht mehr ständig jemand donnernd die Tür des Abteils auf, um Ausweise zu kontrollieren. Daran hat Andí sich nie gewöhnt, verspürt auch nach fünfzig in einer Art von Sicherheit verlebten Jahren den Drang, sich unter der Sitzbank zu verstecken, sobald dieser Donner ertönt und eine Stimme schnarrt: »Passkontrolle.«

Ihre ganze Generation würde im Kopf nie mehr ganz richtig werden, hatte mit ihren kleinen Dachschäden den Statistiken zufolge aber eine beachtliche Lebensleistung hingelegt. *Lebensleistung*. Es sind solche Worte, über die Andí in jeder Lage lachen muss. Über die sie mit Michael gelacht hat, weil W. nicht versteht, was daran komisch sein soll.

Ilja hat andere Probleme. Er mag das Buch nicht, das sie ihm vorgelesen hat. »Die ist ja nicht wahr, die Geschichte«, empört er sich. »Die ist doof. Ich bin kein Baby mehr, ich weiß, dass das alles gar nicht passiert ist.«

Ilja, der kein Baby mehr ist, ist fünf und ihr Enkel. Für gewöhnlich hat Andí Freude an seinem Widerspruchsgeist, zumal sie ihn abends der fabelhaften Frau, die Andruscha geheiratet hat, zurückgeben kann. Sie betreut ihn gern, sie hat ja Zeit, seit sie nicht mehr schreibt und nur noch Kontrabass spielt, was sie auch mit Ilja zusammen tun kann. Heute aber ist ihr alles zu viel. Sie hat Ilja mitgenommen, weil keine Zeit mehr war, ein anderes Arrangement zu treffen. Die Nachricht war allzu plötzlich gekommen.

Jemand hatte davon im Radio gehört und sie angerufen. Andí hört meist kein Radio mehr, liest auch selten Zeitung und lebt in den Tag. Sie wäre jetzt lieber allein.

»Eine wahre Geschichte kann es auch sein, wenn es nicht passiert ist«, erklärt sie Ilja. »Beides hat miteinander überhaupt nichts zu tun.«

»Du spinnst ja«, sagt Ilja.

»Schon möglich. Man weiß es nicht immer so genau.«

Andí sieht aus dem Fenster. Die Berge wachsen. Der Erde abgefaltete Drachenrücken, von denen sich im Grunde schwer sagen lässt, ob sie wirklich oder fantastisch sind. *Fantastisch.* Das Wort taugt für all das, was zu viel Wucht und Freiheit und Zauber besitzt, um auf den dünnen Grat, den die Leute der Wirklichkeit zubilligen, gequetscht zu werden. Das Fantastische ist für die Leute ersponnen und erschwindelt. Für Michael aber ließ es sich vom Wirklichen nicht trennen, so wenig wie sich entscheiden ließ, ob sich in den Bergen da draußen ein schlafender Drache verbarg oder ein naturwissenschaftliches Phänomen. *Beides*, hätte Michael gesagt. *Und für uns zwei ist auch noch Platz.*

Aber da wäre es den Leuten dann zu viel geworden, und sie hätten auf ihren schmalen, pfeilgeraden Grat gepocht.

»Wohin fahren wir?«, fragt Ilja.

»In die Stadt München.«

Das gefällt ihm, davon hat er schon gehört und kann es morgen seinen Spielkameraden erzählen.

»Und was machen wir da?«

»Wir sagen jemandem auf Wiedersehen.«

Die Leute im Abteil blicken von ihren Wurstsemmeln auf.

»Wer ist denn der, dem wir auf Wiedersehen sagen?«

»Er heißt Michael. Du kennst ihn nicht.«

»Schenkt er mir was?«

Von Andís Freunden haben die wenigsten eigene Enkel. Sie überschütten daher Ilja mit Geschenken.

»Das hätte er sicher getan. Aber er kann es nicht mehr. Er ist tot.«

Es auszusprechen ist, als versetze sie sich selbst einen Faustschlag ins Gesicht. Seit dem Morgen, seit dem Anruf, der die Nachricht brachte – *Weißt du eigentlich, dass der Ende, mit dem Vera damals befreundet war, gestorben ist?* –, hat sie sich solche Schläge immer wieder versetzen müssen.

Tot-tot. Tot-tot.

Ihr Gesicht ist schon wund, und das Faustschlag-Wort prallt ihr weiter entgegen. In dem Rhythmus, den der Zug hält: *Ra-tam, ra-tam, tot-tot, tot-tot.* Dieses Reisen im Zug kommt ihr gelegen. Weil nichts bleibt, weil alles, was in Sicht kommt, sich auch wieder auswischt. *Das geht doch nicht, Michael. Du bist so sehr Leben, wie die Berge, die vor dem Zugfenster aufblitzen, Berge sind. An denen lässt sich nicht rütteln, und an dir auch nicht.*

Aber es ist so. Andí ist gerannt, um sich eine Zeitung zu kaufen, und hat seinen Namen in der Überschrift gelesen. Nicht im Feuilleton. Im Panorama: *Der am vergangenen Montag verstorbene Schriftsteller Michael Ende wird heute um elf Uhr auf dem Waldfriedhof München begraben.*

Sie würde sogar zum Begräbnis zu spät kommen.

Und ich hatte doch versprochen, Michael für dich zu hüten. Ich war sicher, ich würde es spüren, wenn ihm Gefahr droht.

Ilja hatte sich von dem Schlag des Wortes schnell erholt. »Du erzählst schon wieder Sachen, die nicht wahr sind. Wenn er tot ist, können wir ihm doch gar nicht mehr auf Wiedersehen sagen.«

Die Leute mit den Wurstsemmeln schrauben ihre Thermosflaschen auf. Sie bekommen für ihr Geld etwas geboten.

Andí hatte das selbst gedacht: *Wozu noch hinfahren? Michael ist nicht mehr da.* Zugleich hatte sie sich gefragt, ob Andí noch da war. Sie hatte Michael nicht für ihn hüten können, und er kann nun Andí nicht länger für sie hüten. Wo ist sie jetzt? Während ihr Gedanken wie Stürme durchs Hirn fegten, hatte sie bereits auf dem Bahnhof angerufen und zwei Fahrkarten reserviert, hatte Wechselwäsche für Ilja in eine Tasche gestopft. Für Jannis sprach sie eine Nachricht auf den Anrufbeantworter. Jannis ist der Nachfolger von Nick, der vor seinem Herrn gestorben ist. Er stammt aus Thessaloniki, bei ihm zu Hause, so erzählt er, wechseln Kinder ihren Eltern wenn nötig die Windeln. W. kann allein nicht mehr essen, und Jannis füttert ihn mit einem schmalen Löffel.

Wozu noch hinfahren?, hatte Andí gedacht, dabei Ilja bei der Hand genommen und am Kiosk ein Kinderbuch gekauft, das sie ihm unterwegs vorlesen konnte. Das Buch gefällt ihm nicht. Andí wirft einen Blick darauf. Michael hätte es auch nicht gefallen, ihm hätte schon der Aufdruck *Kinderbuch* nicht gefallen, als müssten die Berge vor dem Fenster ein Etikett tragen, auf dem *Berge* steht. Damit niemand sie versehentlich für schlafende Drachen hält. Aber Michael ist tot. Er ist nicht mehr da und Andí auch nicht. Ilja quengelt. Die Leute starren sie an.

Im Winkel, beim Fenster, sitzt eine Frau im auffällig geblümten Sommermantel, die so alt ist, wie Michael nicht mehr werden wird. Sie hat gelesen. Ohne zu essen. Jetzt hebt sie den Kopf.

»Sprechen Sie von Michael Ende?«, fragt sie. »Atréju? Bastian Balthasar Bux?«

Andí kann nichts sagen. Sie kann nicht einmal nicken.

Die Frau hebt ihr Buch, sodass Andí den Umschlag zu sehen bekommt. Die kleine Vignette, die Roswitha Quadflieg gezeichnet hat. »Unter all den phantastischen Autoren, von Borges bis Kafka, war er mein Meister. Ihrer nicht auch?«

Ich weiß nicht, denkt Andí. *Für mich war er zu sehr Michael. Aber er hätte dir gern zugehört. Von Borges bis Kafka. Herrschaftszeiten, warum hat er ein ganzes Leben lang vergeblich darauf warten müssen, das zu hören?*

Vielleicht hätte er öfter Zug fahren sollen. Aber wer setzt sich dabei schon jemals ins richtige Abteil?

Die alte Frau sprach weiter: »Er kommt uns nah«, sagte sie. »Weil er seine Welten, so zerstört sie auch sein mögen, nie entleert oder sinnlos macht. Weil er uns einen Funken Zuversicht zurückgibt, ohne den wir ja die Welt auch nicht verändern könnten. Und er war so liebevoll mit seinen Figuren. Er hat ihnen nie ihre Würde genommen. Ich glaube, sie weinen jetzt auch.«

Ilja blickt ebenfalls auf.

Er ist zu klein, denkt Andí. Im nächsten Atemzug aber ist ihr, als erhielte sie einen Stoß, wie wenn Michael, ihr wilder, lebendiger, Michael, bei einem ihrer seltenen Treffen angerannt kam und nicht rechtzeitig bremsen konnte. Einmal waren sie übereinander auf die Straße gefallen, hatten sich wehgetan und trotzdem gelacht.

Wer war sie, zu bestimmen, Ilja wäre zu klein? Genauso unsinnig wäre die Behauptung, die Frau im Sommermantel wäre zu alt.

»Weißt du was?«, sagt sie zu Ilja. »Ich glaube, mein Freund Michael hat doch ein Geschenk für dich.«

»Der ist ja tot. Den gibt's nicht mehr.«

»Das kann man so oder auch anders sehen. Kannst du dir vorstellen, dass es dich irgendwann einmal nicht gegeben hat – die Berge ja, euer Häuschen auch, deinen Papa, deine Mama, den kranken Großpapa und mich, nur dich nicht?«

Ilja erschrickt, aber er ist ein tapferer Junge. Ein Abenteurer. Er überlegt ein bisschen, dann schüttelt er den Kopf. »Mich gab's da schon. Ich war nur woanders.«

»Na also. Und weshalb sollte es dich dann irgendwann nicht mehr geben? Das denken doch höchstens Leute, die das Geheimnis nicht kennen. Das Geheimnis, dass du woanders bist.«

Die Frau im Sommermantel versinkt wieder im Buch. Die übrigen bekommen etwas geboten. Im Zugabteil ist heute Galavorstellung. Andí sieht der Frau mit der Tupperdose auf dem Schoß an, was die jetzt gern fragen würde:

Wer waren denn Sie? Die Geliebte?

Und kaum weniger gern würde Andí antworten:

Das kommt auf den Blickwinkel an. Wie bei den Bergen und Drachen. Ich war alles. Oder nichts. Ich war die Rettung, oder mich gab es nicht oder beides zugleich.

»Mein Freund Michael hat als Geschenk ein neues Buch für

dich«, sagt sie zu Ilja. »Wir holen es in der Bahnhofsbuchhandlung ab. Die Geschichte wird dir besser gefallen als diese.«

Ilja beginnt, auf seinem Kunstledersitz hin und her zu rutschen. »Ist es eine, die wirklich passiert ist?«

»Noch viel besser. Es ist eine, die immer noch wirklich passiert. Und das allerbeste ist: Wir machen darin mit.«

Auf den Waldfriedhof, auf den niemand sie eingeladen hat, brauchen sie dann überhaupt nicht mehr zu fahren. Sie können sich in ein Café setzen, Getränke mit Schaum und Windbeutel bestellen und anfangen zu lesen.

Das ist doch gar nicht möglich, Michael, du alter Schauspieler. Du kannst gar nicht tot sein, denn die Geschichte, in der du mitspielst, ist nicht zu Ende erzählt. Die wird nie zu Ende erzählt sein. Die, die dich gehütet hat, bin ich, und so einfach stiehlst du dich mir nicht davon.

Eyn Sof.

Es hat kein Ende.

Ilja blickt zu ihr auf, die Augen weit, die hohe Stirn in Falten: »Mache ich auch in der Geschichte mit?«

In das Rattern des Zugs mischt sich ein Pfeifen. Das gewölbte Dach, unter das er taucht, gehört zum Bahnhof von München.

Andí sieht Ilja an und schluckt mit trockenem Gaumen. »Das entscheidest du selbst«, sagt sie.

Ohne-Ende

NACHWORT

von Roman Hocke

Romane erzählen Geschichten von Menschen. Offenbar wünschen wir uns alle, neben unserem eigenen möglichst viele unterschiedliche fremde Leben zu erleben und deren Weltbilder, Erfahrungsmuster und Gefühlsklänge tief in uns einzuatmen. Sauerstoff, der unser Herzblut in Wallung bringt. Vielleicht aus einer unbändigen Neugier heraus, die Welt zu verstehen, uns mehr von den großen Rätseln des Lebens anzueignen und von ihren Geheimnissen zu verstehen, als dies in einem einzigen kleinen Leben möglich ist.

Obwohl Romane meist von fiktiven Schicksalen handeln, die womöglich von wahren Geschichten abgeleitet und stilisiert worden sind, eignen sie sich dazu, von tatsächlich erlebten Schicksalen interessanter Persönlichkeiten zu erzählen. Romanbiografien nennt man Geschichten, die von einem Leben erzählen, das tatsächlich gelebt wurde. Sie wollen authentisch sein, nutzen wahre Tatsachen und Begebenheiten, verweben diese aber künstlerisch zu einem eigenständigen Sinnbild, das eine Art von Wahrhaftigkeit anstrebt, die über historische Faktentreue hinausweist.

Was also unterscheidet eine Romanbiografie von einer klassischen Biografie? Während eine Biografie ein Sachbuch ist, vorwiegend Fakten aus der Außenwelt darstellt und diese vielleicht zu interpretieren versucht, kann der Roman viel mehr leisten. Der Autor kann sich die Freiheit erlauben, in das jeweilige Schicksal zu schlüpfen, von dem er erzählt, und er stellt neben den Ereignissen aus der Außenwelt auch die Innenwelt dar – zumindest versucht er, die Innenwelt lebendig zu machen, indem er den Blick seines Protagonisten auf die Welt, auf sein Leben, auf seine Gemeinschaft richtet. Wir wollen und sollen erleben, wie der Mensch sich bei den wichtigen Ereignissen seines Lebens gefühlt hat, was er womöglich gedacht hat, was die Geschehnisse in ihm verändert haben. Es soll ein authentisches Bild erzeugt werden, der Erzähler versucht, seinem Protagonisten so nahe wie möglich zu kommen, aber er tut dies auf spielerische, kreative Weise.

Die Darstellung der Außenwelt aus der Innensicht von Menschen ist die große Freiheit, die in der Form des Romans fantasievoll zum Ausdruck kommt. Dabei braucht sich der Erzähler auch nicht sklavisch an die Chronologie der historischen Ereignisse zu halten, sondern schöpft aus den vielfältigen Erlebnissen und Ereignissen neue Klangstrukturen und formt diese zu einer ganz eigenen Symphonie. Die Zeitzeugen, die sich in einem solchen Buch wiedererkennen, müssen daher verzeihen, wenn sie nicht in der historischen Chronologie auftreten, wenn um der Dramaturgie willen Ereignisse zusammengezogen, räumlich und zeitlich verschoben, ausgeschmückt, verdeutlicht oder verknappt werden. Denn zwangsläufig muss der Romanautor die Fakten des äußeren Lebens mit fiktiven Verdichtungen verknüpfen, um einen Blick in die Innenwelt zu gewähren. Im Roman können wir dunkle Ecken ausleuchten, bekannte Episoden lebendig machen und vor allem Emotionen einweben. Was wären unsere Gedanken und Erlebnisse ohne die Emotionen, die sie auslösten?

Ein gelebtes Leben, so meine ich, sollte im besten Fall begriffen werden, das Wesen eines Menschen hingegen erspürt. Schlimm sind Biografien, die sich anmaßen, über ein Leben zu urteilen. Wer bin ich, ein Urteil über ein Leben zu fällen, ohne mich erst einmal zu bemühen, es zu begreifen? Und von welchem moralischen Standpunkt erfolgt mein Urteil überhaupt? Um ein Leben zu begreifen, um andere in ein fremdes Leben hineinzuschicken, muss es literarisiert und noch einmal aufs Neue verlebendigt werden, verarbeitet in einem Sinnbild.

Ein Leben wie das von Michael Ende, das in der Außenwelt gleichermaßen drastische wie wunderschöne Ereignisse aufweist und mit einer reichen, einmaligen Innenwelt aufwartet, konnte aus unserer Sicht also nur in Form eines Romans lebendig gemacht werden. Den Menschen Michael Ende allein an der Chronologie der Ereignisse festmachen zu wollen, wäre genauso einseitig, wie ihn allein anhand seines sehr speziellen Weltbilds begreifen zu wollen. Innen und Außen sind eben doch eins. Aus der Verschmelzung von Innen- und Außenwelt entsteht die Einzigartigkeit, die Einmaligkeit eines Menschen. Und zu jedem faktisch gelebten Leben gehört immer auch ein Phantásien.

Charlotte Roth und ich arbeiten an Projekten rund um Michael Ende und sein Werk seit vielen Jahren zusammen. Ich selbst habe Michael Ende kennengelernt und siebzehn Jahre mit ihm zusammengearbeitet. Charlotte Roth kennt sein Werk bis in die tieferen Schichten hinein. Da die bisher veröffentlichten Bücher über Michael Endes Leben aus unserer Sicht seinem Wesen nicht so nahe gekommen sind, wie wir es uns wünschten, haben wir uns entschlossen, dieses Buch zu verwirklichen. Charlotte Roth als Erzählerin und Autorin, ich als Kurator, um dem Anspruch an Authentizität Genüge zu leisten. Zugegebenermaßen war meine Aufgabe in Anbetracht der erzählerischen Gestaltungskraft von Charlotte Roth nicht einfach. Mehrmals musste ich der Fantasie der Autorin die Zügel schießen und schließlich die oben dargelegte These gelten lassen: Ein Roman ist ein Roman. Zuweilen ist Erfundenes tatsächlich sehr hilfreich, um im Verborgenen Geschehenes sichtbar zu machen. Es war ein großes Vergnügen, aber auch eine Ehre, dieses Vorhaben mit einer Vollbluterzählerin wie Charlotte Roth anzugehen. Ich war sehr überrascht, wie gut es ihr gelungen ist, diesen Menschen, den ich sehr liebe, auf Buchseiten zu einem neuen Leben zu erwecken.

ABSCHLUSSBEMERKUNG DER AUTORIN

Selbstverständlich bilden Spekulationen beim Lesen eines solchen Romans einen Teil des Vergnügens, das Sie, liebe Leserin, lieber Leser, hoffentlich haben. Ich bitte jedoch herzlich darum, aus Spekulationen keine in Stein gemauerten Schlüsse zu ziehen. Wie bereits gesagt: Ein Roman ist ein Roman. Manches habe ich abzubilden versucht, anderes übersetzt und wieder anderes habe ich mir ausgedacht. Welches aber welches ist, behalte ich für mich.

LIEBE LESERINNEN UND LESER,

wir wollen Ihnen mit diesem Buch Informationen und Anregungen geben, um Ihnen das Leben zu erleichtern oder Sie zu inspirieren, Neues auszuprobieren. Wir achten bei der Erstellung unserer Bücher auf Aktualität und stellen höchste Ansprüche an Inhalt und Gestaltung. Alle Anleitungen, Übungen oder Rezepte werden von unseren Autoren, jeweils Experten auf ihren Gebieten, gewissenhaft erstellt und von unseren Redakteur*innen mit größter Sorgfalt ausgewählt und geprüft.

Haben wir Ihre Erwartungen erfüllt? Sind Sie mit diesem Buch und seinen Inhalten zufrieden? Wir freuen uns auf Ihre Rückmeldung. Und wir freuen uns, wenn Sie diesen Titel weiterempfehlen, in Ihrem Freundeskreis oder bei Ihrem Online-Kauf.

Sollten wir Ihre Erwartungen so gar nicht erfüllt haben, tauschen wir Ihnen Ihr Buch jederzeit gegen ein gleichwertiges zum gleichen oder ähnlichen Thema um.

KONTAKT ZUM LESERSERVICE

GRÄFE UND UNZER VERLAG
Grillparzerstraße 12
81675 München
www.gu.de

IMPRESSUM

unum

unum ist eine eingetragene Marke der GRÄFE UND UNZER VERLAG GmbH, www.gu.de

ISBN 978-3-8338-8252-4
5. Auflage 2023

Projektleitung: Anja Schmidt
Lektorat: Diane Zilliges
Bildredaktion: Simone Hoffmann, Nele Schneidewind
Umschlaggestaltung und Layout: ki36 Editorial Design, München, Daniela Hofner
Herstellung: Renate Hutt
Satz: Uhl + Massopust, Aalen
Repro: Longo AG, Bozen
Druck und Bindung: Livonia Print, Lettland

GRÄFE UND UNZER
Ein Unternehmen der GANSKE VERLAGSGRUPPE

Umwelthinweis

Nachhaltigkeit ist uns sehr wichtig. Der Rohstoff Papier ist in der Buchproduktion hierfür von entscheidender Bedeutung. Daher ist dieses Buch auf PEFC-zertifiziertem Papier gedruckt. PEFC garantiert, dass ökologische, soziale und ökonomische Aspekte in der Verarbeitungskette unabhängig überwacht werden und lückenlos nachvollziehbar sind.

Bildnachweis

Grafiken: Nadia Gasmi: S. 9 (nach Alan Oken), S. 11 (nach Dr. David Hawkins), S. 38/39 (nach Alan Oken), S. 45 (nach Polarity PBZ), S. 278 (nach Alan Oken); alle anderen Grafiken: Harald Zittlau (Nachbearbeitung: Nadia Gasmi)

Portrait Silke Schäfer (S. 334): Ronny Barthel

Aufmacherfotos: Creativemarket: S. 20, 64, 72; Unsplash: S.4; Getty Images: S. 322; Istock: S. 30, 274; Giordano Bruno: S. 25

Syndication: www.seasons.agency

Silke Schäfer

Im Alter von 29 Jahren hatte Silke Schäfer ein markantes Naturerlebnis unter dem Sternenhimmel in der Wüste Australiens, was ihr Leben vollkommen veränderte. Unerwartet fiel sie in eine tiefe Krise durch das Verschmelzen mit dem Kosmos – und entdeckte, dass sie kosmische Codes lesen kann. Alles in ihr wurde ruhig. Unterdessen ist die frühere Profifotografin und heutige Bestsellerautorin eine der einflussreichsten Astrologinnen im deutschsprachigen Raum. Auf ihrem YouTube-Kanal spricht sie zu einem Millionenpublikum. Durch ihre monatlichen Meditationen mit eigens komponierter Musik fördert sie Gedankenstille als nächsten Schritt der Menschheit. Mit ihren Videos, Vollmond-Livestreams, Büchern und Sternen-News deutet sie die Sprache der Sterne und versteht es, das komplexe Universum in seiner Unermesslichkeit nicht nur zu sehen, sondern die großen Zusammenhänge gut verständlich und facettenreich zu beschreiben. Dadurch gibt sie vielen Menschen Sicherheit und Orientierung, insbesondere in Richtung »Höheres Wir«. Mit Freude und Feingefühl unterrichtet die Netzwerkerin online in ihrer Community »Lebendige Astrologie« und unterstützt als Mentorin alle, die im Crowd Learning selbstständig sehen, fühlen und deuten lernen wollen, um mehr über sich und das Universum zu erfassen und gedanklich unabhängig zu werden.
Silke Schäfer wurde 1962 in Norddeutschland im Zeichen Waage geboren, wuchs in einer Großfamilie auf einem Bauernhof auf, lebt und arbeitet in der Schweiz und ist Mutter einer Widder-Tochter Jahrgang 2005. Silkes großes Bestreben ist es, ein tieferes Verständnis für die Generation des neuen Jahrtausends zu entwickeln, spirituelle Räume zu öffnen, kollektive Kräfte zu bündeln und Bewusstsein im Dienst des Weltfriedens zu erschaffen.

Website: SilkeSchaefer.com
Website zum Buch: **DerKosmischeMoment.space**